Dahlke · Der Mensch und die Welt sind eins

HEINRICH HUGENDUBEL VERLAG
Kailash
Buch

Rüdiger Dahlke

Der Mensch und die Welt sind eins

Analogien zwischen Mikrokosmos und Makrokosmos

unter Mitarbeit von
Margit und Kerstin Dahlke

Hugendubel

Danksagung

Unser besonderer Dank gilt unserem Freund und Kollegen Robert Hößl für die Durchsicht und Diskussion des Manuskripts, Angela und Robert, Astrid und Alexandra für Korrekturen und Anregungen, unserer Mutter für Ergänzungen und all die Schreibarbeiten. Rosmarie und Hans-Peter verdanken wir mit ihrem Haus in Gassin den idealen Ort der Ruhe, an dem der Stoff Form annehmen konnte.

CIP-Titelaufnahme der Deutschen Bibliothek
Dahlke, Rüdiger:
Der Mensch und die Welt sind eins:
Analogien zwischen Mikrokosmos und Makrokosmos
/ Rüdiger Dahlke. Unter Mitarb. von Margit und Kerstin Dahlke.
– 2. Aufl. – München : Hugendubel, 1990.
/ (Kailash Buch)
ISBN 3-88034-343-8

2. Auflage 1990

Umschlaggestaltung: Dieter Bonhorst, München
Umschlagfoto und Zeichnungen: Rüdiger Dahlke
Produktion: Tillmann Roeder, München
Satz: Uhl + Massopust GmbH, Aalen
Druck und Bindung: Wiener Verlag, Himberg

ISBN 3-88034-343-8

Printed in Austria

Inhalt

Einleitung

Vom alten Weltbild zu neuen, uralten Ufern

Meine Worte sind verwoben
mit den hohen Bergen,
mit den hohen Felsen,
mit den hohen Bäumen,
verwoben mit meinem Körper
und mit meinem Herzen.
Helft mir alle mit übernatürlicher Kraft,
und Du, Tag,
und Du, Nacht.
Seht mich alle,
ICH BIN EINS MIT DIESER WELT.

Gebet der Yokut-Indianer aus Kalifornien

Die Welt, in der wir leben, ist eine äußerst zwie-spältige, um nicht zu sagen viel-spältige: Grenzen teilen Kontinente und Länder, Generationskonflikte trennen Alt und Jung, egoistische Bedürfnisse ziehen Trennungsgräben um jeden einzelnen. Vieles weist darauf hin, daß die Klüfte immer größer werden. Wir haben uns seit Jahrhunderten einer ur-teilenden Weltanschauung verschrieben – am auffälligsten wird dies an der Kernspaltung – und viele Menschen spüren, wie sich nun ein Umbruch anbahnt.

Ob es allerdings die erwartete äußere Weltkatastrophe etwa in Form des aller Orten gefürchteten Atomkrieges sein muß, bleibt dahingestellt. Die Möglichkeit eines inneren Umbruchs, der unser Weltbild von Grund auf erschüttert, ist ebenso gegeben.

Die alte Weltsicht erscheint immer mehr Menschen überlebt, und daraus entsteht jene Atmosphäre von Erwartung und Spannung, die sich einerseits in Schreckensvisionen vom Weltuntergang entlädt und andererseits vom alles versöhnenden Wassermannzeitalter träumt. Tatsächlich haben sich schon viele Zeiten danach gesehnt, die eine, besondere, zu sein, und immer wieder haben Menschen sich in Prophezeiungen über Neue Zeitalter und Jüngste Gerichte ergangen – und doch gibt es einige ernstzunehmende Hinweise, die gerade für unsere Zeit eine ent-scheidende Weichenstellung erwarten lassen: mit dem Alten unterzugehen oder mit dem Neuen aufzuerstehen.

Das überkommene, mechanistische Weltbild, das unseren Globus als berechenbaren Lebensraum für maschinenähnlich funktionierende Menschen sieht, verwickelt sich zunehmend in Widersprüche und wird immer schwerer haltbar. Bemerkenswert ist, daß dieses Weltbild von den beharrenden Kräften mit Hinweis gerade auf jene Naturwissenschaften festgehalten wird, deren herausragende Vertreter sich von den konservativen Kräften unbemerkt oder ignoriert einer nach dem anderen ins Weltbild der Esoterik hinübergedacht und geforscht haben.

Ob wir nun einer inneren Wende zutreiben oder einem äußeren Umbruch, ist heute kaum vorherzusagen und wird auf lange Sicht gleich-gültig bleiben. Sicher scheint nur, daß einem tieferen Rhythmus, einem inneren Gesetz folgend, eine neue Phase im Wellenmuster heranrollt. Dem dahinter stehenden zeitlosen Gesetz wollen wir uns später zuwenden. Vorerst möge uns das in jedem einzelnen mehr oder weniger deutliche Gefühl leiten. Tatsächlich wäre auch die große äußere Katastrophe ein Umkehrpunkt, nichts anderes be-deutet das griechische Urwort »he katastophé«. Wie aus dem äußeren Zusammenbruch eine neue Welt mit einem neuen Denken entstünde, ließe ein innerer Umschwung in den Menschen ein neues Weltbild er-wachsen, auf dem sich eine neue Welt aufbauen würde. So könnten wir von einem sehr übergeordneten Standpunkt (aus Gottes Sicht) ganz beruhigt sein: Alles wird seinen richtigen Lauf nehmen.

Wir wären aber keine Menschen, würden wir nicht an unserer Welt hängen, genau wie wir an unserem Körper hängen. In dieser Hinsicht wird uns die Parallelität von Körper (Mikrokosmos) und Welt (Makrokosmos) sehr drastisch vor Augen geführt: Der Untergang der Welt bedeutet auch den Untergang unseres individuellen Körpers, und umgekehrt bedeutet unser körperlicher Tod auch das Ende unserer gewohnten Welt. Tatsächlich ist die Erde unser kollektiver Körper, unser gemeinsamer Himmelskörper, den wir uns, wie den individuellen, möglichst lange erhalten wollen; auch wenn unser individuelles und kollektives Verhalten in letzter Zeit eher auf beider Zerstörung hinausläuft. Das ist eines der Paradoxa unserer Zeit. Eine These dieses Buches ist, daß das an einem nicht nur veralteten, sondern auch gefährlich unangemessenen Weltbild liegt, das von einem ebenso unangemessenen Denken beherrscht wird.

Gerade aber im Denken deutet sich jetzt ein Umbruch an, nähert sich doch die Naturwissenschaft, vor allem die Physik, dem esoterischen Weltbild, dem eine allumfassende statt der bisherigen trennenden und sezierenden Weltsicht zugrunde liegt.

Wir wollen uns in diesem Buch aber nicht, wie viele Naturwissenschaftler in den vergangenen Jahrzehnten, von der Physik zur Esoterik tragen lassen, sondern, von Anfang an den zeitlosen Weisheitslehren folgend, erleben, wie die Physiker Stück für Stück dieses uralte Wissen bestätigen. Auch hier verbirgt sich eine Wellenbewegung, denn die Naturwissenschaftler waren es ja ursprünglich, die die Weisheitslehren ins Abseits drängten, und nun ist es wiederum an ihnen, sie auf einer tieferen Ebene zu bestätigen. Die Esoterik hat sich in all den Zeiten nicht bewegt, und es besteht auch jetzt kein Grund dazu. Allerdings kann es viel Spaß machen, von ihrem Wissen getragen, zu erleben, wie sich die Vorhut der Wissenschaft mit dem zeitlosen Wissen vereinigt. Es ist der Punkt, wo sich die Schlange in den Schwanz beißt, wo sich älteste Weisheit und neuestes Wissen ver-ein-igen. Vereinigung aber führt zur Ganzheit.

In diesem Buch soll es vor allem um Ganzheit gehen, um das Erkennen der Einheit von Mikrokosmos und Makrokosmos. Unser Ziel ist es nicht, etwas zu beweisen, der Wissenschaft ihre Arbeit abzunehmen, sondern vielmehr, auf den Grundsätzen der Weisheitslehren fußend, mit dem modernen Wissen zu spielen und dabei ein Gefühl für uns selbst zu bekommen und für unseren Platz im Kosmos. Von der uralten Basis der Esoterik aus wollen wir die Welt in unserer Zeit betrachten und dabei sehen lernen, Gefühl für die verschiedenen Ebenen der Wirklichkeit entwikkeln, Analogien erkennen, die Spielregeln von Lila, dem kosmischen Spiel, ent-decken, um dadurch mehr Spaß am Spiel zu finden. Denn natürlich macht ein Spiel mehr Freude, wenn wir seine Regeln kennen und aktiver Mitspieler statt frustrierter Außenstehender sind. Die Kenntnis des Spielfeldes und des Musters aber, das dem Verlauf des großen Spiels zugrunde liegt und ihn bestimmt, macht erst das Erreichen unseres eigentlichen Zieles möglich: die Einheit von Mikro- und Makrokosmos zu entschlüsseln.

Die Spielanalogie kann uns auch den wesentlichen Unterschied zwischen dem Denken der Wissenschaft und jenem der Esoterik verdeutlichen. Nehmen wir ein Fußballspiel: Gerade ist ein Pfiff ertönt, und sofort stürmt ein Spieler auf den Ball los und schießt ihn am Torwart vorbei ins Tornetz. Halten wir in Gedanken das Ganze in dem Moment an, wo der Spieler den Ball trifft. Ein Wissenschaftler würde bei dem Versuch, das Spiel zu durchschauen, mit der typischen Frage beginnen: *Warum* ist der Stürmer losgerannt? – Und irgendwann würde er den Pfiff als Ursache herausfinden. Damit hätte er für einen klassischen

Naturwissenschaftler alles Mögliche erforscht, denn eine Ursache muß bei diesem Denken immer vorher, also in der Vergangenheit, liegen, und das stimmt für den Pfiff. Ein Geisteswissenschaftler würde sich weniger um die Vergangenheit kümmern, denn er ist es gewohnt, mit Absichten zu arbeiten und damit Gründe in der Zukunft zu suchen und würde also das Ziel, ein Tor zu schießen, als Ursache für das Losrennen des Spielers ausmachen. Offensichtlich sind beide Ursachen richtig, und ein Alleinvertretungsanspruch einer Seite ist unangemessen. Und doch spiegelt ein »Entweder-Oder« unsere Wirklichkeit. Die klassische Philosophie der Griechen war hier bereits einige Schritte weiter, und so finden wir bei Aristoteles vier grundsätzliche Ursachen: erstens eine stoffliche (causa materialis), zweitens eine Wirkursache (causa efficiens), drittens eine Zweckursache (causa finalis) und viertens eine Formursache (causa formalis et exemplaris). Unsere beiden schon zitierten Ursachen erkennen wir in der Wirkursache (dem Pfiff) und der Zweckursache (dem Torschuß). Die stoffliche Ursache wäre in diesem Fall das Vorhandensein eines Fußballfeldes und eines Balles. Mit der vierten Ursache, der causa formalis et exemplaris, kommen wir aber zu einer ganz entscheidenden weiteren Bedingung. Sie ist in unserem Fall das Muster, das dem Spiel zugrunde liegt, das energetische Feld, das aufgebaut wird einmal durch die formalen Spielregeln, zum anderen aber auch durch die inneren Regeln, die den Bewegungsablauf des Spielers bestimmen, und durch all die Beispiele der Gesamtheit aller Spiele und Torschüsse der Vergangenheit. Diese formgebende Ursache ist verantwortlich für das innere Bild des Spielers von einem Torschuß, und als solche ist sie eng verknüpft mit der Zweckursache (Ball im Tor). Die Zweckursache liefert sozusagen das letzte Bild für die Bilderserie »formgebende und beispielhafte Ursache«. In jüngster Zeit hat der Biologe Sheldrake* mit seiner Theorie der morphogenetischen Felder erstmals ein modernes Äquivalent für die formgebende Ursache geliefert.

Setzen wir unser Fußballspiel in Analogie zu Lila, dem kosmischen Spiel, so haben wir ein schönes Bild unserer Wirklichkeit. Während die Naturwissenschaft die verschiedenen Frequenzen des Pfiffes erforscht und sich die Geisteswissenschaft um die Philosophie des Toreschießens kümmert, sieht die Esoterik das Muster hinter dem Spiel.

---

* Rupert Sheldrake, Das kreative Universum, Goldmann TB

Um das Erkennen solcher Muster, ja eigentlich des einen großen Musters, wird es in diesem Buch vor allem gehen und auch darum, sich selbst als Teil des großen Musters wahr-zu-nehmen. Wir werden uns daher weniger um das Analysieren von Einzelheiten kümmern, sondern vielmehr den Blick offenhalten für das Große Ganze. Diesem Ziel soll alles andere untergeordnet werden, auch Sprache und Logik.

Unser Denken und seine Sprache sind nämlich so zergliedernd, daß sie sich diesem Unterfangen nur widerwillig fügen, und so will ich versuchen, durch Anführungszeichen, Kursivdruck und Gedankenstriche die anderen mitschwingenden Ebenen anzudeuten, die sich sonst leicht verbergen, da ja Eindeutigkeit lange genug Hauptziel des Denkens und der Sprache war. In diesem Buch soll aber die Betonung gerade auf Mehrdeutigkeit, ja, Vieldeutigkeit liegen. Das Ganze sollte mitschwingen, und dazu werden wir alles Notwendige nutzen. Wir wollen uns also weder an den Begrenzungen der Sprache orientieren, noch uns um die Gesetze des herrschenden wissenschaftlichen Weltbildes kümmern, sondern uns im Gegenteil mit Hilfe des analogen Denkens den symbolischen Mustern der verschiedenen, sich durchdringenden Welten öffnen. Wo uns die Forschungsergebnisse jener Wissenschaftler, die die Grenzen des alten Weltbildes hinter sich gelassen haben, helfen, die zeitlosen esoterischen Analogiegesetze zu illustrieren, nehmen wir sie dankbar an.

Daß das Wellental, in dem die Weisheitslehren in unseren Breiten fast versunken schienen, dann doch nicht so tief war, zeigt ein Besuch im Dom zu Siena: Dort findet sich der Vater der Hermetischen Philosophie, Hermes Trismegistos, überlebensgroß und als zentrale Figur, den gesamten Domeingang beherrschend [s. Abb. auf Umschlag-Rückseite]. Vor nicht einmal tausend Jahren wurde also dieser große Hüter des kosmischen Gesetzes noch in Würden gehalten. Die zugehörige lateinische Marmorinschrift läßt keinen Zweifel an seinem Rang und stellt ihn ausdrücklich an die Seite von Moses, dem anderen großen Gesetzeskünder. Während Moses' Gesetz zwar von den Christen vielfach im Munde geführt, im wesentlichen aber ignoriert wurde, war das Gesetz des Dreimal-großen-Hermes praktisch vergessen.

Die Esoterik und den Lauf der Welten aber bestimmte zu allen Zeiten einer der Grundsätze seiner Tabula Smaragdina: »Dasjenige, welches unten ist, ist gleich demjenigen, welches oben ist: Und dasjenige, welches oben ist, ist gleich demjenigen, welches unten ist, um zu vollbringen die Wunderwerke eines einzigen

Dinges.« Kurz zusammengefaßt wird dieser Satz üblicherweise in den Worten: *Wie oben, so unten.*

Auf diesen scheinbar so einfachen Satz läßt sich die gesamte esoterische Weltanschauung zurückführen. Diese Gesetzmäßigkeit enthüllt uns das Muster des Weltgefüges, indem sie den Makrokosmos zum Spiegel des Mikrokosmos erklärt und umgekehrt. Nachdem diese Analogie der Wissenschaft einige Jahrhunderte lang dazu gedient hat, die Naivität der Esoterik zu belegen, haben jetzt wiederum die Physiker herausgefunden, daß die weitreichendsten Gesetze, die heute formuliert werden können jene der Symmetrie sind. Mit anderen Worten. *Wie oben – so unten.*

In diesem esoterischen Symmetriesatz erkennen wir einen anderen klassischen Satz der östlichen Weisheitslehre wieder: »Tat tvam asi.« »Du bist das und das ist Du«, was besagen will, daß der Betrachter sich in allem spiegelt und alles sich in ihm. *Pars pro toto* nennen wir im Westen dieses Prinzip. Der Teil steht für das Ganze, enthält das Ganze – eine Erfahrung, die die Naturheilkunde zunehmend nachvollzieht, wenn sie etwa den ganzen Menschen in den Reflexzonen der Fußsohle oder den Akupunkturpunkten der Ohrmuschel wiederfindet. Auch die Biologie kann das Pars-pro-toto-Gesetz bestätigen, seit sie die Information für den ganzen Menschen in jeder einzelnen seiner Zellen gefunden hat. Die Physik belegt uns diesen Grundsatz mit dem Hologramm, wo jeder kleinste Bildabschnitt das ganze Bild enthält. Lyrischer formuliert ist dasselbe Gesetz in dem Satz der indischen Yogini Ananda May: »Der Tropfen mag bisweilen schon wissen, daß er im Meer ist, aber selten wohl weiß er, daß das Meer auch in ihm ist.«

Als weiteres grundlegendes Gesetz läßt sich auch das *Polaritätsgesetz* in unserem hermetischen Satz des Anfangs wiederfinden: Jedes Ding auf Erden hat seinen Gegenpol; alles besteht aus Gegensatzpaaren: Weiß könnte nicht ohne Schwarz existieren und Gut nicht ohne Böse, Mann nicht ohne Frau, und die Eins wäre nicht denkbar ohne die Zwei. Wir leben in einer grundsätzlich polaren Welt, in der wir die Einheit nicht wahrnehmen können, und deshalb erscheint die Wirklichkeit zwangsläufig in Form von Gegensatzpaaren. So spiegelt sich alles in einem anderen, seinem Gegenüber oder Gegenpol.

Zum Polaritätsprinzip gehört auch jenes Gesetz, das besagt, daß alles Lebendige Rhythmus ist, kurz ausgedrückt: »Auf jedes Auf folgt ein Ab«. Ursymbol dieses Lebensprinzips ist uns der

Atem mit seinem not-wendigen Aus- auf jedes Einatmen. Ohne das Ein- könnte es kein Ausströmen der Luft geben und umgekehrt. In diesen Zusammenhang gehört auch das Urbild der Welle mit ihrem Berg und Tal.

Die Esoterik drückt dasselbe mit dem Symbol des Lebensrades, der X. Tarotkarte aus. Das Rad dreht sich unaufhörlich, und was eben noch oben war, ist gleich darauf unten usw. So folgt auf Glück Unglück, auf die warme Jahreszeit die kalte und auf die Hochkonjunktur die Depression.

Das *Resonanz- oder Affinitätsgesetz* kann ebenfalls auf jenen Satz der Tabula Smaragdina zurückgeführt werden. So wie eine Stimmgabel nur bei einem Ton ins Mitschwingen gerät, nämlich bei ihrem Resonanzton, schwingen wir nur bei unserem Thema mit (anderenfalls ist es uns langweilig); und ein Fernsehgerät funktioniert ebenfalls nur in Resonanz mit dem eingestellten Programm. Auch hier können wir die Symmetrie leicht wiedererkennen: Beide Seiten müssen sich entsprechen, um miteinander in Resonanz zu schwingen, oder wie Goethe es unübertroffen sagte: »Wär' nicht das Auge sonnenhaft, nie könnt' die Sonne es erblicken. Wär' nicht in uns des Gottes Kraft, wie könnt uns Göttliches entzücken?«

Die Welt ist wahrhaft symmetrisch, bzw. die Symmetrie scheint die nächste Annäherung an die Wahrheit, die wir finden können. Die Wahrheit selbst ist in unserer polaren Welt eben nicht ausdrückbar, wiederum eine zeitlose esoterische Weisheit *und* eine sehr neue Erkenntnis der Physik. Wir können uns die Wahrheit noch am ehesten als jene Schnittstelle vorstellen, an der die Spiegelung der Welten stattfindet. Konkret: Wenn wir in einen Spiegel schauen, blickt uns unser seiten-verkehrtes Bild entgegen. Beide Bilder sind Gegenpole und bilden zusammen die eine Wahrheit. Irgendwo zwischen uns und unserem Spiegelbild liegt jene »Ebene«, um die gespiegelt wird, und die ist nicht wahrnehmbar. Schon geometrisch betrachtet hat eine Ebene oder Gerade keinerlei Dicke ähnlich wie der Punkt, der keinerlei Ausdehnung im Raum hat.

Damit kommen wir zu einer weiteren Erfahrung mit Symmetrie. Blasen wir solch einen dimensionslosen Punkt mit Raum auf, bekommen wir eine Kugel und in der Ebene einen Kreis, ein Mandala. Die Kugel oder das Mandala sind sozusagen die in den Raum gespiegelte Einheit. Alles, was wir in der Kugel oder im Mandala finden, muß folglich schon im Punkt gewesen sein, wenn auch in einer sehr dichten Form. Zum Punkt hin muß sich das Muster des Kreises immer mehr verdichten, denn der zur Verfügung stehende Raum wird ja immer kleiner. Schließlich am Punkt der größten Dichte hört dann plötzlich alles auf zu existieren und fällt in sich zusammen – ins »Nichts«. Nun ist das Muster aber nicht verschwunden, sondern es hat lediglich die Ebene des Materiellen, Greifbaren, verlassen. Vorhanden muß es noch sein, denn wir können es ja aus dem Punkt wieder entwikkeln, indem wir Raum hineingeben. Die subjektive Erfahrung des Ebenenwechsels aus der Polarität von Raum und Zeit in die Einheit des Mitte-lpunktes ist auch das Ziel aller Medi-tation. Punkt und Kreis (Mandala) sind graphische Symbole dafür. Auf einer rationaleren Ebene haben die Atomphysiker ähnliche Erfahrungen gemacht, als sie sich in die Mitte des Atoms wagten.

In der *Mitte aller Dinge* liegt ihr Geheimnis, hier geschieht der Ebenenwechsel in eine neue Dimension, und das gilt nicht nur für das Atom, sondern auch für die Zelle und den ganzen Menschen, die Erde und letztlich wohl auch für das ganze Universum.

Diesen Satz, daß sich das Wesen der Dinge in ihrer Mitte enthüllt, wollen wir zu unserem letzten esoterischen Grundsatz wählen und den Mitte-lpunkt zu unserem Ausgangspunkt, von dem aus wir die Welt betrachten. Damit haben wir nach dem grundlegenden Symmetriesatz: »Wie oben – so unten« die folgenden 4 nachgeordneten Gesetze, die uns den Weg durch Mikrokosmos und Makrokosmos erleichtern sollen: das Pars-pro-toto-Gesetz, das Polaritätsgesetz, das Resonanz- und Affinitätsgesetz und schließlich das Gesetz der Mitte.

Diese Gesetze werden uns die Reise in Mikrokosmos und Makrokosmos sehr erleichtern. Vor allem, wenn wir sie vom ganz Kleinen, der Welt des subatomaren Raumes, ausgehend, betrachten. Dieser Bereich bietet sich besonders an, weil er von der Physik so außerordentlich gut erforscht wurde. Hier wollen wir die Grundmuster entdecken, um die sich alles dreht. Vom Subatomaren aus werden wir dann durch die Welten der Moleküle und Zellen bis zum Menschen vorstoßen und darüber hinaus bis zu Erde und Universum.

Die klassische hermetische Analogie »Mensch ist gleich Mikrokosmos – Welt ist gleich Makrokosmos« wollen wir dahingehend erweitern, daß auch der Mensch Makrokosmos sein kann, nämlich für die Zelle, und diese wiederum für das Atom. Desgleichen kann die Erde Mikrokosmos gegenüber dem Universum werden. Diese uns ferneren Analogieebenen können uns vieles verdeutlichen, da wir aus der Floh-, bzw. Vogelperspektive manche Muster und Zusammenhänge klarer erkennen können. So werden wir erleben, wie sich all diese verschiedenen Ebenen entsprechen und einander widerspiegeln. Alles bleibt aber von theoretischem Interesse, solange wir es nicht ständig auf uns Menschen und unsere Welt, die Erde, zurückbeziehen.

Bevor wir uns endgültig in medias res, die Mitte der Dinge begeben, bleiben noch zwei Voraussetzungen zu erfüllen. In der Mitte der Welt werden wir dem Absoluten (der Einheit) begegnen, wenn wir es auch nicht begreifen oder gar in Worte fassen werden. Die Unmöglichkeit des Be-greifens liegt in unserem Denken be*gründet*, die Unmöglichkeit des In-Worte-*fassens* liegt in der Natur der Worte. Denken und Sprache hängen äußerst eng zusammen und sind gleichermaßen ungeeignet, die Polarität zu überwinden. Die Einheit ließe sich nur von Mitte zu Mitte erleben. Dieses Erleben läßt sich aber eben nicht *fassen*. Es gibt da nichts zu be-*greifen*. Am Spiel mit diesen beiden letzten Ausdrücken will ich ihre Unangemessenheit in bezug auf das Eine verdeutlichen.

Unser Denken ist vollkommen in die Polarität integriert und von ihr abhängig, beruht es doch auf der Sinneswahrnehmung, die wiederum auf dem Vergleich beruht. All unsere fünf Sinne können immer nur etwas mit etwas anderem vergleichen. Sie bedürfen not-wendig des Gegenpols. Das Auge kann Hell gegen Dunkel abgrenzen (mit Hilfe der Stäbchen) und (mit Hilfe der Zapfen) eine Farbe gegen die andere. Das Ohr kann laut gegen leise, die Haut eine Empfindungsqualität wie starken Druck gegen schwächeren abgrenzen, die Geschmacksnerven eine Geschmacksqualität gegen die andere, und ebenso funktioniert unsere Geruchswahrnehmung. Erfahrungen, wie relativ dieses System ist, haben wir alle schon gemacht durch das Phänomen der Gewöhnung. Hat sich das Auge sehr lange an Dunkelheit angepaßt, kann es plötzlich Dinge wahrnehmen, die vorher gänzlich unsichtbar waren, bis hin zu einzelnen Photonen (kleinste Lichtteilchen). Ist es im Gegenteil geblendet worden, sieht es unter Umständen überhaupt nichts mehr. Jeder kennt die Erfahrung, daß er sich an Lautstärke gewöhnen kann. Ein Pistolenschuß in der Discothek kann ganz untergehen, während er in einer Kathedrale eine enorme Wirkung haben würde. Nach einem sehr scharfen Currygericht kommt uns Pfeffer plötzlich harmlos vor, und auch an den stärksten Gestank gewöhnt man sich. Unsere Wahrnehmung ist also schon in dem geringen Bereich, für den sie ausgelegt ist, sehr relativ und situationsabhängig und bei weitem nicht so objektiv wie unser altes mechanistisches Weltbild gerne unterstellt.

Dazu kommt, daß sie ja eben wirklich nur ein sehr kleines Spektrum umfaßt, Hunde, z. B. hören viel besser und bis in ganz andere Frequenzbereiche, während Fledermäuse mit Ultraschall arbeiten. Die Grenzen unserer Augen markieren die Worte »Infrarot« und »Ultraviolett«. Das zeigt aber nicht nur die Grenzen unserer Wahrnehmung, sondern gleichzeitig, daß da noch etwas ist und dieses Etwas auch wirkt, wie wir am Beispiel eines Sonnenbrandes schmerzhaft spüren können. Doch auch das Spüren hört bald auf, und hätten wir nicht Maschinen, die unsere begrenzten Sinne erweiterten, UKW oder Mittelwelle wären für uns sinnlose Ausdrücke.

Gerade in letzter Zeit wird die Begrenzung unserer Sinneswahrnehmungen an der radioaktiven Bedrohung klar. Wir hören, sehen, riechen und schmecken nichts, bis wir erst viel später

Krebsgeschwürschmerzen wahrnehmen können. Auf unsere Wahrnehmung ist also offensichtlich viel weniger Verlaß, als wir uns eingestehen. Sehr viel lustiger demonstrieren uns dies Filme: Plötzlich drehen sich da in irgendeinem alten Western die Wagenräder falsch herum. Überhaupt narrt jeder Film unsere Optik: Wo wir Bewegung sehen, sind garantiert lauter stillstehende Bilder, die einfach schnell aufeinander folgen. Wir müssen also zugeben, daß unsere Augen nicht nur relativ und in einem begrenzten Rahmen arbeiten, sie sind auch noch träge, sogar trügerisch, gaukeln sie uns doch, statt der in vielen einzelnen Sprüngen (den Einzelbildern) ablaufenden »Wirklichkeit« einen gleichmäßigen, kontinuierlichen Strom von lebenden Bildern vor.

Und diese trügerischen Sinne liefern also die Basis unseres Denkens! Dazu kommen noch die mehr oder weniger mechani-

beide Linien sind gleich lang [1]

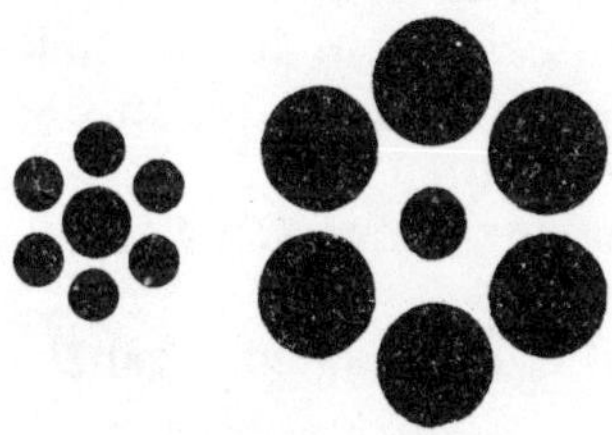

die mittleren Kreise sind gleich groß [2]

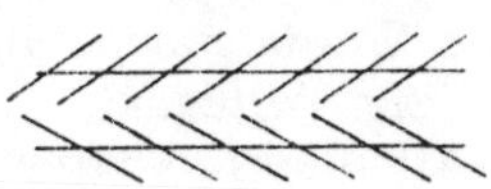

die beiden Linien sind parallel [3]

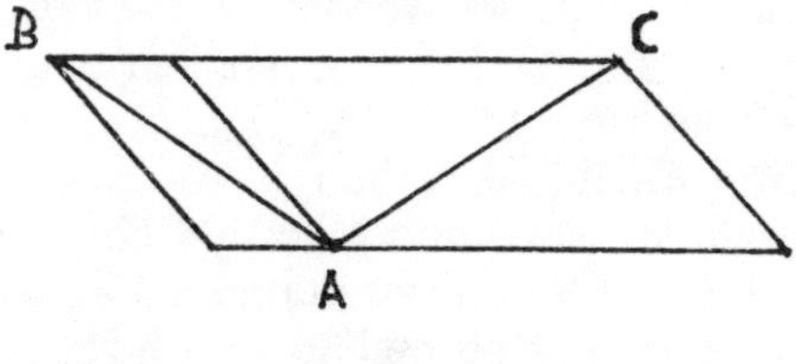

die Strecken AB und AC sind gleich lang [4]

---

[1] Müller-Lyer'sche Täuschung
[2] Ebbinghaus'sche Täuschung
[3] Hering'sche Parallelentäuschung
[4] Sander'sches Parallelogramm
alle 4 aus Klaus Anton, Praxis der Gruppendynamik, Göttingen 1973.

schen Erfahrungen körperlicher Art, die ebenfalls auf der Polarität beruhen. Die Worte »be-greifen«, »er-fassen«, »ver-stehen« oder »ein-sehen« und selbst »kapieren« (von lat. caput = Kopf) zeigen uns den körperlichen Bezug unseres Denkens. Andere Worte aber haben wir nicht, um den betreffenden Sachverhalt darzu-legen. Während in »ein-sehen« wenigstens noch die Absicht mitschwingt, hineinzusehen, das Eine vielleicht sogar wirklich zu sehen, zeigen uns »er-fassen« und »be-greifen« deutlich, wo wir mit unserem Denken *stehen*. Um zu er-fassen und zu be-greifen, bedarf es im ursprünglichen Sinne der Hand und diese verdeutlicht uns wiederum sehr schön das polare Prinzip: Denn nur durch die Opposition des Daumens zu den übrigen Fingern, ist be-*greifen* möglich.

Hätten wir nur die vier Finger ohne ihren Gegenpol, könnten wir nichts er-fassen. Hätten wir nur »Gut«, könnten wir »Böse« nie begreifen. Mit einem Wort, wir sind in unserem Denken und Handeln abhängig vom Gegenpol.

Folglich müssen wir uns ehrlicherweise eingestehen, daß das *Beschreiben* der wirklichen Mitte aufgrund der Struktur unseres Denkens und unserer Sprache unmöglich ist. Beide sind und bleiben Kinder der Polarität. Als solche werden sie uns selbst beim *Darstellen* ganzheitlicher Strukturen und Muster durch ihre zerlegende und trennende Tendenz einige Schwierigkeiten bereiten.

Eigentlich bedürfte es zur Formulierung des neuen ganzheitlichen Weltbildes einer Sprache, die, wenn sie auch wohl die Einheit nie in den *Griff* bekommt, doch statt der polarisierenden eine vereinigende, zusammenfassende Grundtendenz hätte.* Solch eine Sprache steht noch nicht zur Verfügung, und so müssen wir uns mit der alten behelfen. Allerdings sollten wir uns ihrer Grundtendenzen von vornherein klar sein, denn Sprache ist genau wie Denken bei weitem nicht so wertfrei wie es die Wissenschaft bisher unbewußt unterstellte. Sie ist ein ganz entscheidendes Werkzeug und hat tatsächlich erheblichen, wenn auch meist unbemerkten, Ein-fluß auf den Inhalt.

Nehmen wir an, wir hätten Messer und Gabel als einzige Eßwerkzeuge und es gäbe keinerlei Alternative zu ihnen. Die zu bearbeitenden Themen (Gerichte) wären einmal Steaks und zum anderen Suppe. Wahrscheinlich wäre das Ergebnis einer entspre-

---

* Der Physiker David Bohm skizziert in seinem Buch »Die implizite Ordnung« solch eine Sprache in großen Zügen.
David Bohm, Die implizite Ordung, Trikont 1985.

chenden Untersuchung oder Bearbeitung, daß Steaks eine sehr geeignete Nahrung darstellen, wohingegen Suppe eine äußerst zwiespältige Sache sei und eigentlich zum Verzehr wenig geeignet. Dieses Beispiel mag komisch wirken, und doch stellt es die Situation sehr treffend dar. Unserem Thema angemessen wäre ein Sprachwerkzeug, das verbindet und den Bewegungscharakter der Wirklichkeit betont, stattdessen haben wir aber nur eine Sprache, die das Statische und Trennende betont und dabei auch noch Partei ergreift für den männlichen Pol unserer Wirklichkeit. Wir sind geradezu stolz darauf, in ihr ein scharf differenzierendes Handwerkszeug zu besitzen, dessen möglichst weitgehende Eindeutigkeit uns wichtig ist (die Eins ist in der Symbolik der Sonne zugeordnet und somit dem Männlichen). Eindeutigkeit ist aber immer nur *eine* Seite der Medaille, wenn auch die Basis der »männlichen Logik«. Die sogenannte »weibliche Logik« macht uns geradezu ver-rückt, da sie eben den Schwerpunkt in Richtung Zwei-deutigkeit oder gar Mehr- und Viel-deutigkeit verrückt (die Zwei ist dem Mond und damit dem Weiblichen zugeordnet, wie auch die Mehr-zahl und die Viel-zahl als Gegenpol zur männlichen Eins). Für den Zweck dieses Buches wäre eine vieldeutige Sprache, die sich zwischen den Polen des Männlichen und Weiblichen bewegt, brauchbarer (allerdings wäre auch sie letztendlich der Mitte unangemessen). Wo immer es vertretbar erscheint, wollen wir daher die wenigen spielerischen Möglichkeiten, die noch in der Tiefe unserer Sprache liegen, mit Hervorhebungen anklingen lassen.

Auch das Grundmuster unserer Grammatik »Subjekt, Prädikat, Objekt« verdeutlicht die Trennung des Beobachters (Subjekt) von der Welt (Objekt)* und betont die dominierende Stellung des Subjekts. Kein Satz darf zum Beispiel ohne deutlich abgetrenntes Subjekt sein, selbst wenn eigentlich gar keines erforderlich ist: *Es* stürmt. *Es* dauert lange, usw. Wer sollte denn dieses »Es« sein? Warum sagen wir nicht einfach »stürmen«?

Möglicherweise gab es früher Sprachen mit anderer Struktur. Bohm, der sich in seinem Buch »Die implizite Ordnung« diesem Thema sehr ausführlich widmet, verweist darauf, daß das klassische Hebräisch eine Sprache der Verben war und erst die moderne Sprachform die Verben substantivierte und das Gesamtmuster

* Diese Trennung von Beobachter und Objekt, bisher eine unerläßliche Voraussetzung wissenschaftlicher Forschung, ist in letzter Zeit von der Quantenphysik als ein der Wirklichkeit ebenso unangemessenes wie unmögliches Vorgehen erkannt worden.

dem heutigen Deutsch und Englisch anglich. Möglicherweise sind unsere subjektbetonenden Sprachen synchroner Ausdruck unseres subjektbetonenden Denkens, Sprachen des Ego und des Patriarchats, die die fließenden, verbbetonten Sprachen früherer matriarchaler oder ganzheitlicher Kulturen verdrängt haben. Wendungen wie: etwas »verbalisieren« oder sich »verbal« ausdrücken, könnten in diese Richtung weisen, betonen sie doch die Verben in einer heute gar nicht mehr angemessenen Weise.

Das oben Gesagte möchte anregen, der Sprache entsprechend wach zu begegnen, ihre Beschränkungen zu erkennen, aber auch ihre Hinweise zu nutzen und vor allem nicht mehr der ihr vielfach unterstellten Wertfreiheit aufzu*sitzen*. Sprache war niemals und kann niemals etwas vom vermittelten Inhalt Unabhängiges sein. Sie beeinflußt das Besprochene. Früher wurden Dinge noch wirklich im wahrsten magischen Sinne *be-sprochen* und natürlich dadurch be-*ein-flußt*. Es wurde ihnen etwas ein-geflößt, ein Energiestrom in sie hineingeleitet. Auch die Buchstaben gaben ihr ursprüngliches Geheimnis noch bereitwillig preis; wurden die Buchen-stäbe doch in der germanischen Frühzeit verwendet, um in divinatorischen Ritualen den Götterwillen zu lesen. So diente wohl auch die Schrift anfangs nicht der Zerteilung der Welt, sondern vielmehr ihrem Zusammenhalt. In dem Ausdruck »jemandem sein Wort geben« schwingt noch die ursprüngliche Bedeutung, die das Wort hatte, mit. Wie an diesen Beispielen gezeigt, kann es spannend sein, sehr genau auf die Worte zu achten, denn vielfach ent-hüllen sie weitere, viel ältere und tiefere Bedeutungsebenen.

Abschließend soll noch der Begriff der »Wertung« Thema einer grundsätzlichen Betrachtung sein. Unser Denken beruht neben dem Vergleichen zweier Pole vor allem auf deren Bewertung. Nun ist aber auch Wertung etwas der Mitte (Einheit) gänzlich Fremdes. In der Einheit kann es keine Wertung mehr geben. Schwarz und Weiß, Gut und Böse sind hier eins. Das erklärt auch, warum Wertung auf dem esoterischen Weg letztlich überwunden werden muß, und viele Exerzitien auf Wertfreiheit, bzw. nicht wertendes, ruhiges Betrachten der Polarität zielen. In der Wertung liegt allerdings auch ein hoffnungsvoller Same: Im klassischen Griechenland bedeutet »ratio« nicht nur »Vernunft« sondern auch »Verhältnis« und »Proportion«. Das Denken der Antike zielte auf diese ratio, auf Vernunft *und* das rechte Maß. Beides gehörte noch so eng zusammen, daß ein Wort genügte. Pythagoras formulierte etwa: »Der Mensch ist das Maß aller Dinge«. Er meinte damit offenbar, daß das Maß nichts dem Menschen Äußerliches ist, sondern ganz wesen-tlich von ihm abhängt, ja, aus ihm kommt. Für Pythagoras ging das rechte Maß über äußere Zahlenverhältnisse weit hinaus. Es galt ihm als Schlüssel für Harmonie, im individuellen menschlichen Verhalten, auf gesellschaftlicher Ebene und im spirituellen Bereich. Es bestimmte die bildenden Künste im Griechenland der damaligen Zeit, der goldene Schnitt der Renaissance mag noch als Erinnerung daran gelten. Auch in der klassischen Musik ging es vor allem um rechte Verhältnisse. So war das Maß weit mehr als ein äußerer Maßstab, um äußere Dinge abzumessen. Es war ganz entscheidend mit dem inneren Er-messen der Menschen verbunden. Erst im Laufe der Zeiten kam es dann zu einer Verarmung des Begriffes, wodurch er immer unabhängiger vom menschlichen Ermessen und dafür »objektiver« wurde, bis er schließlich zum Schlüsselwort für Wirtschaft und Wissenschaft geriet. Wenn wir den Begriff des »Er-Messens« aus seinem modernen Gefängnis befreien, ihn wieder mehr in jene Richtung rücken, in der er als rechtes Maß ein Schlüsselbegriff der pythagoräischen Harmonik war, kann er uns zum wichtigen Hilfsmittel werden. Wir müssen nämlich auf dem vor uns liegenden Weg wieder lernen nicht mehr nur äußere Abmessungen miteinander zu vergleichen, sondern die inneren, wesensmäßigen Übereinstimmungen zwischen Mikrokosmos und Makrokosmos zu ermessen. Daß der Vergleich äußerer Abmessungen von Mensch und Welt nicht so viel hergibt, ist offensichtlich. In seinem alten Sinne hat das Messen und Werten viel mehr mit Erkennen und Erfühlen zu tun. Es geht weniger um Quantität, als um Qualität, und in diesem Sinne wird es für uns *wesent*lich – soll es doch bei unserem Werten mehr um einen inneren Wert, um Sinn und Symbol, als um äußeres Maß gehen.

In diesem Zusammenhang mag es auch einleuchten, daß das lateinische Wort für Heilen, »medere«, auf Messen zurückgeht. Heilen hat viel mit Messen gemein, weniger was äußere Werte (Laborwerte, Blutdruck usw.) angeht, als was das Ermessen der richtigen Verhältnisse, das Finden des rechten Maßes und damit der Mitte anbelangt. So ist auch die Medi-tation mit der Medizin* über diese gemeinsame sprachliche Wurzel verbunden. Eine meditative Haltung gegenüber unserem Vorhaben der Erkenntnis der Entsprechungen zwischen Mikro- und Makrokosmos ist aber die beste Begleitung auf dem vor uns liegenden Weg.

---

* Noch deutlicher wird die englische Sprache, wo das Wort für Heilmittel, »re-medy«, sogar das Zurück-zur-Mitte ausdrückt, ebenso wie das Lateinische re-medium.

Ich bete,
bevor ich etwas beginne,
so daß es ein Segen
für alle Menschen sein wird.

RED HAT (Cheyenne)

Teil I

Der Ureinwohner Amerikas verband seinen Stolz mit einer außergewöhnlichen Demut. Überheblichkeit war seinem Wesen und seiner Lehre fremd. Er erhob niemals den Anspruch, daß die Fähigkeit, sich durch Sprache auszudrücken, ein Beweis für die Überlegenheit des Menschen über die sprachlose Schöpfung sei; ganz im Gegenteil, er sah in dieser Gabe eine Gefahr. Er glaubte fest an das Schweigen – das Zeichen vollkommener Harmonie. Schweigen und Stille stellten für ihn das Gleichgewicht von Körper, Geist und Seele dar.

OHIYESA (Dakota)

Eure Religion wurde auf steinerne Tafeln geschrieben mit dem eisernen Finger eines zornigen Gottes, damit Ihr sie nicht vergeßt. Das kann der Rote Mann nicht verstehen und nicht im Gedächtnis bewahren. Unsere Religion, das sind die Lebensformen unserer Väter, die Träume unserer alten Männer, die ihnen der Große Geist schickt, die Visionen unserer Häuptlinge. Und das ist in das Herz meines Volkes geschrieben.

HÄUPTLING SEATTLE

1. Reise zum Zentrum

Dieses Buch soll einen Weg begleiten, eine Reise zwischen Mikro- und Makrokosmos, in deren Verlauf wir die bestehenden Entsprechungen ent-decken und das Wirken analoger Gesetzmäßigkeiten finden wollen. Dazu müssen wir erst einmal Kriterien, bzw. Gesetze haben, die wir dann hüben und drüben wiederfinden können. Einfach wäre es, die schon in der Einleitung erwähnten esoterischen Grundsätze überall zu suchen und damit sozusagen mit vorgefertigtem Konzept (Vor-urteil) auf die Reise zu gehen. Spannender wird unsere Pilgerschaft allerdings, wenn wir einfach einmal losgehen in Richtung Mitte.

Beginnen wir also beim Menschen selbst und machen uns auf den Weg zu unserer Mitte. Schon da stoßen wir auf den ersten Zwiespalt. Einige Theorien weisen in den Bauch-Beckenraum, zum sogenannten Hara, einige in die Brust zum Herzen und wenige sogar zum Kopf. Betrachten wir unseren Körper als Ganzes, einmal ohne die Gliedmaßen, so liegt die Mitte wohl am ehesten in der Brust in der Nähe des Herzens. Suchen wir den Schwerpunkt der körperlichen Balance und Kraft, so landen wir im Becken, und wählen wir unseren Intellekt als Ausgangspunkt, so finden wir die Mitte im Kopf. Es gibt also offenbar mehr als einen *Mittel*punkt, bzw. die Mittelpunkte sind relativ. Suchen wir aber den Mitte-l-punkt der Mittelpunkte, so spricht vieles für das Herz, das Zentrum unserer Gefühle. Dort deuten Kinder hin, wenn sie auf sich zeigen. Dort liegt mit Anahata das vierte und damit mittlere der sieben Chakren und somit auch die energetische Mitte des Menschen. Im schamanistischen System mit seinen zehn Chakren ist das Herzchakra das fünfte und bleibt so ebenfalls die Mitte. Vor allem aber ist es das mittlere der drei Zentren: Kopf, Brust und Becken.

So wollen wir nun zur mittleren Mitte aufbrechen. An unserem Ausgangspunkt auf der Brust stoßen wir gleich auf die erste Grenze, die Haut. Zum Glück haben wir als wesentliches Hilfsmittel die Fähigkeit mit auf unseren Weg bekommen, uns jeder Ebene beliebig anzupassen.

Also lassen wir uns jetzt immer kleiner werden, bis die Haut plötzlich gar nicht mehr so undurchdringlich aussieht. Gerade vor uns ist eine von unzähligen mehr oder weniger großen Eintrittspforten; doch tatsächlich sind es Ein- und Austrittspforten, denn aus einigen sickert Flüssigkeit heraus. Um uns herum gibt es eine unübersehbare Zahl abgrundtiefer Krater, aus deren Mitte jeweils ein mächtiger Stamm entspringt und zum Himmel ragt. Auch die übrige Oberfläche ist nun nicht mehr glatt und geschmeidig, sondern eher die bizarre Karstlandschaft eines fremden Planeten. Überall türmen sich Hornplatten übereinander und formen Täler und Hügel, die wie tot wirken. Das Schlimmste aber ist die Instabilität des ganzen Terrains. Befand es sich eben noch in einer mächtigen, die ganze Umgebung bis zum Horizont erfassenden Fallbewegung, so steigt es jetzt nach einem kurzen, ruhigen Verharren ebenso rapide auf. Angesichts dieser Situation ziehen wir uns in einen der Höhleneingänge zurück. Als Sicherheit postieren wir einen Freund draußen vor der Höhle, mit dem wir in ständigem Funkkontakt bleiben können. Außerdem werden wir uns auch der Zeit der neuen Ebene anpassen, ansonsten hätte uns schon die Atembewegung des Brustkorbes umgeworfen. Der Weg in unseren Tunnel führt immer tiefer hinab, vorbei an scheußlichen Ungeheuern, die den Trichtereingang zu bewachen scheinen. »Nur Bakterien« entwarnt unser Freund von draußen. Und dann kommt uns eine gefährliche, formlose Masse vom Grund des Trichters entgegengequollen. Vor die Wahl gestellt, vor der Talgwalze wieder nach draußen zu flüchten oder uns ins Gewebe zu schlagen, wählen wir den Weg in eine enge Spalte der Trichterwand. Zwischen Mengen sich sanft bewegender gelber Polster (»Fettgewebe« meint unser Funkpartner) dringen wir weiter in die Tiefe vor und landen schließlich in einem Gewirr von verschiedenfarbigen, zum Teil feuchten und sich nach irgendeinem verborgenen Plan bewegenden Strukturen. Die Orientierung wird immer schwieriger. Das Klima ist reichlich schwül, und wir müssen unsere innere Uhr nun wesentlich schneller einstellen, um noch mit all der hektischen Aktivität um uns herum in Einklang zu bleiben. Offensichtlich ist hier drinnen die ganze Landschaft in ständiger Bewegung, jedes Element für sich und auch alle zusammen. Nachdem wir uns durch einen Wald von elastischen Geweben vorgearbeitet haben, taucht ein langgezogener, roter Bergrücken vor uns auf. Er besteht aus unzähligen, streifig-gemusterten, fischartigen Strukturen, die sich in absoluter Harmonie miteinander dehnen und den Berg ganz flach werden lassen. Er gleicht wirklich einem jener großen, sich wie ein einziger Organismus bewegenden Fischschwärme. Ein Bild atemberaubender Schönheit – »ein Muskel«, meint unser Partner am Höhleneingang. Plötzlich kehrt sich das ganze Schauspiel um, und das engverwobene Wundergeflecht zieht sich wie ein einziges Wesen zusammen – alle Einzelzellen ziehen am selben Strang. Wir gehen am Berg entlang, bis wir auf eine seltsam kompakte Landschaft treffen, in die der Berg übergeht. »Ein

Rippenknochen«, werden wir belehrt. Um durch ihn hindurch zu gelangen, müssen wir weiter schrumpfen. Was eben noch so fest schien, lockert sich dabei zusehends auf und wir betreten eine Art Tropfsteinhöhle. Das undurchdringlich feste Material ist in Wirklichkeit eher luftig. Es gibt da alle Arten von Säulen und Wänden, Gängen und Brücken – ein gewaltiges Labyrinth filigraner Strukturen, schöner und vollkommener als von Künstlerhand und dabei durch seine geheimnisvolle An-ordnung über alle Maßen stabil.

Unser Orientierungssinn kapituliert vor den immer neuen Überraschungen, wir lassen uns noch kleiner werden: Das Labyrinth verschwindet daraufhin, und wir finden uns in einer sehr klaren und ordentlichen Umgebung. Unser Partner deutet es als kristalline Struktur. Doch ist das ganze Muster in einer schwingenden Bewegung, die so schnell ist, daß wir unser inneres Tempo noch einmal drastisch erhöhen müssen gegenüber dem Partner draußen. Hier schwingt alles, jeder einzelne Punkt des Musters. Noch weiter schrumpfend, entdecken wir Fäden aus kugeligen Gebilden in rasender Bewegung – Moleküle. Als wir uns einer der unzähligen Kugeln nähern, hat diese gar keine feste Oberfläche mehr, sondern entpuppt sich als ein schwirrendes Etwas. Ein wenig ähnelt es einem Bienenschwarm, der seine Königin umschwirrt. Doch kaum nähern wir uns der quirligen Oberfläche, wird sie immer leerer, und schließlich blicken wir in eine solch unbeschreibliche Leere, wie wir sie gewaltiger nie gesehen haben – selbst im fernsten Weltall scheinen noch mehr Sterne zu sein. All die Bienen sind wie verschluckt – es bleibt nichts als atemberaubende Leere. Vor Schreck springen wir einige Größenordnungen zurück in die Tropfsteinhöhle im Innern unseres Rippenknochens und dringen hier weiter in die Tiefe, denn von der Körpermitte sind wir noch weit entfernt. Bald treffen wir auf einen schlauchartigen Kanal. Um durch seine Wand zu gelangen, die aus wunderbar dünnen, elastischen und fast durchsichtigen Geweben besteht, müssen wir uns wieder etwas verkleinern, und sofort tut sich ein Spalt auf. Wir gelangen in einen gemächlich treibenden Fluß, dessen Wasser mit sonderbarem Treibgut verunreinigt ist. Eindeutig in der Überzahl sind flache Blättchen, die eines hinter dem anderen wie marschierende Soldaten in Schlachtordnung treiben und, alle zusammen betrachtet, dunkelrot wirken. Doch das ist nur die uniforme Masse, es gibt auch Kugeln und Sterne, mondsichelartige und hutförmige Gebilde, beinahe keine Form, die da nicht mitschwimmt. Eigenartige Verwandlungen finden statt von einer Gestalt in eine andere.

Gerade wird ein offenbar altes, stark beschädigtes Wesen vor unseren Augen von einem entsetzlichen, formlosen Moloch verschlungen. »Ein Makrophage, der ein rotes Blutkörperchen frißt« erklärt man uns. »In jeder Sekunde gehen zweieinhalb Millionen solcher roter Blutkörperchen zugrunde, und ebensoviele werden neu gebildet.« Die Reise geht weiter und wird schneller und der Fluß breiter. Von überall her bekommt er neue Zuflüsse und wird zum Strom und dann zum Meer. Jedenfalls läßt sich kein Ufer mehr erkennen. Ein dumpfes, rhythmisches Dröhnen wird lauter und schließlich ohrenbetäubend, dann ein Wirbel und enormer Sog in ein riesiges, saugendes Meeresbecken. Unvorstellbarer Druck baut sich auf, und wie der Pfeil von einer gespannten Sehne werden wir mit dem Blutstrom hinaus in ein großes Gefäß geschossen. Das also war das Herz!

Bevor wir uns versehen, sind wir schon wieder weit entfernt, irgendwo in Richtung Lunge unterwegs. Wieder kommt ein rhythmisch pulsierender Klang auf uns zu, langsamer als beim ersten Mal und eher beruhigend in seinem stetigen Wechsel von Ausdehnung und Zusammenziehen. Die Wege werden enger, und dann findet ein reger Austausch um uns herum statt – wie auf einem Marktplatz. Die roten Blutzellen laden ihr mitgebrachtes Gepäck (CO_2-Pakete) ab und nehmen neue Ladung (O_2-Pakete) durch die hauchdünnen Wände auf.

Die Reise wird wieder schneller, und schon werden wir noch einmal durch die dröhnende Mitte des Herzens katapultiert, diesmal in den Kopf, ins Gehirn: Ein unübersehbares Gewirr von lebendigen Kraken breitet sich da aus, jede mit ungezählten Armen, nach allen anderen nahen und fernen Kraken greifend, nach oben, unten, vorne, hinten und in alle Richtungen und übereinander und durcheinander. Jede Krake hat ihren festen Platz und ist doch in ständiger Bewegung. Dazwischen Tausende von Schnüren oder Kabeln aller Stärken, auf den ersten Blick wirr und doch verbindend, zu einer verborgenen Ordnung gehörig. Einem der Kabel folgend, gelangen wir in die Tiefe des Auges zu einer Art Ampel mit nur einem Licht. »An« oder »aus«, heißt die einfache Nachricht, die von hier und all den benachbarten Ampeln zurück ins Gehirn fließt. Ein anderes Verbindungskabel führt uns in die knochigen Höhlen des Innenohrs, wo einzelne große Steinbrocken auf flachgedrückten Fühlern von Seeanemonen herumkollern, damit unser Kopf immer weiß, wo oben und unten ist.

Wir fließen wieder in einen trägeren Blutstrom, der uns zurück zum Herzen trägt. Diesmal passen wir den richtigen Moment ab, verlassen den Strom mitten in der Herzkammer und zwängen uns in die Wand des großen Herzmuskels. Die Spindeln ähneln denen unseres ersten Muskelberges, nur ist die Bewegung hier schneller, doch genauso harmonisch. Alles vibriert vor Spannung, um sich dann in totaler Erschlaffung gehen zu lassen. Und dieser Rhythmus herrscht seit Jahrzehnten, paßt sich seinerseits äußeren Rhythmen an, und das Heer der Herzmuskelzellen bleibt ohne Ausnahme und ohne jede Müdigkeit seiner Aufgabe treu. Wieder schrumpfen wir, und der Fischschwarm wandelt sich in unendlich lange Fäden gewundener Girlanden, die sich schnell und in einem einzigen Rhythmus zusammen bewegen. Wir machen uns noch kleiner, beschleunigen unsere innere Zeit und finden uns in einer Ordnung wieder, die in ihrer kristallinen Struktur der des Knochens gleicht. Auch diese Ebene verlassen wir, und stoßen im noch Kleineren auf girlandenartige Strukturen, in denen dieselben schwirrenden Atome vibrieren, denen wir schon im Knochen als Bienenschwärme begegnet sind. Lange Stücke der Girlanden sind in gleichförmiger Wellenbewegung, sozusagen im Gleichschritt, und der ist ununterbrochen und über alle Maßen schnell, dabei aber höchst geordnet. Unser Partner draußen würde jetzt feststellen, daß die Welle in jeder Sekunde viele Millionen mal hin- und herschwingt. Wieder wenden wir uns einem einzelnen schwirrenden Atom zu, und wieder lassen wir uns schrumpfen und beschleunigen zugleich. Das Ergebnis aber bleibt verwirrend. Umso mehr wir uns der Ebene des Atoms anpassen, desto leerer wird es um uns. Der Bienenschwarm löst sich wie beim ersten Mal ins Nichts auf, und wir blicken wieder in die absolute Leere. Diesmal stellen wir uns weiter auf diese Welt ein, werden unendlich klein und rasend schnell, als wir irgendwo in der Leere doch noch etwas entdecken. – Dieses winzige, vibrierende Etwas muß die Mitte, der Atomkern, sein.

Es wird nun schwer, noch Kontakt mit draußen zu halten, denn für unseren Partner sind die Verhältnisse jetzt unvorstellbar. Wenn er sich das ganze Atom (den Bienenschwarm des Anfangs) auf die Größe des Petersdomes ausgedehnt vorstellt, ist unser gerade entdeckter Atomkern, erst so groß wie ein Staubkorn und dazwischen Leere, nichts als Leere! Unsere Zeit aber rast für den äußeren Beobachter in einem noch unvorstellbareren Ausmaß. Wir stellen uns auf unseren schattenhaften Kern ein, und umso näher wir ihm kommen, desto weniger wird er, und schließlich löst auch er sich auf in Leere. Wo ist nun unser Herzmuskel geblieben, wo überhaupt der ganze Mensch? Wenn dieser kräftige Muskel und der feste Knochen aus solch leeren Atomen bestehen und alles andere ebenfalls aus Atomen aufgebaut ist, dann ist letztendlich alles Leere!

Dort drinnen auf der Ebene des Atomkernes stellen wir allerdings fest, daß es sich hier um eine eigenartige Leere handelt – sie vibriert und pulsiert geradezu vor Energie und ist doch gleichzeitig un-faßbar leer, vergleichbar vielleicht dem Innern einer Geige, auf der ein Virtuose spielt: Der leere Raum ist voller Rhythmus und Schwingung. Und tatsächlich, wenn wir uns auf diesen Gedanken einstellen, können wir das Schwingungsmuster hören. Es klingt wie ein vollendetes Orchester, das die Symphonie der Mitte spielt. Alles schwingt und klingt harmonisch zusammen. Es herrscht Ein-klang in einem bisher nicht gehörten Aus*maß*. Wenn es wirklich irgendwo in der Leere Musiker oder Instrumente oder Klangkörper gäbe, müßten sie in vollkommener Resonanz miteinander schwingen.

So sehr wir uns aber bemühen, so klein wir uns auch machen, es gibt nichts zu sehen. Erst als wir uns in extremer Weise der hier herrschenden Zeit angleichen, wird es wieder spannend. Unsere innere Uhr läuft nun mit unerhörtem Tempo. Wir nähern uns der Lichtgeschwindigkeit, und da wird plötzlich alles anders: Die innere Uhr rast und steht zugleich. Nun gibt es eigentlich gar keine Zeit mehr, das heißt, für unseren Partner draußen verläuft sie nicht mehr, sondern steht. Könnte er von draußen auf unsere Armbanduhr blicken, er würde die Zeiger stillstehen sehen. Mitten in dieser Zeitlosigkeit, ja, »Ewigkeit« ist das Wort für diesen Zustand, enthüllt sich uns nun ein gewaltiges Schauspiel – das Muster der Mitte taucht aus der Leere hervor. Eigentlich ist es wohl das Muster um die Mitte, denn es erscheint auf eine unbeschreibliche Art zur Mitte hin orientiert. Auch ist es nicht ein einziges festes Muster, sondern eine Vielzahl solcher, die sich durchdringen, überlagern, vollkommen ineinander verweben. Und sie sind auch nicht wirklich da, sondern blitzen nur so eben mal auf, hier und da und überall, sind dann aber doch alle immer da, sind ständig möglich, ohne diese Möglichkeiten dauernd auszuspielen. Auch gibt es keinerlei Unterschied zwischen dem ganzen vieldimensionalen Muster und einzelnen seiner Bereiche, ja, es gibt eigentlich keine Teile, denn nirgends ist ein Ende oder Anfang des ganzen Schauspiels. Und gäbe es Teile, jeder einzelne enthielte das Ganze.

Wenden wir uns nun einem der Knotenpunkte des Musters, einem jener Bereiche zu, die ziemlich oft in Erscheinung treten, so entschleiert sich uns ein weiteres Geheimnis: Die aus dem Nichts entstehenden Konzentrationspunkte (oder sollten wir besser »Energiewesen« sagen) kommen und gehen nie allein , sondern immer nur zu zweit. Jedes dieser Phänomene hat sein Spiegelbild dabei. Kaum taucht eines auf, ist das andere auch schon da. Wenn wir nur eines erkennen, können wir sicher sein, den Zwillingsbruder lediglich übersehen zu haben. Und verschwindet eines wieder ins Nichts, das andere folgt ihm garantiert nach, noch im selben Moment. Es gibt ganz verschiedene dieser möglichen und doch zeitlosen Energiewesen und unter ihnen wiederum ähnliche, fast wie Familien oder Sippen. Und es gibt auch Ausnahmen, einige Wesen, die winzigen Lichtblitze der Photonen, treten ohne Spiegelbild auf. Oder sind sie ihr eigener Spiegel?

Wer hätte solch einen Zusammenhang für möglich gehalten, jeder der Konzentrationspunkte des Musters ist sein eigener Mittelpunkt bei diesem geheimnisvollen Tanz um die noch geheimnisvollere Mitte. Und doch hängen sie auch wieder alle zusammen und voneinander ab. Und selbst wenn einzelne verschwunden sind, bleiben sie in ihrer Wirkung doch da und *beeinflussen* weiter das Ganze. Ein Netz aus energiegeladener Leere voller Möglichkeiten und Kraft, eine ständig neu entstehende und wieder vergehende Schöpfung – die Mitte der Welt.

2. Die Physik nahe der Mitte

> Keiner will frei sein,
> denn keiner will die Wahrheit wissen.
>
> WEISSER BÄR (Hopi)

> Ich gelangte nicht durch mein rationales Bewußtsein zur Erkenntnis der fundamentalen Gesetze des Universums.
>
> ALBERT EINSTEIN

Unsere Reiseschilderung in die Mitte des Atoms mag sehr phantastisch klingen und so differenzierten Gebieten wie Medizin und Physik unangemessen scheinen, und doch liegt sie gar nicht weit von der heute faßbaren »Wirklichkeit« entfernt. In dem Maße, wie sich die moderne Hochenergiephysik der letzten »Dinge« der Wirklichkeit annimmt, jener allerletzten »Teilchen« im Innern des Kerns und jener Kräfte, die dort wirken, wird ihre Sprache eher poetisch und Worte wie »Charme«, »Freundlichkeit«, »Farbe« und »Geschmack« tauchen auf, also eher bildhafte,

Ausdrücke, die erst einmal wenig Bezug zu harten wissenschaftlichen Tatsachen und der objektiven Wirklichkeit zu haben scheinen. Tatsächlich aber ist die letzte Wirklichkeit auch nicht mehr objektiv, und die letzten Dinge sind alles andere als hart. Auf der faustischen Suche nach jener Kraft, die die Welt im Innersten zusammenhält, hat man des Pudels Kern fast ding-fest gemacht. Nur hat sich erwiesen: Dieser Kern ist kein Ding, sondern vibrierende Energie, und wie soll man die festmachen, wo man sie mangels geeigneter Sprache nicht einmal richtig beschreiben kann. Die letzte faßbare Wirklichkeit ist eindeutig zwei-deutig, und so stehen die Physiker vor dem Dilemma, daß sie sich vor jedem Versuch überlegen müssen, welchen der zwei, sich nach unserer Logik ausschließenden, Pole der Wirklichkeit sie untersuchen wollen. Entscheiden sie sich für den materiellen Aspekt, also dafür, nach Teilchen zu forschen, so werden sie welche finden. Entscheiden sie sich für den immateriellen Aspekt, so werden sie Energiefeldern begegnen. Die Sprache aber müssen sie anschließend ihrem jeweiligen Standpunkt anpassen, wobei die letzte Wirklichkeit damit noch nicht beschrieben ist, denn die liegt noch jenseits der beiden Pole bei jener mystischen, der Logik und Sprache widersprechenden Synthese der Gegensätze. »Angesichts einer jenseits entgegengesetzter Begriffe liegenden Wirklichkeit müssen Physiker und Mystiker sich eine besondere Art zu denken angewöhnen, wo der Verstand nicht im starren Gerüst klassischer Logik fixiert ist, sondern seinen Gesichtspunkt ständig verlagert und verändert ... Wir haben gelernt, mit den beiden Bildern (Welle und Teilchen) zu spielen, von einem zum anderen und zurückzuschalten, um die atomare Wirklichkeit zu begreifen.« So weit der Kernphysiker Fritjof Capra.*

Nach dieser Werbung um Verständnis für unser aller Schwierigkeiten mit der Darstellung des Bereiches der »letzten Dinge« bzw. der »letzten Wellen« wollen wir uns wieder unseren Reiseeindrücken und Bildern zuwenden, wissend, daß sie unvollkommen sind, aber auch nicht schlechter als andere Versuche. Sollte sich unser Verdacht bewahrheiten, daß die Mitte dem Absoluten, dem reinen Sein, wie die Inder sagen würden, oder in unserer Sprache »Gott« entspricht? Für diesen Fall finden wir im zweiten Gebot der Bibel eine deutliche Warnung ausgesprochen, den Weg dorthin über Vorstellungen oder Bilder zu suchen: »Du sollst dir kein Bildnis machen von Gott, deinem Herrn!« Vor-stellungen

---

* Fritjof Capra: Das Tao der Physik. Scherz, München, 1984.

stellen sich natürlich vor und damit zwischen uns und die letzte Wirklichkeit und ver-stellen uns so ihr Erleben. Wir haben aber auch gar nicht die Illusion, Wirklichkeit über diesen Weg zu erleben, sondern nur die Absicht, in ihrer Nähe jene Gesetze aufzuspüren, die uns die polaren Welten von Mikro- und Makrokosmos entschleiern können.

Unsere letzten Reisebilder aus dem Atominnern führen uns die wesentlichen Ergebnisse der neuen Physik vor Augen. Wo wir beginnen, ist gleich-gültig, auf dieser Ebene hängt doch alles mit allem zusammen, und ihr entspricht weniger die zielgerichtete westliche Logik, als geduldiges Umkreisen der Mitte, wie wir es bildlich im Mandala dargestellt finden. »Die östliche Denkweise« sagt Anagarika Govinda »ist mehr ein Kreisen... ein vielseitiger, d. h. vieldimensionaler Eindruck, der aus der Überlagerung einzelner Eindrücke von verschiedenen Gesichtspunkten entsteht.«

Die Mitte der Dinge hatte immer eine eigenartige Faszination für Menschen, die wir noch an dem Kulturen verbindenden Mandalasymbol nachvollziehen können. Die Menschen spürten wohl schon immer, daß die Mitte das große Geheimnis birgt. Und heute ist es die Physik, die uns mit wissenschaftlicher Präzision dieses Geheimnis entschleiert. Damit gibt sie uns jene Mitte zurück, die sie seit der Renaissance zunehmend verstellt hatte, als sie uns mit ihren faszinierenden Entdeckungen weit von unserem Wesen (Mitte) weg in das Umfeld von Technik und Industrie lockte. Nun hat sie als erste von den Wissenschaften den Kreis wieder geschlossen. Sie hat damit eine ganze Wellenbewegung durchlaufen und ist auf einer höheren bzw. tieferen* Ebene an ihren Ausgangspunkt zurückgekehrt. Viel Wissen hat die Physik inzwischen gesammelt, und doch steht sie wieder vor dem Tor zur anderen Welt, kann wohl hinüberschauen, das Jenseits aber doch nicht *fassen*.

Bis vor einigen Jahrhunderten gab es für die Menschen nur eine Kraft, nämlich die göttliche, die in ihren vielen Ausformungen die Welt zusammenhielt. Dann kam die Wissenschaft und dünkte sich viel klüger, entdeckte die Schwerkraft und die Elektrizität, Magnetkräfte und chemische Anziehungskraft und die schwachen Wechselwirkungen und die starken. Auf dem Höhepunkt all dieser Entdeckungen aber wandte die Physik sich wieder um, versucht nun, die Vielfalt der Kräfte wieder zurückzu-

---

* »höher«, weil sie sich zu enormen Erkenntnishöhen entwickelt hat; »tiefer«, weil sie tief ins Wesen der Materie vorgedrungen ist.

führen auf wenige grundlegende, ja, am liebsten auf *eine* Grundkraft, die alles zusammenhält. Auch dabei war sie ziemlich erfolgreich, und bald war wieder vereint, was der Einheit so mühsam entrissen worden war. Es blieben aber vier grundlegende Kräfte übrig: Gravitation, die elektromagnetische und die starke und schwache Wechselwirkung. Nun sehnen sich die Physiker nach der einen Kraft, die diese vier vereint, nach der einen Theorie, die alles verbindet. Vieles spricht dafür, daß sie kurz vor diesem Schritt stehen, der sie allerdings auf eine Ebene führen wird, die sie bisher gemieden haben wie der Teufel das Weihwasser – im wahrsten Sinne des Wortes.

Bei dieser langen Reise, die sie so weit aus der Mitte der damaligen Welt führte, fanden die Physiker heraus, daß die Kräfte zum Kleinen, Feinen hin immer stärker werden und daß sie schließlich im Atominneren ihren absoluten Höhepunkt erreichen. Diese Entwicklung zunehmender Macht zum Kern der Mitte hin können wir auch mit unseren gewöhnlichen Sinnen nachvollziehen, besonders, wenn wir die Wirksamkeit der Kräfte auf ihrer gefährlichsten Ebene betrachten. Die erste Kraft, mit deren Erforschung Galilei sich so sehr vom damaligen Weltbild absetzte, war die *Schwerkraft*, eine für uns Menschen wichtige, aber noch recht harmlose Kraft. Durch sie können wir etwa hinabstürzen, und sie hält uns auf der Erde. Die nächste Ebene der Kraft, mit der wir ständig umgehen, ist jene der *Muskeln*. Mit den entsprechenden mechanischen Kräften können wir uns etwa gegenseitig schlagen. Die *elektrischen* Kräfte bieten wesentlich raffiniertere Möglichkeiten, sich zu schädigen, und die chemischen schließlich, die bis auf die Zellebene wirken, treffen wir in der Wirkung der gefährlichsten Gifte wieder, aber auch im Schwarzpulver. Noch subtiler auf der *molekularen* Ebene wirken Bakterien und Viren, die sich einer Mischung elektromagnetischer und chemischer Kräfte bedienen. Eine noch wirksamere Ebene bietet die *Atomhülle*, von der Lichterscheinungen ausgehen, vom Feuer bis hin zum kohärenten Laserlicht, das praktisch alles durchschneiden und Energie über unglaubliche Entfernungen transportieren kann. All das ist aber geradezu banal gegen jene Kräfte, die die Physiker im Innern des Atomkerns entdeckt haben. Diese »starken Kernkräfte« sind so groß, daß sie unter normalen Umständen den Kern absolut stabil halten. Die Kernteile werden von ihnen so fest zusammengehalten, daß sie lange Zeit als unteilbar galten. Unter sehr großem Energieaufwand ist die sogenannte Kernspaltung dann aber doch gelungen, und durch die bereits explodierten, für heutige Verhältnisse sehr kleinen

Atombomben, haben wir ein schreckliches Gefühl für die hier schlummernde Macht bekommen. Bei allem Zwie-spalt, der heute Befürworter und Gegner der Kernenergie trennt, sollten wir uns doch klarmachen, daß wir ohne Kernenergie überhaupt keine Überlebenschance hätten, da all unsere Energie letztlich von der Sonne stammt und damit Kernenergie ist; allerdings keine Kernspaltungs – sondern Kernfusionsenergie. Insofern wird der weltweit verbreitete Sticker der Atomgegner zu einem typischen Paradoxon unserer Zeit: Mit dem freundlich strahlenden größten bekannten Atomreaktor auf ihren Fahnen, sagen sie: »Atomkraft – nein, danke!«

Das Problem, das das Über-Leben auf unserem Planeten gefährdet, liegt wohl vor allem in der Diskrepanz zwischen unserer geistig-seelischen Entwicklung und unserem wissenschaftlich-technischen Fortschritt. Viele spüren heute diese Diskrepanz und fordern eine »Denkpause«. Wahrscheinlich aber reicht Denken schon nicht mehr. Not-wendig wäre innere Entwicklung.

Daß die Kraft zur Mitte hin größer wird, können wir übrigens auch sehr leicht auf der psychologischen Ebene feststellen. Eine physische Ohrfeige kann geradezu harmlos sein gegen ein bestimmtes Wort in einer bestimmten Situation, das den Gegner eben nicht nur auf seiner äußeren Haut trifft, sondern in der Mitte seines Herzens.

Ohne Zweifel haben also die Physiker die mit Abstand größte uns bekannte Kraft in der Mitte des Atomkerns gefunden, und das Gebiet heißt nicht umsonst »Hochenergiephysik«. In riesigen, mehrere Kilometer im Durchmesser betragenden Teilchenschleudern werden heute subatomare Partikel aufeinandergeschossen, und aus den Ergebnissen und Spuren dieser Kanonaden schließen die Physiker auf die dahinterliegende Wirklichkeit. Diese Wirklichkeit entzieht sich der direkten Beobachtung prinzipiell. Nach der Heisenberg'schen Unschärferelation ist es grundsätzlich nicht möglich, gleichzeitig den Ort und die Geschwindigkeit eines subatomaren Teilchens zu bestimmen. Wir können uns das am Beispiel des Fotografierens veranschaulichen. Wenn wir ein fliegendes Objekt aufnehmen wollen, müssen wir eine sehr kurze Belichtungszeit wählen. Fliegt das Objekt aber sehr schnell, bekommen wir in der notwendigen, sehr kurzen Belichtungszeit nicht genug Licht in die Kamera. Entweder haben wir also gar nichts auf unserem Film oder einen Strich, den der schnelle Flugkörper über unseren Film zog. Ähnliche Strichfotos voller Kurven und Spiralen müssen daher auch den modernen Physikern genügen. Allerdings könnte ihnen auch eine enorme Verbesserung ihrer Kameras in diesem prinzipiellen Dilemma nicht helfen. Mit den gewaltigen Teilchenschleudern, die sie wie Supermikroskope auf die Mitte des Atoms richten, haben Physiker aber nicht nur die mächtigste Energie entdeckt, sondern auch ihr neues Weltbild begründet, das jenem der alten Weisheitslehren so ähnlich ist. Es beschreibt eine organische Einheit, ein Feld, wo bisher nur Einzelteile waren. Besonders drei Physiker haben in den letzten Jahren diese neue Weltsicht vor uns ausgebreitet und auf mitreißende Art den Weg beschrieben, den die Physik zurücklegen mußte, bis sich der Kreis geschlossen hatte und sie wieder am Anfang war.* »Obwohl die meisten Physiker (beruflich) mit Metaphorik wenig Geduld haben, wurde die Physik selbst inzwischen zu einer mächtigen Metapher. Die Physik des 20. Jahrhunderts ist die Geschichte einer Reise von der intellektuellen Verschanzung zur intellektuellen Offenheit, trotz der konservativen Beweise-es-mir-Einstellung des einzelnen Physikers«, sagt Gary Zukav, und Capra wird noch deutlicher: »Die Physik im 20. Jahrhundert zeigte, daß die Begriffe der organischen Weltanschauung, obwohl von geringem Wert für Wissenschaft und Technik im menschlichen Bereich, auf der atomaren und subatomaren Ebene äußerst nützlich wurden. Die organische Anschauung scheint daher grundlegender zu sein als die mechanistische.« Und weiter: »Beide (die Weltanschauung der modernen Physik und die der östlichen Mystik) treten auf, wenn der Mensch dem Wissen der Dinge auf den Grund geht – wenn er in die tieferen Schichten der Materie eindringt wie in der Physik oder in die tieferen Schichten des Bewußtseins wie in der Mystik, wenn er also hinter den oberflächlichen, mechanischen Erscheinungen des täglichen Lebens eine andere Wirklichkeit entdeckt.«

In diesem Buch wird es unter anderem darum gehen, den Wert des organischen, d. h. ganzheitlichen Weltbildes auch in jenem alltäglichen menschlichen Bereich von Wissenschaft und Technik aufzuzeigen, den Capra oben noch ausgeschlossen hat. Letztlich wollen wir die Gesetze und Symbolik des organischen Feldes der Mitte überall wiederfinden, vor allem auch im alltäglichen menschlichen Leben.

Die neue Physik ist an die Grenze zwischen Wissen und Weisheit gestoßen und kann uns so selbst zum Symbol für

---

* Gary Zukav, Die tanzenden Wu Li-Meister, Rowohlt 1984.
Fritjof Capra, Das Tao der Physik, Scherz 1984.
David Bohm, Die implizite Ordnung, Dianus-Trikont, 1985.

unseren Weg werden. Während das alte naturwissenschaftliche Weltbild auf viel Wissen be-*ruhte, bewegt* sich das neue zur Weisheit hin. Auf der psychologischen Ebene finden wir dazu eine genaue Entsprechung. Denn während dem mechanistischen Weltbild Newtons, das Zusammenhänge zwischen einzelnen getrennt existierenden Teilen sucht, die Schulpsychologie entspricht, steht die ganzheitliche Auffassung der Quantenphysik in Analogie zur esoterischen Psychologie. Diese wird die Grundlage bei unseren psychologischen Deutungen sein, beruht sie doch auf den in der Einleitung beschriebenen Grundsätzen der alten Weisheitslehren. Wie die Quantenphysik ist sie der Mitte ziemlich nahe.

3. Reise durch die Mitte

> Frieden zieht in die Seelen der Menschen ein, wenn sie ihre Verwandtschaft mit dem Universum wahrnehmen... Und wenn sie wahrnehmen, daß in der Mitte des Universums Wakan-Tanka wohnt, und daß diese Mitte überall ist, daß sie innen in jedem von uns ist.
>
> HEHAKA SAPA (Black Elk)

Aus dem Atomkern wieder aufsteigend, größer werdend, um im Ausdruck unserer Bilderreise des Anfangs zu bleiben, treffen wir auf die Atomhülle, das Reich der wirbelnden *Elektronen*. Früher glaubte man sie in Schalen um den Kern geordnet, in der Art einer Zwiebel. Heute dagegen sprechen die Physiker von »Elektronenwolken« oder -feldern, die den ungeheuer weiten Raum um den Kern mit ihrem Tanz füllen und sich dabei ganz eindeutig zur Mitte orientieren. Die Energie der Elektronenwolken wird umso größer, je näher wir der Mitte kommen. Jenes Licht, das uns die Welt überhaupt erst ent-hüllt, entsteht im Tanz der Elektronen zwischen den verschiedenen Ebenen der Atomhülle. Springt ein Elektron mit einem Satz von weit außen nahe zur Mitte, wird viel energiereiches (kurzwelliges) Licht frei. Macht es dagegen nur einen kleinen Sprung im äußeren Bereich, wird entsprechend weniger Licht geringerer Energie ausgesandt. Auf diesem Schauplatz, noch ziemlich entfernt von der eigentlichen Mitte des Atoms, begann jener Aufstand, der schließlich das Weltbild der Physik revolutionierte. Die Physiker erlebten nämlich, daß das aus der Atomhülle ausgesandte Licht immer in ganz bestimmten, ganzzahligen Vielfachen der kleinsten Lichtmenge *auf-schien*. Es floß also nicht kontinuierlich, sondern in kleinen Paketen, und die nannten sie (Licht-)Quanten*. Diese Lichtquanten setzten sich in Widerspruch zu aller Logik; einmal taten sie, als wären sie wirklich kleine, materielle Pakete, und dann wieder erschienen sie als immaterielle, elektromagnetische Wellen. So etwas aber durfte nicht sein, »entweder oder« hieß damals noch die allgemein anerkannte Devise, entweder stofflich oder nicht stofflich, aber nicht beides zugleich. Es dauerte lange, bis die Physik diesen Widerspruch akzeptierte und sich damit ihr altes, sicheres Weltbild ruinierte. Zum ersten Mal waren Wissenschaftler der Wirklichkeit nahegekommen, und die ist eben polar oder paradox, wie uns einige uralte Bücher (z. B. das Tao Te King oder die Veden) schon lange hatten weis-machen wollen. So hatte das Licht die Physiker auf die Spur gebracht, es war ihnen sozusagen aufgegangen und hatte sich ihnen in seinen beiden Gewändern, die es in dieser polaren Welt trägt, offenbart. Letztlich war das Licht nie gleichzeitig Welle und Teilchen, sondern das hing davon ab, wie es die beobachtenden Physiker gerne sehen wollten.

Bevor wir uns der nächsten Ebene, der der *Moleküle*, zuwenden, wird eine grundsätzliche Erklärung für unsere Reise durch Mikro- und Makrokosmos notwendig. Im Verlaufe des Buches wird deutlich werden, daß alle Entwicklung in Wellen verläuft und daß alles mit allem über Wellen in Verbindung steht, bzw. schwingt. Wellen haben bestimmte Muster mit bestimmten Charakteristika, die sich nach einer gewissen Zeit und in einem gewissen räumlichen Abstand wiederholen:

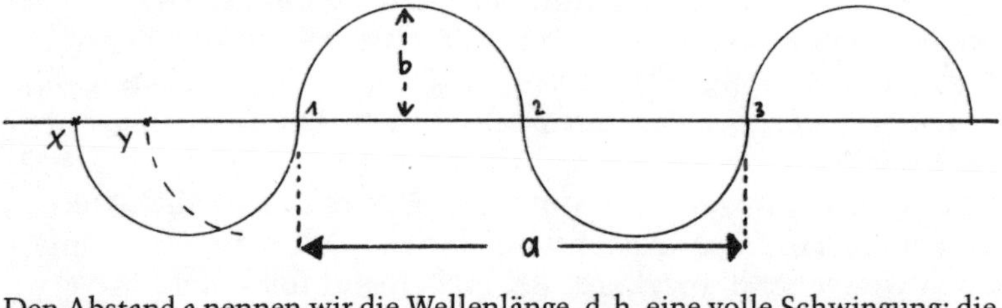

Den Abstand a nennen wir die Wellenlänge, d. h. eine volle Schwingung: die Zahl der vollen Schwingungen in einer Sekunde gibt uns die Frequenz der Welle an; b ist die Höhe oder Amplitude der Welle. Das graphische Bild, die Signatur der Welle, zeigt uns, daß die Punkte 1 und 2 sehr ähnlich sind, aber die Wellentendenz hier in entgegengesetzter Richtung schwingt. Die Punkte 1 und 3 dagegen entsprechen sich vollkommen (nur auf einer anderen Ebene). Beginnen zwei oder mehrere Wellen gleicher Art am selben Punkt X, nennen wir sie phasengleich, andernfalls (etwa Beginn bei Y) phasenverschoben.

* Nach ihrem Entdecker Max Planck sind heute überall in Deutschland wissenschaftliche Institute benannt.

Wenn wir uns nun durch die verschiedenen Ebenen der Schöpfung bewegen, vom Atom über Molekül und Mensch bis zur Erde wird folglich das Ausmaß der symbolischen Übereinstimmung entsprechend der verglichenen Ebenen unterschiedlich sein. Zu unserem Punkt 1, der Mitte des Atoms, finden wir den genau entsprechenden Punkt 3 wohl erst wieder im Mittelpunkt des Universums, bzw. im übertragenen Sinne im Mittelpunkt des Menschen. Zwischen diesen ausgezeichneten Punkten gibt es sehr viele, sich weit-gehend entsprechende Bereiche, allerdings bedarf deren Entschlüsselung größeren Vorstellungsvermögens und Symbolverständnisses. Die Wirklichkeit hüllt sich hier dichter in den Schleier von Isis oder Maya, wie es die Ägypter oder Inder nennen würden.

Nun aber zu den Molekülen, jenen aus Atomen aufgebauten größeren Bausteinen der materiellen Schöpfung. Jedes Molekül ist ein elektrochemisches Gleichgewichtssystem, das sich um einen imaginären *Mittel*punkt formt. Vom einfachsten zweiatomigen Sauerstoffmolekül 0=0 über das vieratomige Ammoniak

H H

N

H

bis hin zu sehr komplexen Gebilden wie etwa dem des Blutfarbstoffmoleküls Hämoglobin mit vielen Atomen und Atomgruppen bleibt das Phänomen der Mitte erkennbar. Beim Sauerstoff (0_2) ist die einfache zweidimensionale Symmetrie noch sehr leicht zu erkennen, ebenso bei der dreidimensionalen des Ammoniak (NH_3). Komplizierte räumliche Gebilde wie das Hämoglobin entziehen sich auf den ersten Blick dem Durchschauen. Aber auch sie ordnen sich immer wieder und in unglaublich kurzer Zeit in ihre, im wahrsten Sinne des Wortes, *verdrehte* Struktur. Wie es dazu in dieser gespenstisch kurzen Zeit kommen kann, ist noch weitgehend ungeklärt. Bei einzelnen Molekülen, wie etwa dem der Erbsubstanz (Desoxyribonnucleinsäure/DNS), sind wir dagegen relativ weit in das Geheimnis ihrer Struktur vorgedrungen. Hicr stoßen wir auf die Spirale, die uns schon in den Spurendiagrammen der Kernphysiker begegnete. Die Spirale als Muster, das den Weg zur Mitte beschreibt, ist eine Struktur, der wir immer wieder begegnen werden, sobald wir uns praktisch oder symbolisch der Mitte nähern. Auch wenn die Kernphysiker der Spiralform an sich noch keine besondere Bedeutung beimessen, kommt ihr symbolisch ein hervorragender Platz zu. Vielleicht stehen die in den Blasenkammern der Teilchenbeschleuniger aufgetauchten Spiralfiguren mit jener, bisher noch geheimnisvollen, absoluten Mitte des Atomkerns in Beziehung. Wie dem auch sei, im DNS-Molekül ist die Spiralform als beherrschende Gestalt inzwischen erkannt.* Wir können uns das Molekül am besten wie eine Strickleiter vorstellen, die um ihre Enden in entgegengesetzter Richtung verdreht ist:

Die Sprossen dieser Leiter stellen den genetischen Code dar. Über ein System von gegenpolaren Basenpaaren, die sich in diesen Leitersprossen gegenüberstehen, ist alle Information über alle lebenden Wesen verschlüsselt. Die Mitte des genetischen Codes liegt somit in der Mitte der Leitersprossen, genau dort, wo man auf der Leiter hochsteigen würde, d. h. da, wo die gegenpoligen Basen zusammenstoßen. Das aber ist nur die lineare Strukturebene, denn auch die Doppelspirale ist noch weiter gefaltet. Welche Rolle dabei die Mitte des Moleküls spielt, ist noch nicht entschlüsselt. Die beste Erklärungsmöglichkeit für die räumliche Organisation solch komplexer Moleküle ist meines Erachtens die Theorie des Morphogenetischen Feldes von Rupert Sheldrake. Diese Theorie sprengt allerdings unsere normalen Vorstellungen ähnlich wie in der Physik das Bell'sche Theorem, und so wollen wir dieses Thema noch etwas zurückstellen. Auf alle Fälle können wir auch auf der Molekularebene feststellen, daß sich alles um die Mitte dreht, auch wenn deren Geheimnis, was die Organisation des Molekülraumes angeht, noch nicht gelüftet ist.

Die »nächsthöhere«, d. h. komplexere Analogieebene finden wir in der *Zelle*. So unendlich verschieden Zellen auch sein mögen, in ihrer Organisation um ein mittleres Zentrum gleichen sie sich fast alle. Nur ganz wenige haben als Mittelpunkt keinen Zellkern und dann auch nur, weil sie ihn im Laufe der Entwicklungsgeschichte verloren haben. Ursprünglich hatten auch sie ein morphologisch sichtbares Zentrum. Das ganze geschäftige Leben einer Zelle bezieht sich auf und gruppiert sich um ihren Kern. Alle Produktionsarbeiten werden zwar im umgebenden Plasma mit seinen Kraftwerken, Filtersystemen und Eiweißfabriken

* Watson und Crick, Die Doppelhelix, Rowohlt TB 1973.

bewerkstelligt, aber ohne den Kern funktionierte nichts im Plasma, denn aus ihm kommt alle Information. Wieder findet hier in der Mitte der Ebenenwechsel statt: Der Kern tut nicht so sehr, er weiß vielmehr. Alle Pläne für den Zellbetrieb, die Eiweißsynthese, den ganzen Zellaufbau, kommen von hier. Hier liegt das gesamte Wissen über den Organismus, zu dem die Zelle gehört, auf kleinstem Raum gespeichert. – Der Kern beherbergt eine, bezogen auf die einzelne Zelle, gigantische Bibliothek: vergleichbar einem kompletten Mikrofilmarchiv, das die ganze Welt der Zelle vollständig umfaßt – den Mikrokosmos – und dazu noch den gewaltigen Makrokosmos des Organismus, zu dem sie gehört. Lange Zeit haben die Chromosomen im Zellkern dieses Geheimnis in den Spiralen ihrer DNS gehütet. Heute ist dieses Alphabet des Lebens entschlüsselt, und wir wissen, daß ohne Ausnahme jede Zelle, ob in Mensch, Tier, Pflanze, in Bakterien oder Virus, aus diesem Code der Mitte ihre Information schöpft. Ähnlich wie beim Atom befindet sich diese Mitte, verglichen mit der Umgebung, in einer bemerkenswerten Ruhe. So wie die Elektronenwolken den Atomkern umwirbeln, kreist das ganze hochaktive Zelleben um einen Kern, der im wesentlichen in der sogenannten »Ruhephase« lebt. Von der Information in seinen Chromosomen werden lediglich Kopien für die Außenbezirke gefertigt und hinausgesandt. Zur Teilung des Kernes und damit der ganzen Zelle kommt es nur selten. Wenn es aber so weit ist, geht der Impuls zu diesem lebenserhaltenden Akt einzig von der Informationszentrale aus. Wie im Atom ist der Kern ansonsten eher passiv und nimmt nicht an den Aktivitäten teil, und doch liegen aller Impuls und alles Wissen um die Zellgeheimnisse einzig in ihm.

Betrachten wir nun die Mitte des Menschen, sein *Herz*. Eingangs stellten wir schon fest, daß es sowohl räumlich, als auch energetisch, in der Körpermitte liegt. Auch symbolisch wird man ihm diese Position zuerkennen müssen, ist es doch auch in jenem mechanistischen Weltbild, das den Menschen im wesentlichen als Maschine sieht, immerhin der Motor, die »Energiepumpe«. In seiner Struktur finden wir wiederum die Spirale als Symbol der Mitte, denn die Herzwand ist aus spiralig gegeneinanderlaufenden Muskelfasern aufgebaut:

Entwicklungsgeschichtlich ist das Herz eines der ersten Organe, das sich im Foetus ausbildet, der Urkeim des Gefäß- und Kreislaufsystemes. Allerdings hat es hier noch seine der Mitte (der Einheit) angepaßte Form; es besitzt nämlich nur eine einzige große Kammer, durch die das Blut des Ungeborenen im breiten,

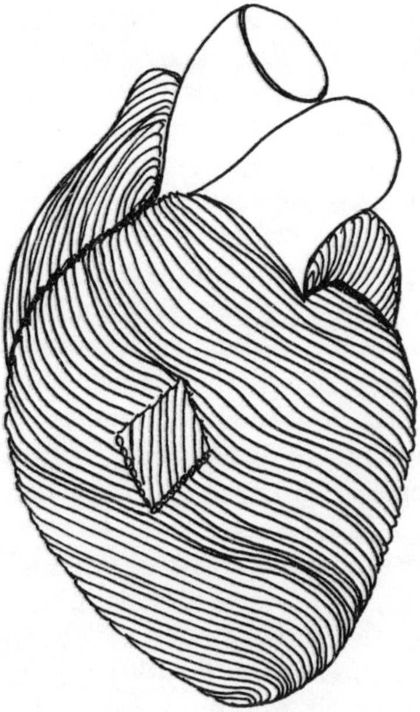

ungeteilten Strom fließt. Erst bei der Geburt wird die Herzscheidewand mit dem ersten Atemzug reflektorisch geschlossen (durch die sich entfaltenden Lungen wird der Lungen- oder kleine Kreislauf zusätzlich eröffnet), und das Kind ist im wahrsten Sinne des Wortes »mit einem Schlag« in unserer zweigeteilten Welt und hat von nun an zwei völlig voneinander getrennte Herzkammern. Meist bekommt es in dieser ohnehin ver-zwei-felten Situation auch von außen noch einen Schlag zur Begrüßung in der Polarität, um die Atmung in Gang zu bringen.

Wir haben zwar auch weiterhin nur ein Herz, aber funktional betrachtet, sind es doch zwei. So sprechen Mediziner etwa vom linken und rechten Herzen. In seiner körperlichen Funktion kommt das Herz damit den meisten anderen paarigen Organen recht nahe und eignet sich bestens als »Motor« für unsere zweigeteilte Welt. Tatsächlich sind ja fast alle anderen Organe zweifach angelegt: das linke und das rechte Gehirn sind fast ganz geteilt und nur an ihrer Basis durch einen Balken verbunden, die Augen und Ohren sind offensichtlich, aber auch die Nasenhöhlen sind durch die entsprechende Scheidewand getrennt, die beiden Lappen der Schilddrüse sind nur durch den schmalen Isthmus verbunden, die Lungen haben zwei Flügel, ja, selbst Leber und Bauchspeicheldrüse könnte man in ihrer Eigenschaft als spezialisierte Verdauungsdrüsen, deren Ausführungsgänge noch an derselben Stelle in den Zwölffingerdarm münden, als linke und rechte Hälfte eines paarigen Organs auffassen, dessen beide Hälften sich allerdings sehr unterscheiden. Die Nieren machen es uns wieder leichter und auch die Keimdrüsen beiderlei Geschlechts sind paarig angelegt. In diesem Sinne ist das Herz also auch ein zweiteiliges Organ, doch bleibt hier vor allem auf einer übertragenen Ebene immer eine enge Verbindung zur Einheit, bzw. unserer Mitte bestehen. Wie wichtig die Zweiteilung des Herzens für ein Leben in der zweigeteilten Welt ist, können wir an jenen Kindern sehen, deren Scheidewand sich nicht oder nicht ganz geschlossen hat. Solch ein Loch im Herzen hält diese Kinder immer sehr nahe an und im Angesicht der Einheit (Tod). Aber auch der gesunde Mensch ist über den (zweigeteilten) Herzschlag ständig mit der Mitte, der anderen Ebene, verbunden. Wenn das Herz im Moment des Todes stehenbleibt, kommt es zum Ebenenwechsel, die Seele verläßt dann den Leib, sie windet sich spiralig in einer Art Wirbel aus dem Körper heraus, gerade so, wie sie seinerzeit in einem spiraligen Wirbel bei der Empfängnis eingezogen ist.* Aber nicht nur im Augenblick des Todes kann es zum Herzstillstand mit entsprechenden Erfahrungen kommen, auch bei vielen vorübergehenden Herzstillständen durch Unfälle oder Schock erlebten die Betroffenen diesen Ebenenwechsel meist sehr eindrucksvoll. Es kommt zu einem fast augenblicklichen Übertritt in die andere Welt, die Polarität wird zugunsten der Einheit transzendiert. Solche Zustände treten auch häufig während spiritueller Übungen auf, und hier geht es ja gerade um diesen Wechsel in die Ruhe der Mitte. Auch bei solchen Exerzitien kann es zu kurzen Herzstillständen kommen. Besonders von Yogis sind solche Phänomene bekannt.

Wenn wir später mehr über die Erkenntnisse der Quantentheorie erfahren haben, wollen wir uns noch einmal ausführlich dem Herzrhythmus zuwenden und werden dann sehen, daß in jenen winzigen Momenten der Ruhe zwischen Systole (höchster Anspannung) und Diastole (größter Erschlaffung) noch ein anderes Geheimnis steckt.

Bisher wissen wir von der Physik, daß die Kraft der Mitte, jene im Innern des Atomkerns, die mit Abstand größte uns bekannte

* Es handelt sich hierbei um relativ alltägliche Erfahrungen im Rahmen der Reinkarnationstherapie, bei der Geburt und Sterben häufig durchlaufen werden. Diese von Thorwald Dethlefsen begründete Therapieform geht beliebig zurück in der Zeit.

ist, daß schwer an sie heranzukommen und daß ihre Reichweite sehr beschränkt ist. Übertragen wir dieses Wissen auf unser Herzthema, so stoßen wir auf eine bekannte Analogie. Der Mensch mag große Kräfte in den Muskeln seiner Arme und Beine haben, die Kraft seines Herzens aber ist unvergleichlich mächtiger. Wann immer Menschen übermenschliche Leistungen vollbrachten, schöpften sie aus dieser Quelle. Die Sprache schon weist uns darauf hin: »Er hat sich ein Herz gefaßt« meint doch, er hat etwas Außergewöhnliches gewagt. »Eine Frau mit Herz« ist keine anatomische Beschreibung, sondern steht für eine Frau mit großem Mut und ebensolcher innerer Kraft. Wenn wir von jemandem sagen, er hat »ein großes Herz« oder »ein starkes Herz«, so meinen wir damit Menschen, die verhältnismäßig viel Zugang zu jener geheimnisvollen Kraft der menschlichen Mitte haben.

Genau wie beim Atom ist es ziemlich schwer, an diese Kern-Kraft heranzukommen. Die Hochenergie-Physiker arbeiten mit kilometerlangen Teilchenschleudern daran, Psychotherapeuten bieten zum gleichen Zweck eine ganze Palette von Möglichkeiten auf – von Ringkämpfen bis zu Ritualen. Tatsächlich wird es allerhöchste Zeit, daß wir mehr und gezielten Zugang zu unserer eigenen inneren »Kernkraft« bekommen, möglicherweise sind wir dem ganzen Thema Kernkraft dann besser gewachsen. Im Augenblick ist die Menschheit in dieser Hinsicht in einem eher unwissenden Zustand, etwa wie gegenüber dem Atom vor hundert Jahren. Die Kräfte im Innern sind zwar riesig, aber ihre Reichweite ist gering und ihre zusammenhaltende Kraft so stark, daß kaum eine Spur davon das einzelne Atom, bzw. den einzelnen Menschen, verlassen kann. Auf der äußeren Ebene, wo wir überhaupt sehr viel mutiger sind, ist es inzwischen gelungen, den harten Kern zu knacken und die Energie herauszuholen, auf der inneren Ebene, wo es viel dringender notwendig wäre, denn da liegt das wirkliche Energieproblem unserer Welt, haben wir noch kaum richtig begonnen.

Welche Möglichkeiten hier liegen, zeigt uns die altbekannte Situation des Verliebtseins. Da machen sich zwei Menschen im Innersten füreinander auf – lassen ihre Herzen für Momente verschmelzen – und nichts ist ihnen mehr unmöglich. Was für eine starke Energie hier fließt, besagt die alte Weisheit, daß Verliebte von Luft und Liebe leben können. Seit Einstein wissen wir, daß Materie (also z. B. auch ein Wienerwürstchen) nur eine andere, wohl etwas deftigere Form von Energie ist. Auf der medizinischen Ebene ist uns das schon lange klar. Aus der einsteinschen Formel $E = m \cdot c^2$* können wir ablesen, daß Energie und Materie verschiedene Formen, ja, eigentlich Anschauungen desselben sind. Und auch Liebe ist eine Form von Energie, allerdings eine ganz besondere, weshalb man auch von ihr leben kann, ähnlich wie von Wienerwürstchen, nur glücklicher. Wenn wir uns erst dieser Energiequelle zuwenden, werden wir noch Wunder erleben, die denen der Kernphysik nur in der Gefährlichkeit nachstehen.

Die Schwierigkeiten beim Vordringen in den menschlichen Kernbereich werden denen der Physik beim Eindringen in den Atomkern wenig nachstehen. Die heutige Psychologie ist mindestens so schlecht ausgerüstet wie es die moderne Physik am Anfang ihrer Suche war. Ihr Weltbild ist eher noch ungeeigneter, einem Bereich der Mitte (Einheit) gerecht zu werden. Wo sich die Physiker, wenn auch widerstrebend, den selbsterbrachten Beweisen fügen und umdenken, sind die Schulpsychologen von solcher Offenheit meist weit entfernt. Auch ist ihre Weltanschauung so sehr auf dem einen mechanistischen Pol festgefahren, daß sie noch weit vor der Entdeckung des Gegenpolprinzips stehen. Das Aha-Erlebnis, das den Physikern vom Licht in seinen zwei Gewändern beschert wurde, dürfte noch einige Zeit auf sich warten lassen. Die bei uns gelehrte Schulpsychologie arbeitet bisher im wesentlichen mit dem männlich aktiven Teil der Psyche; da wird gemacht und getan, geändert, werden Verhaltenspläne aufgestellt und Vorsätze gefaßt, wird desensibilisiert und analysiert, und das Ergebnis ist meist beschämend. Es ist so ungefähr die Situation, als wolle man den Wasserspiegel in einer Badewanne regulieren und kümmert sich heftig um den Zufluß, während der Abfluß (der weibliche Pol) außer acht gelassen wird.

Diese Situation mag ein Versuch von Duane Elgin, der von 1973–75 am Stanford Research-Institut in USA durchgeführt wurde, illustrieren. Elgin versuchte, ein sehr empfindliches Magnetometer allein durch seine Willenskraft sichtbar zu beeinflussen. Er trainierte lange Zeit mit höchster Konzentration, aber ohne Erfolg. In dem Augenblick, wo er aufgab, verzeichnete der Zeiger dagegen erstmals einen Ausschlag.

Daß dieses Ergebnis kein Zufall war, stellte sich mit der Zeit immer klarer heraus: Beides war not-wendig, um den Zeiger zu bewegen: die starke Konzentration *und* die völlige Auf- oder Hingabe, Yang und Yin.

---

* E steht für Energie, m für Masse, c ist eine Konstante, nämlich die Lichtgeschwindigkeit.

Die Anatomie des Herzens zeigt uns dieses ausgeglichene Harmonieren zwischen beiden Polen der Wirklichkeit bis in seine Signatur: Aufnehmen und Loslassen.

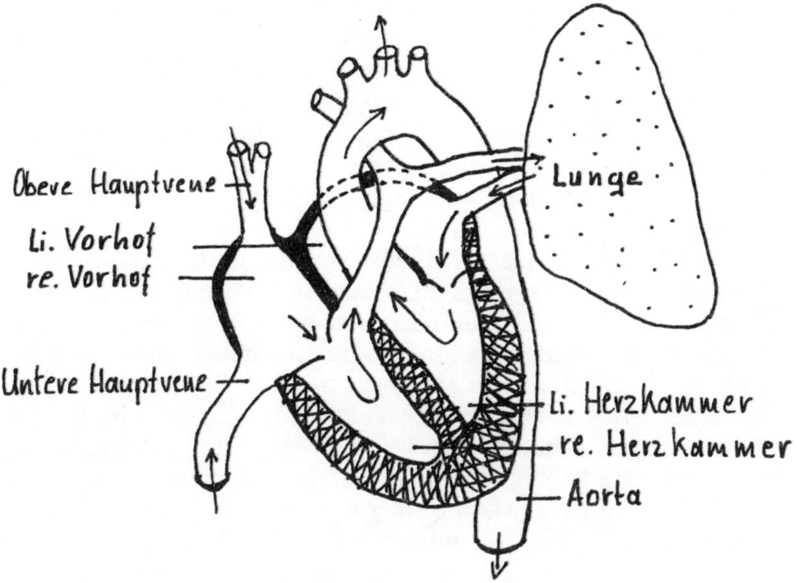

Beide Seiten arbeiten vollkommen im Rhythmus und befördern bei jedem Schlag genau gleich viel Blut. Die beiden Vorhöfe stehen hier für das aufnehmende weibliche Yin-Prinzip, beide Kammern für das ausstoßende männliche Yang-Prinzip. Entsprechend sind die Vorhöfe elastisch, flexibel, dehnbar, nachgiebig und eher zart, die Kammern fest, stark, dick, kräftig und muskulös. Beide Pole könnten nicht gegensätzlicher sein und gehören gerade deshalb umso mehr zusammen – sind »ein Herz und eine Seele«.

Als nächste Ebene, auf der das Phänomen der Mitte deut-lich wird, wollen wir ein *soziales Gebilde*, wie eine Nation, wählen. Auch hier haben wir mit großer Wahrscheinlichkeit die höchste Machtkonzentration im Zentrum. Betrachten wir ein typisches historisches Reich, so wird das besonders eindrucksvoll. Allerdings hat sich bis heute am Prinzip nur wenig geändert. So wie im Atomkern, im Zellkern und im Herzen die physische Macht und die Macht im übertragenen Sinne, jene andere Ebene, anzutreffen sind, so auch im Zentrum des Reiches. Um die Burg des Herrschers lagert das stärkste Militär, er selbst ist hinter dicken Mauern verschanzt, hat aber die ganze Macht und auch alle Information zur Verfügung. Alle Straßen des Reiches führen zum Zentrum, der Herrscher hat über Boten oder andere Nachrichtensysteme das ganze Reich im Griff; wobei er sich, verglichen mit den geschäftigen Aktivitäten draußen, eher ruhig verhält. Oft wählten sich solche Herrscher für Wappen und Fahne auch noch Symbole, die die Einheit beschwören, die Mitte markieren, wie Kreis, Stern oder Spirale. Soweit der Mittelpunkt in Ordnung war, hatte das ganze Reich Glück, denn beide entsprechen sich; wir brauchen nur an den Punkt und den Kreis, das Mandala, zu denken.

Nach dem Analogiegesetz hat natürlich jeder Kreis die ihm entsprechende Mitte, und das gilt noch heute, wenn sich auch das Bühnenbild etwas gewandelt hat. Die Dicke der Burgmauern mag bei den Herrschenden etwas abgenommen haben, die Verschanzung ist aber sicher nicht geringer geworden. Die Überwachung der Untertanen ist vielleicht weniger auffällig, aber bestimmt nicht weniger effizient. Militärische Macht und Informationsmöglichkeiten haben noch deutlich zugenommen.

Auf welchem Weg auch immer ein Volk oder Land zu seiner Mitte, seiner Spitze, gekommen ist, wenn sie ihm nicht entspricht, wird sie sich nach dem Analogiegesetz nicht halten; wenn sie sich aber hält, entspricht sie ihm. Bei so großen sozialen Gebilden muß man dabei immer beachten, daß die Mitte, der Herrscher oder Präsident das Ergebnis des Zusammenspiels des ganzen Organismus ist. Natürlich werden sich immer einzelne nicht repräsentiert fühlen, vor allem dann, wenn sie vom Durchschnitt weit entfernt sind. Es kann bei einer sehr vielschichtigen Gemeinschaft sogar sein, daß niemand mit der Spitze wirklich zufrieden ist, und doch ist sie die entsprechende. Im Bild der Spitze haben wir – genau wie in der Mitte – ein gutes Symbol, ist doch die Spitze eigentlich ein Punkt und als solcher ein ideelles Gebilde ohne wirkliche Ausdehnung in Raum und Zeit. Die Spitze des Staates ist sozusagen der auf einen Menschen gebrachte Durchschnitt der Gemeinschaft, und als solcher repräsentiert er würdig die Mitte. Besonders bei kleinen Gruppen wird das schnell deutlich: Wenn sich acht Elternpaare selbst eine Kindergärtnerin suchen, wird sie offensichtlich die entsprechende Mitte für die acht Kinder sein. Aber auch wenn man sein Kind in irgendeinen Kindergarten bringt, wird man nach einiger Zeit feststellen, daß die betreffende Kindergärtnerin die entsprechende Mitte der Gruppe darstellt.

Natürlich kann es auch sein, daß eine Gruppe nacheinander verschiedene Wesensmerkmale in ihren Vordergrund stellt und dementsprechende Spitzen als Kristallisationspunkte wählt (demokratisch oder wie auch immer). Dann wird sich aber in den einzelnen Gruppenmitgliedern der innere Schwerpunkt, bzw. das Interesse verschoben haben. Ähnliches beobachten wir ja auch im großen Rahmen beim Machtwechsel zwischen den Parteien. Meist ist es ein allgemeiner Stimmungsumschwung, der zu solch einem Wechsel führt. In einem relativ unemotionalen Klima wie in der heutigen BRD sind die Stimmungsschwankungen meist gering. Die große Mehrzahl ist, dem Landescharakter entsprechend, von vornherein festgelegt, und der ganze Wahlkampf dreht sich um ein paar Unentschiedene. Anders in Indien, wo der Wahlkampf praktisch ganz von Emotionen getragen ist und es zu erdrutschartigen Umschichtungen kommt. Beides spiegelt sich gut in den Ländern: hier eine ruhige, stetige Entwicklung ohne viel Bewegung (selbst die politischen Alternativen sind eigentlich im wesentlichen keine), dort ein hektisches auf und ab, das die verschiedensten und konträrsten Politiker an die Spitze spült. Ein Volk zeigt sich also auf jeden Fall in seiner Spitze und demonstriert damit auch, welches Gefühl gerade vorherrscht. Ganz ähnlich verhält sich der einzelne Mensch. Auch er ist wechselnden Stimmungen unterworfen, und die gerade beherrschende bestimmt sein augenblickliches Auftreten und Handeln. Da mag es dumpfe Strömungen geben und sehr lichte Momente. Sie werden im wesentlichen aus dem Innern aufsteigen und sich draußen spiegeln. Genau das gleiche geschieht bei einer Gruppe.

Und wie wir für unsere eigenen Gefühle und Stimmungen verantwortlich sind, die aus unserer Mitte aufsteigen, sind wir folglich auch für jene verantwortlich, die aus der Mitte unserer Gruppe aufsteigen. Das bedeutet für uns Deutsche auch, daß wir für Hitler verantwortlich waren, er war genau der zu jener Zeit notwendige Kristallisationspunkt für das dem Land entsprechende Gefühl. An der Zahl seiner willigen Erfüllungsgehilfen zeigte sich dann ja auch, daß es genug Individuen gab, die genau das wollten. Die Tatsache, daß uns Jüngeren heute weisgemacht werden soll, eigentlich sei ja niemand dafür gewesen, zeigt nicht die Unstimmigkeit der Entsprechung zwischen Mitte und Peripherie, sondern die Feigheit der an jener Geschichtsepoche Beteiligten, der Wahrheit ins Gesicht zu schauen.

Der Kristallisationspunkt der Mitte ist repräsentativ für den Außenkreis, das läßt sich in unzähligen Situationen wirklich vom Kindergarten über die Firma bis zum Staat belegen. Wer das anschauen kann, wird daran viel lernen über sich und seine Mitte. Eine Konfrontation der wirklichen Situation ist kurzfristig unangenehm, aber langfristig die einzige Chance, bewußter zu werden. Wann immer man sich in einer Mitte, die einen betrifft, ob das nun der Chef, Lehrer, Redner, Regierungschef oder Clubpräsident ist, nicht findet, hat man nicht ehrlich hingesehen. Je kleiner die Gruppe ist (z. B. die Familie), desto leichter und deutlicher wird man den eigenen Anteil an der betreffenden Mitte wahr-nehmen. Aber auch bei noch so großen Gruppen gibt es eine Beziehung. Und gerade wenn uns an der Mitte etwas stört, hat das mit uns selbst zu tun. Wir können gar nicht ehrlich und direkt genug hinschauen! Meist steht alles klar und offen vor unseren Augen. Die Gefahr liegt nur darin, sich ausgerechnet da zu verschließen, wo der ehrliche Blick am not-wendigsten wäre, nämlich bei einem selbst.

Wenn wir nun als abschließende beispielhafte Anregung den Blick in die Mitte unseres Landes schweifen lassen, auf alle möglichen beruflichen, gesellschaftlichen und politischen Ebenen, treffen wir häufig auf ein volksverbindendes Phänomen: massives Übergewicht. Offenbar haben wir als große Gemeinschaft auf der materiellen Ebene unsere Grenzen zu weit nach draußen geschoben, sind zu gierig, müßten schon lange satt sein, können uns aber einfach nicht beherrschen. Im Ausland werden wir beneidet, weil wir so schön rund und gesund sind – und das stimmt eben auch, von der Mitte aus gesehen und nicht nur von da. Insofern ist unser Land vergleichbar mit einem Fettwanst, bei dem alles Äußere ganz gut, ja, im Überfluß läuft, der aber keinen Zugang zur Kraft seines Herzens hat, keinen neuen Weg zu seiner Mitte findet und nur aus den alten, bekannten Quellen die ebenfalls bekannte Hausmannskost schöpfen kann. Für eine Mitte, die sich als Kristallisationspunkt einer Vision eignet, neue Wege entdeckt und öffnet, begeistern kann für ein gemeinsames Ziel, der Zukunft eine verbindende Richtung abgewinnen könnte, haben wir – wir sollten es uns ehrlich eingestehen – im Augenblick keine Entsprechung.

Nach diesem eher tristen Ausflug in die Mitte menschlicher Gemeinschaften mag deutlich geworden sein, daß wir die Möglichkeiten auf dieser Ebene bei weitem nicht ausschöpfen. Wie in unserer eigenen Mitte, dem Herzen, geben wir uns hier mit relativ wenig zufrieden und bleiben weit hinter unseren Möglichkeiten zurück.

Das wird, was unseren Anteil betrifft, auf der nächsten Ebene nicht anders: der Mitte der *Erde.*

In ihr herrscht eine gewaltige Hitze, ja ihr ganzer Kern glüht. Die von uns bewohnte abgekühlte Kruste ist, verglichen mit der Gesamtmasse, eine recht dünne Angelegenheit, und hin und wieder spüren wir das gewaltige Feuer im Erdinnern in Form von Vulkanausbrüchen und Erdbeben. In der Lava haben wir dann eine entsprechende Botschafterin des Inneren. Offensichtlich ist das Prinzip der mächtigsten Energie in der Mitte auch bei der Erde mit der Hitze in ihrem Kern gewahrt. Ansonsten wissen wir (wissenschaftlich) sehr wenig über die Mitte unseres Planeten. Hier sind wir auf religiöse Schilderungen angewiesen, etwa der Indianer, die Mutter Erde neben dem Großen Geist, Manitou, eine wesentliche Rolle in ihrer Religion zugestehen. Für sie ist die Erde ein lebendiges Wesen, von dem sie abhängen wie ihre eigenen Kinder von ihnen. Ihr Ziel ist es, tief verwurzelt in Mutter Erde, den Kopf hoch in den Wolken des Himmels zu tragen und so die Pole, Mutter und Vater, zusammenzubringen. Natürlich hat die Erde in ihren Augen Bewußtsein, und das verbindet die Indianer mit einer modernen Zeitströmung.

An vielen Stellen der Welt keimte in den letzten Jahrzehnten eine neue Einstellung zu unserer Erde auf. Vielfach wird ein planetares Bewußtsein wenigstens gefordert, wenn es nicht schon empfunden und gelebt wird, wie etwa in Findhorn*. Dieses neue Gefühl mag auch damit zusammenhängen, daß es seit den Weltraumflügen erstmals Photos von der Erde als Ganzem gibt und daß wir durch den Schritt auf den Mond einen neuen Blick für unseren Heimatplaneten gewonnen haben. Wie wir später noch erleben werden, spricht für die indianische Auffassung vom lebenden Organismus Erde wesentlich mehr, als für unser altes Verständnis vom mechanisch gut funktionierenden, aber toten Himmelskörper. In dem Maße, wie wir das neue Wissen aus der Atommitte zu dem unseren machen, wird es wohl auch unser Bild von der Erde, unser Welt-bild umgestalten. Viele Menschen werden dann den jetzt noch wenigen folgen und die Erde als lebende Einheit erkennen und als den einzigen verläßlichen Boden, den wir unter den Füßen haben.

Die Mitte der Welt ist für den einzelnen im psychologischen wie im geographischen Sinne immer gerade dort, wo er auf der Erde steht. Ein Satellitenphoto aus großer Höhe, direkt über einem Menschen aufgenommen, ließe das sehr deutlich werden:

---

* Findhorn ist eine seit über 20 Jahren bestehende Gemeinschaft in Schottland, die in Einklang mit der Erde und ihren Lebewesen »blüht und gedeiht«.

Die Erdkugel erschiene darauf als blauweiße Scheibe, und der betreffende Mensch wäre der winzige Punkt in ihrer Mitte.

In den kommenden Jahrzehnten wird es wohl die Aufgabe jedes einzelnen werden, nicht nur seine eigene innere Mitte zu finden, sondern parallel dazu auch zu erkennen, daß sein Platz auf der Erde der Weltnabel für ihn ist. Das widerum würde dazu führen, von den vielen individuellen Mittelpunkten aus den einen gemeinsamen, die Mitte der Erde, zu erspüren. Eine Haltung, die der ganzen Erde und nicht nur dem eigenen Gärtlein entspricht, wäre die Folge.

So wie jedes subatomare Teilchen sein eigenes Zentrum ist und doch unlösbarer Teil des ganzen Atoms, wie auch jede Körperzelle ihr eigener Mittelpunkt ist und doch unverzichtbarer Teil des ganzen Körpers, könnte sich jeder Mensch in seiner eigenen Mitte und doch als wesentlicher Teil der ganzen Welt fühlen.

Unser Weg durch die Mitte führt uns als nächstes zur *Sonne*, dem Zentrum unseres Planetensystems. Offensichtlich finden wir auch hier wieder in den andauernden Kernfusionen die stärkste Energie in der Mitte lokalisiert. Ohne Sonne gäbe es kein Leben auf unserer Erde, und so ist sie nicht nur Energie – sondern eigentlich Lebensquelle. Im übrigen wären wir ohne sie in jeder Hinsicht im Dunkeln, schickt sie uns doch das Licht, das uns sehen macht. Auf dieser polaren Welt wirft alles, was ins Licht tritt, seinen Schatten, und hat damit seinen Gegenpol im konkreten wie im übertragenen Sinn. Das Lichtteilchen (Photon) hat jedoch im Gegensatz zu den anderen subatomaren Teilchen, keinen Gegenpol, es ist eins mit sich selbst, ist in Wechselwirkung oder in Resonanz mit sich selbst, wie die Physiker sagen. Folgerichtig ist das Licht in vielen Kulturen Einheitssymbol und Ausdruck der letzten Mitte. Auch für die Sonne gilt das schon beschriebene Zentralverhalten. Obwohl sie sich weniger bewegt, als all die sie umkreisenden Planeten, bestimmt sie doch deren Bahn. Nach der alten Newtonschen Auffassung der Physik hätte man gesagt, sie hält die abhängigen Planeten durch ihre Anziehungskraft auf ihren Bahnen. Heute würde man eher formulieren, daß sie mit ihrer Kraft (ihrer großen Masse, bzw. ihrer großen Energie: $E = m \cdot c^2$) den Raum so strukturiert (»krümmt«, sagen die Physiker), daß die Planeten nur gerade ihren von der Sonnenkraft vorgezeichneten Bahnen folgen können.

Die Sonne gewährt darüber hinaus einen ausgezeichneten Einblick in Dimensionen, die sich uns erst noch eröffnen müssen. Sie ist ein Fixstern, und wie der Name schon sagt, glaubte man sie lange Zeit fest am Himmel verankert. War es schon erstaunlich genug, daß sich die Erde mit 2900 km/h um ihre eigene Achse dreht (am Äquator) und mit 106 000 km/h ihre Bahn um die Sonne zieht, so war es noch verblüffender, festzustellen, daß sich auch die Sonne rasend schnell bewegt. Wir merken das alles kaum, weil sich sowohl unsere Erdatmosphäre mit der Erde, als auch unser ganzes Sonnensystem mit seinem Zentrum, eben der Sonne, mitbewegt. Heute können wir aber messen, daß unser Sonnensystem mit einer Geschwindigkeit von 77 000 km/h auf das Sternbild Schütze zurast. Einen Zusammenstoß allerdings brauchen wir nicht zu befürchten, denn auch das Sternbild Schütze rast mit enormer Geschwindigkeit davon. Soweit die Astronomie bisher weiß, bewegt sich jeder Punkt unseres wahrnehmbaren Universums von jedem anderen fort. Hier kann uns wieder das Bild des Punktes helfen, den wir mit Raum aufblasen und damit zur Kugel machen. Während des Aufblasens wird sich auch jeder Fleck auf der Kugeloberfläche von jedem anderen entfernen. Aller Wahrscheinlichkeit nach reicht dieses Bild noch gar nicht aus, das Ganze zu beschreiben, denn auch unser Sonnensystem wird um ein Zentrum kreisen, um das unserer Galaxie, und die wiederum kreist wohl um den Mittelpunkt unseres Universums. Das ist nach herkömmlich astronomischer Auffassung der Punkt, an dem vor sehr langer Zeit der berühmte Urknall stattgefunden haben soll. Tatsächlich können die Astronomen bis zu diesem Punkt zurückschauen und -rechnen.

Das Betrachten der Sterne am Himmel bietet übrigens jedem eine wunder-volle Möglichkeit zu Zeit- und Raumfahrten. Die Raumfahrt können wir vorerst nur mit den Augen machen, die Zeitreisen sind aber ganz reale Möglichkeiten, die, ob bewußt oder unbewußt, bei jedem Blick in den Sternenhimmel ablaufen. Wann immer wir nachts zu den Sternen blicken, schauen unsere Augen zurück in der Zeit. Wir sehen Jahre, Jahrzehnte, Jahrtausende, sogar Jahrmillionen zurück. Das Licht von einem fernen Stern mag in unserem Auge eine tausendjährige Reise beenden – das Bild, das es uns von seinem Stern zeichnet, ist also 1000 Jahre alt. Das aber bedeutet: wir sehen den Stern jetzt wie er vor 1000 Jahren war. Auch unsere Sonne haben wir folglich noch nie gesehen, wie sie im selben Moment ist. Wann immer wir zu ihr aufschauen*, blicken wir acht Minuten zurück in die Vergangen-

* Bei diesem Versuch ist übrigens Vorsicht geboten, denn unsere Augen können den direkten Anblick der Sonne nicht ertragen; auch das ist ein ganz guter Hinweis darauf, daß wir polaren Menschen der Einheit oder Gott in direkter Konfrontation nicht gewachsen sind.

heit, denn bei einer Geschwindigkeit von 300 000 km/sec braucht das Sonnenlicht 8 Minuten zu uns.

Da es nun Sterne in allen möglichen Entfernungen von uns gibt, können wir in ganz verschiedene Zeiten zurückblicken, und die Astronomen machen genau das seit langem. Dadurch können sie Sterne in allen Entwicklungsstufen studieren und bis in die Anfangszeit des Universums zurückschauen.

Die neueren Erkenntnisse über Raum und Zeit, die Albert Einstein der Physik (mit seiner Relativitätstheorie) bescherte, daß nämlich beide relativ sind und sehr eng zusammenhängen, wurden so von den Astronomen schon lange benutzt; was sich darin zeigt, daß sie räumliche Entfernungen in Zeitmaßen angeben, und etwa von Licht-jahren sprechen. Sie meinen damit eine räumliche, auch in Kilometern ausdrückbare Entfernung. Nicht viel anders drücken die Kernphysiker heute die Masse von subatomaren »Teilchen« in Energieeinheiten aus, eben weil beide so eng zusammenhängen. Die Verbindung von Raum und Zeit finden wir auch in der Sprachc wieder. Da reden wir ausdrücklich von einem »Zeit-raum«, während die Physiker heute von der Raum-zeit sprechen. Auch Ausdrücke wie »Hoch-zeit« und »es ist höchste Zeit« enthüllen Verbindungen von Raum und Zeit und darüber hinaus noch eine andere weithin vernachlässigte Eigenschaft der Zeit: ihre Qualität. Die Zeitqualität wartet noch immer auf ihre wissenschaftliche Entdeckung; der Sprache, der Esoterik (hier vor allem der Astrologie) und dem menschlichen Empfinden ist sie schon lange, wenn nicht schon immer vertraut. Eine Vollmondnacht mag zwölf Stunden dauern, doch hat sie eine ganz andere Qualität als eine Neumondnacht.*

Es ist Einsteins Verdienst, als erster die Relativität der Zeit bewiesen zu haben. Seitdem ist eine Stunde nichts objektiv Festes mehr. Während aber in unserer »normalen« Welt die Zeit auch nach Einstein praktisch ihre alte Verläßlichkeit behält, ist das im Bereich des ganz Kleinen, im Innern des Atomkerns, keineswegs der Fall. Dort erscheint uns die Lebenszeit mancher Teilchen plötzlich doppelt so lange, weil sie der Geschwindigkeit des Lichtes nahekommen. So macht uns die Zeit manche Beobachtungen im Atomkern erst möglich und erlaubt uns anderer-

---

* Gynäkologen und Psychiater haben meist ein ganz unwissenschaftliches Gefühl dafür aus der Erfahrung mit ihren besonders mondempfindlichen Schützlingen.
Vgl. auch das engl. Wort lunatics für Verrückte und den 28-tägigen Mon(d)atszyklus der Frau, der dem Mondzyklus entspricht und das gynäkologische Geschehen prägt.

seits Jahrmillionen im Weltraum zurückzuschauen. Was Astrophysiker dabei im Großen entdeckt haben, ist den Ergebnissen ihrer Kollegen bei der Erforschung im ganz Kleinen oft sehr ähnlich. So wie wir bei unserem Ausflug ins Innere des Atomkerns erlebten, daß jedes der subatomaren »Teilchen« als sein eigener Mittelpunkt fungiert und sich alles andere im Kern in diesem Sinne darauf bezieht, erleben das auch die Astronomen im Weltall. Unsere Galaxis ist der Mittelpunkt des Universums, alle anderen Galaxien entfernen sich mit großer Geschwindigkeit von uns und beziehen sich so auf uns als ihren Mittelpunkt. Das aber können alle Galaxien mit dem gleichen Recht von sich behaupten. Jede ist ihr eigener Mittelpunkt, und alle anderen beziehen sich dann auf die betreffende als ihren Mittelpunkt und entfernen sich mit großer und gleichmäßiger Geschwindigkeit von ihr.

In der Signatur der Galaxien finden wir übrigens auch wieder unser altes Mittelpunktssymbol, die Spirale. Da auseinanderstrebende Verhalten des Universums brachte die Wissenschaftler zu ihrer Theorie vom Urknall. Diese Theorie ist inzwischen allgemein anerkannt, und es gibt heute keinen Zweifel mehr daran, daß wir in einem expandierenden Universum leben. Diese Ausdehnung ist schon seit Jahrtausenden in den Veden, den Heiligen Schriften der Hindus, nachzulesen ist. Dort heißt es, daß Brahma, der Schöpfer, die Schöpfung ausatmet und nach einem für uns unvorstellbar großen Zeitraum, sie auch wieder einatmet. Nachdem die Veden im Ausatem Brahmas die Expansion des Alls richtig beschreiben, liegt der Verdacht nahe, daß auch der zweite Teil ihrer Aussage, das Einatmen Brahmas stimmen könnte. Da nach esoterischer Auffassung immer alles in wellen-förmigen Auf- und Abwärtsbewegungen verläuft, ist für uns die Antwort sehr naheliegend.

In letzter Zeit gibt es auch Wissenschaftler, die auf die Expansion wieder eine Kontraktion erwarten und sich damit vom Bild des Einbahn-Universums ab und dem eines pulsierenden zuwenden. Unregelmäßigkeiten in den gemessenen Ausdehnungsgeschwindigkeiten der Galaxien ließen den Amerikaner I. Bentov ein neues Modell des Universums austüfteln. Zu Hilfe kamen ihm dabei andere, bisher unerklärliche astronomische Phänomene, die wieder stark an die Kleinstwelt im Atomkern erinnern.

Ein sogenanntes »Schwarzes Loch« ist ein praktisch leerer Bereich im Weltall, in dem der Raum drastisch verändert ist. Obwohl es gar keine, jedenfalls keine wahrnehmbare Materie an dieser Stelle gibt, herrscht hier ein unvorstellbar starkes Kraftfeld, das alles, ohne Ausnahme, wie in einen gewaltigen, immateriellen Trichter saugt. Alle Materie, die in die Nähe dieses Feldes kommt, wird rettungslos zur imaginären Mitte gezogen und von ihr verschluckt. »Schwarzes Loch« heißt das Gebilde deshalb, weil seine Anziehungskraft (Gravitation) so unvorstellbar groß ist, daß sogar die winzigen Lichtpakete dort hineingesogen werden und nicht mehr nach draußen gelangen können. Was bleibt, ist im wahrsten Sinne des Wortes bodenlose Schwärze. Welches Schicksal die eingesogene Materie dabei erleidet, bleibt vorerst das große Geheimnis. Einige Physiker spekulieren allerdings schon darüber, ob hinter dem Schwarzen Loch eine andere, sogenannte Gegenwelt existiert. Damit wäre das Schwarze Loch als Ausgang aus unserer Welt Eingang in eine neue. Eine Parallele existiert auch hier im Bereich des Kleinsten, wo zu jedem aus dem Nichts geborenen Teilchen ein sogenanntes Antiteilchen entsteht. Die Astronomen glauben, daß das Schwarze Loch aus einem einstmals großen Stern hoher Dichte entstanden ist, dessen Masse sich zunehmend verdichtete und aufgrund der dabei wachsenden Gravitation sozusagen nach innen zusammenfiel; im Prinzip der umgekehrte Vorgang einer Explosion, allerdings mit dem Effekt, daß nichts übrig bleibt.

In Bentovs Modellvorstellung stellt das Schwarze Loch den einen Pol der Universumsmitte dar, den weiblichen sozusagen, der das Geschaffene am Ende eines Zyklus wieder einsaugt. Den männlichen Gegenpol stellt er sich entsprechend als mächtige Energie- und Materieschleuder vor und benutzt als Vorbild einen Quasar. Das sind Himmelskörper in riesiger Entfernung von uns, die eine unvorstellbar große Energie hinausschleudern und zwar nur an einer Stelle und in eine Richtung. Diese beiden Phänomene sieht Bentov sozusagen Rücken an Rücken als Mitte des Universums. Auf der Quasarseite geschieht die positive Schöpfung, und ein wahrer Strom von Galaxien wird ausgespuckt und fliegt mit großer Geschwindigkeit in den leeren Raum, bis die Anziehungskraft des Schwarzen Loches die Beschleunigung überwiegt und die ganze Schöpfung vom negativen Pol, dem Schwarzen Loch, wieder eingesogen wird.

Unsere Galaxie steht nach Bentovs Meinung kurz vor dem Umkehrpunkt (x in der Zeichnung). Diese Position würde die gemessenen Unregelmäßigkeiten in der Ausbreitungsgeschwindigkeit der Galaxien gut erklären. Die Größenverhältnisse des ganzen Modells sind allerdings so enorm, daß wir auch mit unseren empfindlichsten Meßgeräten nicht die geringste Chance haben, es zu beweisen oder zu widerlegen. Dieses zugegebener-

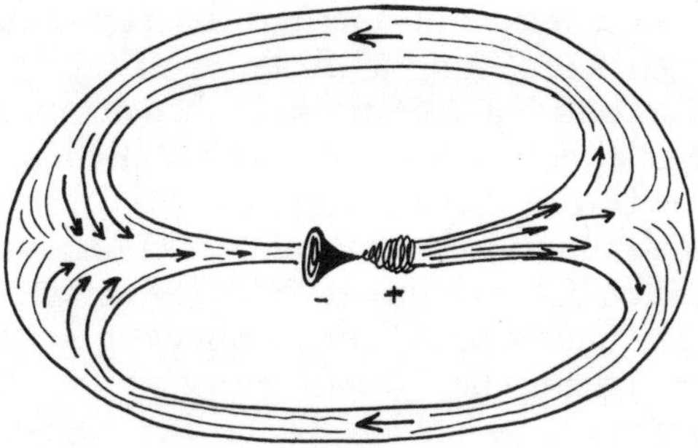

maßen sehr spekulative Modell hätte, im Ganzen betrachtet, etwa Ellipsenform, eine eindeutige Polarität und stünde in keinem Widerspruch zu bekannten Gesetzen. Für unser Analogiedenken böte es einige sehr befriedigende Deutungsmöglichkeiten. In seiner eindeutigen Polarität entspräche es z. B. dem oben erwähnten Schöpfungsvorgang auf der subatomaren Ebene, wo jedem positiven Teilchen sein negativer Gegenpol entspricht. Das Problem der Zeitrichtung im Atomkern, das bei dieser Vorstellung einer Schöpfung entstehen würde, finden wir auf ähnliche Art. Denn wenn wir den Materieausstoß aus der Quasarseite als eine Schöpfung aus der Gegenwart in die Zukunft betrachten, so wie wir das von einem Schöpfungsvorgang erwarten, haben wir auf der anderen Seite (dem Schwarzen Loch) eine Schöpfung aus der Gegenwart in die Vergangenheit, also entgegen der Zeitachse und aller Gewohnheit. Solch paradoxe Schöpfungen treten aber auch im Atomkern auf, und unser Universumsmodell liefert sogar noch ein relativ anschauliches Bild dieses unvorstellbaren Vorganges.

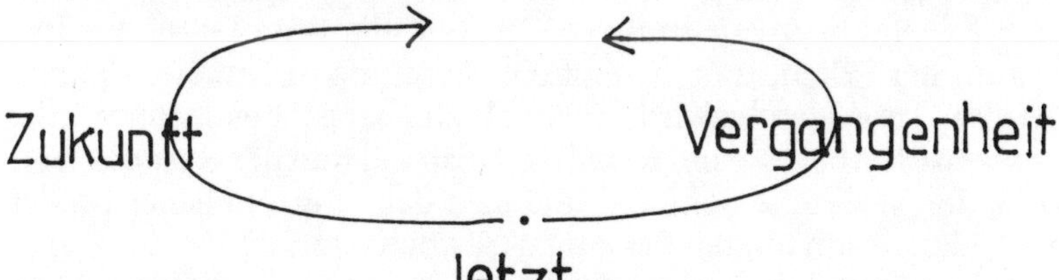

Das Schwarze Loch bietet obendrein eine gute Parallele zu jenem Energiefeld im Atomkern, das besteht und wirkt, obwohl gar keine Materie vorhanden ist.

Bentovs universales »Schöpfungsei« entspricht in seiner Polarität auch den Eiern der Tiere, zwischen deren Polen man eine

Spannung messen und damit einen positiven und einen negativen Pol bestimmen kann. Eine ähnliche Polarität zwischen dem (positiven) Kopf und dem (negativen) Becken nehmen viele esoterische Geheimlehren auch für den menschlichen Körper bzw. sein Feld, an. Um in der Yin-Yang Polarität des Taoismus zu sprechen, ist der Kopf sicher männlicher (Yang) als das Becken (Yin). Schließlich hat auch unsere Erde eine entsprechende Polarität in Nord- und Südpol. Die Verbindung schafft hier das Weltbild der indianischen Schamanen, wo der Norden dem Männlichen und der Süden dem Weiblichen zugeordnet ist.

Für unser augenblickliches Hauptthema, das Geheimnis der Mitte, paßt das Bentov'sche Schöpfungsmodell natürlich auch vorzüglich, denn der Ebenenwechsel fände wieder in der Mitte statt. Die Energie/Materie müßte zwischen Schwarzem Loch und Quasar, also in der Mitte dieses Doppeltrichters, einen ähnlichen Qualitätssprung wie in der Mitte des Atoms machen: aus der vollkommenen Finsternis und der umgeformten energetischen Omnipotenz in die materielle Form des neuen, ersten Schöpfungstages. Daß diese Vorstellung auch in ein-leuchtender Übereinstimmung mit dem Beginn des biblischen Schöpfungsmythos ist, macht sie noch faszinierender.

In der Bibel, wie in fast allen Schöpfungsmythen, beginnt ebenfalls alles mit der Trennung der Einheit in zwei Pole, Himmel und Erde, Mann und Frau, Gut und Böse. Wir finden dann in der Genesis einen ähnlichen wellenartigen Verlauf beschrieben, wie wir ihn überall in der Wirklichkeit beobachten und wie ihn auch dieses Buch anstrebt. Dasselbe Thema wird immer wieder aufgenommen und durch verschiedene Ebenen verfolgt: Der Trennung in Himmel (+) und Erde (−) entspricht auf der nächsten Stufe jene in Mann (+) und Frau (−); diese entspricht wiederum der folgenden Aufspaltung in Gut (+) und Böse (−) unter dem Baum der Erkenntnis, worauf die Trennung in Paradies (+) und Welt (−) not-wendig wird. Auf der Welt aber geht es später immer so weiter: Abel (+) und Kain (−), Noah (+) und der Rest der Welt (−), der Verlorene Sohn (−) und sein daheimgebliebener Bruder (+). Gerade am letzten Beispiel wird noch einmal klar, wie wenig es hierbei um Wertung im Sinne von Be- und Verurteilung gehen kann. Die Aufspaltung in die Polarität ist not-wendig. Der Vater (Gott – Einheit – Mitte) liebt ja den verloren-*gegangenen*, in der Polarität gescheiterten, Sohn mindestens ebenso wie den braven, zu Hause (im Paradies) gebliebenen. Aus disem Grund gibt er ja für den Heimkehrer (−) ein Fest, nicht aber für den Daheimgebliebenen (+).

4. Leere und Fülle, Ruhe und Geschwindigkeit in der Mitte

Unter dem Blätterdach eines Baumes
sitzt ein Busch
und singt.

YUMA-YAQUI-INDIANER

Nach unserer Reise durch die Mitte der verschiedenen Ebenen wollen wir nun eine der faszinierendsten Eigenschaften der Mitte betrachten: die Leere. Auf dem Weg durch den Körper zum Atomkern sind wir ihr vielfach begegnet. Festestes Körpergewebe wie Knochen oder Muskel war plötzlich voller Spalten und Hohlräume gewesen. Umso mehr wir vergrößerten bzw. uns verkleinerten, desto mehr war uns die Kompaktheit wie Sand zwischen den Fingern zerronnen und leerer Raum übriggeblieben. Auf der Ebene der Feinstruktur des Knochens – in jener Tropfsteinhöhle – hatten wir trotz vieler Höhlen wenigstens auch festes Gewebe um uns gehabt. Auf der Ebene der Moleküle war dann noch mehr leerer Zwischenraum aufgetaucht, und die materiellen Strukturen waren keineswegs mehr fest, sondern in ständiger Bewegung. Auf der Atomebene war es noch einmal leerer geworden, und das Wenige war in noch heftigere Bewegung geraten. In der Atomhülle – im Land der Elektronen – war dann schon fast nichts Materielles mehr dagewesen, und die angesichts des riesigen leeren Raumes wenigen Elektronen waren in so schneller Bewegung gewesen, daß sie schon fast überall zugleich auftauchen konnten. Im Kern waren wir auf die absolute Leere gestoßen oder eher in sie gestürzt. Falls hier etwas vorhanden war, kam und ging es mit jener ungeheuren Geschwindigkeit, die keine Unterscheidung mehr zwischen Sein und Nichtsein erlaubte. War das Energiemuster nun nie da oder war es immer da?

Je näher wir der Mitte kamen, desto leerer wurde es, und desto höher wurde die Geschwindigkeit bzw. die Schwingungsfrequenz des noch vorhandenen Restes. In der Nähe der Mitte konnten wir dann kaum mehr sagen, was da diese ungeheure Geschwindigkeit entwickelte. Und ganz nah um die Mitte war eigentlich gar nichts mehr da. Das aber hatte eine so fabelhafte Geschwindigkeit, daß es eigentlich überall zugleich aufschien. Die Kernphysiker erklären heute, daß in der Leere des subatomaren Raumes sich jederzeit an allen möglichen Stellen des Raumes subatomare Teilchen bilden können, nur um im selben Moment wieder zu verschwinden (sogenannte »virtuelle Teilchen«)*. Und sie bilden sich tatsächlich aus dem Nichts – das aber widerspricht dem Energie-Masse-Erhaltungssatz, der Basis des ganzen physikalischen Gesetzgebäudes. Das Geheimnis liegt wieder in der Zeit.

Nach der Heisenberg'schen Unschärferelation kann man nie genau zugleich Ort- und Bewegungsimpuls eines Teilchens bestimmen. Umso sicherer wir uns über den Ort sind, desto unsicherer werden wir über den Impuls und umgekehrt. Eine entsprechende Unsicherheit besteht in bezug auf Energie und Zeitdauer eines Prozesses. Umso sicherer wir über die Dauer eines Prozesses Bescheid wissen, desto unsicherer wird die beteiligte Energie. Wenn nun ein Zeitrum sehr klein wird (kleiner als 0,000 000 000 000 001 sec), wir ihn aber genau kennen, kann in dieser Zeit ein Prozeß mit fast beliebiger Energie aus dem Nichts ablaufen, ohne mit dem Energie/Masse-Erhaltungssatz in Konflikt zu geraten. In Momenten, die fast an Null gehen, können demnach im Einklang mit den physikalischen Gesetzen fast beliebige Masse/Energieprozesse ablaufen, d.h. in dieser Minimalzeit könnte sich das ganze Feld des Atomkernes aufbauen und wieder in sich zusammenfallen. Wir Menschen mit unseren trägen Sinnen können das natürlich nicht einmal im Ansatz mitbekommen, in dieser Dimension sind wir einfach nicht zu Hause. Da nun aber praktisch alle Masse dieser Welt aus Atomkernen besteht, ist es offensichtlich so, daß sich unsere Welt ständig neu erschaffen und wieder einziehen könnte, allerdings in einem Rhythmus, der weit jenseits der Erfahrungsmöglichkeiten unserer fünf Sinne liegt. Damit haben wir eine sehr überzeugende Analogie zum indischen Mythos des tanzenden Gottes Shiva, der mit seinem Tanz in ständigem Wechsel das Universum erschafft und wieder zerstört. Wie ein Film mit seinem verhältnismäßig geringen Bildwechsel pro Sekunde uns die vollkommene Illusion von lebendiger Bewegung und Kontinuität schafft, gelingt das der Schöpfung mit ihren unvergleichlich schnelleren Möglichkeiten noch viel besser. Es gibt gute Gründe dafür, anzunehmen, daß kein einziger Prozeß in diesem Universum wirklich kontinuierlich abläuft, alles geht in kleinen Sprüngen, nur eben schnell.

Das ständige Kommen und Gehen der subatomaren Teilchen in der Leere der Mitte ist aber noch nicht das einzige über unser Verständnis gehende Phänomen dieser Ebene. Bei den ununter-

---

* Die Definition von »virtuell« lautet: »In Wirkung und Wesen gleichartig und doch nicht wirklich existierend«. (Zukav)

brochenen Wechselwirkungen von Teilchen untereinander, kommt es zu ständigen Umwandlungen, bei denen andauernd die Ausgangsteilchen zerstört werden und dafür neue entstehen. Zukav schreibt: »Bei jedem subatomaren Ereignis werden die ursprünglichen Partikel vernichtet und neue Partikeln erzeugt.« Das heißt aber auch wieder, daß die Welt, die ja letztlich aus solchen Teilchen besteht, ganz materiell in jedem Moment zerfällt und wieder neu erschaffen wird und wir nur nicht fähig sind, es so schnell wahrzunehmen.

Somit können wir sagen, daß die Leere der Mitte aus sich heraus alles schafft, sie ist zumindest voller, wenn auch immaterieller, Information oder, wie die Weisen des Ostens es formulieren: »In ihr liegt alles in der Potenz.«

Nun wollen wir uns neben der Leere noch einem anderen faszinierenden Aspekt der Mitte zuwenden, der in ihre Richtung zunehmenden Geschwindigkeit. Alle Teilchen im atomaren Bereich und damit überhaupt alle sind in Schwingung, d. h., sie bewegen sich zwischen zwei Extremen hin und her. Nehmen wir, um uns das Ganze besser vorstellen zu können, ein schon besprochenes Schwingungsbeispiel aus dem makroskopischen Bereich, unser Herz. Es bewegt sich zwischen voller Anspannung und totaler Erschlaffung ständig hin und her. An den beiden Extrempunkten dreht sich jeweils die Bewegungsrichtung um, d. h. das Herz kommt für einen kleinen Zeitraum zur Ruhe. Stellen wir uns nun vor, das Herz wäre eines der schwingenden Teilchen im Innern des Atomkernes. Dann würde nach der Heisenberg'schen Unschärferelation folgendes gelten: Die Geschwindigkeit des Herzens ist an jedem Umkehrpunkt Null, also ist auch der Impuls Null (Impuls = Geschwindigkeit × Masse; jede beliebige Masse mit Null multipliziert ergibt aber Null). In diesem Fall ist aber der Ort bzw. die Geschwindigkeit des Herzens völlig unbestimmt, d. h., das Herz könnte überall sein, also auch in einer ganz anderen Ecke des Universums, sofern es nur in einer unmeßbar winzigen Zeitspanne wieder zurück ist. Das würde aber bedeuten, es bräuchte unbegrenzte Geschwindigkeit, mit der es sich an jedem Ruhepunkt seiner Schwingungsbahn in den Raum ausbreitet. Da dieser Sachverhalt für alle subatomaren Teilchen gilt und diese mit sehr hoher Frequenz schwingen (bei 20° Celsius mit ca. 10^{15} Hertz), wird es in jeder Sekunde sehr viele solcher Ruhe- oder Umpolungspunkte geben. Das wiederum bedeutet, daß das Teilchen sich in sehr kurzen Abständen massemäßig auflöst und mit unendlicher Geschwindigkeit in den leeren Raum ausbreitet.

Unendliche Geschwindigkeit bedeutet aber überall sein, ohne daß dabei Zeit vergehen müßte, folglich ist unendliche Geschwindigkeit gleich absoluter Ruhe. Man (das Teilchen) ist überall in Ruhe und zugleich oder auch mit unendlicher Geschwindigkeit unterwegs, wobei »unterwegs« das Fließen von Zeit beinhaltet, da man ja sonst nicht unterwegs zwischen zwei Punkten sein könnte. Man ist mit unendlicher Geschwindigkeit also überall zugleich schon da. Der Physiker Sarfatti machte sich Gedanken über Geschwindigkeiten jenseits der des Lichtes (sogenannte superluminale Geschwindigkeiten) und nimmt an, daß die virtuellen Teilchenprozesse mit solchen Geschwindigkeiten ablaufen.

Damit sind wir an einem Punkt, wo sich Physik und Mystik bald wirklich treffen könnten. Hier mag auch die Erklärung für viele sogenannte »außersinnliche Wahrnehmungen« liegen. Mystiker haben ihre Erfahrung der Mitte mit einem Zustand absoluter Ruhe verglichen, der gleichzeitig Zugang zu *allem* ermöglicht. Sie ruhen ganz in ihrer Mitte und erleben sich doch mit allem verbunden, in allem zugleich.

To see the world in a grain of sand
Heaven in a piece of flower
Infinity in the palm of your hand
Eternity in an hour

In einem Sandkorn sieh die Welt
Den Himmel im Blütengrunde,
Unendlichkeit in deiner Hand
Und Ewigkeit in einer Stunde.

William Blake

Daß die Erfahrungen von tiefer Ruhe und großer Geschwindigkeit sich einander nähern, mag über die Kombination einer Meditationsübung mit einem Gedankenexperiment für viele erlebbar werden. Wenn man sich, vor einer Uhr mit Sekundenzeiger sitzend, in tiefe Meditation begibt, sich aber daran gewöhnt, die Augen ein wenig aufzulassen um die Uhr zu sehen, ohne die Aufmerksamkeit voll auf sie zu lenken, kann es einem passieren, daß der Zeiger immer langsamer wird und sogar zeitweilig stehenbleibt. Dabei hat man dann weniger die Uhr angehalten, als vielmehr sich – auf alle Fälle erlebt man die Uhr stillstehend.

Bei dem entsprechenden Gedankenexperiment wollen wir uns vorstellen, eine große Uhr flöge mit wachsender Geschwindigkeit von uns weg in den Weltraum. Wenn sie der Lichtgeschwindigkeit nahekommt, werden plötzlich ihre Zeiger langsamer, und wenn sie die Lichtgeschwindigkeit erreicht, bleiben sie stehen. Das Licht kommt jetzt von der Uhr genauso schnell zu uns, wie die Uhr wegfliegt, d. h., die beiden Bewegungen heben sich für uns auf, die Zeiger stehen still, da kein neues Bild mehr kommt. In beiden Fällen steht für uns subjektiv die Zeit still, wenn auch die beiden Uhren in ihrer Wirklichkeitsebene normal weiterlaufen.

Im einen Fall waren wir in tiefster Ruhe unserer Mitte, im anderen Fall Teil eines sich mit größter Geschwindigkeit bewegenden Systems. Übertragen wir nun die Erfahrung aus der Mitte des Atoms auf den Menschen, so stellen wir fest, daß die Aussagen verwirklichter Menschen plötzlich ihren Sinn finden. Zwar klingen sie für uns immer noch wie aus einer anderen Welt, diese jedoch scheint der wirklichen (subatomaren) Welt wesentlich mehr zu entsprechen, als jene unserer normalen fünf Sinne.

Die größte Fülle liegt demnach in der absoluten Leere der Mitte und höchste Geschwindigkeit kommt absoluter Ruhe gleich. Folglich ist in der Mitte nichts unmöglich, die üblichen Begrenzungen und Einschränkungen unserer gewohnten polaren Welt sind hier aufgehoben.

Wir haben schon weiter oben festgestellt, daß das Herz als unsere Mitte diesen Ebenenwechsel erfahrbar machen kann, wenn es für kurze Zeit stehenbleibt. In solchen Momenten wird das Erlebnis des Hier und Jetzt jedem zugänglich. Möglicherweise sind solche Erfahrungen aber auch in den unglaublich kurzen Momenten des »Herzstillstandes« während der Umpolung zwischen Zusammenziehen und Ausdehnung für bewußte Menschen erfahrbar. Auffällig ist immerhin, wieviel Augenmerk vor allem östliche Meister auf diese winzigen Pausen der Ruhe legen, ob sie nun zwischen Worten, Tönen, Bewegungen oder den Atemzügen auftreten. Vielleicht sind verwirklichte Menschen tatsächlich in der Lage, sich dem Schwingungsmuster der letzten Wirklichkeit anzupassen, ihre Eigenfrequenz etwa so zu erhöhen, daß sie in Einklang mit jener Welt der Mitte kommt. Möglicherweise liegt in dieser enormen Schwingungsgeschwindigkeit das Geheimnis der absoluten Ruhe. Oder umgekehrt: Vielleicht erhöht sich unsere Schwingungsebene immer gerade dann, wenn wir uns in die Ruhe begeben, z. B. wenn wir meditieren. Es spricht ja auch einiges dafür, daß wir in den Ruhephasen des Schlafes noch am ehesten Zugang zu feineren Ebenen bekommen, etwa der Traum- und Astralwelt. Mit »feineren« Ebenen sind hier jene gemeint, die weniger materiell und eben feinstofflicher sind, d. h. deren Schwingungsfrequenz höher liegt. Aus den bisherigen physikalischen Betrachtungen wissen wir ja nun, daß die Schwingung umso geringer wird, desto gröber, d. h. materieller das Umfeld wird. Die Schwingung in den Beinmuskeln ist höher als im ganzen Bein und in den einzelnen Muskelfasern noch höher. So steigt sie an über die Molekularebene bis in die Atomwelt. Je weniger materiell eine Ebene ist, desto schneller wird sie also schwingen bzw. desto höher ist die Schwingungsfrequenz. In diesem Sinne bekommt auch der in der Esoterik ansonsten reichlich überstrapazierte Begriff der »höheren Ebene« seinen Sinn. Ein anderer gängiger Ausdruck aus dem esoterischen Bereich, der des »Hier und Jetzt«, ist übrigens eine der physikalischen Raum-Zeit analoge Verbindung zweier Qualitäten, die untrennbar zusammengehören. Ihr wahres Wesen enthüllen Zeit (»Jetzt«) und Raum (»Hier«), die beiden großen Täuscher, wie der Osten sie nennt, nur in der Mitte. Den Trugcharakter jeder der beiden für sich allein hat uns im Westen Einstein nachgewiesen. Er gestand lediglich ihrem Produkt Konstanz zu. (Raum × Zeit ist konstant.) Wenden wir diese Gleichung auf die mystische Erfahrung des zeit-losen Augenblicks an, so haben wir im Moment des Jetzt offensichtlich die Zeit Null. Es ist ja der Punkt (ohne Ausdehnung) auf der Zeitachse, und damit wird auch der Raum Null*, unsere sogenannte »Wirklichkeit« wird ebenfalls null und nichtig. Die große Illusion wird offenbar – der Schleier der Maya lüftet sich. Die Zeit hört im »Hier und Jetzt« einfach auf, und damit fallen *keine* Zeit und *alle* Zeit in Eins zusammen, ähnlich wie totale Geschwindigkeit und absolute Ruhe.

Kehren wir aber zu unserer Formel (Raum × Zeit ist konstant) zurück und tauchen wieder ein in die Welt der Illusion. Ist der Zeitraum, den wir noch erfassen können, winzig klein, wird also der Punkt des Jetzt auf der Zeitachse nur minimal ausgedehnt, so wird der Raum, den wir in diesem Zeitfünkchen erfassen können, riesig groß. Wird der kürzeste Zeitraum, den wir bewußt wahrnehmen, ziemlich groß, wird der Raum, den wir dabei erfassen, deutlich kleiner. Haben wir schließlich gar keine Wahrnehmung unseres Ein- und Ausschaltens der Welt, sondern erleben wir die Zeit als fließende Kontinuität, bekommt auch der Raum sein normales »Gewicht«, und wir brauchen wieder soundsoviel Stunden für soundsoviele Kilometer.

So wie die Physiker diese Formel für die Grenzbereiche ihrer Welt, wo die Geschwindigkeiten riesig und die Zeiträume winzig werden, benutzen, können wir sie für die Grenzbereiche menschlicher Erfahrung im mystischen Erleben anwenden.

Die Phänomene der Leere und Fülle, der Ruhe und Geschwindigkeit in der Mitte des Atoms und in der Mitte des Universums, im ganz Kleinen wie im ganz Großen, finden also deutliche Parallelen in der Mitte entsprechend entwickelter Menschen. Sie

* (jede beliebige Zahl mit 0 multipliziert ergibt 0)

mögen auch helfen, Begriffe wie »Nirwana«, »Samadhi«, »Meditation« oder Beschreibungen mystischer Zustände wenigstens auf der Analogie-Ebene nachzuvollziehen, ja, wahrscheinlich werden sie über kurz oder lang auch Licht in Phänomene bringen, die uns heute noch als Wunder gelten.

Zum Schluß unserer Beschäftigung mit der Mitte sollen noch einige anschaulichere Beispiele aus dem alltäglichen Leben zeigen, warum wir mit der Erfahrbarkeit dieses Bereichs so viele Schwierigkeiten haben. Das »normale« Leben kann uns das Gleiche zeigen wie die Physik, wenn auch eher praktisch und weniger wissenschaftlich fundiert. Unseren alltäglichen Bezug zum Wesen-tlichen, zur Mitte, sehen wir sehr schön an jedem Haus. Wenn wir von »Hausbau« sprechen, meinen wir damit, daß wir Begrenzungen bauen. Wände, Dächer, Böden usw. Den inneren Raum, um den es hier eigentlich geht, nehmen wir als selbstverständlich hin und bedenken ihn wenig. Wenn es darum geht, die Zimmer einzurichten, kümmern wir uns wieder hauptsächlich um die Dinge, die wir hineinstellen wollen; was uns das Zimmer aber belebbar macht, den Raum nämlich, gestalten wir kaum. Einen Raum könnte man z. B. einweihen, räuchern, man könnte eine Stimmung in ihm schaffen, Licht, Atmosphäre. An diesen Beispielen sehen wir schon, daß unser Engagement sogleich nachläßt, wenn wir uns von den Begrenzungen lösen und in weniger materielle Bereiche kommen, d. h., wenn die Schwingungen feiner, die Ebene höher wird. Letztlich sind es natürlich die immateriellen Bereiche, die einen Raum bewohnbar machen, die Schwingung, die in ihm herrscht. Auch bei Musikinstrumenten wie der Flöte ist es der leere Raum der schwingt und die Musik erst entstehen läßt. Uns aber sind Begrenzungen wichtiger als die Mitte. Das Atom lebt dagegen aus der unermeßlichen Energie seiner Mitte heraus, und wir werden noch sehen, daß es überhaupt keine Grenzen hat. Die wenigen Menschen, die ebenfalls aus der unbegrenzten Energie ihrer Mitte leben, fallen vor allem dadurch auf, daß Grenzen für sie keine Rolle spielen, so sie überhaupt existieren. Nicht sie sind die Sonderlinge, sondern wir. Denn es existierten keine Grenzen, bevor wir sie nicht künstlich schafften.

Diese Erkenntnis betrifft nicht nur die stoffliche Welt, sondern ebenso die seelische. Auch hier setzen wir uns die Grenzen selbst. Wir kommen aus der Einheit in die polare Welt, wo wir erst lernen uns abzugrenzen. Das Kleinkind empfindet sich noch als eins mit der Mutter, die seine Welt ist. Schließlich lernen wir Grenzen kennen, sie zu akzeptieren und selbst welche aufzubauen.

Das Ziel aller esoterischen Wege ist es, diese selbstaufgerichteten Grenzen zu transzendieren. Auch der Tod bringt uns schließlich alle wieder zurück in die grenzenlose Einheit. Für die Lebensspanne in der Polarität ist Arbeit an den Grenzen wichtig, jedoch mit dem Ziel sie zu überschreiten. Die grenzenlose Seele hat für diese Lehrzeit extra ein irdisches und damit begrenztes Gefäß bekommen, den Körper. Er ist das Werkzeug in dem und mit dem wir lernen sollen, offensichtlich liegt aber auch für uns das Wesentliche und das Ziel in der grenzenlose Leere.

Dreißig Speichen treffen die Nabe
Die Leere dazwischen macht das Rad.
Lehm formt der Töpfer zu Gefäßen
Die Leere darinnen macht das Gefäß.
Fenster und Türen bricht man in Mauern
Die Leere damitten macht die Behausung.
Das Sichtbare bildet die Form eines Werkes
Das Nicht-Sichtbare macht seinen Wert aus.

Tao Te King, 11

Guten Anschauungsunterricht erteilt auch unsere Erde, die keine Grenzen in unserem Sinne kennt, sondern nur ineinander fließende organische Strukturen. Aber anstatt sie als ganzheitliches Muster zu sehen, verlegen wir unsere Hauptenergie darauf, sie im Kleinen wie im Großen mit tod-ernsten künstlichen Grenzen zu überziehen, für deren Absicherung wir sogar unser Leben riskieren. Wir sind die Sonderlinge! Das Atom, die Zelle, erleuchtete Menschen, die Erde, das Sonnensystem und das All nehmen sich dagegen vernünftig aus und haben allen Grund, sich über uns zu wundern. Würden wir auch nur auf irgendeine der Analogieebenen wirklich achten, uns müßte klar werden, wie sehr wir das Pferd vom Schwanz aufzäumen. Wir schaffen zuerst Grenzen und hoffen dann, daß es innerhalb von ihnen gemütlich wird, und wir zufrieden und glücklich für uns leben können. Da aber alles mit allem zusammenhängt, schneiden wir uns so nur vom Lebensfluß ab.

Ein noch klareres Bild als das Haus haben wir im Rad vor uns. Wenn wir »Rad« sagen, meinen wir im allgemeinen die Speichen, den Reifen vielleicht, die Nabe noch, aber bestimmt nicht die Leere in der Mitte der Nabe. Sie aber ist das wesentliche am Rad, um sie dreht sich alles. Kein Wunder, daß die Leere der Radmitte das Ziel der Esoterik ist. Dorthin wollen die Buddhisten im »Rad der Wiedergeburt« gelangen, wo die absolute Ruhe herrscht und die Befreiung aus dem ewigen Sterben und Wiedergeborenwerden geschehen ist. Auch die X. Tarotkarte, das Lebensrad, das wir noch vielfach über den Portalen gotischer Kathedralen finden, meint nichts anderes: Erlösung in der Mitte, Befreiung vom Wellenrhythmus der polaren Welt in der ewig-zeitlosen Ruhe der Mitte.

Das Beispiel des Rades kann uns sogar die vorherigen recht komplizierten intellektuellen Verrenkungen über Geschwindigkeit und Ruhe veranschaulichen. Betrachten wir ein sich zunehmend schneller drehendes Rad, dessen Kreisausschnitte in den aufeinanderfolgenden Farben des Regenbogens gemalt sind, so kommt ein Punkt, wo wir statt der vielen Regenbogenfarben nur noch eine Farbe, nämlich »Weiß« sehen.

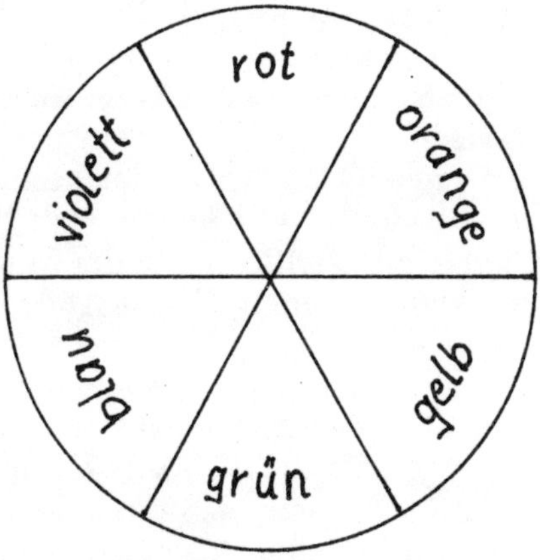

Unser Auge kann die einzelnen farbigen Tortenstücke nicht mehr trennen, und sie fallen alle zusammen bzw. übereinander und ergeben so die Farbe der Einheit: Weiß. Alle Farben sind jetzt genauso viel wie die eine. Dreht sich das Rad noch schneller, so können wir auch die Bewegung nicht mehr wahrnehmen und haben das Gefühl von Ruhe. Große Geschwindigkeit und völlige Ruhe fallen sichtbar zusammen. Stellen wir uns vor, das Rad drehe sich nun mit unendlicher Geschwindigkeit, dann herrscht wirkliche Ruhe, denn jedes Segment ist jetzt tatsächlich gleichzeitig überall. Absolute Ruhe und unendliche Geschwindigkeit sind ein und dasselbe!

Eine korrespondierende Erfahrung der Alltagspsychologie mag uns am Bild des Rades noch klarer werden. Wenn wir im täglichen Leben etwas erreichen wollen, gelingt es umso schneller und effektiver, je ruhiger wir innerlich bei unserem Vorgehen sind.

Menschen, die mit großer innerer und äußerer Hektik ihre Ziele ansteuern, stehen sich zumeist selbst im Wege. Auch Beispiele aus der Geschichte zeigen, daß innere Ruhe Voraussetzung ist, wenn man weit kommen will: Ein so genialer Stratege wie Sir Francis Drake spielte bis kurz vor der alles entscheidenden Schlacht in größter Ruhe Boccia. Und Kardinal Richelieu legte sich nicht umsonst vor allen wichtigen Entscheidungen eine Stunde aufs Ohr. Dann war es nämlich für den Krach der äußeren Welt verschlossen, und in der inneren Ruhe konnte die Entscheidung reifen.

Die wohl wichtigsten und schönsten Lehren, die wir der Mitte des Atoms für unsere eigene Mitte und unser tägliches Leben ablauschen können, haben mit den Paradoxa von unendlicher Ruhe in der unendlichen Geschwindigkeit und der alles enthaltenden Leere zu tun. Die Erfahrung, die in direktester Beziehung zu unserer Mitte, unserem Herzen, steht, ist sicherlich die Liebe. Liebe ist jener Zustand, der uns am meisten mit der Mitte verbindet und der zugleich in ihr zu entspringen scheint. Im Zustand der Liebe bedürfen wir keiner Nahrung und haben trotzdem alle Energie zur Verfügung. In der Mitte ist eben alle Energie im Überfluß vorhanden. Wir können erleben, daß die Zeit ganz still steht, weil wir im zeitlosen Augenblick leben. In der Mitte hört die Zeit auf bzw. ist alle Zeit da. Für Verliebte hören Raum und Zeit auf zu existieren. Sie haben die Welt der Illusion verlassen und sind in der Wirklichkeit angekommen. Nach allem bisher gehörten, dürfte klar sein, daß nicht die Verliebten spinnen, wie wir gemeinhin annehmen, sondern wir. Wir haben uns in die Illusionswelt versponnen, sie sind gerade frei davon geworden und der wahren Realität nahe getreten.

Und noch ein großes Geheimnis liegt in der Mitte verborgen: Aus der Mitte heraus, im Zustand der Liebe, können wir geben und uns verschenken und werden nur umso voller und erfüllter.* Je mehr wir lieben, desto mehr Liebe wird da sein; umso mehr wir uns ausleeren, desto voller werden wir zurückbleiben. Dem Herzen im Zustand der Liebe ist nichts unmöglich**, in dieser Schwingung hören alle Grenzen auf zu existieren und alles wird Teil von uns und wir Teil von allem.

---

* Als Analogie mag hier auch der Zellkern gelten, auch er kann beliebig viel Information ausgeben, ohne je leerer zu werden.

** entsprechend dem Feld im subatomaren Bereich im Zustand des Augenblicks.

5. Der Teil und das Ganze – das Netz der Wirklichkeit

Der Große Geist ist einer –
und doch ist er viele.
Er ist Teil der Sonne –
und die Sonne ist Teil von ihm.

LAME DEER (Sioux)

Ich bin ein Felsen.
Ich habe Leben und Tod gesehen.
Ich habe Glück erfahren, Sorge und Schmerz.
Ich lebe ein Felsenleben.
Ich bin ein Teil unserer Mutter, der Erde.
Ich habe ihr Herz an meinem schlagen gefühlt.
Ich habe ihren Schmerz gefühlt und ihre Freude.
Ich lebe ein Felsenleben.
Ich bin ein Teil unseres Vaters, des großen Geheimnisses.
Ich habe seinen Kummer gefühlt
und seine Weisheit.
Ich habe seine Geschöpfe gesehen, meine Brüder,
die Tiere, die Vögel,
die redenden Flüsse und Winde, die Bäume,
alles, was auf der Erde
und alles, was im Universum ist.
Ich bin mit den Sternen verwandt.
Ich kann sprechen, wenn du zu mir sprichst.
Ich werde zuhören, wenn du redest.
Ich kann dir helfen, wenn du Hilfe brauchst.
Aber verletze mich nicht,
denn ich kann fühlen, wie du.
Ich habe Kraft, zu heilen,
doch du wirst sie erst suchen müssen.
Vielleicht denkst du, ich bin bloß ein Felsen,
der in der Stille daliegt
auf feuchtem Grund.
Aber das bin ich nicht,
ich bin ein Teil des Lebens,
ich lebe,
ich helfe denen, die mich achten.

CESSPOOCH (Dancing Eagle Plume)

Die Erfahrung, ein Teil des Ganzen zu sein, kennen wir mehr oder weniger alle, meist in der unangenehmen Form, wenn wir uns als winziges Rädchen in einem übermächtigen Getriebe gleichsam gerädert fühlen. Um die Erfahrung, daß auch das Ganze in uns ist, soll es in diesem Buch gehen. In unserer (Um)-welt (dem Makrokosmos) uns selbst (den Mikrokosmos) zu sehen, sie als unseren Spiegel zu erkennen, sind wir aufgebrochen. Die Welt in uns und wir als ihr Teil, auch das kann uns die anfängliche Reise zur Mitte des Atoms illustrieren. Erinnern wir uns: jenes Gefühl eines in alle Richtungen des Raumes sich ausdehnenden Gewebes, in dem jedes Teilstück mit jedem anderen verbunden ist, wo der kleinste Bereich dem Ganzen entspricht und das Ganze aus jedem Teil wieder zu gewinnen ist, wo jeder Teil gleich wichtig ist und doch der Mittelpunkt der Welt, sich auf alles bezieht und alles sich auf ihn. Die Physiker sprechen von einem Quantenfeld, einer Wahrscheinlichkeitsmatrix, wo alles mit allem in Wechselwirkung ist. Ihre Beschreibungen dieses Zustandes klingen bis auf die noch unvollkommenen mathematischen Formeln eher poetisch als naturwissenschaftlich präzise und trocken. Ein solches Feld ist einfach nicht präzise in unsere Sprache zu fassen; es ist auch nicht trocken und tot, sondern über alle Maßen lebendig. »Das Vakuum lebt«, ist ein typischer Satz. Wahrscheinlich ist die märchenhafte Bildersprache der östlichen Mythen wirklich die beste Form, sich solchen Zuständen zu nähern. Eine der drei wesentlichsten physikalischen Theorien zur Situation im Atomkern, das sogenannte »Bootstrapmodell«* läßt sich nach Capra in der provokativen Aussage zusammenfassen: »Jedes Teilchen besteht aus allen anderen Teilchen«. Die mathematisch-physikalischen Beschreibungen, die dem Ganzen bisher noch keineswegs gewachsen sind, wollen wir uns zugunsten zweier Stellen aus dem östlichen Weisheitsschatz sparen, die auch von Physikern gerne zitiert werden, wohl wegen der beeindruckenden Analogie. Der erste Text beschreibt das Universum als Perlennetz des Himmelskönigs Indra. Die Perlen im Netz sind so angeordnet, daß sich in jeder das ganze Netz spiegelt. Es heißt ausdrücklich, die Welt sei ganz ähnlich aufgebaut und jeder Gegenstand von allen anderen durchdrungen. Im zweiten Text, dem Avatamsaka Sutra des Buddha, wird das Universum mit einem Turm verglichen:

»Und innerhalb dieses Turmes, geräumig und erlesen geschmückt, gibt es wieder Hunderttausende von Türmen, von denen jeder so zierlich ausgeschmückt ist wie der Hauptturm selbst und so geräumig wie der Himmel. Und all diese Türme von unnennbarer Zahl stehen einander in keiner Weise im Wege; jeder bewahrt seine individuelle Existenz in vollkommener Harmonie

* übersetzt: Stiefellaschenmodell

mit allen übrigen; nichts hindert einen Turm, in alle anderen einzugehen, individuell oder kollektiv; es ist ein Zustand eines vollkommenen Vermischens und dennoch einer vollkommenen Ordnung. Sudhana, der junge Pilger, sieht sich selbst in all diesen Türmen, wie auch in jedem einzelnen Turm, wo alles im einzelnen enthalten ist und jedes einzelne alles enthält.« (zitiert nach D. T. Suzuki)

Die Theorie der impliziten Ordnung des englischen Physikers David Bohm läuft auf analoge Vorstellungen hinaus. Er beschreibt Materie und Geist als zusammenhängend und voneinander abhängig, weist jedoch ausdrücklich darauf hin, daß der Zusammenhang keinesfalls ein kausaler sein kann. Vielmehr sieht er eine übergeordnete Wirklichkeit in beide hineingefaltet. In bezug auf ansprechende Beschreibungen dieser geheimnisvollen Welt der Mitte werden wir wohl weiter auf die östlichen Bilder angewiesen bleiben, allerdings ist unsere Wissenschaft dem Osten, was die theoretische Erkenntnis angeht, hart auf der Spur. Was das Erleben angeht, trennen uns nach wie vor Welten. Jedoch haben wir mit der Holographie eine Möglichkeit bekommen, wenn schon nicht ganzheitlich zu erleben, so doch zu sehen, was gemeint sein könnte.

Die Holographie ist eine Form der Fotografie, die anstatt normalen »unordentlichen« Lichts, in gleicher Phase schwingendes, sogenanntes Laserlicht verwendet. Dieses unterscheidet sich dadurch von normalem Licht, daß seine Wellen genau synchron oder, wie Physiker sagen, in Phase schwingen. Der Unterschied entspricht etwa dem zwischen einer im Gleichschritt marschierenden Kolonne von 1000 Soldaten und 1000 wild durcheinander rennenden Männern. Wenn beide Gruppen über eine Brücke gehen, wird die unterschiedliche Wirkung deutlich: Während sich die Brücke unter den 1000 durcheinanderlaufenden Männern gar nicht bewegt, kann die Soldatenkolonne sie so in Schwingung versetzen, daß sie einstürzt. Bei der Holographie wird nun ein Laserstrahl geteilt, und während der eine direkt, sozusagen »jungfräulich« auf die Photoplatte fällt, wird der andere Teil auf das zu fotografierende Objekt gerichtet und erst nach einer entsprechenden Ablenkung durch dieses Objekt auf dieselbe Stelle der Photoplatte dirigiert. Das entstehende Bild ist nun nicht nur 3-dimensional, sondern es hat noch eine andere erstaunliche Eigenschaft. Da es aus Überlagerungen von Lichtwellen entstanden ist, hat jeder seiner Abschnitte Wellen vom ganzen Objekt abbekommen. So ist es möglich, aus einem kleinen Teil das ganze Bild, wenn auch weniger scharf, zu rekonstruieren. Das Ganze enthalten in jedem seiner Teile – wem fiele da nicht Indras Perlennetz ein!

Nach Auffassung östlicher Weiser und auch westlicher Mystiker ist das ganze Universum nach diesem Muster gestrickt, denken wir etwa an William Blakes Gedicht: »Die Welt in einem Sandkorn sehen...«.

Tatsächlich muß es so sein, denn was für die Innenwelt des Atoms gilt, gilt letztlich für alles, ist doch alles aus Innenwelten von Atomen aufgebaut.

Wir sind aber gar nicht auf solche Schlüsse angewiesen, denn schon auf der Ebene der Zellen haben wir den nächsten Beleg für das Pars-pro-toto-Gesetz. Der Kern jeder einzelnen Zelle, auch jener sich gerade abschilfernden alten Hautzelle in der linken kleinen Zehe, enthält die Information für den ganzen Menschen. Die DNS des Zellkerns besitzt den gesamten Bauplan des ganzen Organismus – und das gilt für die gesamte organische Welt, für jedes Tier genauso wie für jede Pflanze. Das Ganze lebt vollständig in jedem seiner Teile.

Bei unserer Reise ins Atom sind wir schon einmal in einem Bereich gelandet, der eine große Ähnlichkeit mit dem verwobenen Netzmuster des Quantenfeldes aufwies: das Gehirn mit seinen krakenartigen Zellen, wo jede mit allen anderen verbunden zu sein schien. Es gibt einige Hinweise, daß unser Gehirn ebenfalls nach dem Pars-pro-toto-Gesetz aufgebaut ist. Einmal weisen natürlich die vielfach miteinander verwobenen Zellen in diese Richtung, zum anderen auch die bemerkenswerte Fähigkeit, Gewebeausfälle zu kompensieren. Das Gehirn ist hier dem übrigen Körper weit überlegen und ganz sicher nicht durch Regeneration, denn Nervenzellen wachsen nicht nach und falls doch, jedenfalls schlechter als alle anderen.

Falls das Gehirn nach dem Holographieprinzip arbeitet, würde das einiges erklären. Kommt es nämlich nach einem Gewebeuntergang, z. B. durch eine Operation, zu einem funktionalen Ausfall, so wird dieser nicht selten rasch kompensiert. Offenbar übernehmen andere Hirnteile die Aufgabe des ausgefallenen Gewebes, wenn auch nicht ganz so gut. Bei der Holographie hatten wir das vergleichbare Phänomen, das Ganze aus einem Teil wiedergewinnen zu können, nur nicht ganz so scharf.

Im Bereich der Medizin arbeitet die Naturheilkunde zunehmend nach dem Pars-pro-toto-Gesetz. Da ist z. B. der ganze Mensch auf seiner Fußsohle in den sogenannten Reflexzonen zu finden und auch zu behandeln. Zwar gibt es noch keine naturwissenschaftlichen Erklärungen dafür, d. h. man hat bisher keine Leitungsbahnen von der Fußsohle zu den Organen gefunden, aber wahrscheinlich sind auch gar keine Leitungsbahnen notwendig. In der Praxis funktioniert die Fußreflexzonenbehandlung sehr gut, und es gibt keinen Zweifel an der Beziehung zwischen Reflexzonen und den entsprechenden Organen.

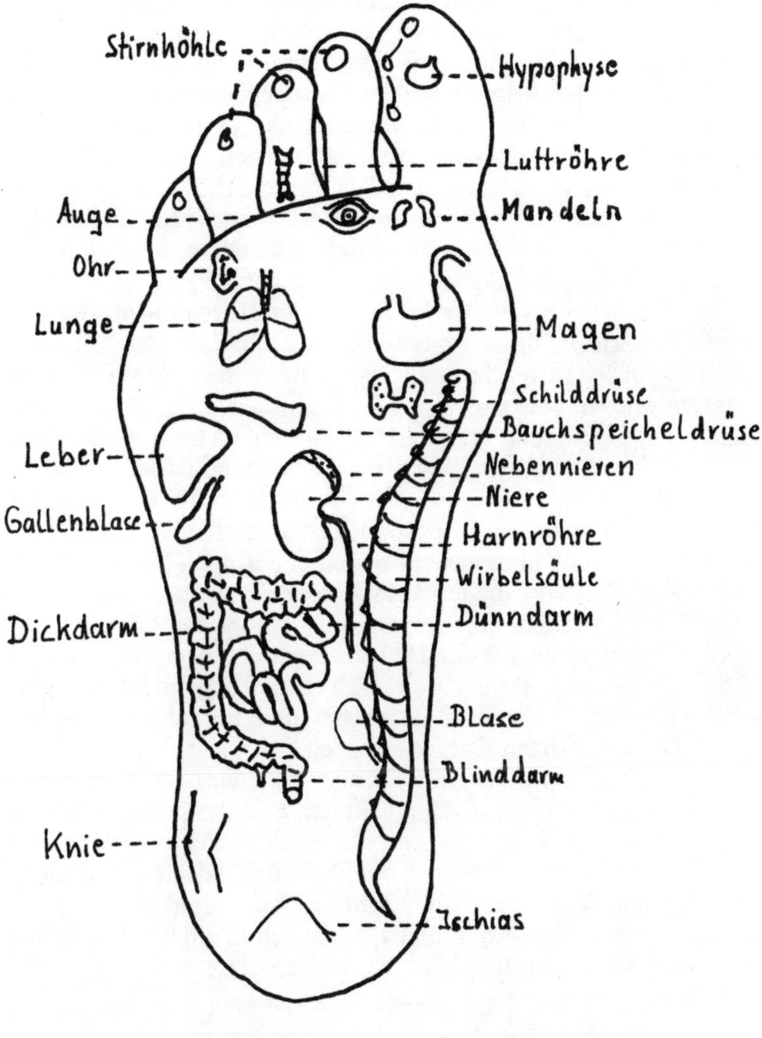

Die Schulmedizin kennt zwar auch Reflexzonen, die sogenannten Headschen Zonen, hat sie allerdings nie eingehend untersucht und differenziert und so gehören sie heute zu den unergiebigsten Diagnose-Systemen.

Naturheilkundler dagegen, die mit den Aschner'schen Ausscheidungsverfahren (Schröpfen, Baunscheidtieren usw.) arbeiten, haben die Projektion innerer Organe auf die Haut eingehend erforscht und die wichtigsten inneren Organe entlang der Wirbelsäule projiziert gefunden.

Die chinesische Medizin kennt und benutzt seit Jahrtausenden das als Akupunktur bekannt gewordene Reflexbahnen- und Punktesystem, das alle inneren Organe und überhaupt alle menschlichen Funktionen auf der Haut abgebildet gefunden hat. Noch eindrucksvoller ist die französische Ohrakupunktur, die herausgefunden hat, daß der ganze Mensch, wie ein Embryo eingerollt, im Ohr zu finden ist. Das Interessanteste an dieser Art der Akupunktur ist, daß sie uns erlaubt, auch die wichtigsten seelischen Bereiche mit feinen Nadeln vom Ohr aus zu behandeln und entsprechende Diagnosen von hier aus zu stellen.

Eine der elegantesten Methoden aus dem Pars-pro-toto-Bereich ist die holistische Blutstropfen-Diagnose*, bei der der Behandler nichts vom Patienten braucht als einen einzigen kleinen Blutstropfen. Dieser wird auf einen Objektträger ausgestrichen und nach entsprechender Präparation können Geübte daraus sehr differenzierte Diagnosen, den ganzen Körper des Patienten betreffend, stellen. In eine ähnliche Richtung geht die Steigbild-Methode, die von anthroposophischen Ärzten vielfach angewandt wird. Auch hierbei wird aus einer geringen Menge Körperflüssigkeit auf den ganzen Menschen geschlossen.

Andere Behandler können auf der Zunge das Ganze lesen, wieder andere lesen aus den Handlinien und Fingerformen. Auch in der Iris ist der ganze Mensch noch einmal abgebildet, und gute Augendiagnostiker können aus einem Blick ins Auge so ziemlich alles über den ganzen Körper erfahren.

Grundsätzlich muß es möglich sein, in jedem Teil des Körpers den ganzen Menschen wiederzufinden, und das beschränkt sich nicht auf anatomische Strukturen. Die alten chinesischen Ärzte etwa spürten sehr vieles aus der Pulsqualität; sie ist sogar in beachtlicher Weise zur Früherkennung von Krankheitssymptomen geeignet. Den Graphologen reicht schon ein Schriftzug, um über den Schreiber Bescheid zu wissen. Die mit Radionic**

* nach Auras-Blank

** Radionic ist eine besonders in England verbreitete Methode, die sich ausschließlich auf Schwingungsmuster stützt und ohne die physische Anwesenheit des Patienten auskommt, da diese Schwingungsmuster über jede Entfernung wirken.

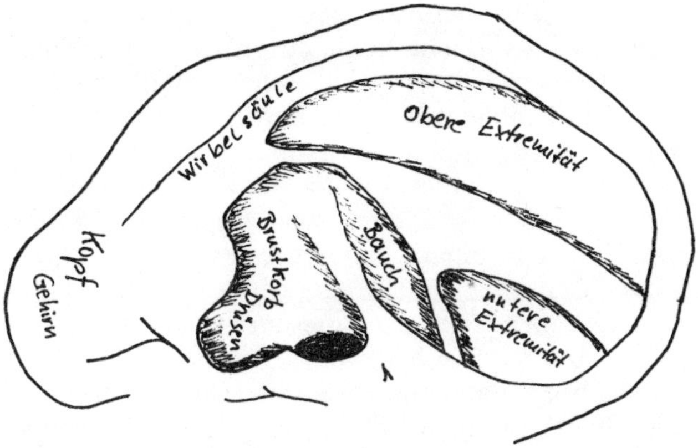
Wirbelsäule
Obere Extremität
Kopf
Gehirn
Brustkorb
Drüsen
Bauch
untere Extremität

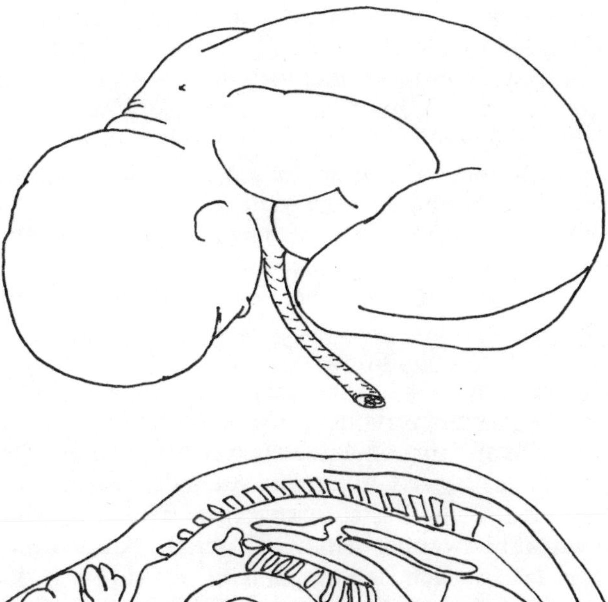

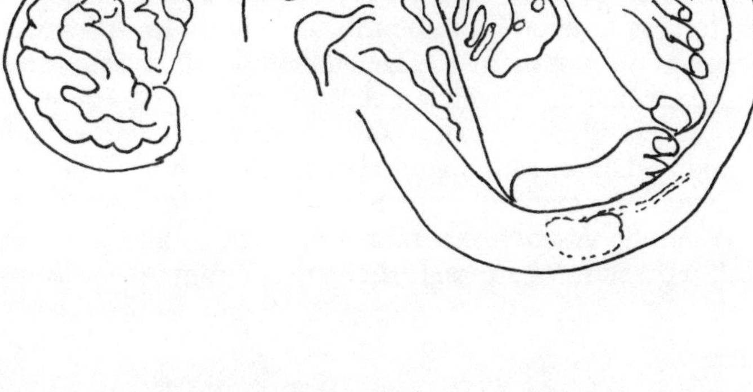

arbeitenden Heiler nehmen gerne einen Blutstropfen ihres Patienten, aber es reicht auch ein Haar. Die Homöopathen suchen nach einem Leitsymptom, einem auffälligen, besonderen Symptom. Das kann von einer eigenartigen Schlafhaltung, bis zur plötzlichen Vergeßlichkeit von Zahlen, alles mögliche sein. Ist das Leitsymptom gefunden, hat der Homöopath dadurch sogleich ein gutes Bild seines Trägers. Von sensitiven Menschen ist bekannt, daß sie in einem beliebigen persönlichen Gegenstand den ganzen Menschen spüren oder gar sehen können. (Übrigens arbeiten wohl auch Tiere nach diesem System. Der Geruch sagt ihnen offenbar sehr viel über einen Menschen oder einen anderen Hund; ein alter, gebrauchter Pantoffel scheint ihnen z. B. das Wesen des Besitzers zu enthüllen.) Bei sehr sensitiven Menschen reicht es schon, wenn ein anderer in ihrem Beisein an einen räumlich entfernten Menschen denkt, um in ihnen eine Ahnung von diesem Menschen auftauchen zu lassen. Einem guten Astrologen genügen Geburtszeit und -ort, um ein sehr differenziertes Charakterbild von einem Menschen zu bekommen. Numerologen reicht oft schon das Geburtsdatum allein usw.

Zugegebenermaßen wurden die Beispiele zum Schluß immer unwissenschaftlicher. Die eine Methode mag auch genauer sein als die andere oder einen anderen Schwerpunkt haben, im Prinzip läuft es aber immer auf das gleiche hinaus: Gib mir einen einzigen Zellkern, und ich weiß alles über den Menschen – eine Methode übrigens, die vor hundert Jahren sicher noch als die okkulteste der hier aufgeführten gegolten hätte.

In größere Dimensionen ausgedehnt, könnte diese Vorgehensweise etwa so weiter verlaufen: in einem Menschen wird dessen ganze Umwelt sichtbar oder noch extremer: in einem Atomkern spiegelt sich das ganze Universum. Auch der Umkehrschluß ist spannend: Nach der Besichtigung einer Wohnung kann man wissen, wie ihr Bewohner sein wird, nach der Betrachtung seines Bücherregals läßt sich denken, was er denkt. Nach der Reise durch ein Land wird ein Bild von dessen Eingeborenen entstehen und nach der Besichtigung der Welt eine ziemlich konkrete Vorstellung von deren typischen Beherrschern. Im Alltäglichen arbeiten wir oft, um nicht zu sagen dauernd, mit diesem Prinzip, was folgende häufig verwendete Aussprüche demonstrieren: »Es genügt mir ein Blick, um zu wissen, was ich von dem zu halten habe«, oder »Dieser Mund allein genügt mir schon«, oder »Sein Gang sagt alles«. Und tatsächlich ist es so; hat man ein Zimmer einer Wohnung gesehen, hat man alle gesehen. Der betreffende Mensch wird sein Muster natürlich allen Zimmern aufdrücken, und so werden alle schon in einem zu sehen sein. Im ersten Kuß kann wirklich bereits die ganze sich über Jahre erstreckende Beziehung liegen. Der erste Eindruck sagt uns wirklich alles über einen Geschäftspartner, denn jeder winzige Ausschnitt enthält ja das Ganze. Voraussetzung für solche Spiele ist allerdings, daß man hinschauen, Analogien sehen und in ihnen denken kann.

Es liegt hier natürlich die Gefahr nahe, sich zu überschätzen, in Bergen von Vorurteilen zu versinken und Opfer seiner eigenen unreflektierten Programme zu werden. Tatsächlich funktioniert unser Denken aber nach dem Pars-pro-toto-Prinzip, nach dem wohl auch unser Gehirn aufgebaut ist. Bei der unendlichen Vielfalt der Dinge dieser Welt wäre ein anderes Verfahren auch kaum denkbar. Wir gehen in den Zoo, sehen einen Elefanten und haben von da an ein Bild von allen Elefanten. Ein absolut bewußter Mensch mag jeden Elefanten ganz neu sehen, wir aber haben mit einem alle gesehen. Wenn wir schon so denken und die Nachteile dieses Vorgehens, die flachen Verallgemeinerungen, das Schubladendenken und Abstempeln als Last zu tragen haben, ist es nur recht, sich auch die Vorteile bewußt zunutze zu machen, und dieses Denken in Bereiche auszudehnen, die wir, zu unser aller Nachteil, im allgemeinen davon ausschließen.

Was wir aus dem Innern des Atomkerns über die subatomaren Teilchen gehört haben, läßt sich durchaus auch auf die Menschen als Teile der Welt übertragen. Jedes Teilchen ist in dem vieldimensionalen Muster seine eigene Mitte und keines ist wichtiger als das andere. Alle hängen zusammen, und jedes ist eine Funktion aller anderen. Jedes existiert durch, mit und in den anderen. Jedes mag seinen vorübergehenden Platz im großen Muster haben, aber es könnte auch überall sein, an jeden anderen Platz wechseln, ja, in ein anderes Teilchen übergehen. Mit jeder solchen Umwandlung geht es zugrunde um als gänzlich neues wieder zu entstehen. Jedes hat auch seinen Gegenpol, der ihm genau entspricht, nur in allem entgegengesetzt ist. Mit seinem Schatten zusammen hebt es sich auf, stellt alle Außenwirkungen ein. Immer tritt es mit diesem Schatten zusammen auf und kann ihn nie loswerden. Mit ihm hängt es noch näher zusammen als es das mit allen anderen ohnehin schon tut. Unter dem Strich betrachtet ist es eigentlich gar kein eigenständiges Wesen, sondern nur denkbar im Zusammenhang mit den anderen, die es enthält und die es enthalten.

Setzt man statt »Teilchen« »Menschenkind« ein und liest den letzten Absatz noch einmal, bekommt man in etwa ein Bild, wie wir wirklich sind, wie wir jedenfalls gemeint sind, wenn man der

Bibel und den anderen Weisheitsbüchern der Weltreligionen glauben darf. Aber auch ein »gesunder Menschenverstand« läßt uns schon vieles an dieser Schilderung nachvollziehen. Wir tun zwar manchmal so, aber wenn wir ehrlich sind, müssen wir uns eingestehen, daß wir natürlich nicht ganz allein leben könnten. Wir brauchen andere Menschen notwendig zum Überleben, ja, wir beziehen uns ständig auf sie, tun das allermeiste, was wir tun, im Hinblick auf sie, machen uns von ihrem Urteil oder noch weitgehender von ihnen abhängig. Abgesehen von allen psychologischen Rücksichten, Vorsichten und Nachsichten, mit denen wir uns an andere hängen und sie an uns, könnten wir schon ganz materiell kaum allein existieren. Die meisten von uns würden schlicht verhungern. Kleine Kinder können erwiesenermaßen ohne Liebe und Zuwendung von anderen Menschen nicht überleben. Als Art könnten wir ohne Kontakt (mindestens sexuellen) ohnehin nicht überleben. Mit einem Wort: Wir sind voneinander abhängig wie die Elementarteilchen. Schon in der Schule lernten wir, der Mensch sei ein Zoon politikon (ein Gemeinschaftswesen).

Daß wir all die anderen auch in uns tragen und selbst in ihnen sind, lehnen wir auf den ersten Blick eher ab, auf den zweiten müssen wir allerdings zugeben, daß wir unsere beiden Eltern sogar physisch in uns tragen und die vier Großeltern auch. Eigentlich auch die acht Urgroßeltern und konsequenterweise auch die 16 Ururgroßeltern. So gesehen enthalten wir eigentlich all unsere Vorfahren auf einer ganz körperlichen Ebene als Erbgut in uns. Und wenn wir nur sechs weitere Generationsschritte zurückgehen, enthalten wir schon über 1000 Menschen in uns und bei einem weiteren Schritt 2000. Nach weiteren neun Schritten sind es schon über eine Million, nach weiteren zehn Schritten aber über tausend Millionen und nach noch einmal zehn Schritten sind es über eine Million Millionen. So sind sehr schnell alle Menschen vor uns auch in uns enthalten, dazu brauchen wir noch keine 50 Generationen zurückgehen. Die Menschheit ist aber viel älter. Wir sind sozusagen die Spitze eines riesigen Eisberges, der an seiner Basis alle Menschen umfaßt, die je gelebt haben. Wir sind die Spitze der Pyramide, das Zentrum der Welt. Das gilt aber natürlich für jeden anderen jetzt lebenden Menschen ebenso. Auch er ist die Mitte der Welt und die Spitze einer ähnlichen Pyramide. Wenn wir das konsequent weiterdenken, müssen wir erkennen, daß natürlich all die verschiedenen Eisberge ein und dieselbe Basis haben, wir also alle, mehr oder weniger, verwandt sind und aus demselben Topf kommen.

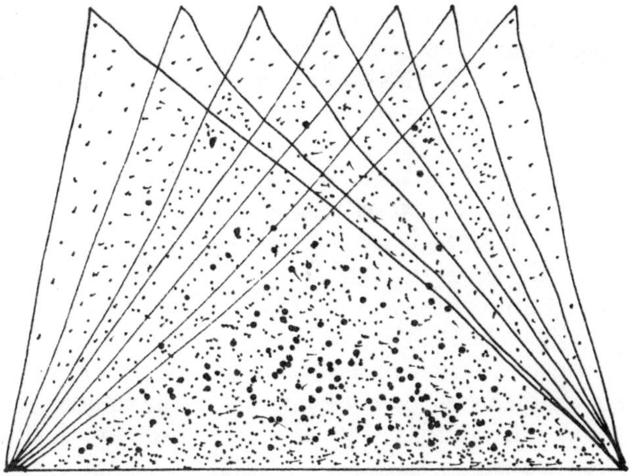

Wir sind also wirklich alle Brüder und Schwestern, ganz ohne Bibel und Französische Revolution, rein von der Abstammung her. So ist jeder von uns in allen anderen Menschen enthalten, und alle anderen sind auch in ihm. In diesen Pyramiden ist auch tatsächlich jedes Glied gleich wichtig, hat doch jedes offenbar das gleiche dazu beigetragen.

So weit zum physischen Aspekt unseres Verwobenseins. Seit C. G. Jung in seinen Studien fand, daß das persönliche Unbewußte jedes einzelnen in das unpersönliche, kollektive Unbewußte übergeht bzw. auf diesem breiten Fundament ruht, haben wir hier ein ganz ähnliches Pyramidenmodell.

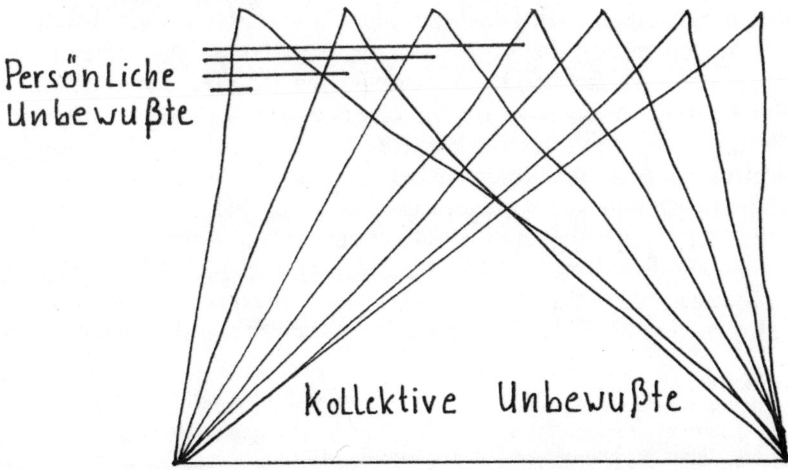

Auch die Erfahrungen mit der Reinkarnationstherapie legen den Verdacht nahe, daß jeder Mensch Zugang zu allem Wissen erlangen kann, ja, daß alles Wissen schon immer da ist. Das aber entspricht wiederum genau der traditionellen östlichen Auffassung. Danach ist die Summe allen je gewußten und je möglichen Wissens konstant und wird »Akasha-Chronik« genannt. Verwirklichten Menschen ist es möglich, in dieser Chronik wie in einem offenen Buch zu lesen. Die Akasha-Chronik ist ein gutes Beispiel für dieses allumfassende Wissensgewebe, das ähnlich einem Hologramm alles enthält, im Ganzen und an jedem Punkt (in jedem Menschen). Möglicherweise hängt die Schärfe, die Klarheit, mit der der einzelne Punkt (Mensch) sieht, vom Entwicklungsgrad seines Bewußtseins ab. Das Instrument des Bewußtseins aber ist das Gehirn*, das in seinem Aufbau das Wissensgewebe widerspiegelt. »Wär' nicht das Auge sonnenhaft, nie könnt' die Sonne es erblicken. Wär nicht in uns des Gottes Kraft, wie könnt' uns Göttliches entzücken?« (Goethe)

Auf einer bescheideneren Ebene hat auch die Medizin etwas zum Thema beizutragen. Sie fand heraus, daß der Mensch in seiner Embryonalzeit und Kindheit noch einmal die wichtigsten Stufen der Stammesgeschichte durchläuft. »Die Phylogenese entspricht der Ontogenese«, wie die Mediziner sagen. In diesem Sinne tragen wir alle das ganze Wissen der Geschichte unserer Art, das biologische Erbe der Menschheitsgeschichte, in uns.

Wie sehr jeder einzelne Mensch die Funktion der Menschen seiner Umgebung ist, wird derjenige, der sich einer Psychotherapie unterzieht, auf schmerzliche Weise erfahren. In diesem Sinne ist es mit der berühmten Freiheit des einzelnen nicht so weit her. Das bezieht sich natürlich besonders auf die Menschen unserer nahen Umgebung, beginnt aber, wie schon das Spiel mit der physischen Abhängigkeit, sehr schnell, weite Kreise zu ziehen. Denken wir beispielsweise an einen Autor und seine Leser. Natürlich ist nach der Buchlektüre ein wesen-tlicher Teil von ihm in jedem seiner Leser enthalten. Wenig ist so schwer, wie nicht in Abhängigkeit zu geraten. Natürlich kann ein Bäckerssohn sich weigern, ebenfalls Bäcker zu werden. Aber die Gefahr ist dann groß, daß er sein ganzes Leben lang *Nicht-Bäcker* ist. Alle Aussteiger, die so bedacht darauf sind, alles zurückzulassen, nehmen gerade all das in Form ihres Feindbildes mit, weswegen

* Hier bietet sich eine Analogie aus dem Computer-Bereich an: Das Bewußtsein entspräche danach der Software, den Programmen; das Gehirn aber entspräche der Hardware, dem technischen Gerät.

sie ausgestiegen sind. Wir hängen voneinander ab, alle miteinander!

Jeder könnte auch an einem anderen Platz stehen, im Leben, in der Gesellschaft. – Die Welt ist voller Möglichkeiten, wir brauchen dazu gar nicht an der Vergangenheit zu rütteln: Wenn ich als Baby vertauscht und in einer Königsfamilie gelandet wäre... Auch die Zukunft bietet unendliche Möglichkeiten, in praktisch jede andere Position des großen Musters zu wechseln: Tatsächlich könnte man einen der wenigen Prinzen heiraten, oder man könnte morgen im Lotto den Hauptgewinn ziehen, oder querschnittsgelähmt aus einem unverschuldeten Autounfall hervorgehen, Krebs bekommen und noch zwei schwere Jahre vor sich wissen, eine gewaltige Erbschaft machen, den eigenen Mann im Bett der Freundin finden, Fünflinge bekommen oder entlassen werden, ausgebombt oder ausgeraubt werden, einen Schatz finden oder Bankrott gehen usw. ... Wenn wir es ehrlich betrachten: ist alles offen und nichts ausgeschlossen; selbst wenn wir schon ein halbes Leben lang versucht haben, alles abzusichern. Es scheint da eine Instanz zu geben, die letztlich doch am längeren Hebel sitzt. Alles kann passieren – jederzeit – und wir haben es nicht in der Hand. Wie die Elementarteilchen müssen wir uns auf unserer Bewußtseinsstufe mit Wahrscheinlichkeit zufriedengeben.

Daß wir wie sie in jedem Moment vergehen und von neuem entstehen, das zu bemerken, sind wir im allgemeinen viel zu träge. Dabei gab es sicher schon einige Situationen, nach denen wir einfach nicht mehr dieselben waren. Auch einige Begegnungen haben uns so getroffen, daß wir danach nie mehr die- oder derselbe sein konnten. Um unseren Vergleich zwischen Elementarteilchen und Menschenwelt zu vervollständigen, bleibt nur noch die Geschichte mit dem Gegenpol offen, jenem Schatten, den die Elementarteilchen immer bei sich haben. Er ist, wie wir aus der Physik hören, in allem das genaue Gegenteil des Elementarteilchens. Einige physikalische Theorien nehmen sogar an, er existiere in einer anderen, abgetrennten Gegenwelt. Unser Schatten existiert auf alle Fälle in einer anderen Welt, der Schattenwelt eben, und er wäre nicht unser Schatten, könnten wir ihn so einfach sehen und akzeptieren. Per definitionem besteht er eben aus all dem, was wir bei uns nicht sehen und akzeptieren können. Vielleicht nicht zu unserem Wohl, ganz sicher aber zu unserem Heil, gibt es Mittel und Wege, ihm auf die Schliche zu kommen. Dem aber wollen wir einen eigenen Abschnitt »Polarität« widmen.

Wenn wir die Sache mit dem Gegenpol auch vorerst noch offenlassen, in all den anderen Punkten können wir wohl zugeben, daß die Analogien zwischen Elementarteilchen- und Menschenwelt auf den zweiten Blick verblüffend sind. Wir sind alle zusammen Mit-glieder in einem großen Netz, hängen in ihm alle zusammen, und ein Außerhalb dieses Netzes gibt es nicht, für keinen einzigen von uns. Als kleiner Haken mag uns unser Zusammenhang auf den ersten Blick noch kausal erscheinen, auf den zweiten Blick werden wir uns (im nächsten Kapitel) auch hier der Elementarteilchenwelt ebenbürtig erweisen. Deren Zusammenhang ist nicht kausal, sondern entspricht viel eher dem von C. G. Jung in die Psychologie eingeführten Begriff der Synchronizität. Die Welt, auch die Menschenwelt, gleicht offenbar wirklich jenem Bild von Indras Perlennetz: Alles enthält alles und ist an seinem Platz, nicht zufällig und auch nicht kausal, aber so wirklich wie etwas in diesem Universum sein kann.

Nehmen wir die Bildersprache der großen Religionen zu Hilfe, wird die Übereinstimmung zwischen Elementarteilchen- und Menschenwelt überdeutlich. Im Osten gibt es sehr viele Bilder und Beispiele, die diese Weltsicht vertreten, sowohl im Taoismus, Hinduismus, als auch im Zen- und vor allem Mahayana-Buddhismus. Aber auch im Christentum finden wir genug Wegweiser in diese Richtung.

Christus bezeichnet uns immer wieder als seine Brüder und Schwestern und weist auch darauf hin, daß wir uns untereinander so sehen sollten. Er nimmt alle seine Brüder und Schwestern gleich wichtig und wertet nie zwischen ihnen. Die Hure ist ihm genauso wichtig wie der Schriftgelehrte, die Zöllner, seine Jünger, die Ehebrecherin, die Aussätzigen, seine Eltern und der Mörder neben ihm am Kreuz. Er empfiehlt uns ausdrücklich, uns unserem Nächsten genauso zu öffnen wie uns selbst, ihn zu lieben wie uns selbst, mit ihm zu fühlen, mit ihm zu schwingen. Und er läßt keinen Zweifel daran, daß er mit dem Nächsten jeden meint. Ja, er fordert sogar, unsere Feinde zu lieben, wohl eine eindeutige Aufforderung, sich mit dem Gegner, dem Gegenpol, dem Schatten, auszusöhnen. Wir sollten ihn nicht länger wegstoßen, sondern uns ihm öffnen, ihn als Teil von uns anerkennen – ihn lieben. Christus nimmt nicht nur teil an jedem Menschen, er sieht sich auch in jedem einzelnen: »Wahrlich, ich sage Euch, was Ihr dem Geringsten unter meinen Brüdern tut, das habt Ihr mir getan.« Bei jeder Gelegenheit betont er die Gemeinschaft der Menschen und die Tatsache, daß wir alle in einem Boot sitzen. Ja, er teilt sich selbst beim Abendmahl unter die Menschen auf, so daß jeder der *Teil-nehmer* danach offen-sichtlich teil an ihm habe. Dieses Heilige Abendmahl machte er sogar zu seinem Vermächtnis, damit jeder ihn und die Kommunion der Menschen in sich erleben kann. Auch sein Missionsauftrag an die Jünger ist wohl so zu verstehen, daß sich die Menschen verbinden sollen über das in alle Welt getragene Wort Gottes. Immer wieder stellt Christus den scheinbar paradoxen Zusammenhang zwischen dem einzelnen Menschen und dem Ganzen her. Einerseits sagt er ganz deutlich: »Denn wahrlich, ich sage Euch, das Himmelreich Gottes liegt in Euch«. Andererseits spricht er von seinem Vater im Himmel: »Dein Reich komme, Dein Wille geschehe, wie im Himmel, also auch auf Erden«. In dieser Zeile aus dem Vaterunser, dem einzigen, von Christus selbst gegebenen Gebet, erkennen wir darüber hinaus unseren Analogiesatz wieder: Wie oben – so unten.

Ein schönes Bild für das Netz unserer Wirklichkeit ist das Meer. Wir sind in diesem Gleichnis die Wassertropfen. Offenbar hängen alle Tropfen letztlich untereinander zusammen und bedingen sich. Ein Wassertropfen im Schaumkamm einer Brandungswelle hat zwar auf den ersten Blick keine physische Verbindung zu einem in der Mitte des Ozeans, nehmen wir aber den Ozean weg, so hört zugleich auch die Brandungswelle auf. Auf kleinen Seen finden wir, auch bei vergleichbarem Wind, eben keine Brandung. Jeder Tropfen ist an seinem Platz, und doch ist dieser eher beliebig. Jeder ist genauso wichtig wie der andere, und sie entsprechen alle einander. Jeder ist auch in jedem Moment eine Funktion aller anderen, im höchsten Maß abhängig. Auch ist die Kausalität offenbar keine befriedigende Erklärung dieser Abhängigkeit. Richten wir unsere Aufmerksamkeit auf das Wesen des Meeres, so finden wir in ihm ein ganzheitliches Wellenmuster, das in mancher Hinsicht Licht auf die Teilchen im Atomkern werfen kann, vor allem aber auf uns Menschen im Meer des Daseins. Wir könnten das Meerbeispiel auch auf die zusammenhängenden Landmassen der Erde ausdehnen. Auch sie sind verbunden, nur ist ihr gemeinsames Wellenmuster weniger offensichtlich, weil unseren trägen Sinnen verborgen. In Schwingung aber ist alles, wie wir von den Physikern hören konnten. Von hier zur Ausdehnung des Bildes auf das ganze Universum ist es nur noch ein kleiner Schritt, denn offensichtlich steht unsere Erde in rhythmischer Verbindung mit den anderen Planeten unseres Sonnensystems und der Sonne selbst. Diese wiederum ist seit Ur-zeiten (seit dem Urknall) mit den anderen Sonnen der

Galaxie verbunden, wie auch die vielen Galaxien ihrerseits verbunden sind mit dem *Punkt* des Ur-anfangs. So schließt sich der Kreis, und die Analogie zwischen Atomkern und Universum ist perfekt.

6. Kausalität – Synchronizität Das Geheimnis der Zeit

Wozu brauchen wir die Zeit?
Damals, in den alten Tagen,
brauchten wir sie nie.
Wir richteten uns nach Aufgang
und Untergang der Sonne.
Wir mußten uns niemals beeilen.
Wir brauchten nie auf die Uhr zu blicken.
Wir mußten nicht zu einer bestimmten Zeit
bei der Arbeit sein.
Wir taten, was getan werden mußte,
wenn uns danach war.
Aber wir achteten darauf, es zu tun,
bevor der Tag zu Ende ging.
Wir hatten mehr Zeit,
denn der Tag war noch ganz.

SCOTT EAGLE (elfjähriger Indianerjunge)

Eine schwierige, vielleicht die schwierigste Hürde liegt noch zwischen uns und dem neuen Weltbild, das uns neue Physik und alte Weisheitslehren nahelegen. Die Hürde, die noch überwunden werden muß, heißt Kausalität. Wir haben uns schon in der Einleitung mit dem Gedanken vertraut gemacht, daß herkömmliche Kausalität, die die Ursache nur in der Vergangenheit sucht, schlicht ein Denk*fehler* ist, weil ihr drei andere Ursachen, nämlich die des Zweckes, des Materials und die der Form *fehlen*. Jetzt müssen wir noch einen Schritt weiter gehen und uns klarmachen, daß auch dieses erweiterte Kausalitätsdenken der letzten Wirklichkeit nicht entspricht. Wir müssen die Kausalität an sich überschreiten, um der modernen Physik und der Esoterik gerecht zu werden.

Erschwerenderweise ist unsere Sprache voll kausaler Muster, und es ist besonders schwierig, mit einer kausal strukturierten Sprache, die auf kausalem Denken basiert, einem kausal denkenden Verstand beweisen zu wollen, daß die Kausalität letztlich nicht funktioniert.

Die moderne Physik zeigt zum Kummer der meisten Physiker, daß ihr bisheriges Kausalitätsdenken im Reich der Mitte (des Atomkerns) zu erheblichen logischen Widersprüchen führt, ja, daß es einfach unangemessen ist.

Das ganze Dilemma der modernen Physik, die ihrer Vorgängerin, nach der wir noch alle leben und uns verhalten, bereits den Boden unter den Füßen weggezogen hat, begann wiederum mit dem Licht, das schon das Paradoxon oder die Polarität in der Physik salonfähig machte. Einstein hatte mit dem photoelektrischen Effekt zweifelsfrei bewiesen, daß Licht Teilchencharakter hat, und Young bewies genauso zweifelsfrei mit dem Doppelspaltversuch, daß Licht aus immateriellen elektromagnetischen Wellen besteht. Youngs Doppelspaltversuch barg aber noch mehr Zündstoff, und wir wollen uns ihm ausführlicher widmen.

Läßt man Licht durch einen sehr dünnen Spalt fallen, kann man in einiger Entfernung einen viel größeren Lichtfleck auf einem Schirm auffangen. Das Licht wird an dem engen Spalt gebeugt.

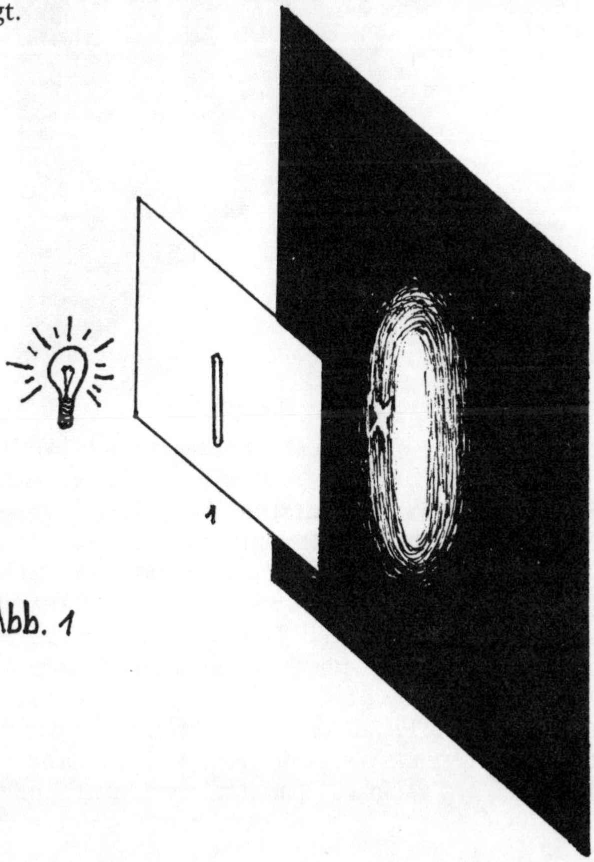

Abb. 1

Läßt man nun aber dasselbe Licht durch zwei enge Spalten fallen, bekommt man ein sogenanntes Interferenzmuster (und damit den Beweis, daß Licht Wellencharakter hat).

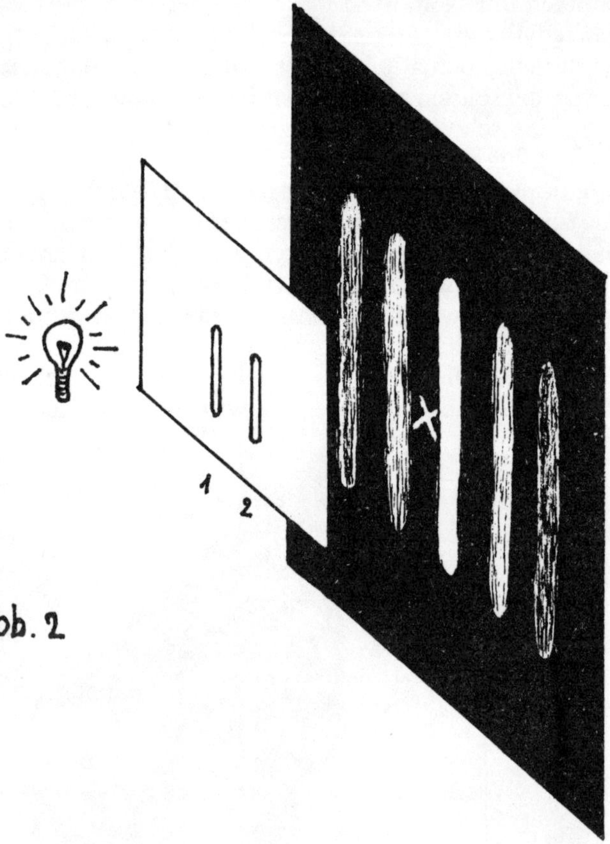

Abb. 2

Die Lichtwellen aus Spalt 1 und 2 überlagern sich. Wo Wellenberg auf Wellenberg trifft, kommt es zur Verstärkung (ganz heller Streifen) in der Mitte. Wo Wellental auf Wellenberg trifft, kommt es zur Auslöschung (dunkle Streifen) und dazwischen zu verschiedenen Abstufungen. Schließen wir nun noch einmal Schlitz 2, so entsteht im selben Moment wieder die erste Situation mit dem großen Beugungsfleck (Abb. 1). Jetzt fällt Licht auf Stellen des Schirmes, (z. B. x) auf die überhaupt kein Licht kommt, wenn Schlitz 2 zusätzlich offen ist.

Das Problem, das die Physik und unser Weltbild aus den Angeln heben wird, ist folgendes: Wie kann das einzelne Photon wissen, daß im Moment, wo es Spalt 1 passiert, auch Spalt 2 offen ist?

Nach allen Regeln der Logik und unseres sogenannten gesunden Menschenverstandes ist das unmöglich. Es weiß es aber doch, denn es richtet ja sein Verhalten danach! An diesem Punkt haben einige Physiker, wie Walker, den Photonen schlicht Bewußtsein zugesprochen. Damit haben sie sicherlich recht und einen abrupten Schritt in Richtung esoterisches Weltbild getan, die Physik aber haben sie damit verlassen. Andere Physiker, wie Sarfatti, postulierten eine superluminare (=schneller als Lichtgeschwindigkeit) Informationsübertragung, die sozusagen im Moment des Durchtritts zwischen den Photonen vor beiden Spalten abläuft, was das Dilemma nur auf einen anderen Schauplatz verlagerte, denn eine höhere Geschwindigkeit als die Lichtgeschwindigkeit galt erst einmal als ausgeschlossen.

Dieses Problem ließ die Physiker trotz der darin für ihr und unser Weltbild liegenden Gefahr nicht mehr ruhen, und sie ersannen ein weiteres Experiment, das Einstein theoretisch erdachte und Bohm Jahre später durchführte.

In der Mitte haben wir hier eine Vorrichtung zur Erzeugung subatomarer Teilchen. Es werden immer zwei Teilchen zugleich, unsere schon bekannten gegensätzlichen Zwillinge, erzeugt und sie fliegen in verschiedene Richtungen des Raumes davon. Hat das Teilchen 1 den Spin (d. .h. Drall) nach links, hat Teilchen 2 automatisch den nach rechts (sie sind ganz identisch, aber in allem entgegengesetzt).

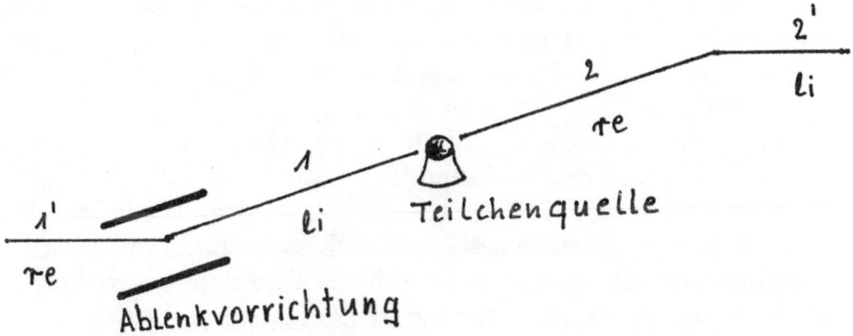

Nun kann man mit verschiedenen technischen Vorrichtungen den Drall des Teilchens 1 ändern, und im selben Moment ändert auch Teilchen 2 den Drall, obwohl mit ihm gar nichts gemacht wurde. Damit zeigte sich schon wieder eine ebenso unerklärliche wie unfaßbare Verbundenheit beider Phänomene, die unsere Logik Lügen straft. Die Physiker, die es eben nicht *fassen* konnten, ersannen eine dritte Versuchsanordnung, die wieder auf Lichtaussendung beruhte und mit verschiedenen Polarisationsebenen arbeitete. Aber das Ergebnis blieb das gleiche niederschmetternd un-vorstellbare. Nun zog einer von ihnen, John Bell, die Konsequenzen, akzeptierte das Unglaubliche und formulierte das nach ihm benannte Theorem: Er bewies damit mathematisch, daß unser Weltbild, das auf dem gesunden Menschenverstand beruht, schlicht falsch ist. Das besonders Faszinierende an Bells Theorem ist die Tatsache, daß es seine Aussagen nicht etwa auf die subatomare Ebene beschränkt, sondern die makroskopische Welt, also unsere Alltagswelt mit ihren Autos, Straßenbahnen, Baustellen und Wochenendausflügen ausdrücklich mit einschließt. Es beschreibt auch nicht etwa nur die Möglichkeit solch irrationaler Verbundenheit der Dinge, es macht sie zwingend notwendig. Damit aber ist genau das passiert, was wir uns anfangs aufgrund unserer kausalen Sprachstrukturen kaum zugetraut haben: Ein Physiker hat mit rationaler Argumentation zwingend bewiesen, daß unser rationales Weltbild nicht der Realität entspricht. Damit ist »Bells Theorem die schwerwiegendste Entdekkung in der Wissenschaftsgeschichte«, um es mit den Worten seines Kollegen Henry Stapp zu sagen.

Auf dieser neuen Basis blieben die Physiker nun nicht untätig, und Sarfatti entwickelte die Vorstellung einer »nichtörtlichen Phasenverriegelung über räumliche Intervalle.« Das aber ist wohl die weitestgehende Annäherung eines Physikers an C. G. Jungs Vorstellung von Synchronizität: Zwei (oder mehr) Dinge hängen zusammen (sind in Kontakt), schwingen zusammen (ihre Phasen sind verriegelt), und das bleibt über beliebige Distanzen so ohne irgendeine physische Verbindung. Nun liegt die Kausalität schon weit hinter uns.

Sarfatti entwickelte später ein hierarchisches Realitätsmodell, wo zwei beliebige Prozesse einer Ebene durch eine höhere Realitätsebene verbunden sind, ohne daß dazu irgendwelche physischen Verbindungen erforderlich sind. Das entspricht einer dialektischen Argumentation in der Physik und dem Polaritätsgesetz der Esoterik. Danach hat ein Punkt (Zustand, Wesen ...) A immer einen Gegenpol B. Zugleich sind beide in dem übergeordneten Punkt (Zustand ...) C verbunden, finden sozusagen hier ihre Synthese. C hat seinerseits wieder seinen Gegenpol D und ihre Synthese liegt in E usw. Die Beziehungen zwischen diesen Punkten sind nun aber nicht kausal sondern synchron, d. h. die Punkte bestehen alle zur gleichen Zeit. Sie hängen auch alle zusammen, aber sie verursachen sich nicht. Deshalb kann es auch keine zeitliche Hierarchie zwischen ihnen geben, mit anderen Worten: Keiner war vor oder nach dem anderen da. Der christliche Satz »Die Letzten werden die Ersten sein« ist Wirklichkeit geworden: Die Letzten sind die Ersten – alle Punkte sind Letzte und Erste zugleich.

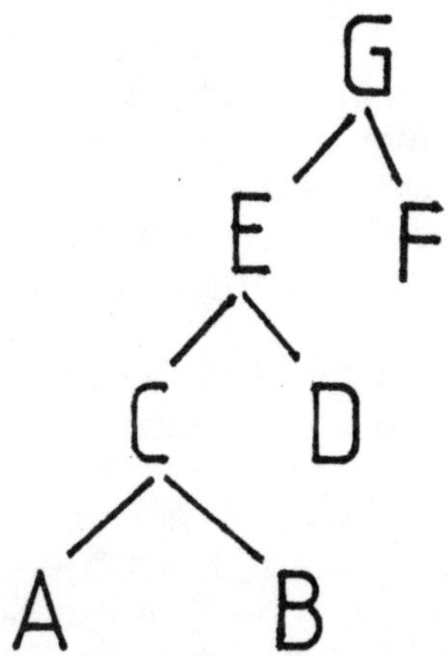

Da der Urknall, der Anfang unseres Universums, dem Bohmschen Versuch mit den in verschiedener Richtung auseinanderstrebenden Zwillingsteilchen völlig analog ist, ergibt sich für unser voriges Thema, dem (Indras) alles verbindenden Netz der Wirklichkeit, noch eine weitere Untermauerung. Wenn die beiden Zwillingsteilchen von Anfang an und für alle Zeiten miteinander korreliert sind und bleiben, trifft das natürlich auch für die an der Urknallexplosion beteiligten Strukturen zu. Das aber ist der Beweis, daß das ganze Universum in all seinen Teilen in ständigem Kontakt ist, daß es eine einzige, in allen Teilen zusammenhängende Schöpfung gibt, deren Zusammenhang zwingend akausal ist.

Die alte Physik Newtons hatte hinter dem Chaos der Wirklichkeit eine Ordnung gefunden, die Quantenphysik hatte hinter dieser Ordnung wieder den Zufall, die Wahrscheinlichkeit, gefunden. Das Bell'sche Theorem hat nun hinter dem Zufall wieder für klare Verhältnisse gesorgt.

Die neue Ebene ist wieder fest, aber auf einem höheren Niveau, die alte (Newton'sche) Kausalität ist durch Synchronizität (Korrelation, Phasenverriegelung) ersetzt.

Nachdem mit der Kausalität ein für unantastbar gehaltenes Denkmal gestürzt war, folgte ein anderes auf dem Fuß: die Zeit als Einbahnstraße. Kausalität basiert auf einer ein-seitigen Vorstellung des Zeitverlaufs. Ohne die Kausalität wurde diese Zeitauffassung aber nun zum unnötigen Klotz am Bein der Physik. Und da diese einseitige Zeitbetrachtung ihren Ergebnissen nicht mehr gerecht wurde, gaben sie die Physiker auf. In der Hochenergiephysik sind sie auf die Spurbilder am Ende eines Teilchenbeschusses als fertiges Ergebnis angewiesen. Die Prozesse selbst lassen sich nicht beobachten, und so lassen sich auch gar keine Aussagen über die Richtungen der Teilchen auf der Zeitachse machen. Vieles spricht dafür, daß sie in beide Richtungen, Zukunft und Vergangenheit, verlaufen. Capra schreibt: »Da sich alle Teilchen in der Zeit vorwärts und rückwärts bewegen können, genauso wie im Raum nach rechts und links, ist es nicht sinnvoll, auf den Diagrammen eine Zeitrichtung festzulegen. Sie sind einfach vierdimensionale Landkarten, die in der Raum-Zeit so ausgelegt sind, daß wir von keinerlei zeitlicher Reihenfolge sprechen können«.

Louis de Broglie zum selben Thema: »In der Raum-Zeit ist alles, was für einen jeden von uns Vergangenheit, Gegenwart und Zukunft darstellt en bloc gegeben. Jeder Beobachter entdeckt sozusagen beim Verstreichen seiner Zeit immer neue Schnitten der Raum-Zeit, welche ihm als aufeinanderfolgende Aspekte der materiellen Welt erscheinen, obwohl in Wirklichkeit die Gesamtheit der Ereignisse, die die Raum-Zeit darstellt, existiert, bevor er davon weiß.« Dementsprechend, aber anschaulicher, drückt der Esoteriker und Psychotherapeut Thorwald Dethlefsen das Geheimnis der Zeit aus: Sie ist immer da, etwa wie ein Roman, der ja in seiner Existenz auch nicht davon abhängt, wie weit der jeweilige Leser in ihm fortgeschritten ist. In einem anderen Bild von Dethlefsen entspricht die Wirklichkeit der Zeit einem Museum mit zwanzig Räumen. Auch wenn ein Besucher erst im dritten Raum ist, existieren die anderen siebzehn schon, allerdings nicht für ihn.

Die Konsequenzen aus diesen Erkenntnissen für unser Leben sind enorm. Denn das heißt ja nichts anderes, als daß unser gesamtes Leben bereits existiert, auch wenn wir es nur bis zu dem Punkt des jetzigen Augenblicks überschauen. Das ganze Muster ist immer schon da, ganz unabhängig davon, wo wir persönlich in dem Muster gerade stehen. Am Beginn jeder Handlung steht damit auch deren Ende schon fest. Auf diesem Wissen beruht die Astrologie, daß nämlich in jedem Beginn (also z.B. der Geburt) das ganze Muster schon enthalten ist. Dieses Wissen kann man nun, wie alles in dieser Welt, auf verschiedene Weise benutzen. Etwa könnte man sich nach dem Motto: »Dann ist ja sowieso alles egal!« *hängen lassen* und das Leben in Unbewußtheit verdämmern. Im Osten können wir die deprimierenden Auswirkungen dieser Einstellung häufig studieren, wie aber auch den Gegenpol: das erleuchtete Leben. Wir können also auch dieses Wissen nutzen, um von vielem *loszulassen*, was uns auf dem Weg hindert und nach dem Motto leben: »Dein Wille geschehe!« Wir riskieren dabei viel weniger, als wir gemeinhin befürchten, denn Sein Wille geschieht sowieso.

So ist dieses »Dein Wille geschehe« aus dem Vaterunser nicht nur eine demütige Bitte, mit der wir uns unter das Gesetz stellen, sondern auch eine Feststellung, der wir uns nicht länger widersetzen.

Hier liegt also der sehr einfache Schlüssel zur Erleuchtung: *Wenn wir alles wollen, was geschieht, geschieht alles, was wir wollen.*

7. Morphogenetische Felder Bilder-Welten – Rituale

> Woher wüßten wir, wie wir leben sollen, wenn wir nicht an etwas glaubten, was größer ist als wir? Wer würde uns lehren, zu leben? Wer sagt dem Baum, wann die Zeit kommt, seine kleinen Blätter auszutreiben? Wer sagt diesen Drosseln da, daß es warm geworden ist und sie wieder nach Norden fliegen können? Vögel und Bäume hören auf etwas, das weiser ist als sie. Von sich aus würden sie es niemals wissen.
>
> Oft sitze ich allein in der Wüste und schaue die Linien an und all die hübschen kleinen rosa Blüten und frage mich: »Wer hat euch gesagt, daß es Frühling ist und daß ihr blühen sollt?« Und ich denke und denke nach, und immer komme ich auf dieselbe Antwort. Das, was größer ist als wir, lehrt alle Lebewesen, was sie tun sollen. Wir sind wie die Blumen. Wir leben und wir sterben, und aus uns selbst heraus wissen wir nichts. Aber das, was größer ist als wir, lehrt uns – lehrt uns, wie wir leben sollen.
>
> CHIPAROPAI (eine Yumaindianerin)

Wir können der modernen Atomphysik wirklich dankbar sein: Sie half uns, die Kausalität zu überwinden, unseren Zeitbegriff zu erweitern und das Universum als in allen Aspekten zusammenhängende Ganzheit zu erkennen. Zum Spaß und sozusagen als Zugabe wollen wir noch einen Blick auf eine andere Analogieebene werfen. Da die Zeitqualität offenbar reif ist, verwundert es nicht, daß ein Biologe, Rupert Sheldrake, zu ganz ähnlichen

Ergebnissen wie die Physiker kam. Auch er versetzte der Kausalität mit der Formulierung der Theorie der morphogenetischen Felder einen schweren Schlag. Diese Theorie ist in der Lage, viele bisher unerklärliche Phänomene des Lebens in ein neues Licht zu rücken.

Folgende irritierende Erfahrungen waren der Theorie vorausgegangen: Forscher hatten beobachtet, wie in einer Affenpopulation ein weibliches Tier seine Früchte vor dem Verzehr zu waschen begann. In der darauffolgenden Zeit lernten nun andere, vor allem junge Affen, durch Nachahmung ebenfalls ihre Früchte in dieser Weise zu waschen. Ab einem bestimmten Moment kam es dann zu einem lawinenartigen Ansteigen der Zahl der Obstwäscher – sozusagen einem Quantensprung auf biologischer Ebene. Das konnten die Forscher noch einordnen, was sie aber völlig verblüffte, war die Tatsache, daß zur gleichen Zeit in weit entfernten Affenpopulationen, zu denen gar keine räumliche Verbindung bestand, ebenfalls mit dem Waschen der Früchte begonnen wurde, und zwar von Anfang an auf breiter Basis.

Die Esoterik könnte hier zur Not noch mit der Zeitqualität argumentieren, d. h., daß die Zeit einfach reif wurde für alle Affen auf der Welt, diesen Schritt zu tun. Der Wissenschaft aber blieb nur Staunen.

Sheldrake selbst schildert einen anderen erstaunlichen Fall. Ein Forscher trainierte Ratten darauf, den Ausgang aus einem bestimmten komplizierten Labyrinthsystem zu finden, wobei er erstaunliche Fortschritte bei seinen Zöglingen erzielte. Als ein anderer Forscher in einem anderen Kontinent den Versuch mit eigenen Ratten wiederholte, stellte er verblüfft fest, daß seine Ratten sogleich auf jenem hohen Niveau begannen, das die Ratten des ersten Forschers sich erst hatten mühsam erarbeiten müssen. Wohlgemerkt, er benutzte zwar dasselbe Labyrinth, aber völlig andere Ratten. Der Verdacht tauchte auf, daß die Ratten weltweit miteinander in einer Verbindung standen, die unserer Wissenschaft nicht nur unbekannt, sondern auch völlig unerklärlich war.

Sheldrake entwickelte nun seine Theorie morphogenetischer Felder, sogenannter Entwicklungsfelder, die die Entwicklung eines Vorganges auf ein Ziel hin kanalisieren, ohne daß Materie oder auch nur Energie dabei als Vermittler im Spiel sind. Mit dieser Vorstellung kommt er Plato wieder sehr nahe, der die Welt, die wir mit unseren Sinnen wahrnehmen, als Spiegelbild einer transzendenten Welt vorgegebener, archetypischer Ideen und Formen auffaßte.

Einfach ausgedrückt heißt die Grundaussage der neuen Theorie: Am Anfang ist immer ein Bild oder Muster des bereits fertigen Wesens, Dinges oder Ablaufs. Dieses Muster gibt den Rahmen, in den hinein sich Materie oder Energie ergießen, um das Ziel zu verwirklichen. Dieses Ziel steht aber von Anfang an ziemlich fest, da ja das Bild des Ganzen auch schon zu Beginn existiert. Hier können wir die Nähe zur Physik und ihrer neuen Sicht der Zeit spüren. Sheldrake selbst spricht von »nichtenergetischer, formbildender Verursachung« und vergleicht sie mit dem Bauplan eines Hauses, der auch nicht materiell ist, keinerlei Energie enthält und doch eine wesentliche Voraussetzung zum Hausbau ist. Die Kausalität ganz aufzugeben weigert sich Sheldrake noch, aber er nähert sich dem umfassenderen aristotelischen Verständnis von Kausalität.

Aristoteles geht ja eben nicht wie unsere Naturwissenschaft nur von einer Causa in der Vergangenheit (causa effiziens), sondern auch von einer in der Zukunft (causa finalis) aus, außerdem einer Materialursache (causa materialis) und schließlich einer Formursache (causa formalis), die nun Sheldrake für uns Moderne wiederentdeckt hat.

Am Beispiel des Hauses wird die Ursache aus der Vergangenheit, das Bedürfnis nach einem Haus, der Befehl zur Grundsteinlegung gewesen sein; die in der Zukunft liegende Ursache wäre das Ziel, das Bild des fertigen Hauses, die Materialursache fänden wir in den Arbeitern und dem Baustoff, die Formursache im Bauplan des Architekten.

Wir hatten herausgefunden, daß unser kausales Denken fehlerhaft ist – mit den drei weiteren Ursachen ist es nun deutlich stimmiger, wenn es auch der letzten Realität trotzdem nicht gerecht wird.

Sheldrake postuliert, daß jede Form eines morphogenetischen Feldes einer höheren Ebene bedarf und kommt damit zu einem hierarchischen Modell, das dem des Physikers Sarfatti in der Struktur ähnelt. Das übergeordnete morphogenetische Feld bleibt zeitlebens mit der verwirklichten Form in Verbindung, es korreliert oder ist in Resonanz. Damit erklärt sich die Tatsache der Regenerationsfähigkeit lebendiger Organismen. Es scheint tatsächlich oft so, als hätten Lebewesen vollständige Muster ihrer Organe und Funktionen gespeichert, denn wenn z. B. ein Teil eines Organs ausfällt, regeneriert sich die Funktion meist sehr schnell. Man bekommt geradezu den Eindruck als unternehme der Organismus alles mögliche, um dem vollständigen Muster wieder nahezukommen. Das den Chemikern bekannte Phänomen, daß man die Auskristallisation* gesättigter Lösungen durch Beimpfen mit wenigen der zu erwartenden Kristalle enorm beschleunigen kann, fände ebenfalls eine überzeugende Erklärung. Auch ließe sich so die Steuerung von Entwicklungsvorgängen in der Embryologie durch sogenannte Organisationszentren erklären. Die Entwicklung einer Gliedmaße wird etwa von einer winzigen Zellwulst an ihrer Spitze gesteuert. Auch könnten die morphogenetischen Felder der Grund sein, warum Zellen in ihren Organen sich in bestimmte Muster fügen, in isolierten Zellkulturen aber wild zu wuchern beginnen.

Sogar der Schlüssel zum Wirkprinzip der Homöopathie, jener Heilmethode mit hochpotenzierten Stoffen, mag hier liegen. Von ihren Gegnern wird der Homöopathie immer wieder vorgeworfen, sie arbeite mit Lösungen, in denen materiell vom Heilmittel überhaupt nichts mehr enthalten sei. Genau das aber macht uns die Homöopathie so wertvoll. Sie arbeitet über der Potenz D_{23} zweifelsfrei ohne materielle Basis. Homöopathen argumentieren oft, sie arbeiteten auf einer energetischen Ebene, etwa vergleichbar der Akupunktur der chinesischen Medizin. Wahrscheinlich aber ist sogar auch das noch zu grob. Homöopathie ist sowohl von der Materie-, als auch Energieebene unabhängig und arbeitet nur auf dem Informationsniveau. Durch das Verschütteln der Mittel überträgt sich das morphogenetische Feld des betreffenden Stoffes z. B. der Blume Pulsatilla (Küchenschelle) auf das Lösungsmittel. Durch das Weiterverschütteln zu höheren Potenzen (der oft gebrauchte Ausdruck »Verdünnung« ist irreführend) befreit die Homöopathie ihre Medizin Schritt für Schritt vom körperlichen Aspekt, behält aber das morphogenetische Feld immer bei; es ist auf das Lösungsmittel Wasser übergegangen.

Wasser aber ist als das weiblichste der Elemente auch das aufnahmefähigste.

Auch die Wirkung von Impfungen wird durch die Annahme morphogenetischer Felder verständlicher. Man beimpft den gesunden Organismus mit dem Bild des Erregers, bringt sozusagen dessen morphogenetisches Feld ins Spiel. Das entscheidende ist dabei glücklicherweise nicht die Wirksamkeit, ja nicht einmal die Lebendigkeit des Erregers, sondern seine Form, sein Bild.

* Eine mit irgendeinem Stoff angereicherte Flüssigkeit (z. B. Wasser mit Salz) sollte ab einem bestimmten Punkt (dem Sättigungspunkt) anfangen, Kristalle von diesem Stoff zu bilden. Oft überschreiten Systeme diesen Punkt aber deutlich. Gibt man ihnen aber ein einziges fertiges Kristall sozusagen als Vorlage, kommt der Prozeß sogleich in Gang.

Einmal reicht aber nicht, der Organismus würde dieses Bild noch vergessen. Wiederholt man die Eingabe des entsprechenden Bildes aber in bestimmten Abständen, kann er sich für immer erinnern und wird im Ernstfall das Bild erkennen und bekämpfen. Noch Jahrzehnte nach einer Impfung, wenn die entsprechenden Antikörper, die das Bild des Erregers in ihrer Form gespeichert haben, nur noch in einer unglaublichen Verdünnung vorliegen (der Unterschied zu den homöopathischen Potenzen unter der D_{23} ist dann nicht mehr groß) funktioniert dieses Konzept. Die Fähigkeit, im Ernstfall die Erreger zu erkennen und Antikörper sofort und in Massen herstellen zu können, mag jetzt durchaus damit zusammenhängen, daß eben noch ein paar wenige Vorlagen des notwendigen Antikörpers da sind. Es gibt sozusagen schon einen Bauplan, und der Körper kann gleich zur Sache kommen (vgl. die Beimpfung gesättigter Lösungen zur Auskristallisation).

Auch eine der jüngsten und erstaunlichsten Entdeckungen der Medizin fände durch die Theorie der morphogenetischen Felder erstmals eine Erklärung. Der sowjetische Forscher Kaznachjew konnte nachweisen, daß zwei völlig voneinander getrennte Zellkulturen über UV-Licht in Verbindung miteinander treten können.

Beimpft man eine davon mit einem tödlichen Virus, geht auch die andere zugrunde, unter der Bedingung, daß die Trennungswand UV-durchlässig ist. Hier wirkt offensichtlich nicht das Virus selbst, sondern höchstens sein elektromagnetisches Bild, das von den Lichtphotonen transportiert wird. Möglicherweise steckt hinter dieser rätselhaften Wirkung das morphogenetische Feld des Virus.

Wer weiß, vielleicht gibt es doch ein verbindendes Medium hinter den morphogenetischen Phänomenen, und dann käme dafür wirklich nur das Licht in Frage. Es wäre auch nicht das erste Mal, daß das Licht dazu ausersehen ist, uns einen Schritt weiterzubringen.

In den morphogenetischen Feldern liegt wohl auch der Schlüssel zu jenem bekannten, aber bisher ungelösten Geheimnis, daß das Ganze mehr ist, als die Summe seiner Teile. Der Summe der Teile fehlt immer noch das übergeordnete morphogenetische Feld, die verbindende Idee, »das Bild«.

Sheldrake betont die Hierarchie der morphogenetischen Felder: Das Feld für die Mitochondrien (Zellkraftwerke) liegt z. B. im Zellkern, das für die Zelle im übergeordneten Gewebe, deren morphogenetisches Feld im Organ usw. Andererseits macht er klar, daß seine Theorie das ursprüngliche Entstehen der ersten Bilder nicht erklären kann. Auf der Basis dieser Theorie müßte das Analogiemodell der Esoterik (die manifeste Welt als Spiegel der transzendenten – wie oben, so unten) auch für Naturwissenschaftler zum bestimmenden Gesichtspunkt der Evolution werden können. Die Wirklichkeit der Bilder ist präexistent – zuerst ist die Idee.

Wahrscheinlich bedient sich die Schöpfung beim Umsetzen der vorgegebenen Bilder in die stoffliche Form der Evolution mittels Versuchs und Irrtums. Dafür spräche auch die Tatsache, daß Entwicklungen in Sprüngen und nicht etwa kontinuierlich ablaufen. Ist ein Sprung (durch eine Mutation) in die der vorgegebenen Idee entsprechende Richtung erfolgt, wird er sofort beibehalten, andernfalls verworfen. So würde die Evolution zu einem langsamen Sich-vorwärtstasten zu vorgegebenen Mustern.

Die Theorie der morphogenetischen Felder liefert darüber hinaus den idealen Erklärungshintergrund für die in der Esoterik zentralen Bereiche der Initiation und des Rituals. Durch die Wiederholung eines bestimmten Ablaufs (Rituals) wird dessen morphogenetisches Feld stabilisiert und immer tiefer verankert. Aber wo verankert? Die Esoterik würde antworten: im Bewußtsein! Im Bewußtsein der das Ritual ausführenden Menschen, aber vor allem, und darum geht es beim Ritual, im Bewußtsein der Welt oder vielleicht im Feld der Welt. Sheldrake hat als Wissenschaftler noch keine Antwort auf die Frage, wo die morphogenetischen Felder eigentlich sind, höchstens die eine, sicher richtige: überall. Er weiß nur, daß dieses »Überall« keine materielle und auch keine energetische Basis haben kann. Hier kann man die Nähe von Wissenschaft und Esoterik schon spüren.

Mit der Initiation in einem Ritual ist die Vorstellung verbunden, jemanden in ein Muster einzuweihen, ihn zum Teil eines (für ihn) neuen Musters zu machen. Der pubertierende Knabe wird z. B. in die Welt der Männer (in die Muster, die die Männerwelt bestimmen) eingeweiht. Er braucht dazu nichts zu lernen. Initiation wirkt aus dem bereits aufgebauten Feld, aus dem vielleicht seit Jahrhunderten wirksamen Muster heraus. Wir sagen, der Junge wird der Initiation teil-haftig, in der Tat: Er wird Teil des Musters. Nun ist es nur noch ein kleiner Schritt zum Pars-pro-toto-Gedanken und dem des ganzheitlichen Netzes der Wirklichkeit. Der Knabe ist nach der Initiation eindeutig Teil der Männerwelt. Die Muster der Männerwelt sind aber nun auch alle in ihm. Er ist nun Teil des ganzen (Musters) und das ganze (Muster) ist

Teil von ihm. Das aber ist genau die Situation die Indras Perlennetz der Wirklichkeit beschreibt.

Die häufige Wiederholung von Abläufen macht diese nach Sheldrakes Modell stabiler, das aber stimmt mit unser aller Erfahrung überein. Wird ein Bewegungsablauf häufig wiederholt, sitzt er bald wie im Traum. Wie schwer ist das Autofahren am Anfang, wenn man so viel auf einmal machen und beachten muß. Ist das Muster aber einmal eingespielt, läuft es wie von selbst. Hat man ein Muster einmal ganz integriert, ist es andererseits nur noch schwer zu löschen. Wenn man schwimmen kann, kann man es für immer. Hört man aber auf, zu üben, bevor man es ganz integriert hat, verschwindet das Muster schnell wieder. Das Bild war noch nicht ganz. Unfertige Bilder und Muster aber werden schnellstens wieder übergangen.

Der Sport liefert uns eine weite Palette von Spielmöglichkeiten mit den morphogenetischen Feldern. Geschieht es nicht oft, daß eine bestimmte Hürde lange nicht genommen werden kann? Ist sie aber einmal genommen, geschieht es in Serie. Jahrzehnte hindurch glaubte man nicht daran, daß ein Mensch 100 Meter in 10 Sekunden oder weniger laufen kann. Seit Armin Hary es getan hat, geschieht es beinahe routinemäßig. 5 Meter schien lange Zeit hindurch eine undurchbrechbare Schallmauer für Stabhochspringer zu sein, heute sind es schon 6 Meter. Ist das Bild einmal gesetzt, lebt es auf der ganzen Welt, und der zweite hat es schon viel leichter, der Tausendste macht es schon ganz selbstverständlich. Am Matterhorn sind jahrelang exzellente Bergsteiger verunglückt; es galt als kaum bezwingbar. Dann schafften es einige, und heute gehen Touristen hinauf. Eine Besteigung von Achttausendern ohne Sauerstoff galt immer als unmöglich; seit Reinhold Messmer es tut, können es viele.

»Ja, wenn der es kann, dann kann ich es auch!« Steht nicht hinter dieser verbreiteten Haltung die Wirkung eines Bildes? Wenn das Bild der erfolgreichen Erstbesteigung existiert, ist der Rahmen gegeben; ihn auszufüllen, ist dann weniger schwer.

Zum Abschluß noch ein Beispiel aus dem Bereich der Psychotherapie. Jahrzehntelang hielten Psychologen es für unmöglich die eigene Geburt wiederzuerleben. Sie gingen höchstens bis zum zweiten Lebensjahr zurück. Dann konnte und machte es Thorwald Dethlefsen doch, führte seine Patienten bis zur Geburt und noch weiter zurück, und bald konnten es viele. »*Es* ging jetzt.«

Bilder hatten schon immer eine faszinierende, ja magische Wirkung – die Theorie der morphogenetischen Felder macht uns deutlich, warum das so ist.

8. Unsere Welt – die Polarität

KINDER ZWEIER WELTEN

Einst kam ein Mondmädchen auf die Erde, um auf der Lichtung am Fluß mit den Tieren zu spielen. Ein junger Krieger sah sie und verliebte sich in sie. Auch das Mädchen fand Gefallen an dem Erdenmenschen. Es vergaß seine himmlische Heimat und willigte ein, seine Frau zu werden.

Als ein Jahr vergangen war, hatten beide einen Sohn. Der junge Krieger freute sich, doch seine Frau wurde von Jahr zu Jahr unglücklicher.
Immer wieder erzählte sie ihrem Kind von der Mondheimat. Da begann auch der Sohn, sich nach dem Mond zu sehnen.

Eines Tages, als der Krieger von der Jagd nach Hause kam, war das Zelt verlassen. Seine Frau und sein Kind waren auf einem Himmelsschiff zum Mond gefahren.
Wie freute man sich dort über ihre Ankunft! Unten aber, auf der Erde, weinte ein junger Mann.

Der Erdensohn wuchs heran und wurde ein tapferer Krieger. Aber er war nicht glücklich.
»Ich möchte zurück zu meinem Vater!« flehte er die Mutter an. Und weil sie ihn liebte und seinen Kummer sah, willigte sie ein. »Aber bedenke«, sagte sie zum Abschied, »du bist das Kind zweier Welten. Lebst du in der einen, wirst du dich nach der anderen sehnen.«

Ihr Sohn kehrte zur Erde zurück. Und es geschah, wie seine Mutter gesagt hatte.

Indianische Weisheit aus
»In die Mitte der Welt führt deine Spur«

Nachdem wir mit Hilfe des Bell'schen Theorems die Kausalität prinzipiell durchschaut haben und in den morphogenetischen Feldern einen wissenschaftlichen Versuch erlebt haben, die belebte Welt ohne Kausalität zu begreifen, sind wir, so gut es geht, gerüstet, um uns einem der schwierigsten Themen des Menschseins zu stellen, der Polarität. Das Thema an sich ist nicht schwierig zu verstehen im Vergleich zu den bereits überstandenen physikalischen Experimenten. Seine Auswirkungen auf unser Leben aber zu akzeptieren, ist umso schwieriger. Es wird uns weit über das Atom hinaus in die makroskopische Welt führen, doch wollen wir wieder ganz in der Mitte beginnen, im Innern der eigentlichen Urzelle aller Materie, dem Atomkern.

Wir haben schon mehrfach davon gesprochen, daß alle subatomaren Teilchen, bis auf das Photon, als Zwillinge auftreten. Diese Zwillinge sind aber nicht vollkommen gleich und auch nicht wirklich verschieden: Sie sind Spiegelbilder, d. h. sie sind das symmetrische Ergebnis einer einzigen Energiequelle und seit wir Bell über die Kausalität hinaus gefolgt sind, wissen wir, daß sie phasenverriegelt sind. Das bedeutet, sie sind immer in Kontakt miteinander, immer aufeinander bezogen und werden stets ihr spiegelbildliches Verhalten beibehalten. Machen wir uns noch einmal bewußt, daß alle Materie in dieser Welt aus Atomen und damit subatomaren Teilchen besteht, dann ist auch klar, daß alles Materielle, ohne Ausnahme, aus solchen Zwillingen oder Gegenpolen besteht und so die Polarität die Basis der Schöpfung sein muß.

Sofern wir dieses physikalische Wissen nicht mehr aus dem Auge verlieren, können wir der Polarität unseres Lebens nicht entkommen. Wenn wir sie einmal doch nicht erkennen, kann es nur an unserem Schauen liegen.

Die Symmetrie steht am Anfang, gleich nach dem Heraustreten aus der Einheit, und sie offenbart sich zuerst in den spiegelbildlichen Gegenpolen, unserem Zwillingspaar. Der Physiker Zukav schreibt: »Alles in allem gibt es rund zwölf Erhaltungssätze. Diese einfachen Gesetze werden zunehmend wichtiger ..., da sie von dem abgeleitet werden, was die Physiker heute für die letzten und höchsten Prinzipien halten, die der materiellen Welt zugrundeliegen. Dies sind die Symmetriegesetze.«

Bevor wir wiederum den Weg durch die schon vertrauten Ebenen antreten, wollen wir noch die scheinbare Ausnahme des Polaritätsgesetzes, das Photon, kurz betrachten und gelangen damit schon an den Beginn der Reise, ins Atominnere. Tatsächlich hat das Lichtteilchen als einziges keinen physischen Gegenpol. Untersuchen wir es allerdings mit unseren polaren Mitteln, so entdecken wir doch seinen inneren Doppelcharakter: Teilchen – Welle. Auch in der alltäglichen Welt hat das Licht seinen Gegenpol, den Schatten, offensichtlich immer dabei. Das Licht als Symbol der Einheit aber ist eines ohne ein zweites und hat und braucht keinen Gegenpol. Sicher war es kein Zufall, daß gerade das Licht uns immer den Weg wies: Der Menschheit im Dunklen, den Wissenschaftlern durch seine besonderen physikalischen Eigenschaften, den Weisheitssuchern durch sein Strahlen im Innern.

Unsere nächste Ebene nach dem Atom ist wieder die der Moleküle. Hier finden wir das polare Prinzip sehr deutlich in den Bindungskräften der elektrochemischen Polarität. Das Natrium-Ion ist positiv geladen, ihm fehlt ein Elektron in der Atomhülle; das Chlorid-Atom ist negativ, es hat ein Elektron zu viel in seiner

Atomhülle. Als Gegenpole ziehen sie sich an, vereinigen sich und bilden Natriumchlorid, ein neutrales Molekül, unser Kochsalz. Die Verbindungen größerer organischer Moleküle haben über die elektrische Polarität hinaus vielfach räumliche Gründe: Zwei passen etwa zusammen wie Schlüssel und Schloß, sie entsprechen sich so perfekt wie Kuchenform und Kuchen und finden über diese räumliche Polarität zusammen.

Auf diesem Prinzip beruht sehr wahrscheinlich unser Riechen. Bestimmte Moleküle sind Schlüssel für bestimmte Schlösser in der Riechschleimhaut der Nase. Treffen einige Moleküle, z. B. für den Geruch »faulig« auf ihre Schlösser, so haben wir die Empfindung, »faulig« zu riechen.

Auch die Codierung unserer Erbinformation in der DNS basiert auf diesem Schlüssel-Schloß-Gegenpolprinzip. Erinnern wir uns an die biochemische Strickleiter:

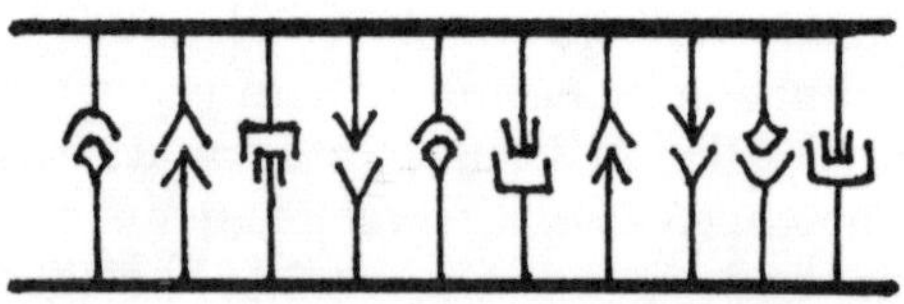

Die Sprossen der Leiter werden von vier verschiedenen Basen gebildet, die jeweils durch ihre Form, ihr Gegenüber zweifelsfrei festlegen. Man bezeichnet sie als komplementär. So gibt es immer einen Strang, der sozusagen das Positiv darstellt und einen entsprechenden Negativstrang dazu. Jeweils drei Basen hintereinander sind ein Buchstabe im Universalcode des Lebens, ein sogenanntes Triplett. Die vier Basen können beliebig kombiniert werden zu solchen Triplettbuchstaben, und damit ergeben sich $4^3 = 64$ verschiedene Buchstaben, mehr als zur Codierung der Aminosäuren als Bausteine unseres Eiweißes nötig sind.

Interessant ist, daß der Taoismus ein ganz ähnliches System mit 64 »Buchstaben« kennt, um die ganze Wirklichkeit auszudrücken: das I Ging. Dort werden aus den Zeichen der Grundpolarität Yin (— —) und Yang (——) 8 Tripletts gebildet (z. B. ☲ oder ☳). Nun werden jeweils 2 dieser 8 Tripletts zu einem Zeichen kombiniert ($8^2 = 64$), und wir haben den ebenfalls auf der Polarität (Yin und Yang) beruhenden Code des I Ging mit seinen 64 Buchstaben.

Damit gelangen wir zur nächsten Ebene, der Zelle und speziell ihrem Kern. Alles organische Wachstum findet auf dieser Ebene der Wirklichkeit durch Zweiteilung statt. In der Zelle bilden sich zwei sogenannte Pol-Körperchen, die in die beiden entgegengesetzten Pole der Zelle wandern; der Zellkern, die Einheit, löst sich auf, und im Spannungsfeld zwischen den Pol-Körperchen trennen sich die Chromosomen. Jedes wird dabei genau halbiert. Der korrespondierende biochemische Vorgang ist die Halbierung der DNS, die wir gerade auf der Molekülebene angeschaut haben. Unsere biochemische Strickleiter trennt sich in der Mitte zwischen den komplementären Basenpaaren, der Reißverschluß geht sozusagen auf. Nun bekommt jede der beiden neuen Zellen die Hälfte der Chromosomen. Die Basen auf dem halben DNS-Strang suchen sich wieder ihre entsprechenden komplementären Partner, die Strickleiter spiralisiert sich wieder, und das Leben kann weitergehen – aus der Einheit ist die Zweiheit geworden.

Teilung auf Zellebene

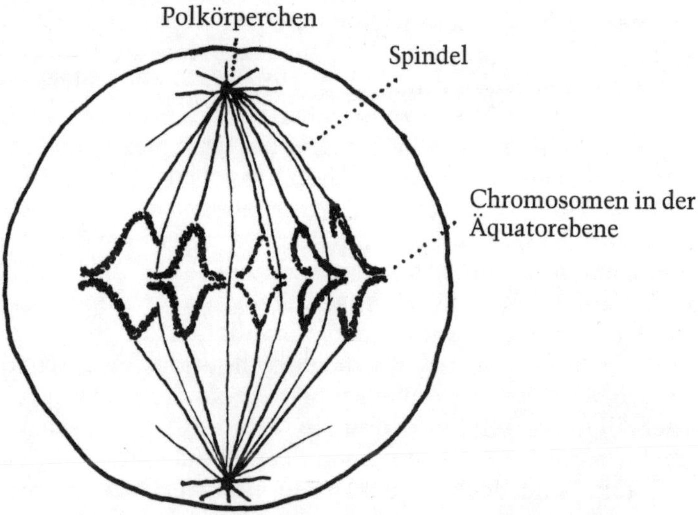

Teilung auf DNS-Ebene

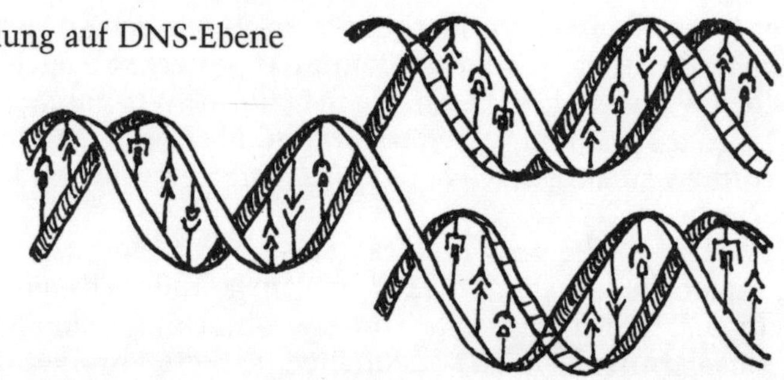

Am deutlichsten erleben wir die Polarität auf der Zellebene aber an den Keimzellen. Männlicher und weiblicher Pol sind aufeinander angewiesen, müssen zusammenkommen, um ein neues Leben entstehen zu lassen. In diesem werden sich dann wieder Männliches und Weibliches mischen und gar nicht mehr so leicht auseinanderzuhalten sein.

Auf der Ebene des menschlichen Körpers sind, wie bereits erwähnt, die meisten Organe paarig angelegt, unser ganzer Körper scheint symmetrisch aufgebaut. Die auf den ersten Blick am schwersten nachvollziehbare Symmetrieebene verläuft durch den Bauchnabel. Das »Wie oben – so unten« zwischen diesen Polen wird uns später noch eingehender beschäftigen. Eine äußerlich viel deutlichere Symmetrieachse verläuft zwischen den Augen hindurch entlang der Wirbelsäule und spaltet uns in zwei fast symmetrische Hälften. Diese beiden Seiten sind nun durchaus nicht identisch, sondern eben symmetrisch. Auch das ist äußerlich nicht so leicht nachvollziehbar. Wenn man aber etwa durch raffinierte Spiegel *ein* Bild aus unseren beiden linken oder beiden rechten Hälften macht, blickt uns da ein recht fremder Mensch entgegen. Hinzu kommt, daß wir uns ja nie so sehen, wie wir »wirklich« sind, sondern immer im Spiegel und damit spiegelverkehrt. Innerlich, auf der Organebene, ist die Polarität schon deutlicher, am eindrucksvollsten auf der Gehirnebene. Auch hier ist der äußere Unterschied zwischen den beiden Hemisphären minimal. Auf der Funktionsebene findet sich aber das vollkommene Bild der gegensätzlichen Zwillinge. Unsere linke Hemisphäre entspricht dem männlichen Prinzip (Yang) und verwirklicht es in unserem Leben durch rationales, zergliederndes Denken. Die rechte Gehirnhälfte entspricht dem genauen Gegenpol, dem weiblichen Prinzip (Yin) mit seinem ganzheitlichen Empfinden in Mustern und Bildern. Beide sind völlig entgegengesetzt, und doch brauchen sie einander, wir nennen sie komplementär.

Zwar hat in den letzten Jahrhunderten in unserer Kultur die linke, männliche Hälfte deutlich dominiert, sie war aber auch nur der halben Wahrheit gewachsen. Wenn heute die Wissenschaft an ihre Grenzen stößt und versucht, diese zu überschreiten, findet sie dort nicht zufällig Bereiche, die sich ihrem einseitigen Denken entziehen.

Das Bell'sche Theorem und die Theorie der morphogenetischen Felder aber erfordern bereits ein ganzheitliches Denken in Mustern und Bildern, jenseits von Kausalität und männlicher Logik. Insofern ist es auch verständlich, daß die Physiker, fast ausschließlich Männer, vor diesem schwer faß- und begreifbaren weiblichen Bereich so viel Respekt haben. Auch können sie sich ihrer in diesem Gebiet immer blumiger und zweideutiger werdenden Sprache gar nicht recht erfreuen. Diejenigen, die es doch konnten und den Schritt gewagt haben, sind dann auch meist außerhalb der Physik als sehr integrierte und heile Persönlichkeiten (wie etwa Niels Bohr und Einstein, die beiden Väter der neuen Physik) aufgefallen.

Ihr Mut ist gar nicht hoch genug zu schätzen angesichts der großen Zahl von Physikern und anderen Wissenschaftlern, die die andere Seite der Wirklichkeit auch heute noch lieber ignorieren. Ihre Arroganz ist dabei noch ganz Teil des sicheren männlichen Denkreviers. Ihre Angst vor dem undurchschaubar Fremden, dem aus der starren Norm Ver-rückten und aus der sicheren Ordnung ins bedrohliche Chaos Weisenden ist aber schon Teil jenes Gegenpols, der auch sie, allerdings auf der unbewußten Ebene, in seinen Bann zieht.

Im Körper sind die beiden entgegen-gesetzten Hälften noch einmal umgepolt, so daß die linke Gehirnseite unsere rechte Körperhälfte regiert und umgekehrt. Daß diese Gesellschaft eine von Rechtshändern ist, mag uns in diesem Zusammenhang nun nicht mehr erstaunen. Die Tatsache, daß Linkshänder erst seit kurzer Zeit toleriert werden und von dem sinnlosen und demütigenden Zwang des Umlernens befreit sind, kann uns anzeigen, wie jung unsere gesellschaftliche Offenheit dem »anderen« gegenüber noch ist.

Dabei ist dieser Gegenpol unsere größte und wichtigste Chance im Leben, und ob wir das nun mögen oder nicht: Er gehört unwiderruflich zu uns – von allem Anfang an; seit Gott aus Adams Seite Eva formte oder in welches andere Schöpfungsbild wir das auch kleiden wollen. Der Volksmund spricht unumwunden von »unserer besseren Hälfte« und meint damit den (Ehe)-Partner, unseren menschlichen Gegenpol. Im Spanischen nennt man ihn auch »la media naranja« – die halbe Orange. Dieses Bild macht uns sehr anschaulich klar, daß Gegenpole zusammengehören.

Es erinnert auch an Platons Bild von den Kugelmenschen, die, in der Mitte durchtrennt, ihr Leben damit verbringen, ihre fehlende Hälfte zu suchen.

Auf dieser und der damit untrennbar verbundenen Ebene der Sexualität haben wir alle unsere Erfahrung mit der Polarität. Ohne sie würde alles höhere Leben aussterben. Zwar sind die Pole in dieser Welt getrennt, aber zumindest zeitweilig müssen sie sich wieder vereinigen, sonst hört das Leben auf.

Die Sehnsucht nach Ver*ein*igung ist aber der Motor hinter praktisch allem: von der Sexualität über die Liebe bis zum spirituellen Weg (Yoga heißt beispielsweise nichts anderes als »Vereinigung«).

In die westliche Psychotherapie hat C. G. Jung das Konzept der Vereinigung mit dem eigenen Schatten eingeführt und sie damit zu einer wichtigen Stufe auf dem menschlichen Entwicklungsweg erhoben.

»Individuation« ist sein Ausdruck für das Ganzwerden des Menschen, das vor allem dadurch geschieht, daß wir neben unserem sichtbaren Teil die verborgene, im Schatten liegende, andere Hälfte unseres Menschseins annehmen. Das bedeutet für eine Frau, zuerst einmal ihr Frausein anzunehmen und sich dann auch noch dem männlichen Teil in ihr (dem »animus« nach Jung) zuzuwenden. Für den Mann bedeutet es entsprechend, sich primär seinem Mannsein zu stellen, um dann auch das Weibliche (die »anima«) in sich zu finden. Dabei sollte nicht übersehen werden, daß es zuerst einmal darum geht, das *Offensichtliche* ehrlich anzunehmen, bevor man sich dem Gegenpolaren zuwendet.

Das ist heute offenbar zu einem deut-lichen Problem geworden. Die Frauenbewegung ist bestimmt eine richtige Entwicklung, bezogen auf das entstandene Ungleichgewicht der beiden Pole, nur entspricht ihr Vorgehen genau dem der Gegenseite. Den meisten dieser, für Gleichberechtigung eintretenden Frauen geht es um Männliches: Macht, Einfluß, Interessendurchsetzung, Kampf und Sieg. Dem eigentlichen Problem, dem unterdrückten weiblichen Pol, wenden sie sich kaum zu. Das aber entspricht der Gegenseite bis ins Detail: Die herrschende Männerwelt stürzt sich ausschließlich auf das Weibliche, das *Mater*-ielle*, während das Spirituelle viel zu kurz kommt. Der männliche Geist (spirit) und die weibliche Mater-ie stehen sich polar und fremd gegenüber.

Die Männer tun so, als ginge sie ihre eigentliche Aufgabe, sich dem männlichen Geist zu widmen und dann eben männlich, spirituell, dem Gegenpol der Mater(ie) zu begegnen, gar nichts an. Im Gegenteil, unsere Männergesellschaft verbeißt sich gänzlich unspirituell in die Materie. Wenn sich jemand um Spiritualität kümmert, dann vor allem Frauen. So sind die Pole gründlich

---

* Lateinisch mater heißt Mutter

vertauscht und harren weiter ihrer Vereinigung oder auch nur Annäherung.

Aber nicht nur in uns selbst können wir die Polarität so deutlich und unerlöst spüren. Die ganze Erde erleidet analog ein ähnliches Schicksal. Auch sie zerfällt in zwei Hälften, in Nord- und Südhalbkugel, mit dem Äquator als Symmetrie-Ebene und den beiden Polen als Extremen. Die obere Nordhalbkugel entspricht dem menschlichen Oberkörper, die untere Südhalbkugel unserem Unterleib.

Bei dieser Analogie wundert es natürlich nicht mehr, daß die Südhalbkugel heutzutage zu kurz kommt. Die Politiker sprechen vornehm vom »Nord-Südgefälle« und meinen damit materiellen Überfluß im Norden, der in der bitteren Armut des Südens seinen Gegenpol findet. Dieses Nord-Südgefälle gibt es aber nicht nur für die Welt, sondern auch für einzelne Erdteile, ja Länder.

Kehren wir noch einmal zum Menschen zurück, so wird klar, daß der Oberkörper mit dem Kopf an seiner Spitze dem männlichen, der Unterkörper dem weiblichen Pol entspricht. Beim Mann liegt schon rein äußerlich der Schwerpunkt eher im Oberkörper mit seinen breiten Schultern, während bei der Frau mit dem Becken eindeutig der Unterleib betont ist. Hier schließt sich der Kreis wieder. Der obere, dem männlichen Prinzip entsprechende Norden, dominiert heutzutage nicht zufällig über den unteren, weiblichen Süden.

Gehen wir noch weiter in den Makrokosmos, den Weltraum, finden wir das Polaritätsprinzip auch hier wieder: Da stehen energieabstrahlenden (positiven) Planeten wie unserer Sonne und dem Jupiter energieaufnehmende (negative) wie Mond und Erde gegenüber. Da entsprechen die in relativer Ruhe verharrenden Sonnen den Atomkernen (+) und die Planeten den sich bewegenden Elektronen (−). Schließlich haben wir in der Ferne des Raumes jene energieausschleudernden Quasare (+) und ihnen gegenüber die alles verschluckenden schwarzen Löcher (−). Wenn Isaak Bentov recht behält, bilden diese beiden Pole sogar das Zentrum des Universums.

So ist das Polaritätsprinzip auf allen Ebenen wirksam und bestimmt vom kleinsten Mikrokosmos bis in die Weiten des Makrokosmos unser Sein.

Eine sehr schöne Abbildung dieses allumfassenden Gesetzes finden wir in der Kathedrale St. Pierre im französischen Caen.

Innerhalb dieses Fenstermandalas finden wir dort 3 Tai-Chi-Zeichen, jedes für sich die Polarität darstellend:

Auf der unteren Ebene stehen sich zwei dieser Symbole polar gegenüber, während sie auf der höheren Ebene von einem um 90° gewendeten Tai-Chi-Symbol wieder vereint werden. Dieses Spiel ließe sich beliebig fortführen und ist damit ein vollkommenes Abbild sowohl für Sarfattis Theorie der übergeordneten Matrix, als auch für jene der morphogenetischen Felder (siehe S. 105).

Eindrucksvoll an diesem Symbol scheint mir die Tatsache, daß es, ohne den geringsten Zweifel an der Polarität zu lassen, diese doch auf jeder Ebene als Einheit darstellt, und daß es einige hundert Jahre vor unseren neuen Modellen der Wirklichkeit in Stein verewigt wurde.

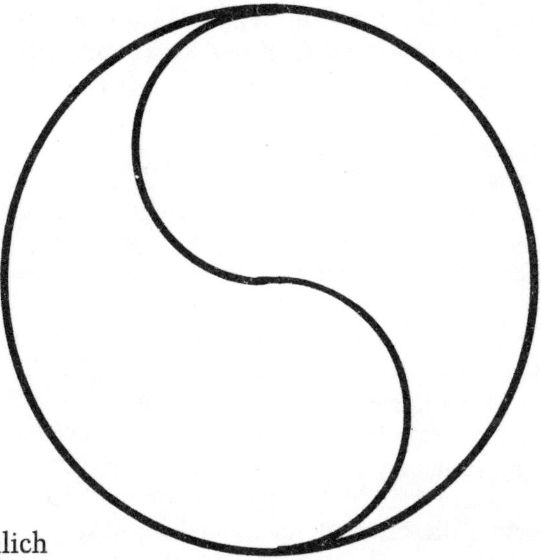

links und rechts
Yin und Yang
weiblich und männlich

9. Resonanz – eine liebevolle Theorie der Welt

Alles ist so seltsam gespalten und zerrissen,
selbst unsere Art, auf die Schwingungen
aller Dinge der Natur zu achten.
Was wir erhalten wollen,
ist der Kreislauf des Lebens,
der allen Menschen Segen bringt;
nicht nur uns, den Diné.

Kee Shay (Diné-Indianer)

Die Erde ist wie ein gesprenkeltes Rehkitz. Die Flecken stellen die Gegenden mit unterschiedlichen Kraftquellen und Bestimmungen dar. Wir alle sind zwar mit einer andersgearteten Schwingung und Schwingungszahl geschaffen – aber zugleich ist es für uns vorgesehen, mit dem Großen Geist in Verbindung zu stehen.

James Kootshongsie (Hopi)

Eng verknüpft mit der Polarität ist das Phänomen der Resonanz, das ebenfalls unsere ganze Wirklichkeit durchzieht. Resonanz bezeichnet den Zustand des gemeinsamen in Einklangschwingens von Dingen oder Wesen. Betreten wir einen Uhrenladen mit alten Pendeluhren, so können wir feststellen, daß sehr viele, wenn nicht alle, im selben Rhythmus schlagen. Wenn wir sie stören, indem wir sie ganz handgreiflich aus ihrem Rhythmus bringen, können wir einige Zeit später feststellen, daß sie wieder im selben Rhythmus pendeln. Welche Kraft ist es, die die Uhren wieder auf einen Nenner bringt? Ähnliches haben wohl die meisten Menschen schon erlebt, wenn sie neben einem Schlafenden im Bett liegen. Sein Atemrhythmus hat etwas, im wahrsten Sinne des Wortes, Ansteckendes. Oder das altbekannte Beispiel mit dem Gähnen, das ansteckender ist als die gefährlichste Krankheit. Oder ein wissenschaftliches Beispiel: Nähert man zwei isolierte, in ganz verschiedenen Rhythmen pulsierende Herzzellen einander, kommt noch bevor sie sich berühren, ein Moment, wo sie sich sprunghaft im Rhythmus angleichen. Ab diesem Augenblick pulsieren sie wie eine einzige Herzzelle und geben diesen gemeinsamen Rhythmus auch nicht wieder auf. Was für einzelne tierische Herzzellen im Experiment gilt, macht auch vor unserem menschlichen Herzen nicht Halt. Es gibt eine Übung aus dem Bereich von Psychotherapiegruppen, wo ein Teilnehmer sein Ohr auf die Brust eines Partners legt, um dessen Herzschlag zu hören. Geschieht das in ruhiger, meditativer Atmosphäre, kann man relativ bald erleben, wie sich beider Herzschlag synchronisiert, sie schwingen sich sozusagen aufeinander ein.

Letzteres mag sich aus »seelischen Gründen« erklären; umso erstaunlicher ist es dann, daß man bei der Abstimmung von technischen Empfängern (wie Radios oder Fernsehgeräten) auf entsprechende Sender ganz ähnliche Phänomene erleben kann. Es ist fast, als sehnte sich das Radio danach, mit der weit entfernten Sendeantenne in Resonanz zu kommen, denn noch bevor man die exakte Frequenz eingesteckt hat, geht der Radioapparat in Resonanz und auf Empfang. Damit sind wir dem Geheimnis schon näher auf der Spur: Sender und Empfänger tendieren dazu, in Resonanz zu gehen. All unsere aufgeführten Beispiele sprechen dafür, daß es eine der Schöpfung innewohnende Tendenz gibt, Resonanz anzustreben. Die Natur neigt offenbar dazu, wo immer möglich, einen Zustand von resonanter Schwingung herzustellen. Dieser bevorzugte Zustand zeichnet sich durch verschiedene einzigartige Eigenschaften aus: Er verbraucht deutlich weniger Energie als sehr nahe, aber nicht resonante Zustände. Und vielleicht noch erstaunlicher: Er kann dabei auch sehr viel Energie freisetzen.

Wir brauchen nur an das Beispiel von den tausend marschierenden Soldaten zurückzudenken. Soldaten marschieren ja auch deshalb im Gleichschritt, weil sie auf diese Weise am kräftesparendsten vorwärtskommen (mit dem geringsten Energieverbrauch also) und auch am ausdauerndsten. Wie viel größer die Kraft des harmonischen Rhythmus ist, sehen wir auch an der Brücke, die sie mit ihrem Gleichschritt zum Einsturz bringen können. Solch marschierende Kolonnen singen auch oft, dadurch wird auch noch ihr Atemrhythmus sychronisiert, und das von allen empfundene Gefühl von Macht und Durchsetzungskraft noch verstärkt.

Im Laufe unserer bisherigen Reise sind wir aber einem noch viel wichtigeren Beispiel begegnet, das nur, weil es für uns ungewohnt ist, auf den ersten Blick weniger eindrucksvoll erscheint: dem Quantenfeld oder »Teilchenmeer«, wie es von dem englischen Physiker Dirac genannt wurde. Wir haben schon gehört, daß dieses Feld des Atominneren nur scheinbar leer ist, tatsächlich aber mit einer unübersehbaren Menge sogenannter virtueller Teilchen angefüllt ist. Wann immer ein Teilchen in Erscheinung tritt, taucht auch sein Gegenpol aus dem Meer mit auf, die beiden hängen ja auf Gedeih und Verderb zusammen. Zu jedem Elektron gehört sein Positron, das ihm in allem gleicht, nur entgegengesetzt ist, sein symmetrisches Spiegelbild eben. Die beiden Teilchen eines Paares sind in Resonanz miteinander oder »phasenverriegelt«, wie die Physiker es nennen. Erinnern wir uns an Bohms Versuch, der die Eigenschaft eines solchen Teilchens änderte und damit sogleich auch die betreffende Eigenschaft des Partnerteilchens umpolte. Da alles in dieser Schöpfung aus solchen Teilchen besteht, weil sich alles aus Atomen zusammensetzt, können wir ohne Übertreibung sagen: wir leben im Teilchenmeer, ja wir sind es, und Resonanz ist sein Grundgesetz.

Was wir auf der Ebene des Allerkleinsten gefunden haben, entspricht genau jener des Allergrößten: dem Urknall als Beginn unseres Universums. Auch alle Teile dieser Explosion hängen auf ewig zusammen, sind phasenverriegelt und schwingen damit in Resonanz.

Zwischen diesen beiden Extremen, dem Größten und Kleinsten, müssen wir folglich immer wieder auf das Resonanzgesetz stoßen, auf die Lust der Schöpfung, in Harmonie zu schwingen.

»Alles ist Schwingung«, lehrt uns die Physik. Das Allerfeinste, was wir heute »erfassen« können, das Teilchenmeer, verhält sich völlig analog zum Größten, was sich uns erschließt, dem Universum: *Wie oben – so unten.* Zwischen diesen Grenzen unserer

Wahrnehmung wollen wir uns nun wieder auf die Reise durch die verschiedenen Ebenen der Wirklichkeit machen.

Daß das Quantenfeld oder Teilchenmeer in Resonanz schwingt, sahen wir schon, als wir es mit dem irdischen Meer oder mit Indras Perlennetz verglichen. Auch das Elektronenreich der Atomhüllen ist von Resonanzphänomenen beherrscht, wie wir sehen konnten, als wir das Cl^-- und das Na^+-Ion beobachteten. Die beiden klinkten aufeinander ein, und anstatt jedes für sich in seinem Mangelzustand zu schwingen, formten sie ein neues gemeinsames Schwingungsfeld in Harmonie. In Kristallen bilden Atome Muster, die ihnen erlauben, in energiesparender Weise harmonisch zusammenzuschwingen. Auf unserer Reise durch den Körper konnten wir erleben, wie Moleküle, etwa in einem Muskel, in Resonanz gehen, und bei dem Versuch mit den Herzmuskelzellen sahen wir dasselbe Phänomen auf der nächstgröberen Ebene. Natürlich müssen auch die Zellen eines Organs miteinander in Resonanz schwingen, und das Organ wiederum in Resonanz mit den anderen Organen. Denn wenn sich einzelne Zellen oder gar Organe aus diesem abgestimmten Rhythmus lösen, sozusagen ihre Unabhängigkeit erklären, entsteht ein Krankheitssymptom.

Im Bereich des menschlichen Körpers wird die Notwendigkeit von Resonanz noch leichter nachvollziehbar. Unser Herzschlag muß in einem bestimmten rhythmischen Verhältnis zu unserem Atem stehen, und beide müssen mit den Muskeln verbunden sein. Wenn wir etwa plötzlich losrennen, müssen die Schwingungsrhythmen auf allen drei Ebenen koordiniert bleiben und in gemeinsamer Harmonie zunehmen. Allein schon das Laufen erfordert eine enorme Synchronisierung verschiedenster Schwingungssysteme. Unzählige, ganz verschieden starke und lange Muskeln müssen nach einem gemeinsamen harmonischen Muster funktionieren. Sie sind miteinander in Resonanz und zwar immer, nicht nur beim plötzlichen Losrennen. Auch unsere beiden polaren Körperhälften sind in ständiger Resonanz miteinander. Es gibt keine noch so winzige Bewegung auf der rechten, männlichen Seite, die nicht zumindest eine winzige Ausgleichbewegung auf der linken, weiblichen Seite nach sich zöge. Doch was hier so einfach klingt, umfaßt in Wirklichkeit viel mehr. Der Körper schwingt nämlich als ein ganzer, und eine Bewegung nach rechts wird nicht nur eine nach links provozieren, sondern auch eine Information zum Gleichgewichtszentrum bewirken, was zu einer Änderung der Kopfhaltung führt, die wiederum eine Körperbewegung auslöst usw. Selbst im Schlaf hört dieses Zusammenspiel nicht auf. Heute ist wissenschaftlich beweisbar, daß Träume Körperreaktionen auslösen und umgekehrt. Nicht nur der Körper ist in sich ein Schwingungsfeld, er ist auch mit der Seele in Resonanz.

Im zwischenmenschlichen Bereich wird uns das Prinzip noch deutlicher. Da gibt es Menschen, zu denen wir auf Anhieb »einen Draht haben«. Das will besagen, wir fühlen uns in diese Menschen ein, verstehen oder mögen sie, mit einem Wort: »Wir haben dieselbe Wellenlänge.« Die Sprache enthüllt uns hier das vertraute Phänomen: Wer dieselbe Wellenlänge hat, schwingt zusammen, ist in Resonanz wie die Pendel in unserem Uhrladen. Auch der Ausdruck »eine Antenne für jemanden haben« führt uns auf diese Spur, besagt er doch, daß wir für diesen Menschen »auf Empfang geschaltet sind«. Sind aber Sender und Empfänger auf dieselbe Frequenz eingestellt, herrscht Resonanz zwischen ihnen. Hier bietet sich eine gute Gelegenheit, das ganze Phänomen näher zu durchleuchten. Resonanz bedeutet: In *Ein*-klang miteinander schwingen, ohne aber deswegen identisch zu sein. Offen-sichtlich sind Sendestation und Radio nicht identisch, und die Pendel in unserem Uhrladen sehen ganz verschieden aus. Es gibt aber im Falle von Resonanz immer eine Entsprechung. Radio und Sendestation haben als gemeinsames Prinzip eine Antenne. Beide mögen noch so verschieden aussehen, ein inneres Muster verbindet sie. Schon äußerlich sichtbar gleichen sich die Antennen in ihrer Form, ihrer Signatur. Ja, in diesem Fall stehen auch ihre Längen und damit ihre Schwingungsfähigkeiten in einem festgelegten Zahlenverhältnis zueinander, vergleichbar den Energieebenen der Elektronenbahnen um den Atomkern. Auch die Körperzellen, deren Resonanz wir bereits betrachtet haben, verfügen über solch eine innere Gemeinsamkeit bei aller äußeren Verschiedenheit. Besonders deutlich wurde uns das in der spindelförmigen Signatur der Muskelzellen.

Um sich aufeinander einzuschwingen, bedarf es also eines verbindenden inneren Musters. Eine räumliche Verbindung, wie etwa ein Draht von einem zum anderen Körper, ist dagegen nicht notwendig. Das Verbindende ist die Form, die Signatur. Die Symbolik scheint wichtiger als die Materie: Ob die Uhrpendel aus Holz, Metall oder Plastik sind, ist unwichtig gegenüber der Tatsache, daß sie ihrem Wesen nach Pendel sind.

Betrachten wir unsere Umwelt aufmerksam, so können wir überall die Tendenz feststellen, möglichst häufig Resonanz entstehen zu lassen. Man könnte sagen, Resonanz hat etwas Automatisches und sich selbst Stabilisierendes. Wir brauchen nichts zu tun, um die Pendel in Einklang zu bringen, das besorgt allein ihre innere Natur. Es wäre sogar technisch kaum möglich, Resonanz, die sich über unendliche Zeiten selbst erhält, bewußt herzustellen. Die Materie ist von ihrer gröbsten Ebene (dem Sternenmeer) bis zu ihrer feinsten (dem subatomaren Teilchenmeer) von der Signatur her ganz ähnlich aufgebaut. Überall stießen wir auf das Phänomen der den Raum beherrschenden Mitte, um die sich alles dreht. Vom Teilchenmeer über die Atome zu den Molekülen und Zellen fanden wir aber auch alles in Schwingung und haben damit die Basis für das Phänomen der Resonanz vor uns. Der Schluß, daß alles schwingt und das Phänomen Resonanz bei den Zellen und Menschen nicht endet, drängt sich nun geradezu auf, denn alle Materie entsteht ja aus dem subatomaren Teilchenmeer, das, wie unser Weltmeer mit sich, in ständiger Resonanz schwingt. Auch Gruppen von Menschen *stellen sich aufeinander ein* und geraten in Resonanz, wie bei jedem Konzert und in jeder Fußballarena leicht nachvollziehbar ist. Auch größere Gemeinschaften – Gewerkschaften, Zünfte, Verbände – und sogar Staaten können sich aufeinander einschwingen, verbünden und sei es auch nur gegen andere. Selbst in noch größeren Dimensionen bleibt das Phänomen der Resonanz beobachtbar.

Der sowjetische Astronom Molchanov entdeckte 1968 eine resonante Struktur des Sonnensystems, die alle Planeten, deren Monde und *Satelliten* mit einschloß.* Theodor Landscheidt fand eine beeindruckende Analogie zwischen den Zahlenverhältnissen im Sonnensystem und denen im Atom.

Unsere ganze Erdkugel ist in Resonanz mit dem weiten Sternenmeer des Universums. Goethes Sphärenharmonie ist wissenschaftlich greifbar geworden und Keplers Vision von Rhythmus, Harmonie und Resonanz der Himmelskörper offenbart sich als eine weitere Analogieebene im großen Schöpfungstheater.

Schon Kepler hatte den Zusammenhang zwischen Mathematik, Astronomie und Musik erkannt, und es war ihm gelungen, die Sphärenmusik in Zahlen auszudrücken. Er konnte z.B. berechnen, daß die Proportionen zwischen den Planetenbewegungen fast genau denen entsprechen, die Pythagoras für die Intervalle unserer Tonleiter errechnet hatte. Darüber hinaus fand er viele Gesetzmäßigkeiten der Musik in der Astronomie gespiegelt. Der Harmonie der Musik entspricht die des Sternenhimmels.

---

* zitiert nach G. L. Playfair/S. Hill, Die Zyklen des Himmels.

Wer oder was hinter der alles verbindenden Choreographie steht bleibt weiter im Dunkeln, doch haben wir mit der Resonanz eine Grundkraft der Schöpfung vor uns. Nach dem Polaritätsgesetz muß es zu dieser Kraft eine Gegenkraft geben, den Schatten der Resonanz sozusagen. Dieser springt uns als Tendenz zu Disharmonie, Zerfall und Zerstörung auch sogleich ins Auge. Die Physiker sprechen von Entropie und können sogar beweisen, daß diese Entropie, als Tendenz zur Unordnung in jedem geschlossenen System** ständig zunimmt. Da sie die Welt und sogar das Universum offenbar als ein solches abgeschlossenes System betrachten, haben sie diesen Aspekt der Schöpfung, die Tendenz des zunehmenden Zerfalls, zum grundlegenden Prinzip der Welt erklärt und prophezeien für eine ferne Zukunft den sogenannten »Wärmetod« der Welt, wo dann nur noch Unordnung herrscht und alle Energie verbraucht ist. Bei all dem haben sie aber offenbar übersehen, daß es außer unter strengsten Laborbedingungen überhaupt keine abgeschlossenen Systeme gibt, und selbst die sind sehr fraglich, wenn wir an die Erkenntnisse der modernen Physik denken. Wo alles mit allem zusammenhängt, kann es nichts Abgeschlossenes geben. Wir werden im Verlauf des Buches noch erleben, daß nicht nur der Mensch, sondern auch die Erde ein ausgesprochen offenes System sind – miteinander und mit allem anderen in ständigem Austausch und in resonanten Verbindungen.

Für unsere weitere Betrachtung des Zusammenhangs zwischen Mikrokosmos und Makrokosmos wird es von Bedeutung sein, zu erkennen, daß das Grundprinzip des zunehmenden Zerfalls nur eine Seite der Wirklichkeit ist und daß es im Resonanzprinzip seinen, wie ich meine, natürlichen Gegenpol hat. Damit wird das Entropie-Gesetz (die Tatsache, daß das Ordnungsniveau in geschlossenen Systemen beständig abnimmt) nicht etwa als falsch entlarvt, sondern lediglich ergänzt durch den fehlenden Gegenpol. Auch die Wellennatur des Lichts wurde nicht falsch durch die Entdeckung seiner Teilchenstruktur, sondern lediglich ergänzt.

Mag der Krieg ruhig der Vater aller Dinge bleiben, wie Heraklit formulierte. Zu jedem Vater gehört jedoch auch eine Mutter, und so können wir ergänzend sagen: Resonanz ist die Mutter aller Dinge. Resonanz ist aber nur ein anderer Ausdruck für »Miteinanderschwingen« – und das ist Liebe. Zusammenfassend läßt

** Ein geschlossenes System ist eine völlig abgetrennte Einheit (z. B. ein Raum), die keinerlei Einflüssen von außen unterliegt.

sich feststellen, daß diese Schöpfung, wie alles andere auch, zwei Eltern braucht: Vater Krieg und Mutter Liebe.

Eine schöne Metapher für diesen Zusammenhang bietet die griechische Mythologie, wo Harmonia die Tochter des Kriegsgottes Mars und der Liebesgöttin Venus ist. Sie trägt um den Hals eine Kette aus abwechselnd schwarzen und weißen Perlen. So wie hier Harmonie aus Krieg und Liebe entsteht, mag auch die Weltharmonie aus dem Gesetz des zunehmenden Zerfalls und dem der wachsenden Resonanz geboren werden.

10. Resonanz – der Grund der Liebe

Dein Herz soll im Einklang
mit dem Herzen der Erde schlagen.
Du sollst fühlen,
daß du ein Teil des Ganzen bist,
das dich umgibt.

Gebet der Cheyenne

Der Mensch muß die ganze Schöpfung lieben –
oder er wird nichts in ihr lieben.

Häuptling Dan Eeorge

In der Analogie um Harmonia setzten wir den Kriegsgott Mars dem Zerfall, der wachsenden Unordnung (Entropie) analog und die Liebesgöttin Venus der Resonanz. Wir wollen uns in diesem Kapitel der These widmen, daß die Liebe der Resonanz entspricht, ja Resonanz ist und damit die zweite Grundkraft der Schöpfung. Auf den ersten Blick mag das befremden und wie eine unzulässige Vermischung von Religion und Wissenschaft anmuten, und doch spricht vieles auch aus dem Bereich der Wissenschaft für diese These. Hört man die neuesten Ergebnisse der Naturwissenschaftler auf ihrer Suche nach der Kraft, die die Welt im Innersten zusammenhält, kann man sich manchmal des Eindrucks nicht erwehren, sie stünden kurz vor der *bahn-brechenden* Entdeckung der Liebe. Und so wie dieser Schritt im Leben des einzelnen Menschen ein entscheidender, aber auch schwieriger und mühsamer ist, ist er es wohl auch für die Wissenschaft. Etwas respektlos könnte man sagen, sie scheint in die Pubertät zu kommen und es noch nicht gemerkt zu haben.

Aber nicht nur Physik und Biologie stellen in ihren neuesten

Forschungsergebnissen das alte Weltbild in Frage, auch eine seiner ehrwürdigsten Stützen, die Darwin'sche Evolutionslehre, gerät in den letzten Jahrzehnten immer mehr unter Druck.

Die Theorie der Evolution ist historisch von weit über die Biologie hinausgehender Tragweite gewesen und ist es auch heute noch. Wie bei bahnbrechenden Theorien üblich, ist sie allerdings weit überschätzt worden und hat damit den Blick für andere Bereiche verstellt. Galilei und Newton hatten mit ihrer neuen Sicht der Bewegungsgesetze Himmel und Erde zusammengebracht und einem beispiellosen Fortschritt die Tür geöffnet. Ihre Gesetze, die, wie wir heute wissen, nur für einen begrenzten Spezialfall gelten, wurden aber bis in Bereiche der Philosophie verallgemeinert und haben so Zeit und Raum zu starren maschinenartigen Gebilden werden lassen – symbolisiert durch das mechanische Uhrwerk und das rechtwinklige Koordinatensystem. Damit aber verstellten sie weiterem Fortschritt den Weg, bis sehr viel später eine neue Physikergeneration um Einstein, Bohr und Heisenberg den Mut fand, die Newton'schen Gesetze in den ihnen entsprechenden Rahmen zurückzuweisen. Ähnliches geschieht heute auch Darwins Evolutionstheorie. Zwar bleibt unbestritten, daß sie den Menschen den Blick für die immense Intelligenz öffnete, die der Natur innewohnt und der Biologie eine neue Welt auftat. Trotzdem wird heute deutlich, daß Darwins Theorie entscheidende Fragen bei genauerem Hinsehen gar nicht beantworten kann. Schon die Entstehung der komplizierten Organe, aus denen sich der menschliche Körper aufbaut, läßt sich mit ihr nicht mehr erklären. Wie etwa könnte ein so komplexes Gebilde wie ein Auge entstehen allein durch »zufällige« Mutationen? Unzählige solcher Mutationen in Folge waren nötig, um zu dem Ergebnis »Auge« zu gelangen. Nun behauptet die Darwin'sche Theorie aber, daß sich eine Mutation nur dann in der »feindlichen Natur« durchsetzen kann, wenn sie seinem Träger einen Vorteil, eine bessere Überlebenschance, bietet. All die unzähligen Mutationen, die notwendig sind, um das Auge entstehen zu lassen, bringen aber überhaupt keinen Vorteil, solange das Auge nicht ganz fertig ist. Konkret nutzt uns ein Augenlid und eine Hornhaut gar nichts, solange wir noch keine Netzhaut haben. Dieses Problem entsteht aber bei allen komplexen Strukturen, wie sie Organe darstellen. Eine Rettungsmöglichkeit für bestimmte Elemente der Darwin'schen Theorie könnte die Entdeckung der Morphogenetischen Felder darstellen. Solche übergeordneten Baupläne könnten die Zufallsmutationen kontrollieren und die Selektion vornehmen. Z. B. könnten alle Mutationen verworfen werden, die nicht in den vorgegebenen Rahmen des morphogenetischen Feldes passen.

Noch schlimmer als der Theorie von der Höherentwicklung auf dem Boden von »zufälligen« Erbgutänderungen, ergeht es Darwins zweitem Hauptsatz, nämlich der Selektion nach dem Motto: »Im Kampf ums Überleben haben nur die Stärksten eine Chance.« Auch diese These hat sich weit über die Biologie hinaus breitgemacht und wurde zur vorrangigen Gesellschaftstheorie, ja zum Grundprinzip des menschlichen Wesens hochstilisiert. Noch heute bestimmt sie unsere ganze Wirtschaftswelt und weitgehend auch die Beziehung zwischen Menschen, von Einzelindividuen (etwa in der Paarbeziehung) bis zu Gruppen und Nationen. Dieses »Urwald-Gesetz«, das dem Stärkeren alles gibt und den Schwachen verkommen läßt, ist auch zum Hauptmotto der Politik geworden.

Angesichts der Gefahren, in die uns diese Philosophie gebracht hat, darf wohl die Frage gestellt werden: Ist die Evolution wirklich so einseitig und zielt sie tatsächlich darauf, die Erde in diesem Stadium zu vernichten? Immerhin hat die Verallgemeinerung des Gesetzes des Stärksten uns ja in die Nähe eines Atomkriegs gebracht. Häufig wird daher heute dieser Teil der Darwinistischen Theorie in Bausch und Bogen abgelehnt. So weit wollen wir hier nicht gehen, aber zumindest wollen wir wieder einmal feststellen, daß es nur ein Teil der Wahrheit, nämlich die Hälfte, sein kann. Um das wirkliche »Gesetz des Urwaldes« zu erkennen, brauchen wir diesen nur einmal zu betrachten und werden sogleich feststellen, daß Darwin der Natur Unrecht getan hat. Da gibt es neben dem Kampf ums Überleben und dem Gesetz des Stärksten auch die Fürsorge der Elterntiere für ihre Jungen, der Partner und auch verwandter Tiere untereinander. Da riskieren Eltern ihr Leben für ihre Jungen und versorgen sie weiter mit Nahrung, wenn diese für sie selbst knapp wird. Es gibt unzählige Beispiele, wie sich Tiere zu helfen versuchen, wenn eines von ihnen in eine Falle geraten ist, wie sie einander warnen vor Gefahren oder große soziale Staaten aufbauen, wo Einzelindividuen völlig von ihrem Eigenvorteil, ja sogar ihrem Überleben, absehen, um der Gemeinschaft zu dienen. Es gibt sicherlich genauso viele Beispiele in der Natur, die gegenseitige Hilfe belegen, wie solche der gnadenlosen Konkurrenz. Das aber ist auch wieder ein Schlag gegen die einfache Höherentwicklungstheorie durch Mutationen. Denn wie sollte sich eine Mutation, die bewirkt, daß ein Muttertier sein Leben für das Junge zurückstellt, durch die Zeiten erhalten? Solche Muttertiere müßten nach der Darwin'schen Theorie sehr bald zugunsten egoistischerer ausgemerzt werden. Es gäbe noch viele Beispiele in der Natur, etwa ihre Tendenz, oft sinnlos auszuschmücken oder im totalen Überfluß zu produzieren, doch dürften die angeführten genügen, um der Darwin'schen Evolutionstheorie ein ähnliches Schicksal vorauszusagen wie der Newton'schen Physik.

Uns geht es hier vor allem darum, der Konkurrenz, dem Krieg als Grundkraft der Schöpfung, jene der gegenseitigen Hilfe und Unterstützung an die Seite zu stellen. Kampf und Krieg sind nur die eine Hälfte, jene, die dem wachsenden Chaos, der zunehmenden Entropie, entspricht. Gegenseitiges Aufeinander-eingehen, Sich-beistehen und -helfen, ist die andere Seite und entspricht dem Prinzip der Aufrechterhaltung und Stärkung der Ordnung. Resonanz aber ist ein Aufrechterhalten von Ordnung. Die Tendenz der Natur zu immer mehr Resonanz und damit Ordnung haben wir bereits beschrieben. Ein Aufeinander-eingehen und Sich-unterstützen bedarf einer Öffnung für den anderen, ein *Sich-in-ihn-einfühlen* und *Auf-ihn-einstellen.*

Somit können wir feststellen, daß Resonanz unter Tieren ein wichtiges Phänomen ist, nicht wichtiger vielleicht, aber doch ebenso wichtig wie Konkurrenz.

Der Fehler, neben dem Krieg die Liebe zu vergessen, der uns in der Evolutionstheorie für so lange Zeit einäugig gemacht hat, läßt uns unter einer deutlichen Einseitigkeit leiden. Während nämlich Wissenschaft, Forschung und Technik von Anfang an immer im Dienste des Krieges standen, haben sie den Gegenpol, die Liebe, völlig ignoriert. Das mag heute besonders krass sein, war aber immer ähnlich. Während Hunderttausende von Wissenschaftlern und Technikern gerade jetzt im Moment dabei sind, für Milliarden von Mark, Rubel und Dollar die Möglichkeiten des Krieges zu erforschen und zu erweitern, gibt es gerade ein klägliches Häuflein von Friedensforschern, die, ohne nennenswerte finanzielle Unterstützung, ein bescheidenes Dasein fristen. Das Thema »Liebe« kommt auf dieser Ebene praktisch gar nicht vor. Während des ganzen Medizinstudiums, das einen ja immerhin befähigen soll, die Wunden der Menschen aus kleinen und großen Kriegen zu heilen, kommt das Thema »Liebe« ebenfalls nicht vor (wenn wir einmal von der Behandlung der Geschlechtskrankheiten absehen). Liebe (und Frieden) scheint dieser Gesellschaft keiner ernsthaften Beschäftigung wert zu sein, und doch sind sich die meisten Menschen einig, daß sich alles um sie dreht. Bei dem Versuch, zwischen der Wissenschaft und den Begriffen »Liebe« und »Frieden« eine Verbindung zu schaffen, kann uns das Phänomen der Resonanz zur Brücke werden. Wenn wir versuchen, »Liebe« zu definieren, kommen wir sehr schnell zu Begriffen, wie Sich-Öffnen, Grenzen abbauen, Hereinlassen, Verschmelzen. Tatsächlich brauchen wir nur die materiellste Ebene der Liebe zu nehmen, die körperliche, so stellen wir fest, daß sie sich vor allem an den Körper*öffnungen* abspielt. Alle Bereiche, wo wir uns öffnen können, wo wir den Partner hereinlassen oder in ihn eindringen können, werden in der Sexualität wichtig. Das geht bis hin zu Augen, Ohren, der Nase, dem Nabel in seiner symbolischen Rolle als Ort der Verbindung zweier Menschen und gilt natürlich für die Haut im allgemeinen, da sie ja voller Öffnungen, den Poren, ist. Im Sexualakt nähern wir uns, berühren einander und versuchen dann, miteinander zu verschmelzen, wobei wir so weit wie physisch möglich ineinander eindringen, um dann eine Zeitlang im selben Rhythmus zu schwingen. Im Idealfall verschmelzen wir zu einem Körper, erleben uns im Orgasmus nicht nur physisch, sondern auch seelisch wie ein Wesen. Auch auf der seelischen Ebene geht es bei der Liebe nach der ersten Annäherung immer um das Öffnen von Grenzen für den anderen, um Hereinlassen und Einswerden. Prinzipiell ist hier kein Unterschied zwischen der Liebe zu einem geliebten Partner, einem religiösen Erlöser, zwischen Eltern und Kindern. Diesem Idealbild der Liebe entspricht das Phänomen der Resonanz bis in die einzelnen Worte der Beschreibung. Wann immer zwei Strukturen (Zellen, Menschen oder Pendel) in Resonanz gehen, kommt es zu einer Annäherung ihres inneren Rhythmus bis zu jenem Punkt, wo mit einem Schlag die Grenzen zwischen ihnen zusammenbrechen und Einklang entsteht. Beide schwingen zusammen und in einem neuen ausdrucksvolleren Rhythmus. Das gemeinsame Neue ist von einer entscheidend höheren Qualität oder, wie früher schon einmal formuliert: Das Ganze ist mehr als die Summe seiner Teile.*

Wir können somit sagen, Resonanz hebt die Grenze zwischen Ich und Du auf. Sie macht damit Liebe möglich und ist zugleich der deutlichste Ausdruck von Liebe.

---

* Für Astrologie-Interessierte mag der Hinweis interessant sein, daß wir hier vom Bereich der Jungfrau (einander anpassen, der Übergang im Tierkreis vom Ich zum Du) über die Waage (sich-Öffnen, sich-verbindend in Harmonie kommen) zum Skorpion (die Metamorphose zu neuer Qualität, der gemeinsame Rhythmus wird *verbindlich*) gelangen und damit jene drei Zeichen verbinden, die früher in einem einzigen Urprinzip vereint waren.

Wenn wir die Tendenz, in Resonanz zu gehen, als eine der beiden Grundkräfte der Schöpfung anerkennen, ist die Liebe Ausdruck und Ziel dieser Grundkraft.

Wir können uns dann auch auf allen anderen Ebenen der Schöpfung eingestehen, daß es eine, aller Natur innewohnende Lust nach Liebe, nach Resonanz, gibt, die der Lust nach Kampf und Krieg die Waage hält, was auf der zwischenmenschlichen Ebene ja schon eine Binsenweisheit ist.

Eine ganze Reihe anderer zwischenmenschlicher Phänomene werden an diesem Punkt nun klar: etwa warum sich Gegensätze, ja extreme Partner so sehr anziehen. Je weiter nämlich zwei Partner voneinander entfernt sind, je unähnlicher sie sich sind, desto mehr müssen sie sich öffnen, um in einen gemeinsamen Rhythmus zu kommen. Sich-Öffnen, lieben, aber ist das angenehmste Gefühl, das wir kennen. Umso weiter sie am Anfang auseinander sind, desto überraschender und überwältigender wird für beide das Neue sein, das sie zusammen darstellen, desto verbindender und verbindlicher wird auch der gemeinsame Rhythmus. Bei großer Gegensätzlichkeit der Partner kann es auch schon deshalb keinen Zweifel an der Liebe geben, weil überhaupt nur eine bedingungslose Liebe die Brücke über die breite Kluft schlagen kann. Solch *unbedingte* Liebe treffen wir z. B. häufig zwischen Kindern und Tieren.

Das Gefühl, daß »Sich-verlieben« einen Menschen von Grund auf ändern kann, wird so verständlicher. Bei der »Liebe auf den ersten Blick« springen wir ganz plötzlich in einen neuen Rhythmus, schwingen nun anders, sind nicht mehr derselbe. Wir kennen in diesen Augenblicken keine Grenzen mehr, sind eins mit dem *Ein*en oder auch *all*em, könnten die ganze Welt umarmen, sind *unsterblich* verliebt.

Verliebte können auch sprichwörtlich von »Luft und Liebe leben«: Wer im Einklang mit allem ist (auch eine nicht unübliche Definition für Erleuchtung), verläßt die Ebene physischer Notwendigkeiten und kann damit von ihren Zwängen freiwerden. Auf diesem Hintergrund erscheinen verschiedene Wunder aus dem religiös-spirituellen Bereich klarer, etwa der Fall der Therese Neumann von Konnersreuth, die jahrzehntelang ohne physische Nahrung lebte.

Auch viel banalere Phänomene können uns das Prinzip der Resonanz durchschaubar machen: beispielsweise das Geheimnis guter Dirigenten. Diese müssen in der Lage sein, in Resonanz mit ihrem Orchester zu gehen, sich selbst zur Mitte zu machen. Sind sie aber einmal in Resonanz, können sie von dort ihr Orchester mühelos mitnehmen in ihre eigene Welt der Schwingung. Rein mechanistisch betrachtet, müßte ja ein Dirigent vor den vielen verschiedenen Individuen seines Orchesters völlig machtlos sein. Das gemeinsame Muster der Musik, der gemeinsame Rhythmus, stellt den Einklang her, und im Idealfall gehen auch die Zuhörer mit in Resonanz.

Ein ganz ähnliches Phänomen dürfte den meisten Therapeuten vertraut sein. Der erste und alles entscheidende Schritt jeder Therapie ist das In-Resonanz-miteinander-gehen. Ist man in Resonanz, kann man den Patienten fast überall hin begleiten. Wie sich die Resonanz ergibt, ob über den gemeinsamen Atemrhythmus oder über Sprachmuster, ist dabei eher sekundär. Tatsächlich ergaben Untersuchungen, daß sich Herz- und Atemrhythmen von Patient und Behandler in Therapiesituationen oft synchronisieren. Damit wird Therapie zu einer Sache der Liebe. Im Wesentlichen ist es fast unmöglich, im zwischenmenschlichen Kontakt Resonanz zu vermeiden, wie auch neuere Forschungen zeigen. Der Amerikaner Condon* fand in eingehenden Filmuntersuchungen von Gesprächspartnern heraus, daß sich der jeweilige Zuhörer absolut synchron zu den Worten des jeweiligen Sprechers bewegt. Diese Kleinstbewegungen sind dabei nicht etwa Reaktionen auf die Worte, sondern sie geschehen im selben Augenblick ohne jede Zeitverzögerung. Diese Art von Resonanz erinnert, in der wissenschaftlichen Sprache Condons formuliert, an das Bell'sche Theorem. Die Resonanz, das Miteinander-Schwingen ist eindeutig, und Kausalität kommt nicht als deren Basis in Frage.

Damit wird klar, daß praktisch jede Form von Kommunikation Resonanz herstellt, ob wir nun telefonieren, einem Vortrag lauschen oder fernsehen. Wahrscheinlich ist Kommunikation auch deshalb so wichtig für uns. Tatsächlich werden Menschen bei völligem Kommunikationsentzug, wie in Isolationshaft, wahnsinnig. Manche fangen in solchen Situationen auch an, Selbstgespräche zu führen und gehen dabei offenbar in Resonanz mit sich selbst. Von Kindern wissen wir, daß sie lieber geschimpft und geschlagen werden, als gar keine Beachtung zu bekommen. Künstler empfinden häufig Schweigen über ihre Werke viel schlimmer als heftige Kritik. Aus zwischenmenschlichen Auseinandersetzungen wissen wir alle, daß Schweigen und sich jeder Kommunikation verweigern die härteste Waffe ist, auf die Dauer

* zit. nach George Leonard »Der Rhythmus des Kosmos« Rowohlt 1986 S. 26 ff.

viel verletzender als Schreien. Der Grund ist nun klar – mehr, als ihm die Resonanz verweigern, kann man einem Lebewesen nicht antun.

Was Condon zwischen seinen erwachsenen Gesprächspartnern gefunden hat, gibt es in ganz ähnlicher Weise zwischen Müttern und ihren neugeborenen Babys. Die Neugeborenen bewegen sich absolut synchron zum und im Sprechmuster der Mutter.

Wir müssen sogar annehmen, daß diese Resonanz lebenswichtig ist, denn wo man sie nicht findet, deutet das auf schwerste Störungen. Bei autistischen Kindern sind die Resonanzbewegungen gestört. Diese Kinder sind nicht im Einklang mit dem Sprechenden, sondern sie reagieren mit viel stärkeren Echobewegungen zeitlich verzögert auf die empfangenen Sprachmuster. Somit sind sie nicht in Resonanz und damit nicht in der Lage zu Kommunikation.

Aus diesen Forschungen läßt sich umgekehrt schließen, daß unsere persönlichen Sprachmuster Ausdruck unseres inneren Rhythmus sind und eine Sprache allgemein Ausdruck des inneren Rhythmus des entsprechenden Volkes. Vor allem bei Betrachtung der Sprachentwicklung, z. B. vom Lateinischen zum Italienischen oder Französischen, kann man diese Parallele zwischen innerem Lebens- und äußerem Sprachrhythmus gut nachvollziehen.

Eine so komplizierte und hochstrukturierte Sprache wie das klassische Latein, so voller grammatikalischer Schwierigkeiten und Raffinessen, entsprach einem Volk von hoher Organisationskraft, das in der Lage war, die halbe Welt nach seinen Vorstellungen zu strukturieren und zu beherrschen, das weltberühmte Redner hervorbrachte und seine Wirtschaft, Politik und sein Militär auf einem, der hohen Struktur der Sprache entsprechenden Stand hielt. All diese Eigenschaften kann man den heutigen Italienern kaum nachsagen. Sie hätten wohl nicht einmal Vorstellungen, nach denen sie die Welt strukturieren könnten, und ihr Organisationstalent bezieht sich sicherlich nicht auf staatliche Dinge, ja sie haben Mühe, dieses Gebilde »Staat« im eigenen Land aufrechtzuerhalten, »gute Soldaten« sind sie schon lange nicht mehr. Ihre Sprache spiegelt all das. Sie ist locker und fließend, melodisch und klangvoll, besser geeignet, Liebeslieder zu singen als militärische Kommandos zu brüllen.

Ein ähnlich treffendes Beispiel für Bewegungsmuster sind die Unterschiede im Tanz zwischen Schwarzen und Weißen. Mancher Weiße kann vielleicht gerade noch den Blues der Schwarzen singen, aber ihre fließenden und zugleich rhythmischen Bewegungen bringt er kaum zustande. Man kann sie auch nicht machen und nicht lernen, sie müssen aus dem inneren Lebensgefühl fließen. Nicht zufällig hat sich die weiße Jugend, als sie sich aus den strengen Strukturen ihrer bürgerlichen Umwelt lösen wollte und ein lockeres Lebensgefühl anstrebte, die schwarze Soul- und Bluesmusik zur Wegbegleitung gewählt. Und so ist auch nur natürlich, daß die Seele* mehr in den Vordergrund trat und das strebsame und strikte Ideal der Elterngeneration allmählich einem Bluesgefühl wich, zu dem ganz selbstverständlich auch ein blauer** Montag gehörte. Die äußere Bewegung ist in ständiger Resonanz mit dem inneren Lebensrhythmus.

Was bisher einleuchtend und im wesentlichen angenehm klang, hat natürlich auch seine Schattenseite. Wenn sich Herr und Hund in ihrem Resonanzsystem immer ähnlicher werden, mag das witzig sein, handelt es sich um einen Blinden und seinen Hund sogar sehr nützlich. Gerät ein tanzendes Paar in Resonanz, bekommt es schnell etwas Zauberhaftes; fühlt sich die Ballettgruppe wie eine einzige Tänzerin und die Tai-Chi-Gruppe wie *ein* Wesen, so ist das über alle Maßen schön für die Teilnehmer – und immer noch eindrucksvoll für die Zuschauer. Wie von Geisterhand lassen sich diese Gruppen dann von ihren Dirigenten leiten. Die Zuschauer bemerken dann keinerlei Anweisungen oder Kommandos, denn alles geschieht wie von selbst im selben Augenblick. Für die Teilnehmer aber ist es ein Gefühl absoluten Einklangs, vollkommenen Im-Moment-Seins. Sie sind dann Tropfen im Ozean, und der ganze Ozean ist in ihnen, sie sind ein Teil von Indras Perlennetz und das ganze Netz zugleich. Es geschieht dann das, was sie wollen, und sie wollen das, was geschieht. Auch wenn der Schlagmann die Ruderer seines Achters mit kleinsten Winken lenkt und sie ihm wie in Trance folgen, ist das alles in Ordnung und sogar bewundernswert.

Was aber, wenn Hunderttausende ihrem Diktator wie in Trance folgen? Und nur, weil er sie lang genug im Gleichschritt marschieren ließ und beim Singen entsprechender Marschlieder in Einklang versetzte, sie alle in dieselbe Uniform steckte und ihnen Fackeln anzündete, die ihre innere Begeisterung gleich mit entflammten? Und dann trifft er auch noch mit seinen flammenden Redemustern gerade ihren inneren Rhythmus, stellt sich in demagogischer Weise ganz absichtlich auf sie ein, redet ihnen aus der Seele, erkennt ihre Instinkte und drückt sie für sie aus. Ist er

* engl. soul
** engl. blue

erst eins mit ihnen geworden, kann er sie, wie die Geschichte zeigt, mitnehmen, wohin er will. Das angesteuerte Ideal kann nicht zu hoch, zu verrückt oder zu brutal sein. Im Gegenteil, je größer die Kluft zum Ausgangspunkt der Masse, desto bedingungsloser die Hingabe, desto begeisterter die Gefolgschaft. An den entsprechenden Episoden der Geschichte kann man gut sehen, daß mit dem zunehmenden Aufbau von Resonanzebenen die Beziehung immer unbedingter wird. So kommt häufig zu den Massenauftritten auch noch eine gemeinsame Sprache, ein gemeinsamer Gruß, rhythmisches Klatschen... Zum gemeinsamen Ziel soll ein möglichst gemeinsamer Stundenplan führen und eine Vielzahl von *verbind-lichen* Übungen, die durchaus unsinnig sein können, solange sie in Resonanz bringen. Ein gutes Beispiel dafür ist das Marschieren im Stechschritt. So sinnlos es militärisch sein mag, es bringt doch in Resonanz und macht die entsprechenden Marschierer leichter dirigierbar von einem einzigen Zentrum oder Führer aus. Das Resonanzprinzip macht uns verständlich, wie solche Mechanismen funktionieren. Was also bei einem Popkonzert noch harmlos wirkt, kann, in der Politik eingesetzt, die naheliegende Schattenseite der Resonanz hervorbringen.

Je größer die Zahl der Resonanzebenen zwischen verschiedenen Elementen, desto enger und stärker wird auch die Beziehung zwischen ihnen: Beim Laser beispielsweise sind alle Lichtstrahlen in jeder Beziehung in absoluter Resonanz,* und entsprechend stark ist die Wirkung. Bei der marschierenden Soldatenkolonne hängt die Durchsetzungskraft von der Zahl der Individuen ebenso ab wie von der Zahl der hergestellten Resonanzebenen; ob sie nur marschieren oder zusätzlich singen oder gar dabei dasselbe denken.

In der Resonanz liegt sicherlich auch die Erklärung für das Phänomen, das alte Ehepartner immer ähnlicher werden läßt. Sie haben ihre Individualität zugunsten des gemeinsamen Rhythmus aufgegeben, sind auf sehr vielen Ebenen in Resonanz getreten.

Auch Geistheilungen werden nun durchsichtiger. Während der meist symbolischen Hand-lungen, wie Handauflegen, gehen viele Heiler in Resonanz mit sich Selbst, mit ihrer Mitte und damit aller Mitte. Wenn nun ihre Eigenschwingung stärker ist, wird sie sich in der Überlagerung mit der des Behandelten durchsetzen und Resonanz tritt ein, nun aber auf der heilen(den)

* Die einzelnen Lichtwellen, die beim normalen Licht chaotisch durcheinander gehen, schwingen hier vollkommen synchron, sind in Phase.

Schwingungsebene des Heilers. Das erklärt, warum sich die meisten Patienten während der Behandlung so wohl fühlen. Danach hängt dann alles weitere davon ab, ob sie in der Lage sind, die heile Schwingungsebene aus eigener Kraft zu erhalten.*

Wir alle haben dieses Leben in fast vollkommener Resonanz begonnen, nämlich im Mutterleib; weshalb wohl die Bindung zwischen Mutter und Kind eine so intensive ist und oft bleibt. Der Leib der Mutter ist die Welt des Ungeborenen, sein Makrokosmos, und es schwingt in völliger Harmonie mit ihr. So beginnen wir unser Leben in Resonanz mit der Welt, in völligem Einklang. Die Religion spricht vom Paradies. – Was aber kann das Paradies anderes sein als Einklang mit allem – Einheit. Mit der Geburt müssen wir dann dieses Paradies verlassen und fallen damit scheinbar aus dem Ein-klang, verlieren die Resonanz.

In diesem Buch wollen wir zeigen, daß dieser Verlust tatsächlich nur ein scheinbarer ist, daß der Mensch (als Mikrokosmos) letztlich immer in Resonanz mit der Welt (dem Makrokosmos) bleibt, daß er auch gar nicht herauskommen kann aus diesem *Zusammenhang,* selbst wenn er wollte. Lediglich das Bewußtsein von dieser Resonanz verliert er.

So wie das Leben im Ein-klang des Paradieses beginnt (das Ungeborene ist in Resonanz mit der Mutter, die Mutter in Resonanz mit der Welt), so endet es auch in Resonanz mit dem Kosmos. Viele Weisheitslehren berichten davon. Verschiedene Totenbücher beschreiben sehr ausführlich, wie die Seele des Gestorbenen sich wieder mit dem einen Licht verbindet. Auch die moderne Sterbeforschung (Moody, Kübler-Ross) findet heute ganz ähnliche Hinweise.

Zwischen diesen beiden Extrempunkten des Lebens aber kommt den allermeisten Menschen unserer Kultur jedes Gefühl für den Ein-klang der Schöpfung abhanden. Das beginnt oft schon im Mutterleib, wenn mit Gedanken und Taten der Abtreibung etwa die paradiesische Resonanz zwischen Mikrokosmos und Makrokosmos gestört wird. Viele Mütter empfinden sich nicht im Einklang mit ihrer Welt, was wiederum das Einheitsgefühl ihres Kindes *beeinflußt.*

---

* Auf der körperlichen Ebene würde dem die Neutraltherapie entsprechen, die mit ihren Injektionen geschädigte Zellen repolarisiert (d. h. die, bei erkrankten Zellen zusammengebrochene, elektrische Polarität wiederherstellt), was fast immer zu einer sofortigen Symptombesserung führt. Auch hier hängt der weitere Verlauf davon ab, ob die Zellen, wenn die Mittelwirkung nachläßt, das Potential aus eigener Kraft aufrechterhalten können.

Andererseits ist es das Ziel fast aller Religionen und spirituellen Bewegungen, ihren Anhängern Einklang mit der Schöpfung zu ermöglichen. Gerade wir zivilisationsgeschädigten Menschen sehnen uns ja nach nichts mehr als nach Einheit, dem liebevollen Verschmelzen mit einem Partner, der Einheit und Geborgenheit einer Gruppe, dem inneren und äußeren Frieden.

Auch hier mag das Verständnis des Resonanzgesetzes ein wenig Licht ins Dunkel bringen. Resonanz braucht immer wenigstens zwei Strukturen, die miteinander in Schwingung geraten. Um äußeren Frieden zu erreichen, bedarf es eben auch inneren Friedens. Der christliche Satz »Liebe deinen Nächsten wie dich selbst«, will gerade das zeigen. Es heißt ja ausdrücklich nicht: »Liebe deinen Nächsten über alles«, obwohl es vielfach so verstanden wird. Nächstenliebe muß einen selbst einschließen, sonst hat sie keine Chance; genau wie äußerer Frieden ohne inneren keine Chance hat. Mikrokosmos (Mensch) und Makrokosmos (Welt) gehören zusammen und haben nur *zusammen* die Chance, in Harmonie zu kommen.

Damit zeigt uns das Resonanzgesetz wieder die uralte esoterische Weisheit, daß alles nur in der eigenen Mitte beginnen kann. Und in der Mitte meint hier im Herzen. Resonanz wirkt offenbar stärker im Gefühlsbereich als im Kopf. Wieso könnten sonst so viele an sich intelligente Menschen in den Bann von Demagogen geraten? Wie sonst wäre es möglich, daß sich Liebe über alle Vernunftgründe hinwegsetzt? Tatsächlich ist Intelligenz selten ein wirksamer Schutz vor Resonanz. Nicht die Intelligenz hat Hitler widerstanden, sondern jene Menschen, deren Herz woanders gebunden war, die schon vorher in Resonanz mit ihrem Erlöser, mit ihrem Ideal, ihrer Kirche, ihrer Partei oder Gewerkschaft waren. Die Herzen aber, die frei sind, fliegen leicht demjenigen zu, der bereit ist, mit ihnen in Resonanz zu gehen. Auch ist es meist ganz wirkungslos mit intelligenten Gedanken gegen eine Liebe anzugehen.

Bleiben wir noch beim Herzen, unserer eigentlichen Mitte. Das Herz ist ein starker Impulsgeber und bestimmt damit unseren physischen Rhythmus; darüber hinaus aber wohl auch unseren Lebensrhythmus im übertragenen Sinne. Die Körper und Seele umfassende Aussagekraft der chinesischen Pulsdiagnostik* mag

* Dabei tastet der Behandler mit drei Fingern den Puls und kann aus der Qualität der Pulswelle (z. B. hoch, druckvoll...) unter dem jeweiligen Finger sehr differenzierte Diagnosen stellen in bezug auf die körperliche wie auch die seelische Situation des Patienten.

diese Vermutung untermauern. Wie wir von der Physik gelernt haben, ist alles Leben Schwingung, da alles aus schwingenden Feldern besteht. So kann auch der Mensch als Schwingungsfeld aus vielen Einzelrhythmen betrachtet werden. Die Summe der Einzelschwingungen ist sein eigener individueller Rhythmus, sein innerer Pulsschlag. Das Herz aber verleiht diesem einzigartigen Rhythmus Ausdruck, ist somit sein Verstärker und zugleich sein Meßinstrument. Wir können versuchen, wie es in Meditationen geschieht, die Einzelrhythmen zu koordinieren und zu harmonisieren und hätten dann im Herzrhythmus eine Kontrolle für unsere Bemühungen. Umgekehrt könnten wir auch gleich beim Herzen ansetzen, (wie z.B. beim Bio-Feedback) und von hier versuchen, die vielen inneren Rhythmen zu koordinieren. Das Ziel bleibt auf beiden Wegen das gleiche: den harmonischen Eigenrhythmus zu finden. Auch viele nichtspirituelle Übungen dienen diesem begehrten Ziel, wie Waldlaufen, Radfahren und viele andere Sportarten. Sich des eigenen harmonischen Rhythmus bewußt zu sein, ist ein äußerst angenehmes Gefühl, ihn zu verlieren, kann furchtbar sein. Bei Sportlern erleben wir, wie sie hilflos werden, wenn sie »ihren Rhythmus verlieren«. In diesem Fall würde ihnen nur die Ruhe der Mitte helfen, die sie dann aber gerade nicht haben. Denn meist ist es ja gerade eine Emotion, die sie *zentral* trifft oder Lärm, der die *Konzentration* stört und sie »aus der Ruhe«, »aus dem Rhythmus« bringt. Kein Wunder, daß um Spitzensportler ein wahrer Psychorummel entbrennt. Nicht die technischen Fähigkeiten entscheiden letztendlich über den Sieg, sondern die Fähigkeit, aus der eigenen Mitte zu schwingen. »Man darf nur an den Augenblick denken«, »immer nur der nächste Punkt (Schritt) ist wichtig« sind typische Sätze aus Sportlermund und könnten auch von jedem Meditationsschüler stammen.

Aus der eigenen Mitte ist so vieles möglich. In dieser Hinsicht scheint kein wesentlicher Unterschied zwischen dem Atom, der Zelle und dem ganzen Menschen zu sein. Wenden wir uns dem Rhythmus in unserer eigenen Mitte zu, wäre davon nicht nur unser Herzrhythmus betroffen, sondern auch die Mitte all unserer Zellen, aber auch die Mitte unserer Gemeinde, unseres Landes und schließlich der Erde. Selbst zu dieser, vielleicht schwärmerisch klingenden Aussicht gibt es Untersuchungen, die belegen,

* s. hierzu die Untersuchungen über die Transzendentale Meditation: Wenn 1% einer Gruppe in regelmäßige Meditation geht, sinkt die Unfallrate in der ganzen Gruppe, fällt die Kriminalitätsrate usw.

daß ein deutlich meßbarer Effekt schon von wenigen zentrierten Individuen auf ihr ganzes Umfeld ausgeht.* *Mikrokosmos und Makrokosmos hängen aufs engste zusammen, sie sind in Resonanz.*

Diesen Effekt kennt der Volksmund schon immer: »Die erste Million ist schwer zu machen, die weiteren kommen von selbst«, weiß er zu berichten. »Die ersten 10% der Stimmen sind hart zu gewinnen, dann geht es von selbst«, erleben alle Volkstribunen. »Ein kleiner Schneeball kann eine große Lawine ins Rollen bringen.« Das sind Erfahrungen mit dem Resonanzgesetz, die wir alle kennen. Warum sollten wir also nicht aktiv mit diesem Gesetz umgehen, wo es doch sowieso gilt? Jeder von uns hat die Möglichkeit zu harmonischer Eigenresonanz mit seiner Mitte (wie jedes einzelne unserer und aller Atome). In besonderen Momenten wie dem Orgasmus, in Todesnähe oder bei überwältigenden emotionalen Erfahrungen lassen wir diese Resonanz auch zu und genießen sie. Warum also nicht öfter? Die Grundlagen wären da und waren immer da.

»Alles Leben ist Schwingung« sagt uns heute die Physik.

»Alles Leben ist Rhythmus« formulierte Rudolf Steiner.

»Alles Leben ist Tanz« betitelte Ram Dass sein Buch über Meditation.

Tanz, Rhythmus, Schwingung – alles Umschreibungen von Resonanz – und Resonanz eine Umschreibung von Liebe.

Teil II

Ich bin das Land,
meine Augen sind der Himmel,
meine Glieder die Bäume.
Ich bin der Fels, die Wassertiefe.
Ich bin nicht hier,
um die Natur zu beherrschen
oder sie auszubeuten.
Ich bin selbst Natur.

Hopi

Vieles ist verrückt in der Welt des weißen Mannes. Wir glauben, daß die Weißen sich mehr Zeit nehmen sollten, um mit der Erde, den Wäldern und allem, was wächst, vertrauter zu werden, statt wie eine in Panik geratene Büffelherde herumzurasen. Wenn die weißen Menschen auch nur einige unserer Ratschläge befolgten, fänden sie eine Zufriedenheit, die sie jetzt nicht kennen und die sie auf ihrer verbissenen Jagd nach Geld und Vergnügen vergeblich suchen. Wir Indianer können die Menschen immer noch lehren, wie man im Einklang mit der Natur lebt.

Tatanga Mani

Einführung

Wenn wir nun den Analogien zwischen Mikro- und Makrokosmos nachspüren, werden wir sehr weitgehend auf bildhaftes Denken in Mustern angewiesen sein. Bewußt auf diese Art zu denken, entspricht nicht gerade dem Zeitgeist, der ganz dem logischen und objektiv-wissenschaftlichen Denken zuneigt. Es gibt allerdings in den letzten Jahren eine aus der Wissenschaft selbst kommende Bewegung, die die Aussichtslosigkeit des »objektiven« Denkens enthüllt, da sie die Unmöglichkeit objektiver Wahrnehmung bloßlegt. Nachdem die Vorstellung der Objektivität schon in der Physik jener der Relativität weichen mußte, steht uns nun die Erkenntnis ins Haus, daß all unsere Wahrnehmung ganz entscheidend von unserer Interpretation abhängt. Die alte, beruhigende Vorstellung, daß unsere Sinnesorgane die Welt so abbilden, wie sie wirklich ist, wie eine objektive Kamera sozusagen, ist unhaltbar geworden. Neueste Erkenntnisse aus Neurophysiologie und Psychologie der Sinneswahrnehmung weisen vielmehr daraufhin, daß Interpretation untrennbar zum Wesen unserer Wahrnehmung gehört. Allein, wenn wir den Weg eines Lichtreizes von unserem Auge bis zur Bildwahrnehmung verfolgen, wird uns klar, daß die einfache Vorstellung einer 1:1-Übersetzung von äußerer Wirklichkeit in ein inneres Bild nicht stimmen kann.

Das äußere Bild wird schon in den Stäbchen und Zapfen der Netzhaut in unzählige Einzelimpulse zerlegt, die nun sehr viele Stationen zu durchlaufen haben. Paul Maclean hat drei grundsätzliche Gehirnteile ausgemacht, die alle unterrichtet und am Endprodukt, dem inneren Bild, beteiligt sind: der erste und älteste Teil ist das sogenannte Reptilgehirn, es folgt das alte Säugetierhirn (limbische System), wie wir es vom Kaninchen bis zum Pferd finden, und schließlich das relativ neue Säugetiergehirn, wie es typisch für Primaten und Menschen ist. Diese drei Gehirne sind wiederum vielfach unterteilt und alle an der Sinneswahrnehmung beteiligt. Sie erhalten Informationen über jede Wahrnehmung, verarbeiten sie und leiten sie weiter. Auch nur eines unserer Sinnessysteme, etwa das visuelle, oberflächlich zu beschreiben, würde viele Seiten füllen. Zum Schluß stünden wir vor einem unübersehbaren Netz von Querverbindungen, Regelkreisen und ineinandergreifenden Informationsschleifen, die sicherstellen, daß das, was wir da draußen sehen, zugleich mit unseren früheren Erfahrungen und Interpretationsmustern verglichen und zu unseren Interessen, Emotionen und Absichten in Beziehung gesetzt wird. Der Psychobiologe Mountcastle sagt dazu: »Jeder von uns glaubt..., eine exakte Sinnesempfindung der Objekte und Ereignisse zu haben... Ich behaupte, daß dies Wahrnehmungsillusionen sind. Jeder von uns lebt in dem Universum, dem Gefängnis seines eigenen Gehirns. Die Sinnesempfindung ist eine Abstraktion, nicht eine Reproduktion der Welt.«*

Noch deutlicher in dieser Hinsicht wird Hayward bei seiner Darstellung der Wahrnehmungstheorie Gregory Batesons: »Batesons Hauptthese ist die, daß die Muster des Geistes eine Reflexion der Muster der Natur darstellen und daß diese Muster das einzige sind, was wir im normalen Sinne einer ›direkten Erfahrung‹ ›wissen‹ können. Wir können weder die Dinge an sich ›erkennen‹, noch können diese sich gegenseitig erkennen. Daher sind die Regelmäßigkeiten in diesen Mustern die beste Annäherung, die wir an die ›absolute Wahrheit‹ erreichen können.«** Regelmäßigkeiten in den Mustern von Mikro- und Makrokosmos zu finden aber wird unsere Aufgabe werden. Mit seiner Theorie der Wahrnehmung kommt Bateson der alten esoterischen Auffassung sehr nahe, wie sie sich etwa in Goethes berühmtem Satz ausdrückt: »Wär' nicht das Auge sonnenhaft, wie könnt' die Sonne es erblicken...«

An anderer Stelle beschreibt Bateson den Wahrnehmungsprozeß ausdrücklich als ein In-Analogie-Setzen äußerer mit inneren Strukturen: »Die Beziehung zwischen den Unterschieden (zwischen äußeren Strukturen) und den geistigen Prozessen, die von ihnen ausgelöst werden, sollte man wie die Beziehung zwischen einer Karte und dem dazugehörigen Territorium sehen. Das heißt, daß ein Objekt, Ereignis oder Unterschied in der Welt ›außerhalb‹ des Organismus Veränderungen innerhalb des Organismus auslöst, die in ihrer Art nicht mit den äußeren Erscheinungen identisch, sondern analog zu ihnen sind, wie die Landschaft zu einer Karte.« »Geist und Natur – eine notwendige Einheit«*** heißt ein Buch von Bateson, und er meint dazu: »Zerbrich das verbindende Muster [zwischen ihnen], und alle Bedeutung geht verloren.«

---

* Mountcastle, V.: The View From Within. John Hopkins Medical Journal, Nr. 136.

** Jeremy W. Hayward: Der Zauber der Alltagswelt. Droemer Knaur München 1986.

*** Gregory Bateson, Geist und Natur – eine notwendige Einheit. Suhrkamp Frankfurt 1982.

Dem allen können wir entnehmen, daß unsere Wahrnehmung in Mustern geschieht. Schon in der Einleitung dieses Buches wurde darauf hingewiesen, daß unsere Sprache und folglich unser Denken von Bildern und damit ganzheitlichen Mustern lebt und daß wir diese Tatsache, wo immer sinnvoll, bewußt herausstellen wollen. Mit diesem uralten Ansatz* liegen wir heute wieder im Trend der jüngsten Wissenschaftsmeinung. So belegen die amerikanischen Linguisten Lakoff und Johnson, daß praktisch alle sprachlichen Aussagen metaphorischer Art sind und damit auch unser Denken metaphorischen Charakter hat.

Diese theoretischen Ausführungen können wir leicht an einigen einfachen Beispielen nachvollziehen: Diese beiden Punkte und Striche sind kein Gesicht, und doch erkennt unser Gehirn (nicht unser Auge) sofort das bekannte Muster »Gesicht«. Selbst in diesem Falle ergänzt sich unser Gehirn die andere Hälfte und erkennt immer noch ein Gesicht und zwar aufgrund der bereits früher eingespeicherten Muster. Ein bekanntes Beispiel zum Abschluß:

Original nach W. E. Hill

* Das ganze alchemistische Wissen ist z. B. in Bildern und Metaphern niedergelegt.

Je nachdem, welches Muster man sich vorher erworben hat, wird man zuerst die alte oder die junge Frau in diesem Vexierbild erkennen.

Bereits Paracelsus formulierte, daß die äußere Welt ihre analoge Entsprechung in inneren Mustern findet, und erkannte darüber hinaus hinter beiden ein tieferes, gemeinsames Muster: »Will jemand ein Philosoph sein, ohne in die Irre zu gehen, dann muß er die Grundlagen seiner Philosophie legen, indem er Himmel und Erde in einem Mikrokosmos darstellt und sich nicht um Haaresbreite vertut. Daher muß auch der, der die Grundlagen der Medizin legen will, sich vor dem kleinsten Irrtum hüten und aus dem Mikrokosmos die Umwälzung von Himmel und Erde ableiten, so daß der Philosoph nichts im Himmel und auf Erden findet, das er nicht auch im Menschen findet und der Arzt nichts im Menschen findet, das er nicht auch im Himmel und auf Erden findet. Und diese beiden unterscheiden sich nur in der äußeren Form, und doch verstehen wir die Formen auf beiden Seiten so, daß sie sich auf ein Ding beziehen.«

Diesen Anweisungen von Paracelsus wollen wir direkt Folge leisten und vom Mikrokosmos Mensch ausgehend, auf den Makrokosmos Welt schließen. Dazu müssen wir, unserer Denkungsart treu bleibend, den Mikrokosmos zuerst in viele Einzelteile aufspalten. Damit begehen wir zwar einen schwerwiegenden Fehler, denn der Mensch ist eine Einheit und nicht ein Sammelsurium aus Gliedern und Organen. Andererseits läßt sich dieser Fehler nicht vermeiden, wir sind an die Möglichkeiten unseres Denkens und unserer Sprache gebunden. Und schließlich entspricht diese Zergliederung, die auch wir jetzt dem Menschen antun und die ihm die westliche Medizin immer angetan hat, genau der Zerstückelung, die wir modernen westlichen Menschen der Welt antun und immer angetan haben. Wir wollen uns hier allerdings bemühen, uns dieses notwendigen Fehlers bewußt zu bleiben und ihn als Mittel zum Zweck benutzen: d. h. in die Zergliederung gehen und mittels ihrer die Analogie und damit die verbindende Einheit erkennen.

Seit wir Satellitenbilder von der Erde als Ganzer haben und uns so weit von ihr in den Weltraum entfernt haben, ist sie uns nähergerückt. Sie schaut anders, viel schöner aus, als wir sie vom Schreibtisch-Globus her kennen: Der bunte Globus der politischen Machtverhältnisse entspricht, wie aus dem Weltraum ersichtlich, nicht dem wahren Gesicht unserer Erde, sondern dem, was wir aus ihr gemacht haben. Er spiegelt die Zersplitterung der Menschheit in verschiedenste Lager wider. Wo in

Wirklichkeit gar keine Grenzen sind, haben Politiker als Repräsentanten ihrer Völker solche gezogen. Da werden Meere, Kontinente, Flüsse, Seen, Savannen und sogar Wüsten zerteilt und an einigen Stellen, wie in Deutschland, verlaufen Grenzen sogar mitten durch einzelne Häuser hindurch. Dieser künstlichen Zersplitterung der Erde in viele, durch künstliche Grenzen geteilte Fragmente entspricht im Menschen natürlich auch eine künstliche äußerlich unsichtbare Zersplitterung, nämlich die unseres Denkens. Wie wir denkend, mit Hilfe der Sprache, alles zerteilen, um es *be-ur-teilen* zu können, zerteilen wir auch unsere innere und äußere Welt. Jeder Satz macht uns in seiner Aufgliederung in Subjekt, Prädikat und Objekt dieses Ur-teilen deutlich. Wir sehen die Welt als etwas von uns Getrenntes, Abgesondertes. Ihre Erforschung und die ihrer Zusammenhänge verstärkt diese Zersplitterung.

Nicht nur die große Welt zeigt uns diese Situation, auch die nähere Umwelt ist ein Abbild dieser Denkstrukturen und des daraus entspringenden Weltbildes. Fliegt man mit dem Flugzeug über ein typisches Kulturland, sieht man das Land in säuberlich abgegrenzte Rechtecke und Quadrate geteilt: Ausdruck der strengen Besitzverhältnisse. Mein ist von Dein mit Zäunen, Mauern und Hecken abgetrennt. Jenen Wesen, die diesem zerteilenden Besitzdenken noch nicht folgen konnten, wird mit Stacheldraht und Elektrozäunen zur entsprechenden Einsicht verholfen. Und hier sind durchaus nicht nur die Kühe und Schafe gemeint, sondern dieses Vorgehen richtet sich ja auch gegen »nicht zivilisierte Völker«, wie etwa die Indianer. Gerade sie stehen unserem zergliedernden Denken mit ihrer ganzheitlichen Weltsicht fassungslos gegenüber. Fliegen wir über ihr Land, so sehen wir organische Naturlandschaft im wesentlichen unbeeinflußt und sich selbst überlassen. Indianer erleben sich als eins mit der Natur. Diese ganzheitliche Sicht spiegelt sich in ihrem Denken und in ihrer natürlichen Umwelt. Sie sehen sich selbst als ganzheitliche Wesen und haben natürlich eine entsprechende Medizin. Wenn ein Indianer aus der Harmonie fällt, wird sich das innen und außen zeigen. Ist er krank, wird er selbstverständlich als ganzer Mensch behandelt – innen und außen.

Wir dagegen müssen auch hier die Konsequenzen unseres zersplitternden Denkens tragen, und bevor wir uns versehen, sind wir »die Niere von Zimmer 32«. Unser Körper ist in alle Einzelheiten zergliedert und in Anatomie-Atlanten festgehalten, die sich in kundiger Hand von Spezialisten befinden. Da geht es ihm sehr ähnlich wie dem Land, das in entsprechenden Grundbüchern eingetragen ist und von entsprechenden Katasterämtern verwaltet wird. Mit der Landschaft haben die Grundbücher genauso viel gemein wie die Anatomie-Atlanten mit einem Menschen. Wie wenig das ist, zeigt sich besonders, wenn ein bestimmtes Land oder ein bestimmter Mensch krank wird. Im Rahmen des herrschenden Weltbildes bleibt da nichts übrig, als Boden- oder Blutproben zu entnehmen und einmal mehr in die Einzelheiten zu gehen. Der Blick für das Ganze aber läßt sich so nicht gewinnen, und so bleiben Land und Mensch ohne Verständnis und folglich Hilfe.

Wie tief dieses abgrenzende, zergliedernde Denken in uns modernen Menschen steckt, können wir gut an all den scheiternden sozialistischen Versuchen sehen.* Ein Denken, das auf Trennung zielt und sich über sie definiert, verhindert Gemeinsamkeit in jeder Form, ob es sich nun um gemeinsamen Grundbesitz oder gemeinsame Probleme handelt.

In der Frühzeit der Geschichte war das offensichtlich auch bei uns anders: Gemeinsamer Besitz (bzw. kein Besitz) an Land, Partnern und Vieh beruhte notwendigerweise auf einem verbindenden Denken, jenem magischen Analogiedenken der sogenannten Primitiven. Damals wurde auch in unserem Land noch der ganze Mensch im Krankheitsfall behandelt, und das Land bedurfte keiner Behandlung, solange es als Ganzes gesehen wurde.

Der Fort-Schritt der Menschheit zur Zerteilung der Einheit und damit in die Ver-*zwei*-flung war aber trotzdem ein wichtiger. Wir können es im biblischen Gleichnis vom verlorenen Sohn nachvollziehen. Das Paradies, der Zustand der Einheit, mußte verloren werden, um ihn auf einer anderen Ebene wiederentdecken zu können. Dieses Gleichnis illustriert uns sehr genau unsere eigene Situation. Wir waren Kinder auf dieser Erde, als wir noch im magischen Weltbild der Frühzeit lebten, so wie die Indianer heute, die sich ja als die Kinder der Erde bezeichnen. Unser Auftrag lautete: erwachsen werden. Wir haben uns ihm gestellt und sind mutig aus der Einheit hinausgeschritten in die zweigeteilte Welt der Polarität, unsere Welt. Seit Jahrhunderten sind wir nun draußen in der Welt, und wir haben uns ihr nicht nur gestellt, wir haben sie uns sogar untertan gemacht. Damit kamen

* Bei allen sogenannten Sozialisierungen, von der Landwirtschaft bis zur Industrie, kommt es jeweils sehr rasch zu einem drastischen Sinken der Produktivität und zwar überall auf der Welt. Der einzelne Mensch grenzt sich vom Ganzen ab und schafft lieber für sich allein.

wir einem weiteren biblischen Auftrag nach. Die Welt allerdings ist dadurch deut-lich ins Ungleichgewicht geraten, ja man könnte pointiert sagen: aus den Fugen. Und das muß so sein, die Unordnung der Welt ist in Ordnung, nämlich in der großen kosmischen Ordnung, die das Gesetz des Kreislaufs kennt, das uns schon früher in der X. Tarotkarte begegnet ist. Es drückt den ewigen Wechsel aus zwischen Aufstieg und Abstieg, Kommen und Gehen. So ist auch der Aufstieg unserer westlichen Zivilisation und der Abstieg der indianischen Teil des Gesetzes. Einige wenige Indianer haben diese Entwicklung der Welt vorausgesehen und akzeptiert, wohl weil sie ein-gesehen hatten, daß ihre Landsleute wie Kinder waren gegen die erwachsenen Soldaten des weißen Volkes. Wir aber, die wir erwachsen geworden sind, können heute wieder viel lernen von den Indianern, die Kinder bleiben wollten und mit diesem Wunsch nun untergehen. Obwohl sie stehengeblieben sind, zeigen sie uns doch das Ziel in symbolischer Weise, wenn auch das unsere auf einer anderen Stufe liegen muß. Der Jesussatz: »So ihr nicht wieder werdet wie die Kinder, das Himmelreich könnt ihr nicht gewinnen«, zeigt uns genau diesen Zusammenhang. Wir sollen nicht Kinder bleiben, sondern wieder so werden wie sie. Folglich enthält der Satz auch die Aufforderung, erst einmal erwachsen oder zum »verlorenen Sohne« zu werden, um dann um-, bzw. heimzukehren. Der verlorene Sohn ist vollkommen in Ordnung, auch wenn er verzweifelt, deprimiert und in jeder Hinsicht am Ende ist. Diese Stufe, die Katastrophe oder der Umkehrpunkt, ist *not-wendig.* Genauso in Ordnung und not-wendig ist aber das von uns geschaffene Ungleichgewicht der Welt. Es war und ist nicht zu umgehen. Wir sind ganz in den einen Pol der Wirklichkeit gegangen, haben zerstört, unterdrückt und Kriege geführt und tun es noch – wir leben unseren Schatten. Auch diese Situation, das tiefe Eintauchen in einen Pol und damit in die Einseitigkeit, ist übrigens in Christus Sinne, der ja sagt: »So aber, weil du lau bist und weder warm noch kalt, will ich dich ausspeien aus meinem Munde.« Das Anliegen dieses Buches kann es also nicht sein, einen lauwarmen Mittelweg zu predigen und die Welt ein bißchen zu verbessern, sondern den Blick dafür zu öffnen, wie unsere Situation jetzt ist *und* deutlich zu zeigen, daß wir die Verantwortung dafür tragen. Diese beiden Dinge sind das Zentrum des Buches, und hier könnte sich leicht ein Mißverständnis einschleichen. Die Erde ist, so, wie wir sie uns gemacht haben, in Ordnung und braucht nicht bejammert zu werden, aber wir verantworten voll, was wir mit ihr tun. Um das erste Anliegen, die ehrliche Sicht der Lage zu verwirklichen, wird es oft notwendig sein, die Dinge sehr scharf und drastisch auszudrücken, was – falschverstanden – als Appell zur sofortigen Weltverbesserung verstanden werden könnte. Tatsächlich geht es »nur« darum, die Situation ehrlich und ohne Beschönigungen anzuschauen. In diesem Sinne sind auch die indianischen Zitate am Anfang jeden Kapitels zu verstehen. Sie können sehr gut zeigen, wie weit wir uns von der Mitte entfernt haben. Als solch ein Kontrapunkt zu unserer gegenwärtigen Situation sind sie angeführt, nicht aber um eine Utopie anzupreisen, die ja von den Indianern selbst schon aufgegeben wurde. Wie könnte sie da für uns heute gelten. Das Rad des Schicksals läßt sich nicht zurückdrehen.

Um den zweiten Schritt, die Übernahme der Verantwortung zu schaffen, ist es unabdingbare Voraussetzung, die Situation erst einmal anzunehmen. Dann erst kann es gelingen, die eigene Verantwortung dafür zu übernehmen. Dazu ist neben Ehrlichkeit vor allem Mut erforderlich.

Kurz gesagt, verläuft unser schwieriger Weg über die Etappen:

1. Anschauen (z.B. die Zersplitterung der Welt)
2. Durchschauen (z.B. zur Zersplitterung des Denkens, das der Weltzersplitterung zugrunde liegt)
3. Annehmen (z.B. die zersplitterten Welt- und Denkstrukturen)
4. Erkennen der Eigenverantwortung (z.B. daß diese zersplitterte Situation auch in mir selbst besteht und ich sie so mit erschaffe)

Der Punkt 3 beinhaltet sehr viel und verlangt auch sehr viel von uns. Einmal meint er natürlich, daß wir aufhören, uns etwas vorzumachen in bezug auf die Wirklichkeit; das aber war schon mit »ehrlich anschauen« gemeint. Hier geht es um ein inneres »Annehmen« bis hin zum Lieben. So wie Christus sagt: »Liebet eure Feinde!« All das, was wir in der Welt entdecken werden, mag schwer anzunehmen sein, und doch geht es genau darum. Erst wenn wir die Situationen und Dinge, die wir erkannt haben, annehmen, wird sich in uns etwas verändern und synchron dazu auch draußen in der Welt. Wir können über die Welt nur hinauswachsen, wenn wir sie vorher hereingelassen haben.

Solange wir (sicherlich aus einem ehrlichen Gefühl heraus) gegen unangenehme Dinge, wie z. B. neue Raketen, anrennen mit Parolen wie: »Das akzeptieren wir nie!« wird sich auch nie etwas bewegen. Denn wir bekommen nichts, was uns nicht ordnungsgemäß zusteht. Oder, wie wir schon früher feststellen mußten, wir haben genau die Spitze (Regierung), die wir verdienen.

Erst wenn wir diese Schritte geschafft haben, eröffnet sich eine neue Chance. Auch der verlorene Sohn ist ja nach der notwendigen Katastrophe in der Fremde zum Vater heimgekehrt. Wenn wir die Katastrophe, unseren Umkehrpunkt, erst einmal erkennen, haben natürlich auch wir – dem zeitlosen Gesetz des Schicksalsrades entsprechend – die Möglichkeit, um- und auf einer höheren Ebene heimzukehren. Wir sind die erwachsen gewordenen Kinder, die Christus gemeint hat. Ja, es spricht einiges dafür, daß wir uns als Menschheit schon der »Midlife-Crisis« nähern. Vieles, ja fast alles, haben wir im Außen erreicht, aber es macht auch alles keinen so rechten Spaß mehr. Viele Symptome dieser typischen Krise der Lebensmitte zeigen heute die hochentwickelten Länder: Die bisherige Lebensperspektive geht langsam verloren, die Freude am Erfolg läßt nach und wird durch die Frage ersetzt: »Wozu das alles?« Auch kindische Phänomene treten schon auf, man fängt auf politischer Ebene etwa wieder an »Räuber und Gendarm« oder »Blinde Kuh« zu spielen. Und noch einmal: Weder *die Krise* ist schlecht, noch ihre Phänomene, genausowenig wie die Welt; sie sind zu Recht, wie sie sind.

Ein weiteres Anliegen des zweiten Teiles dieses Buches ist es, nach dem pointierten Aufzeigen der Situation, den Blick dafür zu schärfen, daß wir eben an diesem Umkehrpunkt angekommen sind und daß wir nun die Wahl haben, jeder für sich und als ganze Menschheit, entweder kindisch zu werden oder »wieder zu werden wie die Kinder«. Daß der bisherige Weg nicht weiterführt, zeichnet sich immer deut-licher ab, und die Reise dieses Buches durch Mikrokosmos und Makrokosmos wird es nachzeichnen.

Betrachten wir nun unsere zersplitterte Situation in diesem Sinne weiter. Die Zerteilung der Erde in politische Einzelteile entspricht der Zerteilung unserer kleinen Welt in Parzellen und Grundstücke. Auf der Körperebene entspricht dem die Zerteilung in Einzelorgane und -gewebe, auf der Ebene der Psyche finden wir die Zergliederung in Einzelgefühle und -wahrnehmungen. Und all dem entspricht unsere zergliedernde Sprache als Ausdruck entsprechenden Denkens. Mikrokosmos und Makrokosmos spiegeln sich ineinander.

Wie nicht anders zu erwarten, hat uns der Schritt aus der Einheit in die »Polarität« *heil-los* zerstritten, verzweifelt und wenn nicht ver-rückt, so doch zumindest krank werden lassen. Und alles, was wir unternehmen, scheint wenig zu helfen.

Wo wir jetzt angekommen sind, haben Appelle an den Gemeinsinn und noch so gutgemeinte Vereinigungen wenig Chancen.

Und das gilt nicht nur für Politikerreden und Staatenbündnisse, es gilt ebenso für Reden über tieferen Sinn und Heiligkeit der Ehe, über Beziehungen und es gilt für die Appelle zugunsten einer ganzheitlichen Medizin und solche, die uns nahelegen, doch endlich integrierte Menschen, liebesfähige Erwachsene usw. zu werden. Für den genialen Satz: »Liebe deinen Nächsten wie dich selbst« haben wir im Augenblick wenig Basis. Was momentan viel wichtiger ist als gutgemeinte Appelle, ist Ehrlichkeit: die Ehrlichkeit, uns einzugestehen, daß wir unseren Nächsten gar nicht lieben können, weil wir uns nämlich selbst nicht lieben, und folglich die Menschen in der Dritten Welt erst recht nicht, wo uns doch bereits die Nachbarn eine Etage tiefer fremd sind. Wir sind im Normalfall weder mit uns noch mit sonst jemandem in bewußter Resonanz.

In dieser Situation ist es eher angemessen, den alten Fehler noch einmal bewußt zu wiederholen und den Mikrokosmos in Einzelstücke aufzuspalten; allerdings eingedenk der Tatsache, daß uns dabei erst einmal die Ganzheit verlorengeht. Ausdrückliches Ziel ist es aber, das Ganze wiederentstehen zu lassen, nachdem zu jedem Teil des Mikrokosmos sein analoger Zwillingspartner im Makrokosmos gefunden wurde. Dabei können wir uns auf die esoterische Tradition stützen: »Solve et coagula« (»Löse und binde«), nannten es die alten Alchimisten. Zuerst zerteilten sie in die drei Bestandteile: Körper, Seele und Geist. Dann reinigten sie die drei Fraktionen, um sie schließlich wieder zusammenzufügen zum einen großen Werk.

11. Polarität in Mikrokosmos und Makrokosmos

> Ihr habt bemerkt, daß die Wahrheit mit zwei Gesichtern auf die Welt kommt: das eine ist traurig und voller Leid, das andere lacht. Und doch ist es ein und dasselbe Gesicht, ob es nun lacht oder weint. Wenn Menschen am Verzweifeln sind, ist das lachende Gesicht besser für sie; aber wenn es ihnen zu gut ergeht, und sie sich zu sicher fühlen, ist es besser für sie, das weinende Gesicht zu sehen.
>
> Hehaka Sapa (Black Elk)

Du wirst Krankheit und Gesundheit,
gute und schlechte Zeiten erfahren.
Es gibt viele Gefahren und Niederlagen
auf dem Lebensweg der Menschen.
Du wirst weiterleben,
während andere sterben müssen.
Du wirst traurig sein,
während andere lachen.
Vergiß nicht:
Das Leben in all seinen Stadien,
vom Kindes- bis zum Greisenalter
leben zu dürfen,
ist das größte Geschenk,
das die Natur den Menschen macht.
Es ist leicht zu sterben,
es ist schwer zu leben.
Wir müssen dankbar sein.

Indianische Weisheit aus
»In die Mitte der Welt führt deine Spur«

Wenn wir uns dem Mikrokosmos Mensch zuwenden, stoßen wir sogleich auf ein Problem: Sollen wir Frau oder Mann zum Ausgangspunkt wählen? Wie wir auch entscheiden, wir würden doch nur der Hälfte gerecht. So sind wir gleich zu Beginn unseres praktischen Teils wieder mit dem Thema »Polarität« konfrontiert und müssen es nochmals aufgreifen. Wir wollen uns nun aber vor allem auf die konkrete Seite, was Mensch und Erde betrifft, beschränken.

Die Feststellung, daß es männliche und weibliche Menschen gibt, ist natürlich eine Banalität, und doch ist sie die Grundlage unseres Daseins. Praktisch alles menschliche Leben entwickelt sich im Spannungsfeld dieser beiden Pole, genau wie sich auch alles Leben auf der Erde im Spannungsfeld ihrer beiden Pole ereignet. Durch Nord- und Südpol ist unsere Erde polarisiert und hat damit eine Nord- und Südhalbkugel, so wie wir Ober- und Unterleib; wobei der Äquator unserer Taille entspricht. Aus dem Weltraum betrachtet, kann man die Erde als großen Magneten auffassen. Könnten wir das Magnetfeld sehen, würden wir wahrnehmen, wie die Feldlinien am Nordpol austreten, sich um den Erdkörper schlingen und am Südpol wieder eintreten.

Die Messung der elektrischen Aktivität des menschlichen Gehirns mit dem Elektroencephalographen (EEG) ist seit langem Routine in den Krankenhäusern. 1969 entwickelte D. Kohen aber auch einen Magnetencephalographen (MEG), mit dem man die magnetischen Wellen des Gehirns noch in einem Abstand von

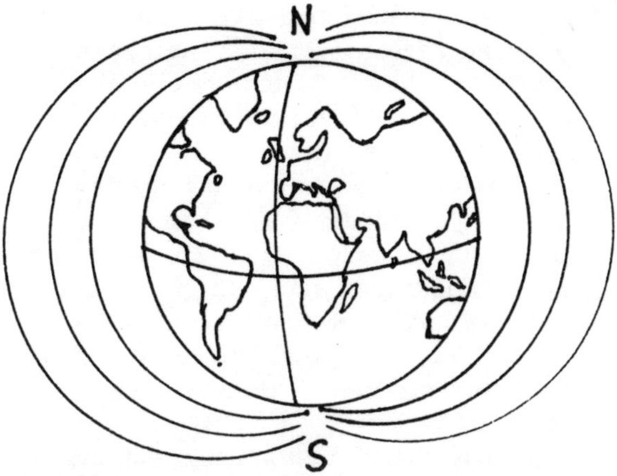

mehreren Zentimetern vom Kopf messen kann. Ein entsprechendes elektromagnetisches Feld umgibt auch den menschlichen Körper. Mit empfindlichen Meßgeräten ist es Wissenschaftlern heute sogar gelungen, die Polarität von tierischen Eizellen zu bestimmen, und es ergab sich ein der Erde analoges Bild. Das »Kopfende« des Eis ist positiv geladen im Vergleich zum negativen »Fußende«. Es gibt keine Hinweise darauf, warum gerade die menschliche Eizelle hier eine Ausnahme machen sollte.

Die Weisheitslehren berichten schon seit altersher von dem Energiefeld des menschlichen Körpers. Darstellungen aus der hinduistischen und buddhistischen Tradition zeigen eindrucksvoll, wie der Mensch von seinem äußeren Energiefeld umgeben ist, ähnlich wie die Erde von ihrem.

Meist wird auch die Polarität in den verschiedenen Traditionen übereinstimmend angegeben. Wenn die Germanen ihre Ratsversammlung, den Thing, abhielten, richteten sie in der Mitte ihres Kreises einen Pfahl als Weltenbaum auf, dessen Spitze nach Norden zum Polarstern zeigte, um sich zu den Himmelsenergien zu öffnen. Nach hinduistischer Auffassung nimmt der Mensch in seinem unteren Pol (Muladhara Chakra) Energie auf, um sie im oberen Pol (Sahasrara Chakra) mit der kosmischen Energie zu vereinen. In der Analogie kann man vermuten, daß auch die Erde neben dem äußeren Energiefeld ein inneres hat, entsprechend den menschlichen Chakren.* Die Äußerungen von Mystikern (z. B. Jakob Lorber) und indianischen Sehern bestätigen diese Vorstellung aus ihrer Schau.

Auch der Naturwissenschaft ist bewußt, daß die Energiekonzentration im Innern der Erde in Richtung ihrer Mitte extrem zunimmt. So kann man den glühenden Erdkern in Analogie setzen zu jenem Kerngebiet im Menschen, unserem Herzen, in dem nach übereinstimmenden Hinweisen esoterischer Traditionen auch unsere Hauptenergie liegt.

Die Parallelen im Energiemuster von Mikro- und Makrokosmos gehen aber noch weiter. Im letzten Jahrzehnt sind die als Meridiane der chinesischen Medizin bekannt gewordenen Energiebahnen auch bei uns zunehmend ernst genommen worden. Diese Energielinien laufen von den Fingerspitzen über die Arme zum Kopf und über den Körper hinunter bis zu den Zehen, bzw. umgekehrt. Mit Hilfe von Messungen des elektrischen Hautwiderstandes und der Hauttemperatur (Thermographie nach Schwamm) ist es der westlichen Medizin gelungen, die auf den Meridianen liegenden Akupunktur-Punkte zu belegen. Die Meridiane aber sind die Hauptstraßen, die diese Punkte verbinden und können somit auch als bewiesen gelten. Hinzu kommt, daß die Forschung mit den Endorphinen chemische Stoffe gefunden hat, die ihr den Akupunktureffekt wenigstens teilweise erklären. Eine sogenannte »Ursache« zu haben, ist ja immer das wichtigste für unsere Wissenschaft. Leider wird aber wohl die Endorphin-Entdeckung erst einmal den mindestens genauso wichtigen energetischen Aspekt der Akupunktur aus dem Interesse rücken, weil letztlich eine materielle Lösung immer noch viel leichter akzeptiert wird als eine energetische oder gar informative.

---

* Chakren werden in der östlichen Tradition die 7 Hauptenergiezentren genannt, die entlang der Wirbelsäule verlaufen (siehe vorhergehende Zeichnung).

Tatsächlich gibt es in der westlichen Naturheilkunde mit den »Weihepunkten« schon seit langem ein weitgehend entsprechendes, wenn auch nicht so differenziertes und bekanntes Energiebahnensystem.

Die meisten traditionellen Medizinvorstellungen des Ostens kennen entsprechende Energiebahnen, etwa die Tibeter oder Inder, die anstatt von Meridianen von »Nadis« sprechen. Jene naturheilkundliche Richtung, die sich mit der Kirlianphotographie (vor allem Mandel) auseinandersetzt, verweist in jüngster Zeit auf ein zusätzliches Energiebahn-System senkrecht zu den längs in Körperrichtung verlaufenden Meridianen.

Das verzweigte Netz von Energiebahnen auf der menschlichen Körperoberfläche, das verschiedene Zentren untereinander verbindet, vor allem die Gegenpole oben und unten, hat sein Pendant im Makrokosmos. Hier existieren Überlieferungen, die noch von Energiestraßen und -bahnen auf der Erdoberfläche wissen. So erfahren wir, daß die alten Tempel und in ihrem Gefolge auch die christlichen Kathedralen auf besonderen Energieplätzen erbaut wurden und durch entsprechende Energiestraßen miteinander verbunden waren. Die alten Pilgerstraßen orientierten sich weitgehend an solchen Energielinien und hatten fast immer besondere »Kraftplätze« als Ziel. Auch die schamanistische Tradition kennt solche besonderen Orte und Wege. Für sie ist der Raum nicht formlos und unstrukturiert, sondern hat Qualität. Wenn wir ehrlich sind, ist selbst für uns ein Quadratkilometer nicht gleich einem Quadratkilometer. Es macht schon einen wesentlichen Unterschied, ob es sich dabei um Wüsten-, Berg- oder etwa städtisches Bauland handelt. Wir haben aber, ähnlich wie der Zeit, auch dem Raum immer mehr von seiner Qualität genommen und sind heute mit der Vorstellung von Kraftplätzen und besonderen Energiewegen fast überfordert.

Unseren Vorfahren muß dieses Wissen noch durchaus geläufig gewesen sein, wenn wir etwa an die megalithische Kultur denken, deren Erbe die Kelten übernommen haben. Die unglaublichen Natursteinmonumente, die Menhire, Dolmen und vor allem die Steinstraßen wie beispielsweise in der Bretagne bei Carnac sprechen eine eindeutige Sprache.

Zwar bleibt es weiter ein Rätsel, wie unsere Vorfahren Steine bewegen konnten, zu deren Transport wir technisch hochgerüsteten Nachkommen noch nicht einmal in der Lage sind; die Besonderheit dieser Anlagen enthüllt sich dagegen zunehmend als ein Verbindungssystem von wichtigen Orten auf der Erde und entsprechend wichtigen astronomischen Gegebenheiten der

Himmelsmechanik.* Für die alten Kulturen war die Erde Abbildungssystem des Universums und umgekehrt. In der Astrologie haben wir heute noch ein System, welches die synchrone Beziehung zwischen Ereignissen am Himmel und solchen auf der Erde zur Deutung nutzt.

Tatsächlich ist der Himmelsraum auch für uns nicht unstrukturiert. Der Platz der Sonne ist ein ganz besonderer, er ist Mittelpunkt unseres Planetensystems, um den sich alles dreht. Auch die Bahnen der Planeten sind offensichtlich besondere Energiestraßen, die sich nicht nur für Astrologen vom übrigen Raum unterscheiden. Die »Weltraumingenieure« geben sich alle Mühe, die Bahnen der Planeten zu berechnen um ihre Raumschiffe nicht mit ihnen zusammenstoßen zu lassen. Noch deutlicher wird hier die neue Physik. Seit Einstein ist der Raum nicht mehr formlos, sondern »gekrümmt«, und es gibt da sehr wohl besondere »Kraftplätze«, etwa wo verschiedene Raumkrümmungen zusammenkommen; oder wo sich verschiedene Kraftfelder überlagern. So zeichnet sich beispielsweise die Bahn unseres Mondes im Raum durch eine besondere Qualität aus, anderenfalls würde sie kaum so konstant bleiben. Fliegen wir nun mit einem Raumschiff zu einer Stelle der Bahn, wo der Mond sich gerade nicht aufhält, so würden wir an diesem Ort wohl gar nichts Besonderes feststellen oder messen können. Das aber entspricht sehr genau der Situation auf der Erde. Wir zivilisationsgeschädigten Menschen spüren an den Kraftplätzen der Alten auch nichts mehr und können mit technischen Geräten *noch* nichts messen, was aber nicht gegen die Kraftplätze, sondern höchstens gegen unsere Sensibilität spricht. Im übrigen gibt es genug Menschen, die entsprechend sensibel sind, solche Plätze zu spüren und sei es mit Hilfe von Pendeln oder Wünschelruten. Bei einem Experiment mit ganz normalen Menschen unserer Kultur ergab sich, daß auch heute noch ein großer Teil von uns in der Lage ist, das Magnetfeld der Erde richtig zu orten und sich in ihm auszurichten.**

Läßt man sich auf das Denken und Fühlen sogenannter Sensitiver ein, enthüllt sich ein Netzsystem, das die Erde analog dem

---

* Es hat sich erwiesen, daß einige der megalithischen Heiligtümer den Charakter von riesigen Kalendern hatten, aus denen sich etwa der Zeitpunkt der Tag- und Nachtgleiche exakt ergab.

** Bei diesem Test wurden die Versuchspersonen lediglich aufgefordert, ihre Arme auszubreiten und sich (entsprechend einer Magnetnadel) in Nord-Südrichtung zu stellen.

menschlichen Körper überzieht. Die Meinungen darüber, was diesen Energiemustern zugrundeliegt, gehen ziemlich weit auseinander. Einige sehen darin eine Projektion von tiefer gelegenen Wasseradern auf die Erdoberfläche oder die Auswirkungen noch tieferer Strukturen wie Erdschichtverwerfungen, andere sprechen von regelmäßigen Netzen wie dem Currygitter usw. Wahrscheinlich kommt alles zusammen zu einem komplexen Bild.

An früherer Stelle hatten wir gesehen, daß sich die Organe aus dem Körperinneren an den verschiedensten Stellen, etwa den Fußsohlen, auf die Körperoberfläche projizieren. Warum sollte es bei der Erde anders sein? Auch hier gilt natürlich das Pars-pro-toto-Gesetz, daß sich nämlich in jedem noch so kleinen Areal das Ganze widerspiegelt. So wie sich im Ohr der ganze Mensch abbildet, ebenso wie auf dem Rücken, in der Iris oder den Handlinien, gilt ähnliches auch für die Erdoberfläche. In der Tat liefert die Geologie dafür viele Hinweise. Auf der Suche nach Erdöl bohren die Geologen nicht wahllos überall, sondern sie kennen inzwischen gewisse Anzeichen in der Erdoberflächenstruktur, die Öl in der Tiefe wahrscheinlich machen. Ähnliches gilt für andere Bodenschätze. Tatsächlich lassen sich die Erdölsucher sogar vom Polaritätsgedanken leiten. Erdöl findet sich ja vor allem dort, wo heute Wüsten, also unbewachsene Landstriche, sind. Dabei ist Erdöl gerade der Überrest großer Mengen organischen Materials. Aus der Tatsache, daß heute kaum Leben in der Wüste ist, schließen die Erdölsucher offensichtlich, daß hier früher gerade viel pflanzliches Leben herrschte.

Von Wüstenbewohnern, wie den Beduinen, wissen wir, daß sie Zeichen kennen, die auf Wasser in der Tiefe hindeuten. Daß etwa bestimmte Pflanzen Wasser verraten, ist auch weniger naturverbundenen Menschen einsichtig; ebenso, daß die Art der Bäume Hinweise auf die Bodenqualität gibt. (Föhren etwa bevorzugen Sandboden usw.) Einem erfahrenen Gärtner wird die Art der Vegetation eine Menge über den Untergrund offenbaren. Unvergleichlich mehr noch können die Indianer im Antlitz ihrer Mutter Erde lesen. Aus dem, was ein Medizinmann auf der Erde sieht, kann er, wie ein guter Naturheilkundler, schließen, was in der Tiefe ist. So verraten etwa Leberflecken und ungewöhnliche Gefäßzeichnungen dem geübten Auge durchaus Wesentliches über innere Organstrukturen. Aus der Durchblutung der Haut schließen wir alle auf unseren inneren Zustand (eine »gesunde Gesichtsfarbe«, »aschfahle Haut« usw.). Besonderheiten in der Tiefe machen auch die Oberfläche besonders, selbst wenn uns Zivilisationsmenschen das nicht immer so offen-sichtlich ist.

Wir können zusammenfassend feststellen, daß die polaren Energiefelder von Mensch und Erde ihre deut-lichen Entsprechungen aufweisen. Einen nur noch oberflächlichen, aber für unsere Zeit und ihr Weltbild sehr typischen Hinweis finden wir in Form der Meridiane und Breitengrade der Geographie. Hier wird der Raum auf seine Quantität reduziert; doch ergibt auch das ein Gitternetz.

Nach der Betrachtung des feinen Energiebahnsystems von Mensch und Erde wollen wir uns wieder gröberen Aspekten der Polarität zuwenden. Das Prinzip aber bleibt dasselbe. Wo immer Energie fließt, muß eine Polarität zugrundeliegen (ähnlich wie ein Fluß nur da fließt, wo ein Gefälle ist). Energiefluß bedarf der Spannung zwischen zwei Polen.

Beim Menschen finden wir neben der Oberkörper-Unterkörperpolarität auch eine zwischen linker und rechter Körperhälfte. Während sich die Oben-Unten-Polarität in der Nord-Süd-Polarität der Erde spiegelt, ist eine Unterscheidung in linke und rechte Hälfte bei ihr kaum möglich. Allerdings finden wir eine annähernde Aufteilung in Landsphäre (die ungefähr ein Drittel der Erdoberfläche ausmacht) und Wassersphäre (mit ca ⅔ der Erdoberfläche). Vor allem, wenn wir bedenken, daß auch die Rechts-Links-Polarität des Menschen, seine Teilung in eine weibliche und eine männliche Hälfte, keine eindeutige ist, sondern entsprechend dem Tai Chi-Zeichen die Gegenpole bis zu einem gewissen Grad mischt, haben wir auch hier eine Parallele. So wie bei der Aufteilung des menschlichen Körpers in weibliche linke und männliche rechte Hälfte das Gehirn gegenpolig ist (der weiblichen linken Körperhälfte entspricht die rechte Hirnhemisphäre; der männlichen rechten Körperhälfte die linke Hirnhemisphäre), gehört der zum Pazifischen relativ kleine Atlantische Ozean bei unserer Aufteilung zur Landsphäre, während Australien den weißen Punkt im schwarzen Feld des Tai Chi-Zeichens in der Wassersphäre bildet.

Der weiblichen linken Körperhälfte, die für den passiv-aufnehmenden Teil des Menschen steht, entspricht die Wassersphäre, ist doch das Wasser von den vier Elementen das weiblichste und aufnahmebereiteste. Wenn wir etwas erbitten oder in Empfang nehmen, strecken wir eher die linke Hand aus, greifen wir dagegen zum Schwert, tun wir es mit der rechten. Sollte die Erde von außen, aus dem Weltraum, etwas aufnehmen, käme dazu am ehesten die Wassersphäre in Frage. Wollte die Erde jedoch einen Angriff auf einen anderen Himmelskörper starten, käme als

Ausgangspunkt wohl nur die Landhalbkugel in Frage, die dem Männlichen entspricht.

Sowohl für Mikro- als auch für Makrokosmos bleibt aber zu bedenken, daß diese Einteilung nur eine relative ist. Von einer höheren Warte aus müßte man den ganzen menschlichen Körper als Mater-ie und damit weiblich sehen, und sein männlicher Gegenpol wäre in diesem Bezugssystem der Geist. Auf dieser Ebene wäre dann die ganze Erde als Materie weiblich (Wasser und Erde sind ja auch die beiden weiblichen Elemente), der Himmel ihr männlicher Gegenpol (so wie Luft und Feuer [Sonne] die beiden männlichen Elemente sind). Das Herz entspräche dabei dem feurigen Kern der Erde und wäre so als weißer Punkt im schwarzen Feld (des weiblichen) anzusprechen.

Betrachten wir nun die Polarität zwischen innen und außen eingehender: Das innerste Zentrum von Mensch und Erde ist demnach zweifelsohne männlich. Der feurige Energieaspekt von Herz und Erdkern und die beiden eigene Mittesymbolik legt das nahe. Die darauffolgende Schicht beim Menschen wäre die der Körperhöhlen mit den Eingeweiden. Schon allein das Symbol der Höhle legt hier die Zuordnung zum Weiblichen nahe, auch handelt es sich ausnahmslos um weiche, empfindliche und damit schutzbedürftige Organe, die hier geborgen sind. Bei der Erde hätten wir analog dazu ihren Leib, der die Bodenschätze birgt, auch alle Höhlen enthält, in die sich die ersten Menschen schutzsuchend geflüchtet haben. Die folgenden Schichten, menschliche Haut- und Erdoberfläche, bilden die Grenze zu Aura und Atmosphäre, der wieder männlichen Ausstrahlungszone.* Bei beiden können wir ihre begrenzende, den Innenraum abschließende, Funktion erkennen. Sie sind verglichen mit den tieferen Schichten, fest, ja hart, auch kälter als die tieferen Bereiche. Bei der Erde können wir im Temperaturaspekt die Beziehung ihrer äußeren Mitte zur inneren erkennen. Der Bauchumfang, die äußere Mitte der Erde, ist der Äquator mit seinem, verglichen mit den Polen, heißen Klima. Im menschlichen Körper ist die Temperatur im Zentrum, im Vergleich zu den Extremitäten, auch deutlich höher.

Eine Analogie finden wir in vielen Früchten, wie z.B. dem Apfel. So männlich die innersten Kerne im Zentrum mit der Erbinformation, dem Samen sind, so weiblich ist ihr Gehäuse und das umgebende Fruchtfleisch. Die harte Schale aber ist wieder die

* So wie das Aufnehmende, Empfangende dem Weiblichen entspricht, gehört das Abstrahlende, Gebende zum männlichen Pol (vergl. Mond und Sonne).

Grenze zum Feld des Apfels.* Das Feld des Menschen ist wie das der Erde polar. Die magnetische Anziehungskraft ist wie das Magnetfeld der Erde weiblich, die Ausstrahlung oder Aura dagegen entspricht der elektrischen Ausstrahlung der Erde und ist männlich. Beide Komponenten mischen sich in den entsprechenden elektromagnetischen Feldern, ähnlich wie sich in der Erdatmosphäre Weibliches (Stickstoff) mit Männlichem (Sauerstoff) mischt. Der »leere« Raum weiter draußen, außerhalb der Atmosphäre, wäre dann wieder männlich. In allen alten Überlieferungen gilt der Himmel als männlicher Gegenpol zur weiblichen Erde.

Nach dieser Innen-Außen-Polarität bleibt noch die zwischen vorne und hinten. Der Gegensatz zwischen Rücken und Vorderfront beim Menschen ist wieder offensichtlich. Die Gesichtsseite ist eindeutig der aktive, offensive und damit männliche Pol, während der Rücken den vergleichsweise passiven, schützenden und deutlich im Schatten liegenden Teil darstellt und damit weiblich ist. Nicht selten bürdet ihm der aktive männliche Teil Lasten auf, die der Rücken in typisch weiblicher Art passiv akzeptiert. Als schwarzen Punkt im weißen Feld des Tai Chi-Symbols können wir den weichen weiblichen Bauchbereich auf der männlichen Vorderseite betrachten. Entsprechend wären die großen Gesäßmuskeln männlich und der weiße Punkt im schwarzen Feld der weiblichen Rückseite.

Bei der Erde mag die Unterscheidung zwischen Vorder- und Rückseite auf den ersten Blick nicht so deutlich sein. Ziehen wir aber die Tag-Nacht-Polarität in Betracht wird uns *ein Licht aufgehen.* Dann entspricht die helle, der Sonne zugewandte Tagseite der menschlichen Vorderseite, die dunkle, im Sonnenschatten liegende Nachtseite unserem Rücken. Der Tag mit der Energie abstrahlenden Sonne am hell erleuchteten Himmel entspricht dem männlichen Pol, während die dunkle Nacht mit dem reflektierenden Mond zum weiblichen Prinzip gehört. Unsere Augen haben ja sowohl von ihrer Funktion wie ihrer Signatur her, einen überdeutlichen Lichtbezug, denken wir nur an den schon zitierten Goethesatz (»Wär' nicht das Auge sonnenhaft…«), während der Rücken wirklich immer im Wind- und Lichtschatten der Vorderseite bleibt. Auf der Erde nimmt der Einfluß des männlichen Prinzips in der Nacht ab. Nicht nur die Sonne verschwindet, auch die Winde, als Ausdruck des ebenfalls männ-

* Tatsächlich kann man heute, etwa mit Hilfe der Kirlianphotographie auch ein Feld um Pflanzen herum messen.

lichen Luftelementes, legen sich. Der weibliche Einfluß tritt dann ganz in den Vordergrund mit seiner Dunkelheit, der passiven Nachtruhe, seinen Träumen und dem Nachlassen aller männlich intellektuellen Ideen und Vorstellungen.

Ein wesentlicher Unterschied zwischen Licht- und Schattenseite der Erde, im Vergleich zum Menschen, ist allerdings der ständige und stetige Umpolungsprozeß zwischen hellem und dunklem, männlichem und weiblichem Pol. Jeder Ort auf der Erde, erlebt innerhalb eines »Tages« einmal den männlichen Licht- und einmal den weiblichen Schattenpol. Was die Erde angeht, ist das Verhältnis also durchaus ausgewogen, selbst die Ungleichheiten zwischen Tag- und Nachtdauer gleichen sich im Verlaufe eines Jahres wieder vollkommen aus. Dieser ständige Umwandlungsprozeß zwischen den Polen ist sicher eine der besten Lösungen für den Umgang mit Polarität; vor allem, wenn man bedenkt, daß die Vereinigung der Gegensätze im stofflichen Bereich gar nicht möglich ist. Wir westlichen Menschen bevorzugen aber ganz bewußt und absichtlich den einen Pol der beiden. Bereits unsere Sprache verrät das: Wir sagen »Tag«, und meinen damit 24 Stunden, also Tag und Nacht. Auf den folgenden Seiten werden wir sehen, daß das keine zufällige Fehlleistung ist, sondern ein typisches Symptom unserer Einseitigkeit. Denn obwohl uns die Natur die Gleich-gültigkeit beider Pole im Tag- und Nachtrhythmus vorlebt und überall Harmonie zwischen beiden Seiten zu wahren sucht, kämpfen wir für die Einpoligkeit und denken gar nicht daran, beide Seiten in uns und in der Welt gleichermaßen leben zu lassen. Es lohnt sich, noch ein wenig der Sprache zu lauschen: Wir sagen »man« und meinen damit Mann und Frau, genau wie wir natürlich »*der* Mensch« sagen. Wir haben den männlichen Sonn(en)tag zum schönsten Tag der Woche, zum Feiertag, gemacht und seinen Gegenpol, den weiblichen Mon(d)tag zum unangenehmsten. Die Nacht ist uns zur Nebensache geworden, neben dem Tag gerade eben geduldet. Die Eigenschaftswörter »herr-lich« und »däm-lich« zeigen unsere Wertschätzung noch deutlicher. Das mögen nur Sprachspiele sein, aber immerhin wäre es denkbar, wie uns die wenigen übriggebliebenen matriarchalen Kulturen zeigen, auch die Nacht mit ihren Träumen in den Mittelpunkt zu stellen und ihr den Tag mit seinen vordergründigen Aktivitäten unterzuordnen.*

---

* Ein eindrucksvolles Beispiel sind hier die malayischen Senoi. Eine ausführliche Beschreibung ihrer Traumkultur findet sich in Patricia Garfields »Kreativ Träumen« Droemer Knaur, München 1986.

In unserer patriarchalen Kultur teilen alle Repräsentanten des weiblichen Prinzips das Schicksal der Abwertung gegenüber einer Aufwertung des männlichen Prinzips.

Für den Menschen stellt sich das zusammengefaßt so dar: Der weibliche Pol umfaßt die Rückseite, den Unterkörper, die linke Körperhälfte und die rechte Gehirnhemisphäre und die Körperhöhlen mit ihren Innereien. Der männliche Pol umfaßt die Vorderseite mit dem Gesicht, den Oberkörper mit dem Kopf, die rechte Körperhälfte und die linke Gehirnhemisphäre, die Mitte mit dem Herzen und die Oberfläche der Haut. Alle weiblichen Bereiche werden im selben Verhältnis mißachtet, wie die männlichen überbetont werden. Wer kümmert sich schon um seinen Rücken, und wieviel Zeit wird auf das Gesicht verwendet. Wenn aber einmal der Rücken kosmetische Beachtung findet, wie etwa beim Sonnenbaden, so ist auch hier die Tendenz klar: Sonnenbräune ist gefragt (Sonne = männlich), weiße (Mond-)Haut ist verpönt; und wieder sind es vor allem Frauen, die diesem einseitig männlichen Ideal, entgegen aller medizinischen Vernunft, nachleben. In Zeiten, wo weiße Hautfarbe gefragt war, wurde auch das weibliche Ideal insgesamt höher geachtet; auch wenn uns die Emanzipationsbewegung heute das Gegenteil weis machen will. Diese Bewegung ist ein ziemlich einseitiges Kind unserer Zeit, kämpft (♂)* sie doch fast ausschließlich mit männlichen Mitteln für männliche Ideale und das auch noch für Frauen und den weiblichen Pol.

Auch der Unterleib führt im Verhältnis zu seinem Gegenpol ein geknechtetes Dasein, alles »unter der Gürtellinie« ist im wesentlichen tabu oder gilt als schmutzig. Jemanden unter der Gürtellinie zu treffen, in welcher Hinsicht auch immer, gehört zum unfairsten. Alles, was da schleimig, glitschig, dunkel und zweideutig erscheint, ist weiblich und damit unangenehm.** Der trockene, eindeutige und unverrückbare Stand-punkt eines *sonnen-klaren* Verstandes in einem brillanten Kopf ist uns dagegen hoch geschätzt. »Den Kopf oben behalten« und sich ja nicht »unterkriegen« lassen, ist wichtig. Auch die Mode unserer Zeit folgt diesem Trend. Schlanke (männliche) Hüften sind gefragt; bei

---

* Dieses Zeichen, das für den griechischen Kriegsgott Mars steht, hat sich als übliches Symbol für »männlich« durchgesetzt, genau wie das Zeichen der Venus (♀) heute als Symbol für das Weibliche steht.

** Interessant mag hier sein, daß in vielen indianischen Kulturen der (weibliche) Schleim als Quelle des Lebens gilt und somit in hohen Ehren steht.

Männern, aber aller biologischen Logik zum Trotz auch bei Frauen. Das weibliche Becken, früher einmal Schönheitsideal, soll heute möglichst wenig in Erscheinung treten. Das ganze weibliche Ideal ist einfach »out«, und wieder sind es vor allem Frauen, die diesen Widersinn nach- und anbeten.

Daß die linke Körperhälfte bei uns zu kurz kommt, haben wir schon früher bei den Linkshändern beschrieben. Sie wird zu unserer ungeschickten, tolpatschigen Hälfte, ungeübt und entsprechend unfähig. Ist doch auch das rechte Hirn mit ihr verbunden, das ja mit seinem gefühlsbetonten, musischen Empfinden, seinem ganzheitlichen Musterdenken und der Verbundenheit mit Kunst und Mythen, sprachlichen und anderen Bildern, in einer männlich *dominierten** Gesellschaft zu nicht viel Nutze ist. Weder kann es analysieren, noch argumentieren, rechnen, urteilen; ja nicht einmal verurteilen und bewerten. Mit einem Wort, *man* kann mit ihm in keinem Konzern Karriere machen. Im Gegenteil, es führt mit seiner weiblichen Logik höchstens dazu, daß man den Tag verträumt oder sich *kind*isch verhält.

Auch der Körper mit seinen Höhlen und Innereien führt ein stiefmütterliches Dasein. Die meisten Menschen unserer Zeit kümmern sich mehr um ihr Auto als um ihn. In typisch weiblich-passiver Weise läßt sich der Körper das auch lange und geduldig gefallen. Auflehnung und schmerzhafter Protest würden gar nicht zu seiner weiblichen Art passen. In den Eingeweiden gibt es wirklich kaum Schmerzrezeptoren, verglichen mit der empfindlichen Haut. Während man den Darm oder auch die Leber zerschneiden könnte, ohne daß ihr Besitzer etwas spüren würde, reagiert das Herz schon auf geringste Reize mit heftigem Schmerz. Im Verhältnis zu den Eingeweiden und den weiblichen Körperhöhlen erfährt die Haut als männlicher Gegenpol wiederum viel Aufmerksamkeit, wenn wir an Kosmetik, Massagen und die vielfältigen Schönfärbereien denken.

Auch bei der Sexualität steht über weite Strecken die äußere Haut im Mittelpunkt. Beim Geschlechtsakt bekommen auch die weiblichen Geschlechtsorgane der Tiefe notgedrungen einige Zuwendung, ist doch der Geschlechtsverkehr eine so klassisch polare Angelegenheit, daß selbst in einer so einseitigen Welt der weibliche Anteil nicht ganz zu vernachlässigen ist. Doch kann man sogar hier in therapeutischen Beratungen die Tendenz zu eher männlichem Vorgehen erkennen. Wo dem weiblichen Prin-

* lat. dominus = der Herr.

zip ein langsamer Erregungsablauf mit sanft ansteigender und ebenso sanft abfallender Kurve entspricht, hat unsere schnellebige Zeit mit ihrer Hektik auch diesem klassischen Polaritätsspiel vielfach schon ihr Muster aufgedrückt, und das entspricht natürlich dem männlichen Erregungsablauf: schnell ansteigend und entsprechend schnell abfallend und im Ganzen eher trocken.

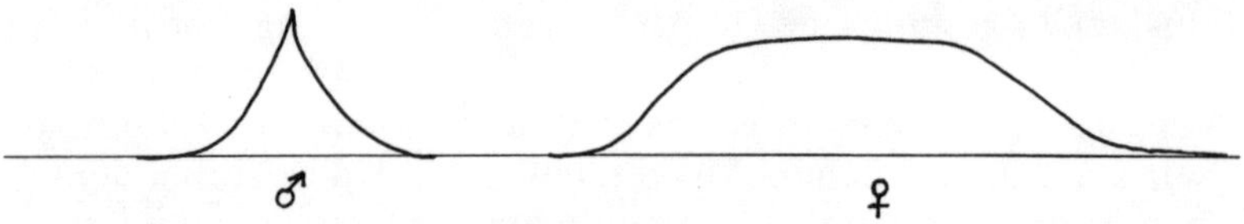

Diese Einseitigkeiten finden ihre Entsprechung auch auf allen Ebenen des Makrokosmos. Das weibliche Prinzip der Erde finden wir in ihrer südlichen Halbkugel, also unter der Gürtel-(Äquator-)linie, in ihrem großen Wasseranteil, in ihrer Tiefe zwischen dem männlichen Kern und der Oberfläche und in ihrer jeweiligen Schatten- oder Nachtseite. Das extreme Nord-Südgefälle unserer Welt wurde schon an früherer Stelle erwähnt. Wir können daran wieder das Pars-pro-toto-Gesetz sehr gut nachvollziehen, denn das Nord-Südgefälle besteht nicht nur für die Nord- und Südhalbkugel, sondern auch für viele Einzelländer. Nord- und Südamerika verdeutlichen als ganzer Kontinent dieses Problem eindrucksvoll. An wenigen Stellen auf der Welt ist die Beziehung zwischen dem Reichtum des Nordens und der Armut und dem Elend des Südens so klar wie hier, wo Norden und Süden noch zusätzlich von verschiedenen Nationen repräsentiert werden. Innerhalb der gleichen Nation können wir dieses Gefälle in Ländern wie Italien, Spanien, ja sogar Frankreich beobachten. Die wenigen Ausnahmen spielen hier wieder die Rolle des weißen Punktes im schwarzen Feld des Tai-Chi-Zeichens, wie am schönsten auch »farblich« sichtbar bei dem reichen, weißen Südafrika mitten in der großen Armut des schwarzen Kontinents.

Der Norden hat eindeutig die Rolle des Kopfes der Welt übernommen. Die Kraft des Nordens ist der Verstand, wie die Schamanen schon immer wußten. Als die Kraft des Südens bezeichnen sie das Vertrauen und die kindliche Unschuld. Da müssen wir allerdings feststellen, daß das Vertrauen des weiblichen Südens vom mächtigeren Norden grob mißbraucht wurde und die Unschuld bald verloren sein dürfte. Dem weiblichen Pol entsprechend hat der Süden die typisch weiblichen Reproduktionsaufgaben übernommen. Er produziert vor allem landwirtschaftliche Produkte wie Nahrungsmittel, aber auch Rohstoffe und – in großer Zahl – Kinder. Er ist arm, denn die Preise für seine Naturprodukte bestimmt der reiche Norden. Der Reichtum des Südens liegt in seinen Menschen und seinen Naturschätzen (das einzige noch bestehende große Urwaldgebiet am Amazonas etwa) und nicht zuletzt in seiner Lebensart und -philosophie. Im weiblichen Teil der Welt lebt sogar an einigen Stellen noch das alte magische Weltbild, das die Menschen wirklich mit ihrer Umwelt verbindet.

Tatsächlich stellen solche weiblichen Oasen in der männlich beherrschten Welt heute einen unschätzbaren Wert dar, sind sie es doch, als Gegenpol inmitten einer feindlichen Umwelt, die die Hoffnung auf ein Zurückschwingen des Pendels in Richtung Mitte nähren. Wo sonst soll der Same herkommen, der einer an ihrer Männlichkeit leidenden Welt die fehlenden weiblichen Impulse bringt? Viel wird für den Makrokosmos davon abhängen, ob aus den sterbenden Resten der indianischen, tibetischen, afrikanischen und anderer alter Kulturen neue Keimzellen werden können. Dabei wird es sicher nicht darum gehen, daß diese Kulturen in alter Form in ihrer ursprünglichen Heimat wieder auferstehen. Diese Zeit ist vorbei, und das Rad der Geschichte und des Schicksals läßt sich nicht zurückdrehen. Es ist aber sicher, daß die nächste Drehung des Rades das weibliche Prinzip wieder nach oben tragen wird und das männliche entsprechend nach unten. Die Frage ist lediglich, ob wir als Menschen das erleben werden, denn auch ein neuerliches Urchaos, entsprechend der ersten Ur-suppe, würde dem weiblichen Pol entsprechen und dem Prinzip des Schicksalsrades (der X. Tarotkarte) genügen.

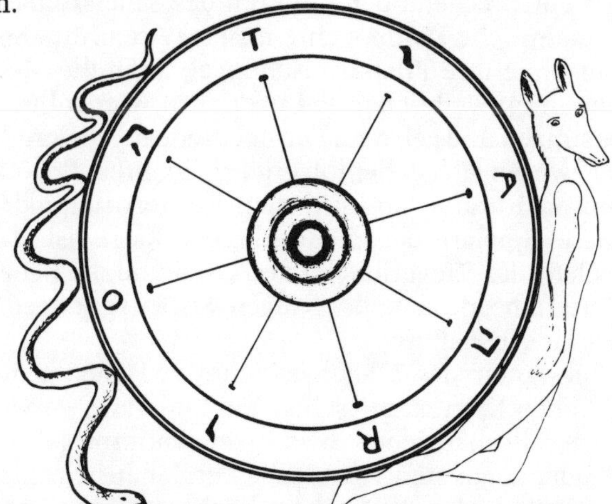

Wenn wir aber als Menschen noch eine Chance bekommen, ist eher zu erwarten, daß in den Hochburgen der männlichen Vernunft des Nordens das weibliche Prinzip einziehen wird, während das männliche seine Chancen eher in den heute noch weiblichen Enklaven fände. Einiges weist darauf hin, daß sich zumindest dieser letzte Aspekt schon ereignet. Denken wir nur daran, wie schnell die Entwicklungsländer heute ihre spirituellen Wurzeln abhacken, um unser männliches Weltbild mit seinen industriellen und technischen Möglichkeiten zu übernehmen. Das männliche Prinzip ist weiter und erbarmungslos auf dem Vormarsch mit seinen Industrien, die selbst in ihrer Signatur das Gehirn nachbilden mit ihren Rohren und Leitungen, ihrem Netzwerk aus lauter Wichtigkeiten. Moderne Industrielandschaften erinnern von oben betrachtet tatsächlich an gehirnähnliche Nervengeflechte, und wahrscheinlich geht es in beiden auch funktional ziemlich ähnlich zu. Täglich fressen sich diese Industrien tiefer in die noch übriggebliebene Natur. Die weiblichen Urwälder sind fast von der Erde verschwunden, und gerade jetzt werden wir Zeuge, wie die Welt den vielleicht schon entscheidenden Schlag knapp unter ihre Gürtellinie, den Äquator, bekommt. In Südamerika nämlich fressen sich gigantische Maschinen (♂) täglich tiefer in den Amazonas-Dschungel (♀), werden mit Brandrodung (♂) riesige Flächen von den urwüchsigen Baumriesen (♀) befreit. Möglicherweise ist das schon der Schritt über die Grenze hinaus, der die Umkehr oder die Katastrophe erzwingt, denn die Welt bedarf des weiblichen Prinzips. Dieses bedrohte, riesige Dschungelgebiet liefert seiner weiblichen Art entsprechend den Großteil des Sauerstoffbedarfs der Erde (die männliche Komponente unserer Atemluft). So wie die Welt nicht ohne ihre Pflanzendschungel, kann die Menschheit nicht ohne ihren weiblichen Pol überleben. Wer sollte denn die Kinder austragen und gebären. Die hochindustrialisierten Gesellschaften bewegen sich daher folgerichtig in ihrem Bevölkerungswachstum nach unten und mit dem Bruttosozialprodukt nach oben. Diese Spielart der menschlichen Rasse ist dabei, die Gemeinschaft der Säugetiere zu verlassen und die neue Art der Gehirntiere zu begründen; das Säugen (Stillen) gilt bei dieser Art schon fast als Ausnahme.

Die Wichtigkeit des Gleichgewichts zwischen männlichen und weiblichen Kräften, zwischen Yin und Yang, ist wohl noch weit vom gesellschaftlichen Bewußtsein entfernt. Noch werden weiter Wälder zugunsten von Straßen und Industrieanlagen niedergeschlagen, werden die noch verbliebenen Sumpfgebiete (der

Sumpf ist ein klassisch weibliches Revier) trockengelegt. Denn alles Weibliche scheint prinzipiell bedrohlich für den männlichen Verstand: der Dschungel in seiner Undurchschaubarkeit mit seinen gefährlichen Tieren und der Möglichkeit, sich darin zu verirren, das Meer und der Sumpf in ihrem verschlingenden, undurchschaubaren Aspekt ebenso wie das Meer der Gefühle, der Dschungel der Stimmungen, der Sumpf der weiblichen Logik. Der männliche Pol will denn auch all das beseitigen oder zumindest aufräumen und ordnen, auch wenn das Leben, das ja den chaotischen weiblichen Nährboden braucht, dabei zu kurz kommt. Wen wundert es da, daß mit diesem Konzept schon viele Tierarten und Volksstämme von der Erde vertrieben wurden! Wenn wir es schaffen würden, den gesamten weiblichen Pol zu vertreiben, wäre auf alle Fälle auch das Leben dabei. Ein Blick auf das Tai-Chi-Symbol genügt, um zu sehen, daß wir es aber nicht schaffen können. Mitten im männlichen wird das weibliche Prinzip überleben. Noch ist der männliche Pol weiter im bedingungslosen Vormarsch in einer sich bereits verselbständigenden Weise, wenn wir etwa an das rasche Wachsen der Wüstengebiete (♂, trocken, heiß, Sonne, unfruchtbar) der Welt denken.

Betrachten wir abschließend noch einmal die Welt als Ganze, so können wir aus dem materiellen Reichtum des Nordens und der entsprechenden Armut des Südens durchaus Schlüsse auf den Mikrokosmos ziehen. Auch wir Menschen haben einen enormen Reichtum an Vernunft oben im Kopf angesammelt, dem eine zunehmende Verarmung unserer Bauchwelt mit ihren Gefühlen und ihrer Intuition gegenübersteht. Betrachten wir die wichtigste Polarität im mikrokosmischen Bereich, die Mann-Frau-Beziehung, so wird es noch deutlicher. Die klassische Rollenverteilung sichert dem Mann eine überlegene materielle Position zu. Er verdient und besitzt den Reichtum der Familie, bei gleichzeitiger emotionaler Verarmung. Der emotionale Reichtum der Frau aber kommt meist nicht zum Tragen, weil er entwertet oder gar nicht wahrgenommen wird; genau wie die reichen Länder den emotionalen und spirituellen Reichtum der armen Länder im wesentlichen mißachten. Typischerweise suchen dann auch diejenigen, die die *Fehler* unserer Industriegesellschaften erkannt haben, das *Fehlende* in den armen Ländern des Südens. Trotz allen Elends finden sie dort nicht selten mehr Lebensfreude als zu Hause in den geordneten, effizienten Verhältnissen. Vor allem aber gibt es dort noch lebendige spirituelle Wurzeln statt leblosen Reichtums. Ohne Polaritätsdenken müßten solche und ähnliche Entwicklungen ziemlich absurd erscheinen. Da machen sich ganze

Völkerscharen im Urlaub auf, um im armen Süden ein bißchen Lebensfreude, Sonne und Genuß zu tanken, um sie dann, wie die Tanklastwagen, zurück in ihren tristen, reichen und manchmal schon lebensfeindlichen Norden zu bringen. Diese Völkerwanderungen zwischen den von Fabrikschloten (den Phallussymbolen der Städte) geprägten Industrielandschaften des Nordens und den Wellen der südlichen Meere sind zwar einerseits absurd, andererseits aber auch ein gesunder Ausgleich in dieser kranken Weltsituation, bringen sie doch einen Teil des Reichtums, den der Norden auf Kosten des Südens erwirtschaftet, freiwillig in Devisenform in den Süden zurück. Das wiederum entspricht genau der Situation des einzelnen Menschen der Industriegesellschaft. Er plagt sich ein Leben lang, um möglichst viel materiellen Reichtum anzuhäufen, um dann später das Leben genießen zu können. Falls »später« überhaupt je eintritt, wird dieser Reichtum dann meist zu Ärzten getragen und versucht, in einem nur zu oft frustrierenden Prozeß dem jahrzehntelang verachteten Körper zurückzugeben, was man ihm so lange mühsam abgepreßt hat.

Wenden wir uns der Land-Wasser-Polarität der Erde zu, ändert sich nicht viel. Die Landmasse, obwohl nur halb so groß wie die Wasserwelt, *dominiert* als männlicher Pol vollständig. Während es früher noch eher einen Ausgleich zwischen Nehmen und Geben dem Meer gegenüber gab und dadurch auch eine gewisse Verbundenheit mit der Wasserwelt, wird das Verhältnis heute zunehmend einseitig. Der Versuch, das Meer bis auf den Grund auszubeuten, hat nicht an der Vernunft der Ausbeuter seine Grenze gefunden, sondern eher am Verschmutzungsgrad des Meeres. Wie alle Repräsentanten des Weiblichen hat auch das Weltmeer seine eigenen langsamen Rhythmen, und so dauert es eben seine Zeit, bis die Fische nachwachsen und der eingeleitete Schmutz verdaut ist, genauso wie es eben dauert, bis ein Kind ausgetragen ist, eine Frucht reif, ein Orgasmus erreicht, ein Kind erwachsen ist und der Mond einen Umlauf vollendet hat. Die Landbewohner aber konnten in ihrer männlichen Art, zielstrebig und ungeduldig, nicht warten und raubten mehr, als das Meer verkraften konnte. So sind heute viele Küstengewässer leergefischt und manche Fischarten vom Aussterben bedroht. Aber auch Meeressäugetiere wie Wale und Robben können nur durch Schutzmaßnahmen vor dem Aussterben bewahrt werden. In asiatischen Korallengewässern, wie etwa der philippinischen Inselwelt werden die wundervollen Korallenbänke von Korallenfressern vernichtet, weil deren natürlicher Feind, eine große Muschelart, für Touristensouvenirs aufgebraucht wird. Für all das, was wir der Wasserwelt nahmen, führen wir ihr im Gegenzug mehr von unserem Abfall zu, als sie ertragen kann. So begann sie, langsam zu sterben. Je größer die Berührungsflächen mit dem männlichen Prinzip, dem Land, desto schneller kippen die Gewässer um, wie die Wissenschaftler dieses Sterben umschreiben: zuerst die Bäche, Flüsse und Seen, dann die Binnenmeere und vielleicht bald die Ozeane.

Bei diesen, zugegebenermaßen harten Darstellungen der einseitigen Weltlage sei noch einmal daran erinnert, daß all das im Lauf des Schicksalsrades liegt. Gerade das geht aus den zitierten indianischen Prophezeiungen eben auch hervor. Die Welt hat Schlagseite bekommen durch das einseitige Vordringen des männlichen Pols. Aber es gab keine Alternative dazu, auch das zeigen uns die untergehenden Indianerkulturen. Der männliche Aspekt hatte die Aufgabe der Empörung gegen das Bestehende, und hat sie nun beinahe verwirklicht. Das gilt es immer mit zu bedenken, wenn man sich den Ernst der Lage vergegenwärtigt. Wir wollen nichts verdrängen oder beschönigen, sondern ehrlich hinschauen, sollten aber bedenken, daß der nächste Schritt akzeptieren und aussöhnen heißt. Unsere gegebene Wirklichkeit anzunehmen, ist wahrlich nicht leicht und doch Vorbedingung dafür, daß sich in uns etwas bewegt, und erst synchron damit wird sich in der Welt etwas bewegen.

Ganz ähnlich ist die Situation auf der nächsten Polaritätsebene, dem Verhältnis von Erdoberfläche zu Erdleib. Den feurigen Erdkern müssen wir hier weitgehend außer acht lassen, weil wir zu wenig darüber wissen. Schließen wir allerdings vom Mittelpunkt des Mikrokosmos Mensch, seinem Herzen, auf die Mitte der Welt, sähe es nicht gerade gut für diese aus. Dem Erdleib jedenfalls ergeht es ähnlich wie dem Meer. Die Erde wird rücksichtslos ihrer Boden-Schätze beraubt, und die Räuber kümmern sich nicht darum, daß sie wohl niemals Zeit zum nachwachsen haben werden. Hier ist das Zeitverhältnis ja noch weit ungünstiger als bei den Meeresschätzen, wenn wir daran denken wie lange die Erze, Edelsteine, das Erdöl und die Kohle für ihr Wachstum brauchen. So weit es in seiner Macht stand, hat sich der männliche Pol natürlich bemüht, diese nervenaufreibend langsamen Wachstumsprozesse des weiblichen Prinzips zu beschleunigen, etwa in der Landwirtschaft, wo der Natur (♀) mit Kunstdünger auf die Sprünge geholfen werden soll oder dem Wachstum der Schlachttiere mit chemischen Medikamenten. *Man* versucht sogar Kristalle im Eilverfahren wachsen zu lassen, allerdings sind die Ergebnisse nicht annähernd so schön wie die der Natur. Die

Erze der Erde und vor allem das Erdöl lassen sich aber noch nicht nachzüchten, und so heißt die männliche Devise hier wie so oft: »Nach uns die Sintflut«. Das wenig Komische an dieser Devise ist, daß die Sintflut von ihrer Symbolik her etwas Urweibliches ist, und sie hat ja schon einmal ein eingetretenes Ungleichgewicht auf der Welt wieder ins Lot gebracht. Vom Schicksal her gesehen, ist es gar nicht so unwahrscheinlich, daß sich das weibliche Wasserreich die Opfer und den Respekt, die es früher freiwillig bekam, heute, wo ihm beides vorenthalten wird, mit der ihm eigenen Urgewalt holen wird.

Angesichts der Ungeduld des männlichen Prinzips aber nützen all die Warnungen der Indianer (vgl. die Hopi-Prophezeiungen*) oder selbst die der besonneneren Ausbeuter wenig: Es wird weiter-gemacht, schon weil »Machen« das ist, was das männliche Prinzip am besten kann. Und was es kann, das macht es auch, wie wir an den vielen ver-heer-enden Kriegswerkzeugen sehen. Keiner will sie, aber sie werden gemacht, weil sie gemacht werden können; und wenn sie da sind, müssen sie auch benützt werden, denn *man* muß ja neue *machen*. Das ist die Konsequenz rein männlicher Logik, die sich so viel auf ihre Vernunft einbildet und damit so weit im Gegenpol – dem Irrsinn – landet.

Das ist übrigens ein für uns jetzt lebende, zwar trauriges, aber funktionierendes Modell für den Umschwung zum weiblichen Pol. Geht man weit genug ins Extrem eines Poles, bringt man damit gerade den Gegenpol hervor, allerdings in diesem Fall auf einer entsprechend unerlösten Ebene. Unerlöst, weil in diesem Fall sich der Vorgang gänzlich unbewußt abspielt und ausschließlich auf einer physischen Ebene. Das Ergebnis eines totalen Krieges des männlichen Poles wäre eben ein weibliches Urchaos, eine neue Ursuppe. Beispiele gibt es viele: Strebt eine Kultur den totalen Reichtum und die totale Macht an, landet sie darauf in Ohnmacht und Armut. Wer für den totalen Frieden eintritt, zieht damit leicht seinen Schatten, die Gewalt auf sich (Mahatma Gandhi, Martin Luther King, John F. Kennedy, Olof Palme).

Für die restlose Ausbeutung seiner Schätze erhält der Erdenleib als Gegenleistung eine unübersehbare Flut von Müll, Schmutz und Gift. Wo immer möglich, achtet der männliche Pol darauf, daß seine Abfallprodukte nicht auf der eigenen Erdoberfläche liegen bleiben, sondern säuberlich »unter den Teppich gekehrt« werden. Dort liegen sie dann und bereiten Mutter Erde Bauch-

---

* nachzulesen in Moira Timms »Zeiger der Apokalypse« S. 131 ff Knaur TB, München 1984.

grimmen, denn bevor sie auch nur einen kleinen Teil verdaut hat, kommt schon neuer Müll nach. Was das bedeutet, können wir uns leicht vorstellen, wenn wir zum Mikrokosmos Mensch zurückkehren. Wir verderben uns den Magen mit Schwerverdaulichem, ja Unverdaulichem und Gift, pumpen ihn aber nicht etwa aus, sondern belasten ihn im Gegenteil immer wieder neu mit Gift und Unverdaulichem. Das ist die Situation, in die wir den Leib unserer Erde seit langem bringen. Die Indianer, die die Erde als ihre lebendige Mutter empfinden, verlieren angesichts dieser Situation verständlicherweise den Lebensmut und -willen.

Unsere letzte Betrachtungsebene, die Polarität zwischen Tag und Nacht oder im vergrößerten Rhythmus zwischen Sommer und Winter macht wieder dieselbe Einseitigkeit deutlich. »Von Natur aus« sind die weiblichen Phasen Nacht und Winter zur Regeneration und Erholung notwendig. Wir versuchen natürlich, sie zu beschneiden und umzufunktionieren, um noch mehr für das männliche Prinzip, in diesem Fall für Tag und Sommer herauszuholen. Anstatt uns dem Rhythmus des natürlichen Lichtes anzupassen, verlängern wir den Tag bis weit in die Nacht hinein und beenden dafür die Nacht schon etwas früher mit Hilfe von Weckern (alle Alarmanlagen sind in ihrer Symbolik natürlich männlich). Auch den Winter akzeptieren wir nicht als Zeit der Ruhe und Einkehr, im Gegenteil, wir entfliehen ihm, wo immer es geht, am besten gleich auf die Südhalbkugel der Erde.* Mit Hilfe der Düsenflugzeuge haben wir die Möglichkeit, immer im Sommer zu leben. Was aber heißt das? Wir wollen nur das männliche Prinzip. Können wir dem Winter nicht entfliehen, versuchen wir wenigstens, ihn zu ignorieren. Von Winterschlaf und »Etwas-kürzer-Treten« angesichts der kürzer werdenden Tage, ist jedenfalls keine Rede. Im Gegenteil, viele Menschen arbeiten im Winter durch, um im schönen Sommer noch mehr Zeit für sich zu haben. In der Industrie wird mit Vorliebe Schicht gearbeitet, dann ist für die Fabrik zumindest immer Tag. Die betroffenen Menschen bezahlen die Schichtarbeit mit ihrer Gesundheit, denn natürlich kommen sie damit völlig aus ihrem natürlichen Rhythmus. Rhythmus aber ist Leben, hatten wir in einem früheren Kapitel festgestellt. Wer seinen eigenen Rhythmus verliert, büßt damit auch weitgehend die Fähigkeit ein, mit anderen in einen Rhythmus zu kommen, in Resonanz zu treten und damit die Fähigkeit, mitzuschwingen und zu lieben. Wer je

* Damit allerdings können wir dem weiblichen Pol nicht ganz entkommen, denn die Südhalbkugel gehört ja ebenfalls dazu.

Schichtarbeiter medizinisch betreut hat, weiß, daß diese Analogien gar nicht so weit hergeholt sind. Nicht umsonst gelten z. B. Piloten, die in vieler Hinsicht immer wieder aus den natürlichen Rhythmen fallen, sehr früh als fluguntauglich.

Die Bedeutung der Nacht wird ignoriert, wie die des Urwaldes und der Meere, der Frauen und Kinder (auch sie gehören zum weiblichen Prinzip) und des Erdreiches. Die Vertreter des weiblichen Poles sind in die Leidensrolle gedrängt, werden in ihren Rechten beschnitten und bestenfalls als Abfalleimer benutzt. »Bestenfalls«, denn auch mit dieser Rolle leistet das weibliche Prinzip noch eine unschätzbare Aufgabe für Mikro- und Makrokosmos. Die Nacht etwa ist der Mülleimer für all die Wünsche, Träume, Phantasien und Gefühle, die während des Tages verdrängt und beiseite geschoben werden mit den Argumenten männlicher Logik: »Das ist ja *nur* Phantasie«, oder »Das hast du ja *nur* geträumt!« Würden wir unsere Gefühle nicht nachts in den Traumphasen verarbeiten, wir wären sehr schnell geistig und seelisch krank. Entsprechende wissenschaftliche Forschungen zeigen deutlich, daß Menschen, die man konsequent am nächtlichen Träumen hindert, durch Störung der sogenannten Rem-Phasen (entsprechen den Traumphasen) innerhalb einiger Tage Wahnvorstellungen entwickeln. Ohne das Gegengewicht der Nacht könnten wir also gar nicht *vernünftig* existieren.

So wie die Nacht zum Abfalleimer des Tages wird und das Meer zu dem der Erde, werden auf der Mikrokosmos-Ebene natürlich Frauen häufig zum entsprechenden seelischen Mülleimer für Männer. Was tagsüber in den Fabriken und Büros nicht abgeladen werden konnte an seelischen Spannungen und Frustrationen, entlädt sich dann abends über der Familie und nachts in Träumen und Phantasien. Das Sonderbare und Schwierige für den weiblichen Pol an dieser Situation ist die Tatsache, daß der männliche Pol mit den »vollen Abfalleimern« am liebsten nichts mehr zu tun haben will und nach neuen Ausschau hält. »Neue Mülldeponien lassen sich beliebig in die Erde sprengen, die Meere sind tief, und Frauen gibt es auch genug« ist das Motto in Verbindung mit dem anderen: »Nach uns die Sintflut«.

Eine natürliche Gewichtung der beiden Pole könnten wir sehr leicht sowohl dem Mikro- wie dem Makrokosmos ansehen: Der Weg aus der Einheit in die Polarität ist vorgezeichnet und hat etwas Zwingendes in dieser Welt. Das natürliche Gleichgewicht ist aber in der Natur immer deutlich zugunsten des weiblichen Poles verschoben und nicht umgekehrt wie in unserer Zivilisation. In dem Maße, wie das Kind sich aus der Einheit des

Mutterleibes herausentwickelt, verlieren die ursprünglich ganz symmetrisch angelegten Eingeweide ihren absoluten Mittebezug, und das Herz wandert ein wenig auf die linke Körperhälfte (♀). Das Säure-Basen-Gleichgewicht ist deutlich zugunsten des basischen, weiblichen Poles verschoben, die Geschlechtschromosomen der Menschheit bestehen zu 75% aus den weiblichen X- und nur zu 25% aus den männlichen Y-Chromosomen. Die Signatur des Körpers ist von weichen, weiblichen Formen bestimmt, genau wie die der Erde. Auch im Makrokosmos ist das Verhältnis Wasser zu Landfläche 2:1. Aus all diesen Hinweisen folgt ein offensichtliches Übergewicht des weiblichen Prinzips in der *natür*lichen Welt, was sich auch in der besseren biologischen Anpassung der Frauen zeigt. Aus dieser biologischen Tatsache folgt *natür*lich die Entwicklung des frühen Matriarchats. Daß das männliche Prinzip aus seinen Schwierigkeiten heraus langsam stärker wurde, ist verständlich, schließlich leben die Männer ja in einer überwiegend gegenpolaren Umwelt, die zu besonderen Leistungen anstachelt. Bahnbrechende geistige und kulturelle Entwicklungen ergaben sich in der Menschheitsgeschichte immer aus Problemen und eher lebensfeindlichen Umweltbedingungen und nicht etwa aus harmonischen und lebensfreundlichen Situationen. Daher kam es gerade wegen des Drucks der feindlichen weiblichen Umwelt allmählich zur Umgewichtung des natürlichen Gleichgewichts, und das männliche Prinzip machte dem weiblichen schließlich mit Erfolg dessen ureigene Domäne, die Mater-ie, streitig. So wurde aus der natürlichen Schwäche künstliche Stärke, und *man* setzte eine generelle Umwertung mit Betonung des männlichen Prinzips durch. So unirdische Dinge wie Gedanken als Ausdruck des Luftelements und Feuer traten in den Vordergrund und *hitzige* Wortgefechte und Krieg, am typischsten in Form von Luft-Schlachten, wurden wichtig. Das ist nun unsere heutige Situation. Wir *reden* und *denken* ständig Krieg oder *machen* ihn sogar, obwohl die Erde (♀) sowohl des Krieges als auch des Geredes darüber reichlich müde zu sein scheint. Das männliche Prinzip kann sich aber nur so seine eigene Dominanz und Wichtigkeit beweisen. Ständig müssen Gefahren geschaffen werden, um sie dann wieder auf vernünftige Weise zu be-*herr*-schen. Was sonst ist unser heutiges »Gleichgewicht durch Abschreckung«?

Dieser Abschnitt ist nicht als Plädoyer gegen die Polarität aufzufassen, sondern als Hinweis auf die Probleme, die sich zwingend ergeben, wenn der eine Pol überbetont wird. Die Polarität ist die Grundlage unseres Lebens. Lebensenergie fließt auf dieser Welt überhaupt nur zwischen Gegensätzen, und es bedarf sogar erheblicher Arbeit und Anstrengung, diese Spannung und mit ihr das Leben aufrechtzuerhalten. Am deutlichsten wird das bei der Elektrizität, wo viel Energie und Arbeit in Form von Kohle, Atomenergie oder der potentiellen Energie eines Flußgefälles aufgewendet werden muß, um den Plus- und Minuspol aufzubauen und zu erhalten. Hier sehen wir auch gleich, wie unsinnig es letztlich ist, einen Pol zu bevorzugen. Auch Zusammenbringen der Gegenpole bringt auf der materiellen Ebene als Dauerlösung nichts, denn dann entlädt sich die Spannung, und die Elektrizität (das Leben) verschwindet.

Beim Menschen kennen wir dieses Thema aus der Sexualität. Je näher die Gegenpole sich kommen, desto größer wird die Spannung, kommen sie aber ganz zusammen, bricht auch die Spannung zusammen. Was kurzfristig so angenehm ist, kann über längere Zeiträume durchaus unerfreulich werden. Wenn sich nämlich die Spannung sehr oft entlädt, wird die Batterie allmählich leer, und es bedarf dann auch hier beträchtlichen Aufwandes, um die Spannung der Gegenpole wieder aufzubauen. Unsere männliche Wegwerfgesellschaft hält aber wenig von solcher Regeneration (♀) und neigt viel eher dazu, eine neue Batterie zu kaufen, ein neues Paar zu bilden. Das ist zwar für die Aufrechterhaltung der lebensnot-wendigen Spannung eine kurzfristige Lösung, auf lange Sicht aber weder für Mikro-, noch für Makrokosmos befriedigend, wie wir an den wachsenden materiellen und seelischen Müllhalden sehen können.

Was sich wie eine harte Polemik gegen das männliche Prinzip ausnimmt, ist vielmehr als Erklärung der Situation gemeint und nicht als Schuldzuweisung. Es gehören ja immer zwei Pole zur Wirklichkeit: In diesem Fall muß einer *tun* und der andere es sich antun lassen. Im übrigen ist das betreffende Verhalten aus der männlichen Logik heraus gut erklärbar. Deren erste Prämisse haben wir schon gestreift: »*Man* muß *machen*« und genauso wichtig: »*Man* muß *weiter-kommen*«. Wohin dieser Fort-Schritt führt, ist aber erst einmal zweitrangig. Wenn *man* die Umwelt ruiniert hat, wird er sie danach heile *machen*. Einfach aufzuhören, sie zu ruinieren, ist für *man's* Logik gar keine Alternative. Auch, daß ewiger Fort-Schritt gar kein Ziel haben kann, weder ein »positives«, noch ein »negatives«, weil *Fort-Schritt* ein Ankommen, ein Erreichen des Zieles per definitionem ausschließt, kann »*man*« nicht interessieren, denn die einzige Alternative wäre anhalten, einhalten, stille sein, Ruhe geben. Diese Möglichkeiten sind alle nicht in »man's« Repertoire, gehören sie doch zum

Gegenpol, dem weiblichen Prinzip. Es bleibt uns wiederum nur, festzustellen, daß diese Welt durch das enorme Überbetonen des männlichen Poles ins Ungleichgewicht geraten ist. Dieses Ungleichgewicht war not-wendig für unser Erwachsenwerden als Menschheit. Jetzt gilt es, diese Situation ehrlich zu betrachten, sie anzunehmen *und* sich klarzumachen, daß die Lösung letztlich nicht in einem Pol liegen kann, sondern wie immer nur in der Mitte. Jeder kann nur für sich selbst entscheiden, wann er seinen Umkehrpunkt erreicht hat. Diese einzelnen Entscheidungen werden sich jede für sich und alle zusammen in der Welt spiegeln.

12. Die Elemente in Mikrokosmos und Makrokosmos

Auch der Mensch besteht aus vielerlei. Woraus immer die Luft ist, die Erde, die Kräuter, die Steine, all das ist auch Teil unserer Körper. Wir müssen wieder lernen, wir selbst zu sein und die Vielfalt in uns zu fühlen und zu entdecken.

LAME DEER (Medizinmann der Hopi)

Vier heilige Namen gab der Schöpfer den Menschen.
Nur wenigen Menschen gab er sie,
nur jenen, die weise genug waren,
sie richtig zu gebrauchen.
Denn die heiligen Namen haben die Kraft,
das Antlitz der Erde zu verändern.

Der erste Name ist der Name der Sonne,
denn sie gibt Wärme und Licht und läßt die Pflanzen reifen.
Der zweite Name ist der Name
der großen Ströme, der Flüsse und Bäche,
denn wir trinken ihr klares Wasser.
Der dritte Name ist der Name des Waldes,
denn die Wälder sind älter als die Menschen
und werden sein, wenn wir längst nicht mehr sind.
Der vierte Name ist der Name der Erde und des Staubes,
zu dem wir zurückkehren müssen.

Eines Tages werden alle Menschen
die heiligen Worte verstehen und gebrauchen lernen.
Dann wird eine einzige Sprache sein.

Wenn wir die Tiere verstehen,
sind wir auf dem richtigen Pfad.
Wenn wir mit den Bäumen sprechen,
wissen wir: die Stunde ist gekommen!

Indianische Weisheit

Die Elemente des Periodensystems der Naturwissenschaft entsprechen sich nicht nur in Mikro- und Makrokosmos, sondern sind identisch. Vor allem in den letzten Jahrzehnten sind im menschlichen Körper viele sogenannte Spurenelemente entdeckt worden, und es ist heute nicht mehr unwahrscheinlich, daß wir irgendwann in der Zukunft alle Bausteine des Makrokosmos, in wenn auch noch so geringer Menge, im Mikrokosmos unseres Körpers wiederfinden werden.

Auch auf dieser Ebene begegnen wir dem nun schon vertrauten Ordnungsprinzip der Schöpfung, der rhythmischen Schwingung. Das Periodensystem, das alle chemischen Elemente in der Reihenfolge ihres Atomgewichtes aufführt, umfaßt sieben Oktaven. Wie bei den Oktaven der Musik wiederholen sich bestimmte Eigenschaften auf der höheren Oktavebene immer wieder.

Zusammenfassend können wir in bezug auf die Elemente der Chemie auf wissenschaftlicher Basis sagen, daß alles, was draußen ist, auch drinnen ist und alles, was drinnen ist, auch draußen.

Dieser letzte (Symmetrie-)Satz, dem die Verwandtschaft zum Grundsatz des Hermes Trismegistos »wie oben – so unten« deutlich anzusehen ist, wird noch eindrücklicher, wenn wir die Lehre von den vier Elementen der Alten betrachten. Im Zentrum der Erde finden wir dann mit ihrem glühenden Kern das Feuerelement, so wie wir es auch symbolisch im Zentrum des Menschen, seinem Herzen, finden. Die mächtigste Energie liegt sowohl beim Mikrokosmos, als auch beim Makrokosmos in der Mitte, und man könnte sagen, daß den Kanälen des Magma, die bis in die härteren Außenschichten der Erde dringen (siehe Vulkanausbrüche), die Blutgefäße entsprechen, jedenfalls so weit wir das Blut in seinem energetischen, Lebenskraft transportierenden Aspekt betrachten. Auch darin, daß beide nur bei Unfällen an die Oberfläche treten, gleichen sie sich.

Dann folgt das Erdelement, das nach außen immer fester wird, bis es in der erstarrten Erdkruste endet. Ihm entspricht im Mikrokosmos das Knorpel- und Knochengewebe mit seinen Stützfunktionen, das ganz analog zur Erde, dem Körper eine äußere Form gibt und das organische Innenleben mit seinem Knochengerüst (siehe besonders Schädel und Brustkorb) schützt. Der empfindlichen Haut entsprächen die Sedimente der Erdoberfläche, die das ebenfalls empfindliche organische Leben der Erde beherbergen.

Darauf folgt auf unserer Erde das Wasserelement, das ⅔ ihrer gesamten Oberfläche bedeckt. Am Mikrokosmos Mensch hat das Wasser einen ebenso großen Anteil. Beim Baby beträgt er um die

80%, aber auch beim alten Menschen sind es immer noch 60%. Dieses Körperwasser, das sich in jeder Zelle verbirgt, fließt auch in den Lymphbahnen, und selbst im Blut ist das weibliche Wasserelement die Basis der feurigen (männlichen) Lebenskraft. Die mineralische Zusammensetzung des Körperwassers, die der des Weltmeeres auffallend gleicht, macht die Verbindung beider überdeutlich. Die Naturwissenschaft sieht hier einen Hinweis auf unsere Herkunft aus dem Urmeer; ähnlich wie das Neugeborene aus dem mütterlichen Fruchtwassermeer auftaucht, um sich den Luftraum mit einiger Anstrengung und einigem Schmerz zu erobern.

Am Beispiel der Zelle können wir sehr gut erkennen, daß die hier vorgenommene Elementeaufteilung nur einer groben Ebene gerecht wird, denn natürlich ist in Wirklichkeit alles von allem durchdrungen und das Pars-pro-toto-Gesetz ohne Einschränkung gültig. Neben dem auch massemäßig überwiegenden Zellwasser ist das feurige Element im Kern der Zellmitte vertreten und in den Kraftwerken, den Mitochondrien. Die Zellwände und Stützorganellen wären wiederum dem Erdelement zuzuordnen. Das Luftelement dagegen ist in der menschlichen Zelle wie auch im ganzen Menschen und im Makrokosmos weniger leicht zu finden. Um es zu entdecken müssen wir unseren Horizont weiten und über die engen Grenzen der Körperlichkeit hinausschauen. Bei der Zelle haben wir früher schon von dem sie umgebenden elektromagnetischen Feld gehört, mit dem sie Einfluß auf ihr Umfeld nimmt. Auch an den morphogenetischen Feldern konnten wir erleben, daß die sichtbaren Grenzen noch nicht die letzten Grenzen sein müssen, und daß zumindest alles Lebendige in Felder oder Muster eingefügt ist. Bei der Erde fällt es leichter, den Raum um sie herum, die Atmosphäre, als zu ihr gehöriges Luftelement zu akzeptieren. So wie aber zur Erde ihr Umfeld gehört, besitzt auch der Mensch sein Feld und seinen Luftraum. Er hat sogar neben dem äußeren Luftraum in den Lungen einen inneren.

So wenig wir sagen würden, daß das Feld der Erde, die Atmosphäre, unwichtig ist, so wenig können wir behaupten, daß das Feld des Menschen, seine Ausstrahlung oder Aura, unwichtig sei. Im vorigen Kapitel wurde dargelegt, wie wichtig Spannung für das Leben ist. Genauso wichtig aber ist das Feld, das sich zwischen den Spannungspolen aufbaut. So lebt die Zelle in ihrem eigenen Spannungsfeld, das bei der Zellteilung und der Ausbildung der polaren Spindel aus den Polkörperchen besonders deutlich wird. Der Mensch lebt im Feld zwischen seinen Polen Kopf und Becken und auch und vor allem im Spannungsfeld zu seinem geschlechtlichen Gegenpol. Das Feld der Erde entsteht analog zwischen ihrem Nord- und Südpol. Diese Felder im umgebenen Raum repräsentieren das Luftprinzip. Betrachten wir den Elementeaufbau unserer Erdkugel noch einmal zusammenfassend: Im Zentrum fanden wir Feuer, in ihrem Körper die Erde, auf ihrer Oberfläche Wasser, in ihrer Hülle Luft, und wenn wir noch weiter nach draußen gehen, stoßen wir wieder auf Feuer, das der Sonne. Dieses fünfte Element, das dem ersten auf einer höheren Ebene entspricht, erinnert in dieser Zusammenstellung an das fünfte Element, Akasha, des indischen Systems das die vorigen vier auf einer höheren Ebene zusammenfaßt. Die grobstofflichen weiblichen Elemente Erde und Wasser liegen damit zwischen den feinstofflicheren männlichen: Feuer und Luft.

Das Materielle läßt sich in der Polarität von den transparenten Energien nicht ganz durchdringen, sondern nur befruchten. Wie es aber für das Neugeborene lebensnotwendig ist, sich dem Luftelement zu öffnen und sich von ihm durchströmen zu lassen, so ist es auf dem spirituellen Weg Aufgabe, sich dem Licht zu öffnen und sich von ihm durchdringen zu lassen, das grobe *Materielle* dem lichten Geist des *Vaters* zu öffnen. Dieses Erlösungswerk findet aber notgedrungen heftigen Widerstand und feste Grenzen im stofflichen Bereich. Und zu Recht: denn zuerst einmal ist es Aufgabe des Menschen, sich des Materiellen, in das er mit seiner Geburt geworfen wurde, anzunehmen, sowohl, was unseren menschlichen Körper, den Mikrokosmos anbelangt, als auch, was den großen Leib der Erde, den Makrokosmos, betrifft.

Am Beispiel des Verliebens kann das deutlicher werden: Wir verlieben uns von Herz zu Herz, von Feuer zu Feuer sozusagen, weshalb wir auch von »heißer Liebe« und »brennenden Herzen« sprechen. Wir werfen ein Auge (als Sonnen- und Einheitssymbol) auf jemanden oder verschauen uns in sie oder ihn.

Wir wissen aber auch, daß wir uns dabei zwar »die Finger verbrennen« können, (die Repräsentanten der grobstofflichen Elemente, die zupacken und festhalten wollen), nicht aber das Herz. Die Herzen wollen brennen, und da gibt es auch keine Probleme. Die gibt es erst, wenn die Materie dazwischenkommt, und sie kommt mit Sicherheit und macht ihre berechtigten Forderungen geltend. An dieser Analogie sehen wir sehr schön, daß es darum geht, das Grobstoffliche zu bewältigen, zu durchlichten und mit heißer Liebe zu durchdringen. Daß es ab und zu mal funkt, ist wichtig, aber nicht genug – weder für die Liebe, noch für den esoterischen Weg.

13. Atmung in Mikrokosmos und Makrokosmos

Der Rauch aus unserer heiligen Pfeife ist der Atem des Großen Geistes. Wenn wir beisammen sitzen und die Pfeife rauchen, bilden wir einen Kreis, der ohne Ende ist und alles umschließt, was auf der Erde lebt.

LAME DEER (Medizinmann der Hopi)

Durch den Winter
durch den Sommer
durch den ganzen Reigen der Monate
habe ich um Licht für dich gebetet...
Ich bitte um den lebensspendenden Atem
des großen Geheimnisses:
den Atem des hohen Alters
den Atem der Wasser
den Atem der Samen
den Atem der Fülle
den Atem der Fruchtbarkeit
den Atem der Kraft
den Atem des guten Geistes
den Atem allen guten Geschickes
Ich bitte um seinen Atem
und indem ich seinen Atem hineinhole
in meinen warmen Körper
füge ich ihn jetzt
deinem Atem hinzu
damit du immer glücklich leben mögest.

Möge niemand den Atem seiner Väter gering schätzen
sondern in eure Körper
holt ihren Atem hinein
damit eure Lebensbahn
dorthin reichen möge
wo die Bahn der Sonne hervorkommt
damit ihr mit verschlungenen Händen
die einander festhalten
euren Weg zu Ende gehen möget...

Gebet des »Bowpriest« Sayataca (Zuni)

Von der Betrachtung der Elemente führt uns das schwer faßbare Luftelement zum Thema »Atmung«, dem klassischen Symbol der Polarität.

Neben der Betonung des Polaritätsprinzips hat die Atmung aus ihrer vielfältigen Mittellage heraus aber auch etwas sehr Verbindendes, um nicht zu sagen Verbindliches. Schon der Hauptmuskel der Atmung, das Zwerchfell, markiert genau die Körpermitte (entspricht damit etwa dem Äquator der Erde) und verbindet so Oberkörper mit Unterleib. Die beiden Lungen verbinden linke und rechte Körperhälfte in der Mitte durch die gemeinsame Luftröhre. Durch die Möglichkeit, bewußt vom Willen beeinflußt zu werden und andererseits gewöhnlich unbewußt abzulaufen, liegt die Atmung auch zwischen Bewußtsein und Unbewußtem. Sie verbindet dadurch das alte Gehirn der Frühzeit, das all die inneren, vegetativen Prozesse bewußtseinsunabhängig steuert, mit dem modernen Gehirn, dem Neocortex, das bewußt und willentlich eingreifen kann. Das entspricht einer Verbindung zwischen der hellen Seite des Tagesbewußtseins und der dunklen, unbewußten Seite der Nacht. Tag und Nacht verbindet die Atmung allerdings auch schon zeitlich durch ihre ununterbrochene Funktion. Der Sprache können wir entnehmen, daß auch eine tiefe Beziehung zwischen dem Atem und unserer Seele bestehen muß, gibt es doch in einigen klassischen Sprachen nur einen Ausdruck für beide. Atman (vgl. das deutsche Atmen) heißt im Sanskrit sowohl Seele als auch Atem, und gleiches gilt für die griechische Psyche. Aus der lateinischen »Inspiration« klingt uns eine ähnliche Doppelbedeutung entgegen. Der Bibel können wir die enge Beziehung zwischen Atem und Leben entnehmen, wenn Gott der roten Erde Adama seinen göttlichen Atem einhaucht und die Materie damit belebt. Diese Lebenskraft im Atem nennen die Inder »Prana«.

Die Atemluft verbindet uns aber nicht nur mit dem Göttlichen, sondern auch mit allen anderen lebenden und damit atmenden Wesen dieser Welt. Wir können nicht umhin, dieselbe Luft zu atmen. Es ist gar nicht so unwahrscheinlich, daß ein paar jener Luftatome, die jetzt gerade in unserer Lunge sind, schon in der von Einstein, Kleopatra, Hitler und Marilyn Monroe waren. Auch über die Sprache verbindet die Atmung unsere Gehirne und in ganz besonderen Momenten sogar unsere Herzen.

Wie sein Element, die Luft, macht uns der Atem damit deutlich, daß wir mit allem verbunden und viel ausgedehnter sind, als unser kleiner Körper auf den ersten Blick vermuten läßt. Selbst wenn wir, getrieben von unserem Ego, uns ganz von der Welt abschließen wollten, der Atem zwänge uns über seinen Rhythmus, in Kontakt mit ihr zu bleiben. So wundert es auch nicht, daß die Lunge unser größtes Kontaktorgan ist. Ihre Oberfläche, bzw. die ihrer Lungenbläschen (Alveolen), ist ca. 40mal so ausgedehnt wie die der äußeren Haut, unseres anderen Kontaktorganes. Bei einer Weigerung, Kontakt zur Umwelt herzustellen, ergeben sich sehr bald Symptome der Atemwege, im krassen Fall Asthma oder in der leichteren Variante Schnupfen, wenn wir »die Nase voll« haben oder Husten, wenn wir jemandem »etwas husten« wollen. Diese Symptome führen uns zu einem weiteren Aspekt der Atmung. Wenn uns jemand »die Luft zum Atmen nimmt«, uns etwas »die Luft abschnürt« oder wir in bestimmter Gesellschaft »keine Luft mehr bekommen«, ist offenbar unsere Freiheit durch Enge bedroht. Auch Ausdrücke wie »frei atmen können«, »die Luft der Freiheit in vollen Zügen genießen« zeigen diesen Bezug.

Wie kaum eine andere Körperfunktion demonstriert der Atem die Wichtigkeit der Mitte zwischen den Polen und die Gefahr aller Einseitigkeit. An früherer Stelle hatten wir einmal gesagt, daß die extreme Überbetonung eines Poles uns zwingend im Gegenpol landen läßt. Beim Atem kann das jetzt jeder erfahren. Je intensiver wir den Ausatem betonen, etwa wenn wir versuchen, wirklich alle Luft aus der Lunge herauszupressen, desto tiefer wird der nächste Einatemzug sein. Versuchen wir umgekehrt, die Lunge beim Einatmen vollkommen zu überblähen, erzwingt das einen entsprechend überdimensionierten Ausatemzug.

Es ist das Gesetz des Schicksalsrades und des Pendels, daß der Zug zum Gegenpol um so größer wird, je weiter man in einen Pol geht. Dieses Gesetz stimmt immer. Es zu erkennen, ist oft nur eine Frage der Wellenlänge des entsprechenden Rhythmus. Man mag sich zum Beispiel noch so sehr nach Urlaub gesehnt haben, sowie der Urlaubszustand zum Normalen gerät, wird man sich mit gleicher Intensität nach einer Arbeit sehnen. Im Atem finden wir eine physiologische Erklärung für dieses Gesetz: während wir einatmen, sammelt sich zunehmend Kohlensäure im Blut und erzwingt schließlich, daß sie ausgeatmet wird. Währenddessen

aber kommt es zu einem zunehmenden Sauerstoffmangel im Gewebe, der schließlich wieder die Einatmung erzwingt. Dabei ist es nie möglich, die Extreme ganz zu verwirklichen, es bleibt immer ein Rest Luft in der Lunge zurück.

Und noch etwas können wir dem Atem ablauschen: Es ist sehr schwer, den Atem zu *machen*. Je mehr *man will*, desto schwieriger wird es. Beim Einatemvorgang geht es nicht darum, die Luft aktiv hereinzuholen, sondern wir öffnen im Idealfall einfach den Brustraum, und alles weiter geschieht von selbst. Durch das Heben der Rippen, das Senken des Zwerchfells und den Unterdruck zwischen Rippenfell und Lunge, dehnt sich die Lunge passiv mit, und die Luft strömt ebenso passiv herein. Beim Ausatmen tun wir im Idealfall überhaupt nichts, sondern lassen einfach die Muskelspannung los, und alles weitere geschieht von selbst. Mit einem Wort: Wir brauchen gar nicht so viel zu tun, wie wir meinen; es reicht, sich für etwas zu öffnen – dann wird es ganz von selbst geschehen. So kann uns der Atem auch alles über die Gesetze des notwendigen Gleichgewichtes zwischen *Nehmen* und *Geben* lehren.

Nicht nur der Mensch, auch die Erde atmet und zwar in einem großen Kreis mit all ihren Lebewesen. Während Menschen und Tiere Sauerstoff einatmen und Kohlensäure ausatmen, machen es Pflanzen gerade umgekehrt. Grob betrachtet verbrauchen sie Kohlendioxid und geben Sauerstoff ab (genau genommen, ist es nur tags so, denn nachts, wenn ihre Photosynthese mangels Sonnenlichts ruht, verbrauchen die Pflanzen einen kleinen Teil des tags über produzierten Sauerstoffs selbst wieder). Mit anderen Worten, alles organische Leben atmet in einem Kreislauf, dessen Pole Tier und Pflanze sind.

Folglich sind Tier- und Pflanzenreich die beiden komplementären Flügel der einen Weltlunge.

Schon der erste Blick auf die Oberflächenstruktur der Pflanzenwelt zeigt, daß wir auch hier ein Kontaktorgan vor uns haben. Die Fläche der gesamten Vegetation der Erde vergrößert deren Oberfläche wenigstens so, wie die Lunge unsere. Allein die Signatur eines einzelnen Baumes zeigt die Analogie, und nicht umsonst sprechen wir auch von unserem Bronchial*baum*, der sich bis in die feinsten Alveolen ver-*zweig*-t, gerade so, wie sich die Pflanzen bis in die feinsten Blätter und Nadeln verzweigen. Betrachten wir die Luftröhre als gemeinsamen Stamm, so führen uns die entsprechenden Bronchial-*äste* in die beiden Kronen unserer Lunge. Wir haben also einen auf den Kopf gestellten Doppelbaum in unserer Brust, der über seine Wurzeln (Mund und Nase) Sauerstoff aufnimmt und Kohlendioxid abgibt. Über seine Blätter (die Lungenbläschen) nimmt er Kohlensäure auf und gibt Sauerstoff ab. Die Bäume von Mutter Erde stehen gerade umgekehrt, mit ihren Wurzeln tief in ihr und holen Wasser und Nährstoffe aus ihrem (Erd)-Reich. Mit Hilfe ihrer Blätter aber nehmen auch sie Kohlensäure auf und geben Sauerstoff ab.

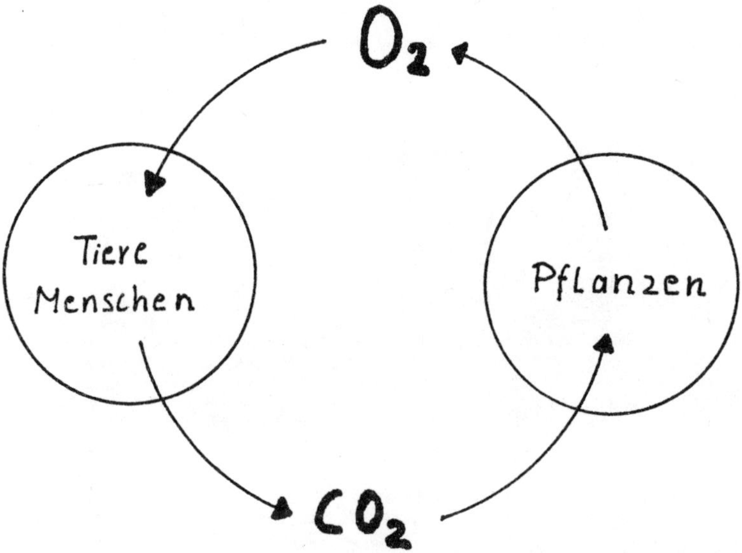

So sind die Wälder die Lunge der Erde und neben dem Boden (ihrer Haut) ihr zweites Kontaktorgan. Auch beim Menschen besteht eine enge Verbindung zwischen Haut und Lunge. Manche Krankheitssymptome lassen sich zwischen beiden Organen verschieben. So kann ein mit Cortison unterdrückter Hautausschlag leicht zu Asthma führen, welches dann in der Behandlung mit Homöopathika im ersten Heilungsschritt wieder in den Hautausschlag zurückgeführt werden muß. Auch von kindlichem Milchschorf wissen wir, daß er in einer Wechselbeziehung zu asthmatischen Beschwerden stehen kann. Bei der Erde wird der Zusammenhang ihrer beiden Kontaktorgane gerade erst erforscht, obwohl er noch offen-sichtlicher ist als bei uns. Ein kranker Wald steht in Beziehung zu einem kranken Erdboden. Wird das weibliche Erdreich mit zu viel männlichem Abfall vergiftet, bricht das Gleichgewicht zwischen basisch (♀) und sauer (♂) zusammen, weiblicher Boden wird zu sauer und damit zu männlich und ist kein guter Mutter-Boden mehr. Die Bäume werden krank und

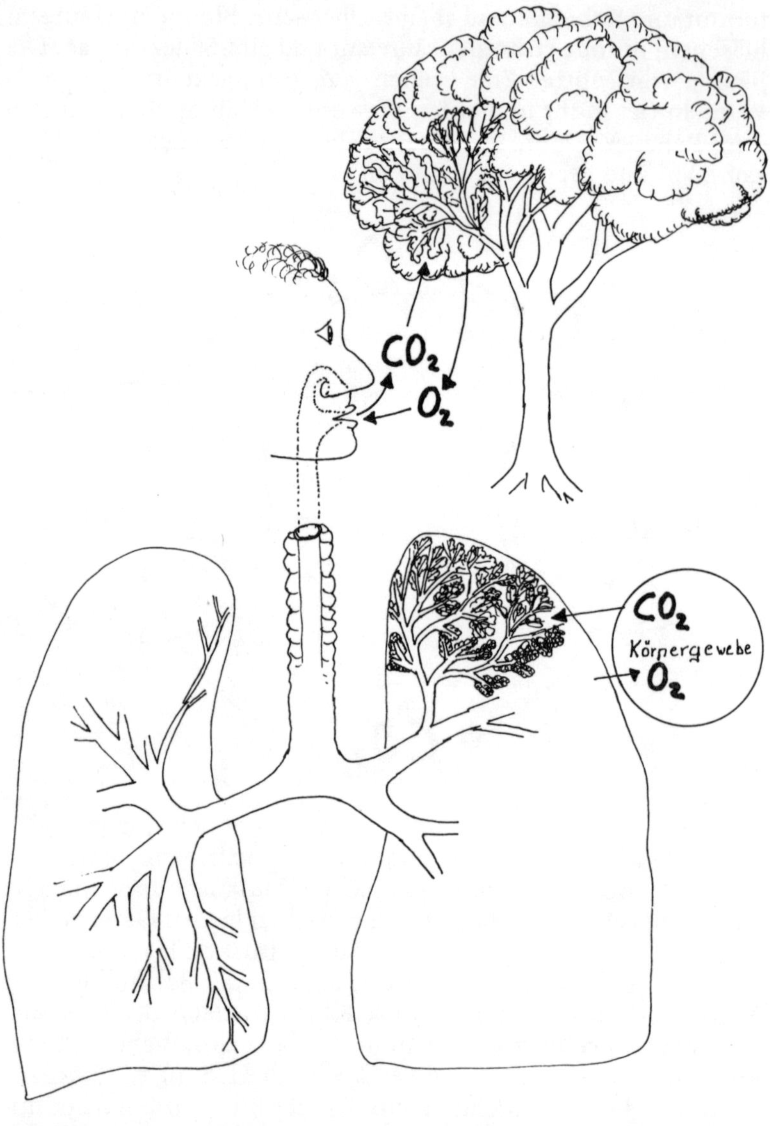

sterben. Auch Kinder werden krank, wenn ihre Mutter zu sehr auf den männlichen Pol setzt und ihre mütterlich-weibliche Seite *zu kurz* kommen läßt. Wann immer also Haut und Lunge im Mikrokosmos oder Erdboden und Vegetation im Makrokosmos erkranken, können wir feststellen, daß offenbar ein Kontaktproblem vorliegt.

Auch jener andere Bezug zwischen Atmung und Freiheit findet sich auf der Analogieebene bestätigt. Wälder wurden von den Menschen zu allen Zeiten mit Freiheit und Ungebundenheit assoziiert. Ob Frei-schärler und »Outlaws« wie Robin Hood sie zu ihrem Revier erkoren und der Enge der Städte mit ihren Zwängen und Gesetzen vorzogen, oder ob bis in unser Jahrhundert Trapper und Fallensteller für ein Leben in der Freiheit der Wälder Gefahren und Anstrengungen auf sich nahmen. Heute sind die (weiblichen) Urwälder fast ganz von männlichem Effizienzdenken in Papier, Bauholz und ordentliche Industrie- und Stadtlandschaften umgewandelt worden, bestenfalls in schachbrettartige Landwirtschaftsflächen, und tatsächlich haben wir uns auf der Kehrseite ein massives Freiheitsproblem eingehandelt.

Immer mehr Menschen fühlen sich immer mehr eingeengt durch die Zwänge der Leistungsgesellschaften und gieren nach immer mehr Freiheit. Es gibt aber aufgrund derselben Zwänge immer weniger Raum für Freiheit (»Frei-Räume«). Eine für diese Zeit typische und symbolisch sehr stimmige Lösung hat die Werbungsindustrie gefunden. Das Bedürfnis nach immer mehr Freiheit und Abenteuer, das gar nicht zu befriedigen ist und das Verlangen nach wirklichem Kontakt, der immer weniger zustandekommt, hat die Zigarettenwerbung folgerichtig in zwei Haupttrends entwickelt. Man kann sich mit »Marlboro«* oder »Camel«* die verlorengegangene Freiheit hereinholen oder mit »Lord Extra«* seine Kontaktprobleme bearbeiten. Symbolisch liegt die Industrie richtig; das wirkliche Problem aber wird durch diesen stimmigen Ebenentausch nur noch krasser. Immer mehr blauer Dunst führt zu immer weniger freier Atemluft, und der »Duft der großen weiten Welt« verkommt zu fadem Mundgeruch, der die Kontaktprobleme dann auch nicht gerade erleichtert.

Der mikrokosmischen Innen- und Außenweltverschmutzung durch den einzelnen Raucher entspricht die makrokosmische Luftverschmutzung durch Industrie und Verkehr.

Der Körper gibt uns die unvergleichliche Chance ehrlich zu erkennen, wo wir selbst in dieser Hinsicht stehen. Wenn jemand die entsprechenden Probleme jahrzehntelang mit Zigaretten befriedigt, kann er je nach Problemlage die Kehrseite der Freiheit

* Während Marken wie Marlboro oder Camel ihren Kunden das große Abenteuer in erregenden Landschaften mit markigen Sprüchen suggerieren, wird der Lord-Extra-Raucher in der Illusion gewiegt, er sei etwas ganz besonderes in einer wunderbaren Clique junger, schöner und dynamischer Typen, die alle ihr »In-Sein« verbindet.

mit Angina pectoris (»Enge des Herzens«), Claudicatio intermittens (Durchblutungsstörungen der Beine, die schon nach ein paar Schritten zu großen Schmerzen führen) oder die Kehrseite von Beziehungsfähigkeit im Herzinfarkt (mit gebrochenem Herzen allein auf der Intensivstation zwischen Medizinmaschinen) erleben. Aber nicht nur der Mikrokosmos macht ehrlich, der Makrokosmos liefert dieselben Erkenntnismöglichkeiten: Wer seine Abenteuerlust damit befriedigt, die letzten Freiräume der Erde als Holzfäller in Kanada oder Südamerika zu besuchen, Großwildjäger in Afrika oder auch *nur* »Abenteuertourist bei den letzten noch unentdeckten Eingeborenen« zu sein, sägt ebenso an dem Ast, auf dem er sitzt.

Um die übertragene Bedeutung des Atemthemas noch klarer zu sehen, kehren wir vorerst zur konkreten Atemsituation auf der Welt zurück. Dadurch, daß die Menschheit sich selbst und vor allem ihren Einfluß so ausgedehnt hat, ist der Gasaustausch auf der Welt enorm angestiegen. All unsere Industrie arbeitet ja nach ähnlichem Prinzip wie wir selbst: Sie verbraucht Sauerstoff und produziert CO_2. Was das Energiekonzept betrifft, sind die meisten Maschinen Nachahmungen von menschlichen Funktionen, arbeiten sie doch, wie auch wir, vor allem mit dem männlichen Prinzip der Verbrennung (Abbau, um daraus Energie zu gewinnen). Die Atmung der Pflanzen der Erde, die auf Photo-synthese (also Aufbau aus Licht) beruht, steht demgegenüber auf dem weiblichen Pol. Nach allem bisherigen ist die Tatsache wenig überraschend, daß dieser Pol, anstatt mit dem männlichen zu wachsen, im Gegenteil überall sabotiert wird. Jeden Tag wird eine riesige Fläche der Erde von Wald »befreit« und die noch übrig gebliebene Vegetation durch mannigfaltige Gifte, die bei der männlichen Art der Atmung als Nebenprodukte anfallen, in ihrem Wachsen und Atmen behindert. Auch das Gleichgewicht der Atmung, der Gasaustausch, ist also ver-rückt worden, und wenn wir uns die übertragene Ebene des Austausches, die Kommunikation, anschauen, wird uns das noch *deut*licher.

Unsere heutige Kommunikation legt in ihrer verrückten, ja wildgewordenen Art, das Problem offen: Da es immer weniger wirklichen Kontakt gibt, werden die Versuche der Kommunikation immer angestrengter und verbissener. Die Situation ähnelt der unserer Bäume, die ihre und die Krankheit des Bodens spüren und, im gesunden Wachstum behindert, anfangen, in den Kronen sogenannte »Verzweiflungstriebe« zu treiben. Das Endergebnis sind jene »modernen« Bäume mit ihren unförmig großen Kronen, die aussehen, als trügen sie Storchennester an ihrer Spitze.

Unten ist alles krank, oben drüber aber thront als Ergebnis einer hektischen Überaktivität die aufgeblähte Krone der Schöpfung: ein passendes Bild für unsere ganze moderne Welt, insbesondere aber für unsere Kommunikation.

In einer bald restlos verkabelten und verdrahteten Welt haben sich die Menschen immer weniger zu sagen. Statt durch Verbindungen von Herz zu Herz sind wir äußerlich – eben mit Kabeln – verbunden. Statt mit den Menschen unserer (Um-)Welt mitzuschwingen, leben wir in einem Meer aus technischen Schwingungen. Verbindungen gibt es überall, aber immer weniger wirkliche Verbundenheit. Wegen dieses Mangels an echtem Kontakt müssen die Fühler immer weiter ausgestreckt werden, analog den Verzweiflungstrieben unserer sterbenden Bäume. Technisch haben wir sogar den Mond erreicht, das Symbol des Weiblichen von Uranfang an; dem Weiblichen aber sind wir ferner denn je. Über Satelliten sind wir mit anderen Erdteilen in jedem Moment verbunden, aber wenn in einem Mietshaus ein Mitbewohner stirbt, wird es oft tagelang nicht entdeckt. Dem zwischenmenschlichen Verkehr geht natürlich die Spannung verloren, wenn der eine Pol so stark und der andere so schwach ist, ähnlich wie die Spannung im Geschlechts-verkehr erlischt, wenn zur männlichen Eroberungslust und Verliebtheit nicht die weibliche Hingabe als Gegenpol kommt. »HWG« ist dann heute auch das Zauberwort (von Psychiatern geprägt für *h*äufig *w*echselnden *G*eschlechtsverkehr).

Weil der eigentlich wichtige intime Verkehr nicht mehr so funktioniert, explodiert folgerichtig der äußere – und bringt uns, ähnlich wie das Rauchen auf der individuellen Ebene, in einen kollektiven Teufelskreis. Immer mehr und immer schnellere Düsenflugzeuge stören den empfindlichen Schichtenaufbau der Erdatmosphäre, immer mehr und immer leistungsfähigere Autos geben uns ein beschränktes Freiheitsgefühl. Nebenbei verpesten sie unsere Atemluft und behindern damit die grundsätzlichste und wichtigste Kommunikation.

Während »private« Reisen in frühester Zeit vor allem der Pilgerschaft und damit dem Kontakt mit dem Numinosen dienten, befriedigen sie heute vor allem Abwechslungsbedürfnis, Neugierde, Wissensdurst und Sensationslust. Dementsprechend galten früher große Bauvorhaben allein dem Heiligen. An Stelle von Tempeln und Kathedralen bauen wir Modernen vor allem Fabriken, Bürohäuser und Straßen. Dazu paßt der schwindende Einfluß der Priester und Pfarrer in den modernen Industrieländern. Seelenhirten, die für den Kontakt der Menschen mit ihrem inneren Wesen, dem göttlichen Teil in sich und der Schöpfung zuständig sind, haben in einer so aufs Materielle beschränkten Zeit keine Konjunktur. Sie werden erst wieder mit dem Umschwung des Pendels an Bedeutung gewinnen. Solange aber das Mater-ielle unter der Herrschaft des Männlichen auf seinen stofflichen Aspekt beschränkt bleibt, wird das Priestertum mit dem mütterlichen Prinzip in der Versenkung bleiben. In unserer Zeit übernehmen so die Journalisten die Rolle der Priester, denn tiefe Beziehungen sind sowieso nicht mehr gefragt. Die auf ihre oberflächliche Art Beziehungen um der Beziehungen willen knüpfenden Journalisten aber werden immer wichtiger. Ihnen kann man selbst Lügen nicht wirklich übelnehmen, denn auch diese stellen Beziehungen her, nur eben falsche. Der typische Journalist ist heute hektisch und in ständiger Hetze; als nervöser Kettenraucher bearbeitet er meist auch auf der körperlichen Ebene sein und das Kontaktproblem unserer Zeit, bis ihm der Kopf qualmt. Auf der Suche nach immer neuen Verbindungen und immer aufsehenerregenderen Sensationen (»Motto: Papst beginnt lesbisches Verhältnis zu längst verstorbenem Mao-tse-tung«) wird dann das Unterste zu oberst gedreht.

Auch hierzu finden wir die Entsprechung auf der stofflichen Ebene. Unsere Autos beladen die Luft mit Blei, dem schwersten und unedelsten der Metalle, das ganz sicher auf den Boden und nicht in den Himmel gehört. Unsere Industrie aber treibt das Spiel noch weiter, wenn sie die Luft mit ungeheuren Massen von Schwefel »anreichert«. Der Brennstoff der Hölle wird hier in den Himmel geblasen. Zu all dem paßt natürlich auch eine Kommunikationsindustrie, die über Film, Funk und Fernsehen die Aus-einander-setzung (♂) fördert, anstatt *Verbindung* (♀) zu schaffen. Und eine verschworene Gemeinschaft von (männlichen) Politikern, die beständig die Freiheit im Munde führt und dieser ebenso beständig mit ihren Taten jede Chance nimmt.

Wenn wir die Antworten auf diese Probleme von der männlichen Seite erwarten, sollten wir nicht überrascht sein, wenn sie eben dem männlichen Denkprinzip entsprechen: Jedem sein Heim-Computer mit Anschluß an das alle miteinander *verbindende Verbund*netz, um das Kontaktproblem zu lösen.

Für die Welt aber Photosynthese-Fabriken (als Aktiengesellschaften), um den letzten gesunden Urwald zu ersetzen, der gerade am Amazonas niedergewalzt wird.

Wem das zu extrem und polemisch klingt, der möge sich die mikrokosmische Parallelebene in einer psychotherapeutischen Praxis eines Fortschrittslandes anhören. Ein überwältigender Teil der seelischen Probleme erwächst nämlich aus dem Beziehungsbereich und speziell aus der wachsenden Unfähigkeit, tiefen und befriedigenden Kontakt mit anderen Menschen zu erleben.

Auf der anderen Seite kann man in der Psychotherapie aber auch gut nachvollziehen, daß die entstandene Krise sinnvoll und notwendig ist. Nur aus dem Dunkel der Einseitigkeit heraus ist die Umkehr möglich. Und wieder klingt die Parallele zum verlorenen Sohn, zu Prometheus und Parzival an. Wäre Parzival seiner Mutter Herzeloide gefolgt und bei ihr in der behüteten Kinderwelt geblieben, er hätte nie den Gral finden können. Dazu mußte er sich auflehnen und zuerst einmal scheitern. Erst nachdem er an diesem Tiefpunkt alles Unglück dieser Welt erlebt und seinen Umkehrpunkt durchschritten hatte, konnte er die erlösende Frage stellen: »Oheim, was fehlt Dir?« Es ist das ja die Frage nach dem fehlenden Pol, dem Schatten, und nur sie kann dem kranken Gralskönig Amfortas Heil-ung bringen. Und parallel dazu auch dem ganzen Land, denn – auch dieses Geheimnis erfährt Parzival auf seiner Suche – der König und das Land sind eins.

Entwicklung fordert immer wieder die Empörung gegen das

Bestehende und das Durchschreiten der Extreme. Die Entwicklungsgeschichten von Makrokosmos und Mikrokosmos veranschaulichen das vielfach.

Die Entstehung einer Atmosphäre war für die Erde wohl eine ebenso heikle Wandlung, wie es die Umstellung auf Lungenatmung für jedes Neugeborene ist. Die Anstrengung und den Schmerz, die das Baby beim Eintritt in unsere polare Welt mit dem ersten Atemzug durchlebt, hat Mutter Erde nach ihrer Schöpfung auf ihre Weise durchgestanden. In jener Frühzeit war Sauerstoff mit Sicherheit ein gefährliches Gift, und als die ersten Bakterien mit seiner Produktion begannen, hatten sie wohl die Mehrheit der mit dem Stickstoff zufriedenen Kollegen gegen sich. Auch das Baby hat ja in der direkten Kopplung an den Blutkreislauf der Mutter eine wahrhaft himmlische Situation. Und doch erfordert das große Muster der Schöpfung den riskanten und schmerzhaften Schritt in das Unbekannte. Auch auf der Erde begann erst mit dem Sieg der anfänglich kleinen Untergrundarmee von Sauerstoffproduzenten das Schwierigste. Es mußte ein exaktes Gleichgewicht von 21% Sauerstoff und 78% Stickstoff (+ 1% Edelgase) erreicht werden. Schon ein bißchen weniger Sauerstoff würde das Leben vieler Lungenatmer erheblich erschweren, das der meisten Fluginsekten verhindern. Ein bißchen mehr als 21% aber würde bereits zu unüberschaubaren Bränden führen, jeder Blitz wäre eine Weltbedrohung. Wie die Erde dieses Gleichgewicht erreicht hat, können wir uns noch vorstellen, mit welchen Steuerungsmechanismen sie es aufrechterhält, wissen wir schon nicht mehr. Eines allerdings ist sicher: Wenn wir weiterhin so barbarisch gegen die Vegetation zu Felde ziehen, wird sie irgendwann das Gleichgewicht nicht mehr halten können. Und es gibt einige Hinweise, die diesen Punkt bedrohlich nahe erscheinen lassen.

Wir können uns diesen Endpunkt, den Zusammenbruch der Atmung der Erde, einfach nicht vorstellen, und das wiegt uns in trügerischer Sicherheit. Hier kann uns die Analogie zum Mikrokosmos unangenehm deutliche Vorstellungshilfe leisten.

Unsere Zivilisation ähnelt auf dieser Ebene erschreckend einem Asthmatiker. Auch er versucht, möglichst nur zu nehmen und nichts zu geben. Er atmet nur noch ein, und wenn der notwendige Ausatemzug fällig wäre, ringt er krampfhaft nach weiterer Luft, anstatt erst einmal die alte loszulassen. Er ist einseitig auf das Nehmen fixiert und ähnelt darin unserer westlichen Welt, wo es ja auch darum geht, immer mehr von allem zu bekommen, ohne in gleicher Weise zurückzugeben. Auch auf der seelischen

Ebene ist der Asthmatiker nicht zu den geringsten Gefühlsäußerungen (♀) in der Lage. Er weint die Tränen lieber nach innen in seine Lunge. Den unteren Körperbereich mit seiner gefährlichen Sexualität ignoriert der Asthmatiker völlig, wie ja auch wir den unteren Pol der Erde, den Süden ignorieren. Für den Asthmatiker hört das Leben an der Gürtellinie auf, ähnlich wie es für uns offenbar am Äquator endet. All den Schleim, der die Genitalregion liebens-wert und liebens-würdig macht, produziert er oben in der Lunge und verstopft die Kommunikationswege damit. Auf der Weltebene sind wir ebenfalls gerade dabei, den Gasaustausch konkret mit Schmutz und im übertragenen Sinn mit Schleim zu blockieren.

Den Anspruch eines Asthmatikers sehen wir seinem Körper schon von weitem an: Sein Brustkorb ist hoffnungslos überbläht; er will beweisen, was für eine mächtige breite Brust er hat und bläht sich künstlich auf. In Wirklichkeit ist er aber für alle leicht als aufgeblasener Popanz erkennbar. Käme ein Außerirdischer aus einer wirklich intelligenten Zivilisation zu Besuch, ob er nicht von unserer Zivilisation einen ähnlichen Eindruck hätte?

Wir können am Asthmatiker noch deut-lich sehen, wohin der Versuch führt, sich abzuschließen, ganz für sich selbst durchkommen zu wollen. Auf der makroskopischen Ebene waren wir dieser Einstellung in dem Motto: »Ich allein und nach mir die Sintflut« begegnet. Seine Enge (Asthma heißt Engbrüstigkeit) enthüllt die ganze Angst des Asthmatikers vor dem Hereinlassen der Sexualität (das kann er nur übersteigert in der, verglichen mit dem Unterleib, harmlosen oberen Körpersphäre und auch nur harmlose und ganz saubere Luft.) Schon der geringste Hinweis auf sein Problem, den dunklen und als schmutzig bewerteten sexuellen Bereich, etwa ein Staubkorn als Symbol des Schmutzes (♀) in der Luft, reicht für ein sofortiges Abschließen, der Asthmatiker flüchtet in seinen Anfall. Ähnlich wirken Blütenpollen, die an Sexualität, wenn auch nur die der Pflanzen, erinnern. Der bloße Gedanke an sein Thema, etwa der Anblick einer Schmusekatze im Fernsehen, reicht oft schon als Auslöser eines Anfalls. Das Verschließen geht beim Asthmatiker nicht selten bis zum Tod, der letzten Möglichkeit, sich vom Leben abzukapseln*.

Am Bild des gequälten, von Krämpfen geschüttelten Asthmatikers auf dem Sterbebett können wir in etwa ermessen, was

---

* Zum näheren Verständnis der Beziehung zwischen Staub, Katzenhaaren und Blütenpollen zu Asthma, siehe »Krankheit als Weg«.

unserer Erde bevorsteht, wenn wir so *weiter-machen.* Als Hinweis auf die bedrohliche Situation des Makrokosmos kann u. a. das Ansteigen von Asthma, chronischer Bronchitis und Lungenkrebs gelten. Auch die zunehmende Zahl von Säuglingen, die heute schon in den Großstädten an unserem Kontaktproblem ersticken, weist in diese Richtung. Die Diagnose ist natürlich nicht »Tod durch Luftverschmutzung«, sondern wie heute üblich akademisch undurchschaubar z.B. »Krupp« oder »Pseudokrupp«). Es gibt sogar schon das Phänomen des »plötzlichen Kindstodes im Schlaf«. Dabei schauen die Babys aus, als hätten sie einfach zu atmen vergessen. Vielleicht hatten sie einfach keine Lust mehr, schließlich können Neugeborene, der Einheit noch viel näher als wir, auch besser übersehen, was auf sie zukommt. Das mag sie mit der zunehmenden Anzahl von Walen verbinden, die ihrer Ausrottung dadurch zuvorkommen, daß sie sich an den unwirtlichen Küsten ins Trockene stürzen. »Ohne ersichtlichen Grund«, meinen unsere Wissenschaftler.

14. Die Haut von Mensch und Erde

Eine Mutter bringt ein Kind zur Welt.
sie nährt es, hält es in den Armen.
Sie gibt ihm einen Platz auf ihrer Decke,
einen Platz an ihrer Brust.

Eine Frau kann viele Kinder gebären.
Jedem gibt sie einen Teil von sich selbst,
jedem gleich viel,
dem Ersten wie dem Letzten,
dem Stärksten wie dem Schwächsten.

Freigebig wie eine Mutter ist auch die Erde.
Ihr Mantel ist weit, ihre Schüsseln sind gefüllt.
Auf der Decke der Mutter Erde
ist Platz für alle Menschen.

Die Ungeborenen haben denselben Anspruch
wie die Lebenden.
Der Mensch ist nur Verwalter, nicht Besitzer.
Er muß sein Stück der Erde den Kindern geben.
Sterbende lassen ihr Gewand zurück
und nehmen nichts mit.
Das ist das Erbe der Menschen:
zu kommen, zu empfangen und zu verschenken.

Kein Mensch kann seine Mutter besitzen.
Keiner kann die Erde zu seinem Eigentum machen.

Indianische Weisheit

Die Haut ist unser zweites Kontaktorgan. Zwar ist ihre Kontaktoberfläche, wie wir sahen, viel geringer als die der Lunge, dafür aber verfügt sie in ihrem Schichtenaufbau über eine, im Vergleich zum Lungengewebe, erhebliche Dicke. An diesem Unterschied können wir schon sehen, daß es hier um eine andere Art des Kontaktes gehen muß. Er ist direkter und verbindlicher, dafür aber nicht so unbedingt not-wendig wie der über die Lunge. Ohne Gasaustausch können wir nicht leben, ohne Hautkontakt können wir in jungen Jahren nicht überleben. Später aber können wir den Hautkontakt ganz willentlich steuern und ihn so auch unterbinden, ohne dabei physisch zu sterben. Einer der Aufgabenbereiche der Haut ist, auch wenn wir das meist gar nicht bemerken, die Atmung. Obwohl der Anteil der Hautatmung am gesamten Gasaustausch nur sehr gering ist, können wir doch nicht darauf verzichten. (Als eine Schauspielerin für Filmarbeiten ganz in Goldbronze getaucht wurde, wäre sie fast daran erstickt.)

Eine viel offen-sichtlichere Funktion der Haut ist ihre Schutz- und Abgrenzungsaufgabe. Sie verfügt über die verschiedensten Schichten mit sehr differenzierten Aufgaben: Außen ist die Hornschicht, bestehend aus abgestorbenen Zellen, die dem grobmechanischen Schutz dient und entsprechenden Angriffen, wie Faustschlägen oder Insektenstacheln eine erste Barriere entgegenstellt. Auch verhindert sie das Verdampfen von zu viel Körperflüssigkeit und mildert extreme Temperaturschwankungen. Auf der Hornschicht befindet sich der Säuremantel, der eine Abwehrschranke gegen Mikroorganismen bildet. Auch eine besondere Art von Antikörpern finden wir hier zur Abwehr fremder Angreifer. Unter der Schicht toter Hornzellen folgen verschiedene Plattenepithelschichten, die bereits leben und in die Epithelkeimschicht übergehen. Aus dieser wächst unaufhörlich neue Haut nach, während wir uns über die Hornschicht ständig häuten bzw. sich die obersten Hornzellen abschilfern. Darunter beginnt das Bindegewebe und hier vor allem die subkutane Fettschicht, deren Hauptaufgabe in der Isolation und dem Niveauausgleich besteht.

Die Haut ist auch eine Projektionsfläche für alle inneren Vorgänge. Bei der Besprechung des Pars-pro-toto-Gesetzes begegneten wir schon ihren verschiedenen Reflexzonen, die innere Organe nach außen abbilden. Aus dem täglichen Leben wissen wir, daß sich auch alle inneren Emotionen sehr schnell außen auf der Haut spiegeln. Wir werden rot aus Scham oder Wut, blaß vor Schreck, schwitzen vor Angst oder bekommen eine Gänsehaut, wenn uns graut. Die Haut ist ehrlicher als wir selbst, was Gefühle und Emotionen angeht. Bei einem anzüglichen Witz kann es gut sein, daß wir vom Intellekt her jeden Bezug zu uns abstreiten, und doch mag unser roter Kopf das Gegenteil aus-drücken.

Eine weitere Funktion der Haut ist die Ausscheidung, die eng mit der Temperaturregelung gekoppelt ist. Durch die Absonderung von Schweiß und dessen Verdampfen kann sich der Körper abkühlen. Für die Wärmeregulation stehen in der Haut aber auch verzweigte Gefäßnetze zur Verfügung, mit deren Hilfe die Durchblutung z. b. gedrosselt werden kann. Damit wird weniger Wärme an die Außenwelt abgegeben.

Schließlich ist die Haut noch Sexualorgan und im weitesten Sinne Reizempfänger und Aussender.

So wichtig uns unsere Haut ist – sie bekommt mehr Zuwendung als der ganze übrige Körper – so problematisch wird sie uns andererseits durch ihre Ehrlichkeit. Zwar macht uns der ganze Körper und jede seiner Äußerungen ehrlich, aber auf der Haut ist das so offensichtlich, daß es praktisch von allen Menschen spontan gedeutet wird. Nierenschmerzen lassen sich noch verbergen, eine aschgraue Haut aber spricht Bände, und so tönt es uns sogleich aus der Umwelt zurück: »Du siehst aber schlecht aus.« Der eigene Spiegel Haut ist unerbittlich ehrlich, und wir verbringen deshalb viel Zeit vor äußeren Spiegeln, um dieses allzu ehrliche Bild zu korrigieren.

So kommt es, daß wir uns unserer Haut in doppelter Hinsicht erwehren müssen und einen Zweifrontenkrieg führen: gegen die von innen heraufdrängende Eigenehrlichkeit des Mikrokosmos ebenso wie gegen die von außen drohenden Angriffe des Makrokosmos. Die Haut aber ist die Projektionsfläche dieser zwiespältigen *Auseinander-setzung.* Zwie-spältig auch insofern, weil wir auf der physischen Ebene, die wir so überbetonen und auf die wir uns alleine stützen, einfach nicht »aus unserer Haut können«, auch wenn wir noch so oft »aus ihr fahren« wollen. Auf der seelischen Ebene, über die wir wenigstens zeitweise aus unserer engen Haut könnten, z. B. in Meditationen und Phantasiereisen, bräuchten wir dagegen gar nicht »aus ihr zu fahren«, sondern könnten die Zeichen von innen und außen dankbar annehmen. Paradoxerweise meiden die allermeisten Menschen jedoch solche Einsichten und verlegen sich ganz auf die Überwachung und Behandlung ihrer äußeren Hautschicht. Äußere Ein-flüsse sind sie noch bereit anzuerkennen, vor allem, um Schuld darauf zu projizieren, innere ignorieren sie meist ganz. Dabei könnte unsere Haut zu unserem Lieblingsbildschirm werden, wenn wir daran interessiert wären, uns wirklich kennenzulernen; auf ihr können wir mühelos ablesen, wie es mit uns steht, ganz ähnlich wie wir auf dem Fernsehbildschirm, der uns Bilder von den verschiedensten Stellen der Erdoberfläche liefert, ablesen können, wie es um unsere Erde steht. »Alles Sichtbare ist nur ein Gleichnis«, sagte Goethe. Auch alles Sichtbare auf der Haut- und Erdoberfläche ist nur ein Gleichnis für das darunter- und dahintersteckende Muster.

Die Haut der Erde gleicht unserer eigenen in vieler Hinsicht; und auch sie ist heute eine »arme Haut«. Die Erdkruste können wir der Hornschicht unserer Haut analog setzen. Wie diese schützt sie das weiche Innenleben und hält es zusammen. Der mächtige Erdmantel, der den heißen Kern umgibt, entspricht in mancher Hinsicht der Fettschicht, spielt doch in beiden Fällen Wärmeisolation eine Rolle. Auch die Erdatmosphäre könnten wir noch zur Erdhaut rechnen, denn letztlich stellt deren Ozonschicht eine wichtige äußere Grenze dar. Hier drängt sich die Parallele zum Säuremantel der Haut und den Antikörpern dieser äußeren Schicht auf. So wie diese uns vor subtilen Angriffen mikroskopisch kleiner, aber gerade deshalb so gefährlicher Bakterien, Viren und Pilzsporen schützen, filtert die Ozonschicht den für uns gefährlichen Teil der kosmischen Strahlung, vor allem den kurzwelligen UV-Bereich, aus dem Sonnenlichtspektrum heraus. Den für uns lebenswichtigen Anteil aber läßt sie passieren, wie auch die Haut allen notwendigen Austausch (z. B. von Sauerstoff) zuläßt. In der chemischen Struktur beider Grenzflächen finden wir ebenfalls eine Analogie. Der Säuremantel heißt so, weil er ein saures, also männliches und in gewisser Weise aggressives Grenzmilieu herstellt. Diesen sauren (♂) Grenzaspekt finden wir auch auf der weiblichen Scheidenschleimhaut, die ja ebenfalls eine Grenze nach außen darstellt. Das Scheidenmilieu ist deutlich sauer, obwohl die Scheide selbst von Signatur und Funktion her eindeutig weiblich ist. In der Ozonschicht treffen wir auf dasselbe Prinzip: Ozon ist chemisch O_3, also eine ganz besonders reaktionsfreudige, ja aggressive Variante des *Sauer*(♂)stoffs.

Daß sich in unserem System Überschneidungen zwischen der Haut der Erde und ihrer Lunge ergeben (die Wälder als Auswüchse des Erdbodens und die Atmosphäre gehören ja nun plötzlich zu beiden Organbereichen), braucht uns nicht weiter zu stören, denn schließlich ist auch die Lunge nur eine Spezialisierung der menschlichen Körperoberfläche, eben eine innere. Beide Organe gehören eng zusammen, und letztlich hat auch das Lungengewebe eine Grenzfunktion zur äußeren Welt und ist, ebenso wie die äußere Haut, mit Epithel, dem typischen Oberflächenmaterial des Körpers, bedeckt. Wir können sogar noch weiter gehen und darauf verweisen, daß ein Teil des Lungenoberflächengewebes mit einem dichten Wald von Flimmerhärchen bedeckt ist und von der Signatur her damit eine weitere Parallele zur teilweise bewaldeten Erdoberfläche auftritt. So stehen die Wälder der Erde von der Funktion her in Analogie zur Lunge, unter dem Signaturaspekt können sie aber sehr gut mit den Körperhaaren, den sogenannten Anhangsgebilden der Haut, verglichen werden.

In den Aufgabenbereichen von Haut und Erdoberfläche finden wir ebenfalls viele Parallelen. Wie die Haut an der Atemtätigkeit teilnimmt, gilt dies auch für einen Großteil der Erdoberfläche. Die Wälder der Erde, die der inneren Lungenoberfläche entsprechen, stellen zwar wie unsere Lunge den Hauptanteil am Gasaustausch, doch sind in geringem Maße, unserer äußeren Haut vergleichbar, auch alle Grünflächen daran beteiligt, von unseren Wiesen bis zu den Savannen Afrikas, von den Moosen und Flechten Lapplands bis zu den Algenmassen der Weltmeere. Und ähnlich wie ein Mensch nicht lange überlebt, dessen Hautatmung durch eine Ölfarbschicht blockiert ist, würde die Erde es nicht überstehen, wenn wir sie restlos zubetonieren würden.

Was die Schutzfunktion der Erdoberfläche angeht, bekommen wir gerade eine herbe Lektion erteilt. Wo immer wir das schützende Gleichgewicht der Erdoberfläche gestört haben, müssen wir dafür bezahlen. Das Abholzen der sogenannten Schutzwälder in den Bergen oder ihr Sterbenlassen führt zu Lawinen und Erdrutschen; eine Situation, die bei der momentanen Sterberate der Bäume nach Ansicht von Fachleuten heute noch blühende Täler im Laufe der nächsten Jahre unbewohnbar machen kann. Länder wie Italien, Griechenland und Spanien haben das Abholzen ganzer Landstriche mit einer Bodenerosion bezahlt, die wüstenartige Ausmaße annahm. Einerseits wurde der wertvolle *Mutter*-boden vom Wind, der nun freie Bahn und freien Zugriff hatte, weggeweht und vom Regen ausgewaschen, andererseits war das so entblößte Land auch allen äußeren Giften der zunehmenden Umweltverschmutzung schutzloser preisgegeben. In manchen Landstrichen der USA (z. B. in großen Gebieten Oklahomas) reichte es schon aus, die Grasnarbe umzupflügen, um Wiesen- und Savannenland über den kurzen Umweg des Ackerlandes in wüstenähnliche Gebiete zu verwandeln. Wo Stürme das Gras früher nur gestreichelt hatten, wurden sie nun zu Sandstürmen und trugen fort, was ihnen die Menschen preisgegeben hatten. Wo der Regen früher das Gras segensreich getränkt hatte, grub er nun tiefe Furchen in den schutzlosen Untergrund. Die Indianer, die die Nöte ihrer Mutter(Erde) vorausgesehen hatten, mußten hilflos zusehen, wie die ihnen gerade erst gestohlene Erde nun auch noch davonflog und -schwamm.

Selbst vor der sensiblen Haut des Wassers machen wir Macher nicht Halt. Durch die Rückstände der chemischen Industrie und Reste von Millionen Tonnen Wasch- und Spülmitteln wird die Oberflächenspannung vieler Binnengewässer zerstört, die Gewässer werden damit noch schutzloser für die übrige Schmutzflut.

Die Parallelen zum Mikrokosmos Mensch sind beängstigend. Da entsprechen den sterbenden Wäldern die zugrundegehenden Flimmerhärchen unserer Lungen. Bei Rauchern vollzieht sich ein totaler Umbau. Die Härchen, deren Aufgabe die Reinhaltung der Lunge ist, sterben ab und das zylindrische Oberflächenepithel baut sich um in Plattenepithel. Nun ist die Lunge dem Strom der Staub- und Rußpartikel hilflos ausgeliefert, und das Plattenepithel wird allmählich zugeteert. Die Teerschicht in der Lunge ist aber nur ein schlechter Ersatzschild und bietet dem Lungenkrebs seine Existenzgrundlage. Auch wenn wir heute weite Strecken der Erde für unsere Autos, die Symbole unserer Pseudobeweglichkeit, zuteeren, ist das ein schlechter Schutz für die Erde. Es ist eben kein lebendiger Schutzschild mehr, sondern ein toter, der alles unter sich tötet und über die Abgase der Autos auch sein Umfeld noch krank macht.

Aber nicht nur die innere Oberfläche (der Lunge) leidet, auch der äußeren Haut geht es schlecht. So wie die Spülmittel und Seifen die Oberflächenspannung der Gewässer zerstören, ruinieren sie auch den Säuremantel unserer Haut. Ständiges Waschen und Deodorieren ist das schlechteste, was wir unserer Haut antun können. Damit machen wir sie erst schutzlos gegenüber all dem Schmutz in der Luft. Wenn die Kosmetika die Versprechungen der Werbung halten würden, müßten wir ja eine sehr gesunde Haut haben. Ein Blick in die Gesichter älterer Mitbürger zeigt die Wahrheit, weshalb die Kosmetikindustrie dann auch lieber mit jugendfrischer Haut wirbt. Je länger die meisten Kosmetika angewandt werden, desto notwendiger werden sie natürlich. Ist das Hautmilieu erst einmal gestört, wird das schnell ruch- und sichtbar. So viel Ehrlichkeit aber ist nur schwer zu ertragen, und der Griff zum Deo-Spray und Farbtopf liegt nahe. Dann wird die graue, angestrengte Haut rosig geschminkt, die Hautporen aber werden damit zugekleistert und ein Teufelskreis beginnt.

Eine Parallele hierzu liefern unsere Großstädte, in denen die gesamte Erdoberfläche verbaut, zugepflastert oder wenigstens verdreckt ist. Wie Versuche von Verharmlosung wirken da die wenigen Parks, kleine Bereiche von fast intakter, wohlgeordneter Pseudo-Natur. Es kann ja alles nicht so schlimm sein, wenn die Blumen noch so rot blühen und die Wangen noch so rosig sind, der Teint noch ganz rein und der Rasen richtig grasgrün, die Haare und die Alleebäume nicht etwa grau, sondern blond und grün. Da nehmen wir gern die kleinen Arbeiten des Neuschminkens und Neupflanzens in *Kauf*, um nur ja nicht der Wahrheit ins eigne Gesicht schauen zu müssen. Unsere Politiker sprechen schamlos von den »grünen Lungen« unserer Städte und verschweigen geflissentlich, daß kein Mensch mit solch winzigen Lungen leben könnte. Das weltstädtische Profil dieser Städte prägt auch die Gesichter ihrer Bewohner – porentief und mit deut-lichen Falten. So wie sich auf der Gesichtshaut des einzelnen Menschen seine Geschichte zeigt, spiegelt sich auch die Erdgeschichte auf ihrer Haut.

Den Säuremantel der Haut können wir, wie schon erwähnt, in Analogie zur Ozonschicht der Atmosphäre setzen und müssen erkennen, daß auch deren Schutzfunktion ähnlich gefährdet erscheint. Mit den Düsen-Jets im Großen und dem Treibgas aus unzähligen Spraydosen im Kleinen arbeiten wir alle zusammen an der Zerstörung dieser lebenswichtigen Schicht. Die Folgen werden wir auf unserer eigenen Haut ablesen können. Die verstärkte UV-Einstrahlung wird u. a. die Basis liefern für rasant zunehmenden Hautkrebs. Die Haut von Erde und Mensch wird durch diese konzertierte Aktion der Schutzlosigkeit preisgegeben.

Solche Aussichten mögen schrecklich klingen, und es ist ja auch erschreckend, wie uns die Dinge unter die Haut gehen. Andererseits ist es aber auch in Ordnung, denn auch das gehört zu unserem Weg. Wenn wir genau hinschauen, stimmen auch die Parallelen auf allen Ebenen zusammen. Während wir die äußerste Hautschicht unseres Planeten zerstören, nimmt auch unsere eigene Haut Schaden, eben z. B. durch Hautkrebs. Parallel dazu geht dann in den einzelnen betroffenen Menschen wieder die psychische Situation. Statt die eigenen Grenzen seelisch zu öffnen, sich der Umwelt in Liebe aufzutun, wird das Thema »Grenzenöffnen« auf die körperliche Ebene abgeschoben, wo es als Symptom entsprechende Beschwerden macht. Es öffnet mit physischer Gewalt die äußere Hautgrenze.*

---

* Genaueres über die Beziehung von Symptomen und seelischen Inhalten in »Krankheit als Weg«.

So können wir bei allem Schrecken über das bereits eingetretene Ungleichgewicht doch wieder feststellen: Alles ist in Ordnung. Wir gehen unseren Weg, müssen für seine Einseitigkeit bezahlen, aber wir können auf ihm auch lernen. Wir sind die »verlorenen Söhne« auf dem Weg in die Fremde. Es ist in Ordnung, in der Fremde zu verz*wei*feln, ja es entspricht ihr. Aus dem ehrlichen Anschauen und Erkennen der *katastrophalen* Situation läßt sich sogar am besten lernen. Umkehren und auf den Heimweg zur Einheit gelangen, kann aber nur der, der in der Fremde das Not-wendige gelernt hat.

Als Projektionsfläche innerer Zustände mag die Erdoberfläche ebenso dienen wie die Haut, unsere Erkenntnisse in diesem Bereich sind lediglich noch gering. Es wurde schon festgestellt, daß Geologen an der Oberflächenstruktur der Erde auf Formationen ihrer Tiefe schließen können und daß Angehörige sogenannter primitiver Kulturen die Lagerstätten bestimmter Erze oder Wasseradern erspüren, ähnlich wie bei uns Wünschelrutengänger und Sensitive. Auch haben wir von der qualitativen Geomantie gehört, die heilige Orte und Kraftplätze kennt.

Wir können hier noch einen Schritt weiter gehen, wenn wir die Erdgeschichte mit einbeziehen. Dort, wo große Spannungen im Erdinnern auftraten, haben sich diese auf die Oberfläche übertragen und zur Auffaltung der Gebirge geführt. Mutter Erde hat sozusagen über einem inneren Problem die Stirn gerunzelt und ihre Haut in Falten gelegt. Für diese Theorie mag noch die Tatsache sprechen, daß solche Orte besonderer Spannung auch besondere Lebensimpulse hervorbrachten, wenn wir an die Kulturen der Anden und besonders des Himalaja denken, die den Geheimnissen des Lebens, seinem Rhythmus zwischen den Spannungspolen Leben und Tod, sehr nahe kamen. Die innere Spannung der Erde scheint sich auf die dort lebende Kultur zu übertragen. Als heutiges Beispiel könnten Kalifornien, besonders San Francisco (auf der St. Andreasspalte), aber auch die von Erdbeben ständig bedrohte japanische Inselwelt gelten.

Wenn auch die Projektion innerer Qualitäten der Erde auf ihre Oberfläche bei vielen Landschaftsformen nicht so deutlich ist, zeigt sich bei einigen ein fast banaler Zusammenhang. Liegt der Grundwasserspiegel tief, ist das Land darüber trocken; liegt er sehr tief, kann sich Wüste bilden, ist er oberflächennah, entsteht ein See.

So undurchsichtig die Verbindung zwischen Oberfläche und Tiefe oft sein mag, so klar ist fast immer die Beziehung zwischen dem jeweiligen Land und seinen Bewohnern. Das Land prägt sie, wie sie das Land prägen. Die Landschaftsstrukturen sind aber nur die eine Hälfte der Projektionen, vergleichbar der Abbildung von Reflexzonen der Organe auf die Körperoberfläche. Die andere Hälfte der Projektionen auf die Haut sind die Emotionen und Gefühle, die seelische Situation. Auf der Erde entspräche dem etwa das Wetter, und nicht umsonst sind die Ausdrücke von Stimmungsbeschreibungen und Wetterberichten fast identisch. Da entladen sich Gewitter mit Blitz und Donner*wetter*, gibt es düstere und heitere Lagen; man fühlt sich dumpf, benebelt oder wie auf Wolken, wechselnde Stimmungen – heiter bis wolkig – gehen über in stabile Großwetterlagen, da ziehen düstere Wolken am Horizont auf, es braut sich etwas zusammen, und dann dreht sich der Wind, und alles ist wieder eitel Sonnenschein. Die Atmosphäre ist jetzt gereinigt, der Sturm vorbei und die Sicht wieder klar. Nicht selten ist die Beziehung zwischen Wetter und Stimmung direkt fühlbar: Kopfschmerzen bei Föhn, *Depressionen* bei langem *Tiefdruck*einfluß, *Hochstimmung* bei *Hochdruck*lage. Smog vernebelt nicht nur den Himmel, sondern auch das Bewußtsein. So ist für viele Menschen die Wettervorhersage zugleich Stimmungsbarometer, und wir sind diesbezüglich gar nicht so weit von unseren ackerbauenden Vorfahren und ihrer direkten Abhängigkeit von den Wettergöttern entfernt.

Wenn wir die Wetterbildung betrachten, sind wir sehr schnell bei den Stimmungen von Mutter Erde. Um einen Wind aufkommen zu lassen, bedarf es eines Druckunterschiedes zwischen zwei Gegenden, einer Spannung also. Wolken bilden sich tatsächlich, wenn sich etwas zusammenbraut; eine besondere atmosphärische Situation ist Voraussetzung. Blitze entladen wirklich Spannungen, die sich in der Atmosphäre aufgebaut haben, Hagelkörner sind das Produkt eines wiederholten Auf- und Absteigens von Regenwolken durch verschiedene Temperaturzonen. Immer liegt Spannung zugrunde, und immer ist die Tendenz auf Spannungsausgleich gerichtet. Der Wind bläst eben von Orten mit hohem Luftdruck zu solchen niederen Druckes. Diese Druckunterschiede hängen vor allem von der Erdoberflächentemperatur ab. Temperatur und ihre Schwankungen stehen wiederum in Zusammenhang mit der Qualität der Erdoberfläche, ihrem Material oder etwa der Tiefe des Wassers.

Wie in der Atmosphäre ist auch die Tendenz menschlicher Emotionen immer auf Entladung gerichtet. Eine von außen kommende Bemerkung kann uns innerlich zum Kochen bringen. Das Aufsteigen der Röte ins Gesicht ist aber bereits ein Ableiten der Hitze nach außen und damit ein Spannungsausgleich. Ein heftiges Weinen kann die Seele reinigen und Überdruck ablassen, wie heftiger Regen die Atmosphäre reinigt und den Druck abbaut. Daß das Wetter die Temperaturregelung der Erdoberfläche übernimmt, ähnlich wie dies die Haut für den Körper tut, ist offensichtlich. Regen und Schweiß kühlen über die Verdunstungskälte gleichermaßen ab.

Die Analogie bei der Isolierfunktion von Haut und Erdoberfläche ist ebenfalls deutlich. Wie die Unterhautfettschicht verhindert, daß äußere Kälte nach innen dringt und unseren Körperkern auskühlt und umgekehrt die innere Wärme nicht ungehindert nach außen abfließt, hat auch die direkt unter der Erdoberfläche gelegene Schicht eine isolierende Funktion. Sie schützt uns Erdenbewohner etwa vor der enormen inneren Hitze unseres Planeten. Dringt bei Verletzungen, wie Vulkanausbrüchen, doch einmal Material aus den heißen Zonen nach außen, ist der Schaden offensichtlich. Solch offene Stellen der Erde können wir als tiefe Wunden bezeichnen, als Ventile für den inneren Überdruck. Auch bei uns gibt es ja solch dauerhafte Wunden, denken wir etwa an die offenen Beine vieler älterer Menschen. Und auch hier scheint die Ventilfunktion eine Rolle zu spielen, denn wenn es gelingt, diese chronischen Wunden mit medizinischer Hilfe zu schließen, bekommt das der Gesundheit des Patienten oft schlecht. So könnten wir Vulkane als die chronischen Wunden der Erde betrachten. Unsere großflächigen Städte wären dann ihre Mitesser, verstopfen sie doch mehr als eine Pore.

Eine weitere Analogie finden wir in den Wundheilungsvorgängen bei Mensch und Erde. Wunden, die wir der Natur schlagen, etwa einem Baum oder auch der Erde selbst, verheilen entsprechend langsamer, aber doch nach sehr ähnlichen Prinzipien wie bei uns selbst.* Waren die Wunden sehr tief, bleiben auch hier entsprechende Narben zurück.

Schließlich wollen wir uns noch dem venusischen Aspekt der Haut zuwenden. Als wichtigstes äußeres Kontaktorgan hat sie hier eine vorrangige Aufgabe und wird in dieser Hinsicht ja auch gepflegt und gehegt. Sie muß schön jung und gesund sein, im Zweifelsfall aber geht Schönheit vor Gesundheit, und wenn letztere zu wünschen übrig läßt, wird erstere künstlich aufgelegt. Fast all unsere Beschäftigung mit der Haut geht in diese Richtung.

---

* Besonders deutlich werden die Parallelen bei Baumwunden, die wie unsere eigenen zuerst bluten bzw. harzen. Das Harz trocknet ein und verklebt zum Schorf, der später abfällt. Es kommt zur Bildung von wulstigem Narbengewebe, das sich schließlich auswächst.

Ist ihre Farbe unerfreulich, wird lieber die passende Chemie zu Hilfe genommen, als sich etwa in bessere Verfassung zu bringen. Ist das Gewebe schlaff oder verfettet, wird auf meist sinnlose Salben gesetzt oder mit der Kleidung, unserer zweiten Haut, vertuscht, was sonst so peinlich ehrlich macht. Unser Umgang mit der Erdoberfläche entspricht dem. Anstatt gründlich bis in die Tiefe für Ordnung zu sorgen, sind wir mit einer Grasnarbe über unseren Mülldeponien bereits zufrieden. Was unschön und gefährlich ist, wird möglichst verscharrt – und dann Schwamm, bzw. Gras drüber! Die Blumen in den Parkanlagen werden ebenso wie die Alleebäume ersetzt, wenn sie am Schmutz ersticken. Das ist immer noch einfacher als sich um den Schmutz zu kümmern, und wenn dann gar nichts mehr hilft, kommt eben Kunstrasen zum Einsatz, wie bereits in einigen amerikanischen Städten. Der ist billiger, pflegeleicht und tot – eben wie Make-up. Das Erdreich unter dem Kunstrasen dürfte sich ähnlich fühlen, wie die Haut unter ihrer Make-up-Schicht. Hauptsache aber, der äußere Schein bleibt gewahrt.

Solange wir noch einen blühenden botanischen Garten im Gewächshausstil, einige schöne, geschmackvolle Parks haben und auch einige Filmschauspielerinnen und Fotomodelle mit wundervollem Teint, kann es gar nicht so schlimm sein! Und wenn doch, kann man immer noch mit Weichzeichner und raffinierten Objektiven arbeiten.

Auch im Bereich des venusischen Prinzips wird der weibliche Aspekt also auf seine Stofflichkeit reduziert. Es geht um Idealmaße und eine makellose Haut. Äußere Schönheit steht im Vordergrund. Daß wirkliche Schönheit nur von innen kommen kann, wesentlich mit innerer Ausstrahlung zu tun hat, wird verdrängt.

Dieses Vorgehen ist für das herrschende Denken ungefährlicher, denn äußere Schönheit kann man auf der äußersten Hautschicht herstellen, für innere Schönheit müßten wir uns um das Innen kümmern und würden dabei natürlich auf Aspekte des Venusprinzips wie innere Harmonie und Ausgeglichenheit zwischen den Polen stoßen, die unser einseitig männliches Weltbild in Frage stellen könnten.

Dabei geht uns und vor allem der Erde so vieles unter die Haut. Für all die Schätze, die wir aus ihrem Reich herauswühlen, geben wir der Erde unendliche Massen von Unrat zurück. Wie Krätzemilben zerfurchen Bergarbeiter ihre Haut, und die leeren Gänge der Gruben werden nicht selten mit Abfall gefüllt. In die tiefsten Stollen schieben wir den auf Jahrtausende gefährlichen radioaktiven Müll. Mit unterirdischen bzw. innerirdischen Atomversuchen gehen wir der Erde unter die Haut und erschüttern das Erd-Reich, oder wir verletzten ihre äußeren atmosphärischen Schichten mit oberirdischen Atomtests. Die Zerstörung der äußeren sensiblen Häute der Erde ist mindestens so gefährlich wie die der tieferen. Der Schädigung der Ozonschicht werden neben Hautkrebs auch Mutationen im Erbgut entsprechen; die Auswirkungen auf Wetter und Temperaturgleichgewicht können wir noch gar nicht abschätzen. Dem dürfte im mikrokosmischen Bereich eine analoge Schädigung des menschlichen Feldes, der Aura, entsprechen. Sensitive aurasichtige Menschen beschreiben auch hier zunehmende Veränderungen und Verletzungen. Ähnliche Hinweise liefert die Kirlianphotographie.

Der Umgang mit den Hautschichten der Erde spiegelt sich im Umgang mit unserer eigenen Haut. Von der makrokosmischen Ebene können wir auf all das schließen, was uns unter die eigene Haut geht: von all den physischen Giften bis zu der Flut seelischer Probleme. Auf der mikrokosmischen Ebene, den menschlichen Hautproblemen, von der Akne bis zu den zunehmenden Allergien, von Ausschlägen bis zu Hautkrebs aber spiegelt sich das Leid, das die Erdoberfläche erträgt.

Um den Gegenpol zu unserem modernen Verhalten zu finden, müssen wir sehr weit zurück in der Zeit. Unsere frühesten Vorfahren ließen die Erde in Ruhe und lebten als Sammler von den Früchten, die sie ihnen freiwillig bot. Ihr Respekt vor der Erde, die sie nährte und beherbergte, war groß, denn sie lebten ja nicht nur von ihr, sondern auch in ihr, bzw. ihren natürlichen Höhlen. Sie verehrten ihre Mutter Erde, beteten sie an; die natürliche Lebensform war das Matriarchat. Die Rolle der Männer bei der Zeugung des Nachwuchses war in dieser frühen Zeit noch unklar, und die Frauen standen in jeder Hinsicht im Mittelpunkt. Auch die nachfolgenden Jägerkulturen, die schon mehr ins Gefüge der Welt eingriffen, respektierten diese jedoch noch so weit, daß sie sie unverletzt ließen. Ihr Lebensstil als Nomaden schonte die Erde, selbst wenn sie nun nicht mehr in ihr, sondern auf ihr lebten, in leichten, beweglichen Wohnstätten. Mit dem beginnenden Ackerbau fingen die Menschen dann an, die Haut der Erde aufzureißen. Sie wurden seßhaft und bauten feste Häuser. Die Männer hatten nun längst ihre Rolle bei der Kinderzeugung erkannt und begannen damit, sich die Erde untertan zu machen. Ihr Respekt für die nährende Mutter wandelte sich allmählich in das Bedürfnis, sie zu besitzen. Anstatt sie zu verehren, begannen sie, die Erde zu benutzen. Aus dem Matriarchat wuchs das Patriarchat. Die Beziehung der Menschen zur Erde wurde nun immer schwächer, und ihre Beherrscher versuchten, sich über sie zu erheben. Vom Turmbau zu Babel zu den heutigen Hochhaustürmen verläuft eine eindeutige geistige Verbindungslinie. Die Menschen haben die Erde verlassen. Sie haben sich über das Wasser- und Erdreich erhoben und den Himmel, das Reich von Feuer und Luft, erobert. Dieser Weg der Menschheit spiegelt sich im Weg jedes einzelnen: aus den weiblichen Reichen des Mutterleibes und Fruchtwassers in die männlichen von Luft und Licht.

Mit anderen Worten, jeder einzelne Mensch und wir alle zusammen als Menschheit bringen durch unser heutiges Verhalten unsere Verachtung für unsere Herkunft zum Ausdruck. Im Gesicht der Erde spiegelt es sich wie in unsrem eigenen.

Was uns da aus den verschiedenen Spiegeln entgegenblickt, ist immer das gleiche Muster, und es ist auf unserer jetzigen Stufe schwierig zu akzeptieren. Doch bringt uns ein Blick auf das Schicksalsrad wieder Klarheit – es dreht sich seit Urzeiten und wird sich weiter drehen. Die Auflehnung gegen Mutter Erde war not-wendig, so notwendig wie Parzivals Auflehnung gegen seine Mutter Herzeloide. Die not-wendige Folge daraus aber ist die Katastrophe, der Umkehrpunkt, und schließlich die Heimkehr.

Was zeigen uns nun die vielfältigen Hautprobleme? Mit dem Kontakt zur Erde haben wir auch den zur eigenen Haut verloren. So wie wir immer weniger mit der natür-lichen Oberfläche der Erde in Berührung kommen, »berühren« wir auch uns selbst und unsere Mitmenschen immer weniger. Be*hand*lungen finden in ihrer ursprünglichen Bedeutung selbst in der Medizin kaum mehr statt.

Hautprobleme zeigen auch Grenzprobleme. Wir kapseln uns ab in unseren Körpern, unseren vier Wänden, unseren Ländern. Diese Grenzen werden waffenstarrend hochgehalten, und niemand darf uns nahekommen. Die Grenzen der Erde und ihrer Natur überschreiten wir dafür bei jeder Gelegenheit. Jene Grenzen aber, auf die das Menschsein zielt, die Grenzen zu unserem eigenen Inneren und zum Bereich des Numinosen, drängen wir aus unserem Bewußtsein. Dabei wäre das Überschreiten dieser Grenzen unsere wirkliche Aufgabe. So wie die Pflanzen auf der physischen Ebene, sollten wir auf der seelischen ein Leben lang wachsen. Das aber bedeutet, sich ständig neuen Grenzen zu nähern, sie als Aufgabe anzunehmen und schließlich zu überwachsen. An jeder Grenze stirbt Altes, wird zurückgelassen, und Neues wird geboren.

Als Menschen wissen wir nur eines gewiß: Irgendwann müssen wir sterben, denn darauf zielt unser physisches Leben. Diese Grenze aber sollten wir bewußt wahrnehmen. Denn wer die Begegnung mit dem Hüter dieser Schwelle vermeidet, kann sich nicht wirklich ent-wickeln, er wird immer ver-wickelt bleiben. Wer die Grenze des Todes wahrnimmt und achtet, wird sich nicht an Materielles klammern, sondern seiner Bestimmung, dem Bild des vollentfalteten Menschen entgegenwachsen. Wer dagegen lebt, als gäbe es den Tod nicht, wird dazu neigen, sich in materiellen Dingen zu verstricken; und je mehr er sich bewegt, desto mehr wird er sich verwickeln.

Eine typische und häufige Hautkrankheit unserer Zeit, die Schuppenflechte (Psoriasis) mag unser »Grenzproblem« veranschaulichen. Die Haut überzieht sich dabei mit flächigen Arealen übersteigerter Hornbildung, beginnend oft an den Ellenbogen mit deren Hilfe wir uns ja durchsetzen. Es kommt zur regelrechten Panzerbildung, fast wie bei Reptilien – die Abkapselung wird unübersehbar.

Die Schalentiere zeigen uns die Kehrseite der Medaille: hinter dem harten Kern verbirgt sich immer ein ausgesprochenes *Weichtier.*

Der Panzer ist ein Produkt der Angst vor Verletzung – in der rauhen Schale steckt ein weicher Kern. Der Panzer schützt aber nicht nur vor äußeren Angriffen, sondern auch vor Zuwendung. Wer so gepanzert ist, kann sich nicht mehr öffnen, kann nicht mitschwingen – schließt sich damit auch von der Liebe ab. Darüber hinaus macht der Panzer in seiner extremen Form die innere Verletzlichkeit sogar deutlich, er fördert sie, denn die starren Hornschichten werden leicht brüchig – offene Stellen und blutende Wunden sind die Folge.

Die Parallele zur heutigen Welt liegt auf der Hand. Waffenstarrende Nationen stehen sich gepanzert und unbeweglich gegenüber, einige Grenzen sind zu Todesstreifen geworden, an denen oft genug Blut fließt. Natürlich steckt auch hier Angst dahinter und die eigene Unsicherheit und Verletzlichkeit führt zu den bekannten Rüstungsorgien. Dabei zeigen gerade die hochgerüsteten Länder ihre Verletzlichkeit und Hilflosigkeit bei all den Terroranschlägen, deren Ziel sie mit Vorliebe sind. So wie der Hornpanzer der Schuppenflechte vom Leben abschließt und eng macht, schließen uns die wachsenden Waffenarsenale voneinander ab und lassen Angst (= Enge) aufkommen. Mit den Hornschuppen verbauen wir uns die eigene arme Haut, so wie wir auch die der Erde zubauen.

Mit der Hochrüstung verbarrikadieren wir uns den kollektiven Zugang zueinander. Mit dem Charakterpanzer (nach Wilhelm Reich) blockieren wir uns selbst und den Kontakt zum Mitmenschen. Mit einem Wort: Wir verbauen uns das Leben. Den Teufelskreis zu durchbrechen, wird immer schwerer und notwendiger, je länger wir warten.

Diese starre Situation macht uns reizbar, es juckt unter dem Panzer. Der Juckreiz aber verführt dazu, den Panzer aufzukratzen und darunter zu forschen, was uns denn da »juckt«. Im übertragenen Sinne kratzt uns auch die Weltsituation ganz gewaltig, wir können in den täglichen Nachrichten hören, wie sehr sich die Machtblöcke reizen. Das ist zwar wenig reiz-voll für uns, da es fast ausschließlich um aggressive Zuwendung geht, aber wir spüren doch das Thema dahinter: Zuwendung. Die Nationen verhalten sich wie Kinder, denen Liebe fehlt und die nun um Ohrfeigen betteln, um wenigstens auf dieser Ebene Zuwendung zu bekommen.

Mit dem Juckreiz unter dem Hornpanzer zeigt uns die verhärtete Haut, was ihr fehlt, wie sehr sie der Zuwendung bedarf. Sie bekommt als Antwort aggressives Kratzen, genau wie die verhärteten Fronten der Länder nach Zuwendung schreien und diese in aggressiver Form auch bekommen.

So zerkratzen wir die äußere Haut, anstatt in uns zu gehen, genau wie wir an den Landesgrenzen hauen und stechen, anstatt in der Mitte des Landes nach dem Rechten zu sehen. Die Erde wird aufgekratzt auf der Suche nach Gold. Wir suchen immer noch verzweifelt jenes sagenhafte Eldorado, das Goldland, von dem wir allmählich wissen könnten, daß es »nur« in uns selbst zu finden ist – in einem Herz aus Gold – dem Symbol der eigenen sonnenhaften Mitte.

15. Die Haare von Mensch und Erde

Weißt Du, daß Bäume reden? Ja, sie reden. Sie sprechen miteinander, und sie sprechen zu Dir, wenn Du zuhörst. Aber die weißen Menschen hören nicht zu. Sie haben es nie der Mühe wert gefunden, uns Indianer anzuhören, und ich fürchte, sie werden auch auf die anderen Stimmen der Natur nicht hören. Ich selbst habe viel von den Bäumen erfahren: manchmal etwas über das Wetter, manchmal über Tiere, manchmal über den Großen Geist.

Tatanga Mani (Walking Buffalo)

Alles in der Welt braucht die Gewißheit, anerkannt zu werden. Es ist wahr, daß Pflanzenwesen vom Boden und der Luft genährt werden, doch man weiß auch, daß ihre Gesundheit und ihr Wohlergehen von unseren Worten abhängt. Aus diesem Grund gingen unsere Großeltern auch durch das Korn und redeten mit ihm, ermutigten es zu wachsen. Auf diese Weise ermutigt unser Geist die Geister anderer Wesen dieser Welt...

Die Menschen, die im Einklang mit der Natur lebten, zeigten einander Anerkennung und gute Laune. Sie schenkten den Dingen, die ihnen zum Leben halfen, Grüße und Danksagungen, und aus den gleichen Gründen grüßten sie sich.

Die Menschen, die auf diese Art lebten, feierten das Leben, denn sie waren glücklich.

SOTSISOWAH (Seneca-Indianer): AKWESASNE

Das Aussehen des Menschen ist sehr wesentlich von den sogenannten Hautanhangsgebilden, vor allem den Haaren, geprägt. Von der Signatur her entsprechen sie dem Wald der Erde. Das einzelne Haar mit seiner Wurzel und seinem Schaft ähnelt nicht nur sprachlich einem Baumstamm, sondern auch unter dem Mikroskop. Da finden wir so etwas wie schuppige Rinde am Stamm und jede Menge kleiner Lebewesen (Bakterien) darauf. Zwar hat der Wald für die Erde vor allem Lungenfunktion, während die Haare ihre ehemalige Hauptfunktion des Temperaturausgleichs fast eingebüßt haben, jedoch gibt es auch funktionale Analogien. Tatsächlich spielt der Wald (fast wie das Meer) eine wichtige Rolle bei der Bewahrung des Temperaturgleichgewichts. Wann immer ganze Landstriche abgeholzt wurden, ergab sich daraus eine Verschärfung des Klimas. Wald und Haar teilen darüber hinaus das Schicksal des stetigen Rückzuges im Laufe der Erd- und Menschheitsentwicklung. In den erdumspannenden Urwäldern der Frühzeit lebten unsere Vorfahren im entsprechenden Haarkleid, das sie erst im Laufe der Entwicklung allmählich überflüssig *machten,* als sie ihre Wärmeregulation mit der Benutzung von Fellen, als geraubter zweiter Haut, selbst in die Hand nahmen. Parallel dazu begannen sie, die Wälder der Erde zu roden, um auch ihre Nahrungsversorgung selbst zu steuern. Sie machten damit einen weiteren Schritt in die Unabhängigkeit, nabelten sich ab von der (Mutter) Natur. Auch die Symbolik der Freiheit teilen die Haare mit den Wäldern. Wir brauchen nur an die auf ihre Freiheit so bedachte Hippie-Bewegung mit ihrer freisprießenden Haarpracht zu denken.

Darüber hinaus ist der Wald für uns noch heute Symbol des Unbewußten, und alle tiefenpsychologischen Ansätze kennen den dunklen Wald in dieser Hinsicht aus Träumen und Mythologie. Schon in den Märchen begegnet uns der Wald als Symbol des undurchdringlichen Unbewußten, etwa wenn sich Hänsel und Gretel in ihm verirren, oder wenn der Eisenhans die schöne Königstochter in den tiefen Wald entführt. Auch unsere Haare, besonders die Schamhaare, haben diesen Bezug. Verdecken sie doch die dunklen Bereiche der Sexualität und der »gefährlichen« Triebe. In dieser Hinsicht sind Haare auch ein Symbol für die urwüchsige, ungebändigte Kraft der menschlichen Natur. Wir brauchen nur an die keltischen Krieger zu denken, die nackt und mit durch Kalk hochgetrimmten Haaren auf ihre Feinde losgingen, oder an die biblische Geschichte von Samson, der mit den Haaren auch seiner sprichwörtlichen Kraft verlustig ging.

Betrachtet man die Entwicklungstendenz unserer Erde in den letzten Jahrtausenden, wundert es nicht, wenn die Haare der Erde, ihre Wälder, mitsamt den in ihnen lebenden wilden Tiere langsam aussterben. Die männliche Herrschaft will ja gerade das »gefährliche« weibliche Unbewußte in den Griff bekommen, die Triebe besiegen und Ordnung schaffen. Es ist daher nicht erstaunlich, daß den Männern ihre eigenen Haare, als symbolische Repräsentanten dieses gefährlichen Prinzips, langsam ausgehen.

Genau besehen richten sie aber nicht nur das »gefährliche« Weibliche zugrunde, sondern auch Männliches. Die Signatur der Haare, denken wir an die Haar*spitzen,* an die Kriegerfrisuren alter Völker, oder an die heutige Punkerhaarpracht, verrät ja auch marsisch Männliches, auch die Symbolik der Freiheit gehört zum männlichen Prinzip. Im Makrokosmos finden wir in den Baumspitzen besonders der Nadelbäume ebenfalls die männliche Signatur. Mit dem Verdrängen des weiblichen Poles verschwindet natürlich auch Männliches, die beiden Pole gehören ja untrennbar zusammen. Selbst die Mode betont nicht mehr das typisch Weibliche, sondern das Männliche in der Frau. Sie macht dadurch die Frauen für das männliche Prinzip weniger gefährlich, entschärft sie sozusagen. Dem entspricht auf der männlichen Seite das Zurückstellen der Männlichkeit und die Tendenz zu den sogenannten »Softies«, weichen, weiblichen Männern. Nun ist die Mitte zwischen den Polen ja das Ziel der Esoterik, aber auf geistiger Ebene und nicht in der Polarität und schon gar nicht aus Angst vor den extremen Polen. Hier gilt schon eher der Christussatz: »So aber, weil du lau bist und weder warm noch kalt, will ich dich ausspeien aus meinem Munde.«

Die Mitte ist das Ziel, aber vor dem Ziel steht die Aufgabe, ganz in die Pole hineinzugehen, in der Welt zu leben, die Polarität zu be-wält-igen. Das aber bedeutet bis in die Extreme der Gegenpole zu sehen, sie dabei kennenzulernen und mit den Erfahrungen zur Mitte zurückzukehren. Die Haare haben neben dem Aspekt der weiblichen Macht auch viel mit Schmuck und Schönheit, Venus also, zu tun. Typischerweise betonten die Frauen vor der industriellen Revolution mit freifliegender Lockenpracht ihre weibliche Wildheit. Heute dominieren wohlgeordnete (»hairstyling«) Haarkunstwerke und demonstrieren den angepaßten Venusaspekt – schön und ungefährlich. Hochfrisuren, wir wir sie klassisch und durch die entsprechende Kopfbedeckung noch akzentuiert, bei der ägyptischen Nofretete finden, betonen dagegen die weibliche Macht und Würde.

Sogar hierzu finden wir eine deutliche Parallele im Makrokosmos. Die tiefen Wälder und wilden Bäume* als Ausdruck der urwüchsigen Weiblichkeit verschwinden zwar immer mehr, aber ganz verzichten auf das weibliche Element wollen wir doch nicht. Es soll lediglich gebändigt und leichter verfügbar gemacht werden. So haben wir Fichtenäcker an die Stelle der Urwälder gepflanzt und die Bäume damit sozusagen in die Prostitution gezwungen. Die in der Nähe unserer Wohnstätten noch geduldeten Pflanzen haben wir zu reinen Zierstücken degradiert. Den Höhepunkt dieser Entwicklung finden wir in den französischen Garten- und Parkanlagen. Dort werden die Bäume im wahrsten Sinne des Wortes frisiert, ähnlich wie die urwüchsigen Wälder durchge*kämmt* werden, bis sie zivilisiert und harmlos genug erscheinen. Frisierte Kugelbäume und geometrische Blumenornamente enthüllen somit nicht nur den Geschmack, sondern auch die tiefere Absicht der Zeit. Wann immer wir etwas frisieren, wollen wir damit die Wirklichkeit zu unseren Gunsten manipulieren, ob wir nun einen Kopf, einen Motor, einen Bericht oder einen Baum frisieren.

Tatsächlich können wir aus der jeweiligen Haarmode auf den Geschmack »in Sachen« Natur und auch den sexuellen Zeitgeschmack schließen. Die Sexualität ist ja jener Bereich, wo Männliches und Weibliches am direktesten miteinander konfrontiert wird. In Haaren (und Wäldern) mischen sich diese beiden Aspekte in der Natur. Bei den Kopfhaaren ist der männliche Pol mehr im Vordergrund, wachsen sie doch auch auf ihm, bei den Körperhaaren, besonders den Schamhaaren, folglich mehr der weibliche Pol.

---

* Praktisch alle Bäume sind auch sprachlich weiblichen Geschlechts, selbst die von der Signatur her männlichen: die Tanne, die Pinie, die Fichte, die Lärche.

Besonders deutlich wird diese Parallelität im Frankreich Ludwigs XIV. Es war die Hoch-Zeit des Französischen Gartens mit geschniegelten Pflanzen in geometrischen Formen. Die Mode und speziell die Frisuren spiegelten *natürlich* ebenfalls die höfische Etikette: weißgetünchte Gesichter, gepuderte Perücken voll wohlgeordneter Lockenpracht, und lange kunstvolle Elfenbeinstäbchen, um die geschundene und juckende Kopfhaut unter den Lockenbergen hin und wieder kratzend zu beruhigen. Das natürliche Leben war zugedeckt und verschaffte sich im Untergrund Befriedigung. Während das offizielle Geschlechtsleben, der höfischen Etikette gemäß, steif ablief, gab es unter dieser künstlichen Schicht aus Puder und Perücken ein orgiastisches Ausleben der Triebe, wie die weite Verbreitung der Syphilis zeigte, die es damals zur Adels- und Bürgerseuche brachte.

Später sind es die streng zurückgekämmten Haare, die die strenge Bändigung bzw. Unterdrückung der Triebe anzeigen und ihren Gipfel in den Haarknotenfrisuren fanden. Diese Knoten zeigten sich genauso im Gefühls- und Sexualleben dieser Zeit, am anderen Pol des Menschen. Jetzt aber war es keine Maskerade mehr, sondern blutleerer Ernst. In der Viktorianischen Zeit mit ihrer sprichwörtlichen Sittenstrenge und der entsprechenden Mode wurde auch begonnen, die Natur in bis dahin ungekanntem Maße auszubeuten und zu unterdrücken. Diese Tendenz hat sich im wesentlichen bis heute gehalten, wenn wir von vereinzeltem Aufbäumen des Gegenpoles absehen, wie es etwa in den wilden 20er Jahren, und in der Hippie-Bewegung der 60er Jahre geschah. Immer wehten wilde Haare und verrückte Haartracht den wilden Bewegungen voraus. Als Gegenbeispiel mögen uns die Stiftenköpfe der Soldaten dienen, die ja keine eigene Freiheit haben sollen. »Unfrei und aggressiv« ist das Frisurideal der Soldaten der ganzen Welt. Ein trauriges, aber in seiner Stimmigkeit kaum noch zu überbietendes Bild geben die stoppelköpfigen amerikanischen GIs ab, die den vietnamischen Dschungel entlaubten.

Demgegenüber verraten uns die sehr bewußt glattgeschorenen Köpfe buddhistischer Mönche, deren Absicht, die Polarität zu verlassen und weder den männlichen, noch den weiblichen Pol in der Haartracht zu betonen. Sie haben die »alten Zöpfe« abgeschnitten, wie die ursprüngliche Wildheit; auch auf die alte Freiheit verzichten sie, einer neuen, inneren Freiheit zuliebe. Die sie umgebenden Tempel und Klostergärten verraten dieselbe Absicht, wenn wir an die rituell geordneten Zen-Gärten denken oder an die strenge Mandala-Form der Tempel. Die Mönche wenden sich ab von der polaren Welt – auf ihrem Weg zur Einheit

– und lassen Welt und Natur in Frieden. Wir finden daher auch eine verhältnismäßig heile Natur in Ländern, die von dieser Weltanschauung geprägt sind; heile von den Haarwurzeln der Menschen bis zu den Wurzeln der Bäume.

Bei uns herrscht folgerichtig Glatzenbildung und Waldsterben. Wir sind im Gegensatz zu den der Mitte zugeneigten buddhistischen und taoistischen Kulturen dem männlichen Pol einseitig verschrieben. So nehmen wir unserem Teil der Erde mit dem Wald die letzte Schambehaarung, entreißen ihr die letzten Geheimnisse, machen sie nackt und jederzeit gefügig – einer Hure vergleichbar mit abrasiertem Schamhaar.

Gegen die brutale Form dieser einseitigen Tendenz gab es von Anfang an Widerstand, denken wir nur an Legendenfiguren wie Robin Hood.* In den Wäldern verborgen lebend, der brutalen Obrigkeit trotzend, kämpfte er mutig für die Freiheit und das Leben der Armen, der Frauen und Kinder. Sein Ziel war es ganz eindeutig, den unterdrückten Gegenpol zu stärken und den Weg aus dem Extrem in die Mitte zurückzulenken. Die Zeit war damals jedoch noch nicht reif für ein Umschwingen des Pendels, oder anders ausgedrückt: Das Rad des Schicksals hatte seinen tiefsten Punkt noch längst nicht erreicht. Und natürlich ließ es sich auch mit den edelsten Motiven nicht zurückdrehen. Offenbar ist die Zeit heute reifer und der Umkehrpunkt nahe.

Die Volkskrankheit »Haarausfall« kann uns vieles verdeutlichen. Da das männliche Prinzip das weibliche in seiner ursprünglichen Kraft immer mehr beschneidet, wird einerseits natürlich das Weibliche schwächer, andererseits verliert aber auch das Männliche an Kraft. Das Polaritätsprinzip und das Beispiel des elektrischen Stromes mag der Vorstellung helfen. Die Männer behindern heute die Frauen darin, ganz in den weiblichen Pol zu gehen (Geliebte, Mutter, Schwester, Tochter und Hure in einem zu sein) und können deshalb selbst ihre Männlichkeit nicht vollständig leben.

Glatzenbildung auf unserem Kopf (zu viel Wille – zu wenig Gefühl) entspricht Wüstenbildung (zu viel Sonne – zu wenig Wasser) auf der Erde. An beides haben wir uns gewöhnt, und beides zielt in eine unfruchtbare, überzogen männliche Richtung. Unsere biblische Aufgabe ist, uns die Erde untertan zu machen, nicht sie in einen Wüstenplaneten zu verwandeln. »Uns die Erde

* Stimmigerweise gibt es heute eine Organisation, die für das Überleben des Waldes kämpft und sich in Anlehnung an den legendären Helden »Robin Wood« (= engl. Wald) nennt.

*unter*tan zu machen« bedeutet sehr wohl, sie zu beherrschen, aber es bedeutet auch, uns über sie zu erheben. Die Welt aber ist Ausdruck der Polarität von männlich und weiblich. Folglich heißt unser Auftrag, uns über die Polarität der Welt zu erheben und nicht, uns in einen ihrer Pole zu verrennen. Es ist nicht gemeint, alles männlich zu machen, noch, alles ins Weibliche zu treiben, sondern »wieder zu werden wie die Kinder«. *Das* Kind aber ist, wie uns die Sprache schon lehrt, weniger in der Polarität gefangen. Es hat zwar ein Geschlecht, ist aber noch kaum damit identifiziert. Folglich sind unsere zugrundegehenden Haare und Wälder Todeszeichen auf einem ehedem not-wendigen Weg, der nun zum Irrweg zu werden droht. Es war richtig im Sinne unseres biblischen Auftrags, den Weg in die Einseitigkeit zu gehen und die Welt be*herr*schen zu Lernen. Nun aber haben wir es gelernt, und unser Auftrag geht noch weiter. Er zielt darauf, uns über die Pole »männlich« und »weiblich« zu erheben, sie in ihrer Gleich-Gültigkeit zu akzeptieren und uns in diesem weiteren Sinne »die Erde untertan« zu machen.

16. Die Niere in Mikrokosmos und Makrokosmos

Mit Schönheit, Ordnung und Harmonie vor mir
Gehe ich einher.
Mit Schönheit, Ordnung und Harmonie hinter mir
Gehe ich einher.
Mit Schönheit, Ordnung und Harmonie über mir
Gehe ich einher.
Mit Schönheit, Ordnung und Harmonie unter mir
Gehe ich einher.

Navajo-Gebet

Für uns Indianer war das weite Grasland, die Prärie, mit ihren schönen, wie Meereswogen dahinrollenden Hügeln, mit ihren sich schlängelnden Flüssen und den dicht bewachsenen Ufern keine »Wildnis«. Nur der Weiße empfand die unberührte Natur als »Wildnis«, verseucht mit »wilden« Tieren und »wilden« Menschen. Wir Indianer lebten ohne Furcht in diesem Land. Die Erde gab uns im Überfluß, und in allem sahen wir den Segen des Großen Geistes. Erst als die bärtigen Männer aus dem Osten kamen und uns und die Familien, die wir liebten, mit Haß und Wut verfolgten, wurde dieses Land für uns zu einer »Wildnis«. Als die Tiere vor den Weißen aus den Wäldern zu fliehen begannen, fing für uns der »Wilde Westen« an

LUTHER STANDING BEAR

Die Aufgaben unserer Nieren lassen sich im Großen und Ganzen zweiteilen, wobei beide Bereiche eng miteinander verbunden sind. Zuerst einmal sind die Nieren zentrale Filterstationen des Körpers. Mit ihrer enormen Blutdurchflußmenge (1500 Liter pro Tag) kontrollieren sie ständig die Zusammensetzung des Blutes und scheiden aus, was nicht länger gebraucht wird. Vereinfacht gesagt, bedienen sie sich dabei einer Siebstruktur, wobei die Porengröße genau so bemessen ist, daß wichtige Stoffe, wie Blutkörperchen und die Bluteiweiße darin zurückgehalten werden. Unterstützt werden die Nieren in ihrer Ausscheidungsfunktion durch das chemische Prinzip der Osmose und durch ein strukturelles Element, das Gegenstromprinzip. Beide zusammen erlauben den Nieren, Urin herzustellen, der hochkonzentriert (also reich an Abfallstoffen) ist und so dem Körper Flüssigkeit zu sparen.

Die zweite Hauptfunktion der Nieren besteht in der Aufrechterhaltung des Säure(♂)-Basen(♀)-Gleichgewichts im Körper. Wie wir schon in früheren Kapiteln sahen, kommt der Harmonie zwischen männlichem und weiblichem Pol entscheidende Bedeutung für unser Heilsein zu, und die Nieren sind das für dieses heikle Gleichgewicht zuständige Organ. Daß sie es heutzutage nicht leicht haben, liegt auf der Hand; im Gegenteil dürften sie angesichts der herrschenden Einseitigkeit den schwersten Stand im Körper haben. In »Krankheit als Weg«* leiteten wir aus der Ausgleichsfunktion zwischen männlichem und weiblichem Pol ihren symbolischen Bezug zur Partnerschaft ab und haben damit auch gleich jenes Thema vor uns, das uns heute die mit Abstand größten Schwierigkeiten macht. Es ernährte schon mehrere Generationen von Psychotherapeuten. Aus deren Kreis stammt auch die Erkenntnis, daß die Hälfte der Menschheit in Partnerschaft lebe und all ihr Trachten darauf richte, dieser Gefangenschaft zu entkommen; die andere allein lebende Hälfte ersehne dagegen nichts mehr als eine Partnerschaft.

Die Aufrechterhaltung des Säure-Basen-Gleichgewichts ist absolut lebensnotwendig. Das Gleichgewicht zwischen den sauren männlichen und basischen weiblichen Kräften ist ein wenig zum weiblichen Pol hin verschoben und liegt bei einem PH-Wert von ungefähr 7,3. Die genaue Mitte der über 14 Teile verfügenden PH-Skala, die das Verhältnis zwischen Säuren und Basen mathematisch ausdrückt, läge bei 7,0. Es wundert nicht, daß wir den

* Dethlefsen/Dahlke: Krankheit als Weg, Bertelsmann 1983.

Schwerpunkt ein wenig zugunsten des weiblichen Poles verschoben finden, ist doch unser Körper an sich ein überwiegend weibliches Gebilde. Seine Materie wird im wesentlichen von den weiblichen Elementen Wasser und Erde gebildet, wohingegen Luft und Feuer den immateriellen Teil des Menschen prägen. So wie es Aufgabe der Niere ist, die beiden Pole ständig miteinander zu versöhnen und ihre annähernde Gleich-Gewichtigkeit aufrechtzuerhalten, ist es auch Aufgabe einer Partnerschaft, die beiden Gegenpole immer wieder miteinander zu versöhnen und ihre Gleich-Berechtigung zu sichern.

Was auf der Körperebene zweier Nieren in einem Körper bedarf, erfordert auf der zwischenmenschlichen Ebene zwei auch körperlich getrennte Wesen. Auf der Ebene der Welt sind noch mehr Einzelkomponenten notwendig, um das Gleichgewicht beider Grundkräfte und die Nierenfunktion für die Welt zu erhalten. Der Reinerhaltung und Gleichgewichtung des menschlichen Blutes entspricht die des Wassers der Erde. Wasser und Blut werden oft in Beziehung zueinander gesetzt und bestehen aus ähnlichen Elementen. Der Verwandtschaft etwa zwischen Körperwasser, wie dem der Fruchtblase, und Meerwasser, sind wir schon begegnet. Beide enthalten das Salz des Lebens, wenn auch in anderer Konzentration. So wie das Blut für uns Lebenssaft ist, ist es das Wasser für die Erde. Was frisches Blut für einen ausgezehrten menschlichen Körper, kann Wasser für eine Wüstengegend sein. Wenn Christus vom »Wasser des Lebens« spricht, liegt die Analogie zu unserer wahren Lebensenergie noch näher.

Die Niere der Erde ist überall auf ihr anzutreffen, denn fast überall gibt es Wasser. Alles ist in allem – das Pars-pro-toto-Gesetz wird uns von der Erde noch deutlicher nahegebracht als vom Körper, wo die starke Spezialisierung der Organe es manchmal fast zu verdecken scheint. Allerdings bleibt auch hier zu bedenken, daß natürlich jede einzelne Zelle eine Nierenfunktion haben muß, um ihren PH-Wert im Gleichgewicht zu halten und ihre Abfallstoffe nach draußen abzugeben.

Alles, was am Wasserkreislauf der Erde beteiligt ist, gehört also funktional auch zu ihrer Niere. Wie unsere Niere Abfallstoffe, etwa den Harnstoff, aus dem Eiweißstoffwechsel durch den Filter passieren läßt, um ihn aus dem Blutkreislauf zu entfernen, läßt die Erdoberfläche viele Abfallstoffe durch ihr (Erd-)Sieb und entfernt sie damit aus ihrem Wasserkreislauf. So wie alles dem Menschen Unverträgliche, das über Nahrung, Atemluft und in geringem Maße auch über die Haut aufgenommen wird, zuguterletzt im Blut landet, gelangt es im Makrokosmos ins Wasser.

Auch was wir an Schadstoffen in die Luft blasen, landet über die Niederschläge ja wieder auf der Erde. Die Höhe der Schornsteine bewirkt nur, daß es sich möglichst gut verteilt und überall hingeweht wird; auf die Erde muß es in jedem Fall zurück. Was wir an Abfall direkt auf der Erdoberfläche abladen, wird auch dort dem Wasser der Niederschläge ausgesetzt. Mit dem Niederschlagswasser aber gelangen die Stoffe in die Erde. Durch ihren Aufbau aus verschieden durchlässigen Schichten ist sie der ideale Filter. Bis der Regentropfen das Grundwasser erreicht, ist er im Normallfall wieder sauber. Selbst wenn ein schadstoffbeladener Regentropfen aber nicht gleich ins Erdreich dringt, sondern ins Meer fällt oder gleich wieder verdunstet, findet der Reinigungsprozeß dennoch statt, denn verdunsten kann nur reines Wasser, alle stofflichen Beimengungen bleiben auf dem Boden zurück, wie wir an der dicken Ablagerungsschicht unseres Teekessels sehen können. So wäscht der Wasserkreislauf in einem fort die Atmosphäre rein, ähnlich wie der Blutkreislauf den Körper. Die Filter sind die Glomeruli (knäuelförmige Siebe) der Nieren und die Schichten der Erdoberfläche.

Ähnlich wie unser Erdenkörper verfügt auch unser individueller Leib über verschiedene Wassersysteme. Vom Umfang entspricht das riesige Reservoir der Meere am ehesten dem Zellwasser, nicht nur was die Menge, sondern auch was die Zusammensetzung anbelangt. Dem am meisten belasteten Oberflächenwasser des Regens, der Flüsse und Seen entspricht im Körper das mit allem beladene Blut vor der Nierenpassage. Dem Grundwasser, das im Idealfall sauber ist, entspricht das Blut, nachdem es in den Nierenfiltern geklärt wurde. Die in der Tiefe des Körpers gelegene Flüssigkeit im Rückenmarkskanal und in den sogenannten Liquorräumen des Gehirns entspricht am ehesten jenen in der Tiefe der Erde gelegenen Wasserreservoiren, die durch die Dicke der Erdschichten geschützt sind.

Wie im Körper gibt es auch zwischen diesem tiefen Wasser und dem Grundwasser einen Kreislauf, doch ist der Austausch hier relativ gering, verglichen mit dem zwischen den oberflächigen Kreislaufsystemen. Der Lymphstrom, der in den Blutkreislauf mündet, entspräche den mit Abwasser und Transportaufgaben belasteten Flüssen.

Was die Erde an Abfallstoffen nicht oder nicht schnell regenerieren und in den Kreislauf zurückgeben kann, lagert sie in ihren verschiedenen äußeren Schichten ab. Ebenso geschieht es im Körper. Was an Schadstoffanfall die Kapazität der Nieren übersteigt, lagert sich ebenfalls in seinen äußeren Schichten, nämlich im subcutanen (unter der Haut liegenden) Fett- und Bindegewebe ab. Nur besondere Ereignisse, wie extreme Niederschläge auf der einen oder große Reinigungsanstrengungen wie Fasten auf der anderen Seite schwemmen solche Ablagerungen dann noch ins Grundwasser bzw. Blutsystem und geben ihnen so eine neuerliche Verarbeitungschance.

Eine weitere Parallele zwischen Mikro- und Makrokosmos begegnet uns in der engen Verbindung von Niere und Lunge, denn in unserem Körper wird ja auch ein großer Teil des Abfalls (genauer das CO_2) über die Lunge herausgefiltert. Analog spielt die Vegetation eine wichtige Rolle im Wasserklärungsprozeß der Erde. Nicht nur, daß sie sehr viel Wasser auf ihrer riesigen Oberfläche verdunsten läßt und damit klärt, sie nimmt zusätzlich auch Wasser aus dem Boden auf, um es in ihrem Stoffwechsel zu verarbeiten. Die Pflanzenwelt nutzt auch einen Teil jener Mineralien, die der Niederschlag in die Erde bringt, zum Aufbau neuer organischer Substanz und reinigt damit das Filtersystem der Erde. Die Vegetation, vor allem der Wald, hält das Wasser in Oberflächennähe, wo es gebraucht wird, und hindert es daran, sich seiner Aufgabe zu schnell zu entziehen, wie das in den durch Kahlschlag entstandenen Karstlandschaften geschieht.

Bei der Erhaltung des Gleichgewichts zwischen sauren (♂) und basischen (♀) Säften kommt die Zusammenarbeit von Lungen und Nieren noch stärker zum Ausdruck, denn die Lunge trägt durch die Ausscheidung von Kohlen*säure* nicht unwesentlich zu diesem Gleichgewicht bei. Über die vermehrte Ausscheidung von Kohlensäure* über die Lunge und die Zurückhaltung von Bicarbonat (dem basischen Pendant in der Niere, hat der Körper zwei Möglichkeiten, regulierend auf das Säure-Basen-Gleichgewicht des Blutes einzuwirken. Schon geringe Abweichungen vom Normal-PH-Wert würden sehr rasch in Bewußtlosigkeit und Koma führen. Mit den sensibleren Diagnosemöglichkeiten der Naturheilkunde kann man heute allerdings bei sehr vielen Menschen eine deutliche Übersäuerung des Körpergewebes feststellen. Diese entspricht sehr genau der Situation unserer (Um-)Welt. Während es noch über weite Strecken gelingt, das Grundwasser im wesentlichen sauber zu halten, ist der Filter längst an seine Grenzen gekommen und das Erdreich übersäuert. Die Früchte unserer Industrie (d. h. unseres Fleißes, lat. industria = Fleiß) sind

* Die Darstellung von Kohlensäure als Kohlendioxid (CO_2) oder wie hier als Kohlensäure (H_2CO_3) entspricht sich, denn $H_2CO_3 = CO_2 + H_2O$ (= ein Wassermolekül)

es, die, so *sauer* von uns erarbeitet, ihrerseits die Atmosphäre versauern. Was dann als saurer Regen (oder noch gefährlicher als saurer Nebel) auf uns und Mutter Erde zurückfällt, versauert den Boden, in dem dann unter anderem die Bäume versauern.

Diese Situation besteht auch in unserem Körper und heißt dort Gewebsacidose. Von der Schulmedizin wird dieser Zustand allerdings noch weitgehend ignoriert. Dem Ausfall unseres Haarwaldes mag also durchaus ein entsprechendes Versauern seines Wurzelbodens zugrunde liegen.

Auch das Waldsterben wurde bis vor kurzem nicht beachtet und untersucht und die warnenden Förster als Panikmacher hingestellt. Die Naturheilkundler von heute entsprechen den Förstern vor fünf Jahren. Die Reaktion der Schulwissenschaft ist seit wenigstens 200 Jahren dieselbe geblieben und spiegelt sich sehr schön in einem Ausspruch von Michel de Montaigne: »Wann immer auch den Wissenschaftlern über eine neue Entdekkung berichtet wird, sagen sie zuerst: ›Das trifft wahrscheinlich nicht zu.‹ Wenn danach die Richtigkeit bestätigt wurde, sagen sie: ›Es mag wohl zutreffen, die Entdeckung ist aber nicht wichtig.‹ Schließlich, wenn genügend Zeit vergangen ist und ihre Bedeutung bewiesen wurde, sagen sie: ›Gewiß ist sie wichtig, aber sie ist nicht mehr neu.‹ «

Wie der Körper hat auch die Erde Möglichkeiten, wenigstens das Grundwasser zu schützen. Diese Möglichkeiten liegen in ihren kalkhaltigen Erden und Gesteinen, die als basische Gegenpole die Säureflut bzw. einen Teil von ihr neutralisieren können. Hier haben wir auch die Erklärung, weshalb Wälder auf kalkhaltigen Böden bisher weniger geschädigt sind. Auch das Meer trägt als riesiger, neutraler Wasserspeicher zum Gleichgewicht bei, denn es nimmt ja über die Flüsse einen Großteil des im Erdfilter nicht vollständig neutralisierten Säureabfalls auf. Salz ist das Produkt des Zusammentreffens von Säure und Base und als deren Mitte naturgemäß neutral (Na^+(♂) + Cl^-(♀) = NaCl).

So ist das Salz Symbol der Mitte zwischen den Polen und ein lebenswichtiger Stoff für Mikro- und Makrokosmos. Das Salz der Erde ist auch die Grundlage der Harmonie unseres individuellen Körpers.

In unserer Zeit scheinen allerdings sowohl die Möglichkeiten der Säureneutralisation unseres Körpers, als auch die unserer Erde annähernd erschöpft. Es mag durchaus sein, daß wir bereits vielfach Zeugen des Gegenschlags der Natur sind, ohne es recht zu merken. Eine relativ milde Variante dieser *natür*lichen Rache könnte das zunehmende Rheuma sein, das nach schulmedizinischen Erkenntnissen auf die Ablagerung von Schlacken des Eiweißstoffwechsels zurückgeht. Das wären demnach genau jene Schlacken, die von der Niere ausgeschieden werden sollten. Ihre Ablagerung im Gewebe, bei Rheuma besonders um die Gelenke, könnte sehr wohl zeigen, wie schmerzhaft Einseitigkeit und mangelnde Flexibilität werden können. Dem Rheumatiker zeigt seine Krankheit ja vor allem seine mangelnde Flexibilität und Unbeweglichkeit auf schmerzliche Weise. Dem entspräche auch die von der Naturheilkunde festgestellte Gewebsübersäuerung bei Rheumatikern. Eine Sonderform, die Gicht, wird auch nach schulmedizinischer Auffassung eindeutig von der stark erhöhten Harn*säure* »verursacht«. Wir würden natürlich hier nicht von Verursachung sprechen, sondern feststellen, daß die Gichtbeschwerden das der Übersäuerung parallel laufende Geschehen sind, so wie die Übersäuerung unserer Umwelt sich parallel in Waldsterben, Haarausfall und säuerlicher Stimmung ausdrückt.

Bei oberflächlicher Betrachtung mag der Unterschied gering sein, und doch liegen beiden Ausdrucksweisen zwei völlig gegensätzliche Weltbilder zugrunde; dem der Schulmedizin das alte kausale Bild der alten Physik, das alle Ereignisse hintereinanderreiht, da die Ursache ja immer aus der Vergangenheit wirken muß.

$$A \rightarrow B \rightarrow C \rightarrow D \rightarrow \ldots$$

Die Esoterik stellt dem ihr, von der neuen Physik bestätigtes, Parallelmodell des Universums entgegen:

— D —
— C —
— B —
— A —

Hier folgen A, B, C, D nicht aufeinander, sondern entsprechen sich, oder wir könnten sagen: Die einzelnen Ebenen spiegeln einander: Wie oben, so unten. Wie schwer dieses verbundene Weltbild sprachlich darzustellen ist, belegen diese Zeilen. Auch die Schrift zwingt uns nämlich das alte Weltbild auf, müssen wir doch A, B, C ... hintereinander schreiben und bringen damit sofort eine Reihenfolge (auf der Zeitachse) hinein, die der Wirklichkeit nicht gerecht wird.

Im Krebsgeschehen erleben wir noch eine viel drastischere Rache des geknechteten weiblichen Poles. Wir können einerseits mit der Naturheilkunde feststellen, daß Krebs mit einer über

Jahre dauernden Überforderung des Gewebes einhergeht. Ein Dauerreiz (♂) führt irgendwann zu einer Überreizung (♂), und was dann geschieht, könnte man sehr wohl als Rache der Großen Mutter beschreiben. Wenn das Faß voll ist, gewinnt das Geschehen von einem Moment zum andern, bzw. von einer Zellteilung zur anderen, eine völlig neue Richtung. An Stelle vom defensiven Sich-fügen, Kompensieren und Ertragen tritt plötzlich chaotisches Wachstum in alle Richtungen, überbordende Fruchtbarkeit. Die Kinder des Geschwürs sind allesamt solch chaotische, ans Urchaos erinnernde Wesen, die ohne jede Rücksicht wachsen und sich vermehren. Sicher ist dieses über die Ufer tretende, verrückte Zellmeer ein weibliches, seine Symbolik erinnert an Hekate, die schwarze Todesmutter der Griechen, oder die hinduistische Kali.

Die Ausdehnung ist rücksichtslos und alles verschlingend. Sie bricht alle Gesetze und vermehrt sich skrupellos und ausschließlich über »Töchter«, die »filia» oder Metastasen: Krebs als dunkle Seite des Weiblichen, als Schatten der Liebe und als Rache des lange gequälten weiblichen Prinzips.

Unsere Deutung der Nierenproblematik erfährt sogar eine gewisse Unterstützung durch die Medizinstatistik, die nachweist, daß Nierenkrankheiten und insbesondere Nierensteinleiden bei Männern deutlich häufiger sind als bei Frauen. Dem entspräche wiederum der stärkere Haarausfall bei Männern, die offenbar das ausgleichende Moment bzw. den weiblichen Pol noch kürzer halten. Auf der seelischen Ebene fänden wir die Analogie in den größeren Schwierigkeiten, die Männer mit dem Thema »Partnerschaft« und »Mitte« haben. Frauen liegen diese Bereiche *natur*gemäß näher.

Wenn wir diese Krankheitssymbolik aus dem Mikrokosmos auf den Makrokosmos übertragen, müssen wir uns eingestehen, daß wir die dem Rheuma entsprechende Situation wohl schon erreicht haben. Die Flexibilität der Erde hat bereits abgenommen, ihre Beweglichkeit und ihr Reaktionsspielraum sind deutlich verringert. Schon kippen ihre kleinen Gewässer um, Schadstoffe dringen ins Grundwasser, selbst Binnenmeere versagen als Ausgleichssystem; in Ohio (USA) ist bereits ein Fluß in Brand geraten, so voll Abfall war er. Viele Bäche und Flüsse haben wir durch Begradigung und Einmauerung in Abwässerkanäle umgewandelt. Könnten wir noch wie die Indianer mit der Erde fühlen, wir würden wohl bei ihrem Schreien und Stöhnen nicht so ruhig weiter*machen*. So aber mag es kurzfristig unser Glück sein, daß wir taub und blind geworden sind bei unseren »Fort-Schritten«.

Bei der Übertragung der Krebssymbolik auf die Erde können wir feststellen, daß der Gegenschlag des weiblichen Poles, der Mutter Natur, bisher erst einzelne Bereiche der Welt trifft, so wie der Krebs einzelne Menschen. Eine generelle Reaktion der Erde hätte wohl etwas unübersehbar Verschlingendes. Die Rückverwandlung der Erde in einen Ursumpf wäre eine mögliche Entsprechung. Auch ein Atomkrieg könnte in diese Richtung führen. Vielleicht geschieht es auch schon längst, mit der schleichenden Radioaktivität oder jener neuen, geheimnisvollen Krankheit AIDS – beide in ihrer heimlichen, unsichtbar schleichenden Art nicht unangemessene Repräsentanten der dunklen Göttin und ihres sicher fürchterlichen Zornes.

An diesem Punkt und vor allem angesichts des zuletzt beschriebenen drohenden Schattens des weiblichen Poles erscheint es sinnvoll, einmal ausführlich auf den Prozeß der Schattenbildung einzugehen, selbst auf die Gefahr hin, bereits in »Krankheit als Weg« Beschriebenes zu wiederholen.

Die Nieren von Mikro- und Makrokosmos sind der ideale Hintergrund für eine Betrachtung der Polarität, geht es doch bei ihnen gerade um die Aufrechterhaltung der Harmonie zwischen den Polen, um Ausbalancierung der beiden Grundkräfte.

Auf unserem bisherigen Weg ist deutlich geworden, daß sowohl im Mikro- als auch im Makrokosmos alles polar auftritt, angefangen von den subatomaren Teilchen über die Basenpaare der DNS, Mann und Frau, bis zu Sonne und Mond. Unser Problem ist nun, daß wir meistens so tun, als gäbe es nur einen Pol. Wir wollen nur einatmen – und bekommen Asthma, wir wollen nur den männlichen Pol verwirklichen – und versauern. Das, was wir nicht haben oder sehen oder leben wollen, verschwindet eben nicht, sondern landet im Schatten und wird damit definitionsgemäß unbewußt. Wir wissen es dann nicht mehr und erkennen es an und in uns natürlich auch nicht mehr. So ist es kein böser Wille oder Sturheit, wenn jemand seine Schattenanteile nicht *wahrhaben* will, sondern es ist selbstverständlich. Er kann sie ja eben nicht *wahr-nehmen*. Was wir als »Ich« bezeichnen, steht als das Bewußte dem unbewußten Schatten gegenüber. Diese beiden, bewußtes »Ich« und unbewußter Schatten, machen sich nun zusammen auf den Weg, auch auf den esoterischen. Dabei sind sie so untrennbar miteinander verbunden wie die beiden Gegenpole eines Zwillingspaares von subatomaren Teilchen. Sie sind ebenso auf Gedeih und Verderben aneinander gekoppelt (phasenverriegelt nannten das die Physiker) und immer und über jede Entfernung miteinander in Verbindung, wobei weder Zeit noch Kausalität eine Rolle spielen.

Auf dem esoterischen Weg geht es nun darum, immer mehr Bereiche dieses Schattens bewußt zu machen, bis wir seelisch heil sind und beide Pole zu einem, nämlich zur Einheit, verschmelzen. Für dieses Zusammenschmelzen von männlichem und weiblichem Pol kennt die Esoterik verschiedene Namen, u. a. »Chymische Hochzeit«, und die wäre wohl die einzig lohnende Alternative zur gegenwärtigen chemischen Hoch-Zeit.

»Bewußtmachen des Schattens« ist aber leichter gesagt als getan, denn wir kennen den Schatten ja nicht. Nun gibt es zum Glück einige indirekte, aber dafür untrügliche Anzeichen für Schatten. Da wir ihn nämlich in uns nicht wahrnehmen können, erleben wir Schatten draußen. Wann immer uns etwas draußen, also in der (Um-)Welt nicht gleich-gültig läßt, ist höchster Alarm geboten, wir haben es dann mit einem Hinweis auf unseren Schatten zu tun. Dabei ist es egal, ob wir *hoch* erfreut oder *tief* entsetzt sind. Beides weist auf Schatten, und wir nennen diesen Vorgang »Projektion«. Das, was wir in uns nicht wahrnehmen können, läßt uns draußen nicht unbewegt. Ist uns etwas dagegen gleich-gültig, können wir weitergehen, es ist unwichtig für uns.

Auf unser Thema bezogen, hieße das etwa: Alle Bereiche unseres Körpers, die uns unheimlich sind, mit denen wir uns im Widerstand befinden oder in die wir geradezu vernarrt sind, weisen auf Schattenbereiche hin und sollten wichtig genommen werden, sind uns noch Aufgabe. Sie können uns helfen, zu wachsen, unser Bewußtsein auszudehnen.

Auf den Makrokosmos übertragen, heißt das analog, alle Länder der Erde, die uns unheimlich sind und Angst machen oder abstoßen, weisen auf Schattenbereiche in uns hin, genau wie die Plätze, die wir über alles lieben. Sie sind uns Aufgabe und geben Gelegenheit, über uns selbst *hinaus*zuwachsen und Schattenbereiche zu durchlichten. Genau wie bei Partnerschaften* können wir auch bei Reisen solche zum Wohl und solche zum Heil unterscheiden. Einerseits können wir zu unserem Wohl mit all den anderen netten Leuten vom letzten Jahr wieder ins selbe Hotel, an dieselbe Sonnenküste fahren, oder wir wagen endlich die Reise, die unsere Angst schon so oft verhindert hat, auf der wir eben nicht wohlig entspannen können, sondern uns im Gegenteil

---

* vgl. Adolf Guggenbühl-Craig: Die Ehe ist tot, lang lebe die Ehe, Spiegel-Verlag. Zürich 1985.

anspannen müssen, weil das, was uns heiler machen kann, zuerst immer auch Angst, zumindest aber Respekt, einflößt.

Um nach diesem Prinzip zu wachsen, müssen wir aber natürlich nicht reisen oder Partnerschaften eingehen, obwohl beides gute Möglichkeiten sind. Es genügt, dort, wo wir gerade sind, die Sinne zu öffnen und die Umwelt als Spiegel zu nutzen. Alles, was wir brauchen, ist immer gerade dort, wo wir sind. Manchmal ist es leichter, etwas im Makrokosmos zu erkennen, als es im eigenen Mikrokosmos zu finden. Alles, was uns im Makrokosmos erfreut oder erschreckt, anzieht oder abstößt, muß seine Entsprechung in uns, im Mikrokosmos haben.

Ob wir es lieben oder hassen, hängt lediglich davon ab, wie tief dieses Etwas im Schatten liegt. Ist es oberflächen-nahe und sind wir bereit, es bald in uns anzuerkennen, werden wir uns wahrscheinlich verlieben. Ist es dagegen sehr tief im Unbewußten vergraben, spiegelt es sozusagen einen unserer finstersten Schattenbereiche wider, werden wir es eher hassen.

Nun mag auch klarer werden, warum wir die Nieren mit dem Partnerschaftsbereich in Analogie setzen. Als Vermittler zwischen den beiden Gegenpolen männlich und weiblich im Körper entspricht ihnen die Partnerschaft im sozialen Bereich. Nirgendwo sonst geht es so ausschließlich um Vermittlung zwischen den Polen wie in der Partnerbeziehung. Der weibliche Pol im Menschen (die basische Seite) kann ohne den männlichen (die saure Seite) genauso wenig existieren, wie der Mann ohne Frau in der Beziehung. Zusammen erst ergeben sie eine Einheit.

Genau wie die Polarität ist also auch die Projektion not-wendig. Sie bietet uns die Möglichkeit, eigenes draußen wahrzunehmen, wird so zur eigentlichen Voraussetzung für inneres Wachstum. Die Gefahr liegt aber darin, in der Projektion steckenzubleiben, d. h., den Bezug zu sich selbst nicht herzustellen. Alles Erkennen im Makrokosmos wird sogar zum Hindernis auf dem Weg, wenn es nicht zur Zurücknahme der Projektionen, zum Rückbezug auf den eigenen Mikrokosmos, führt. Beide spiegeln einander und gehören zusammen. Und nur in der Zusammenschau machen sie heil. Wie oben, so unten – wie innen, so außen.

Dieser letzte Punkt ist für den esoterischen Weg von entscheidender Bedeutung; genau hier kommen wir an eine entscheidende Wegkreuzung. Der esoterische Weg ist von hier ab eher ein schmaler Pfad, steil und anstrengend und nur für wirkliche Sucher gangbar, für solche nämlich, die die Mühsal auf sich nehmen, alles, was sie draußen erkennen, auch drinnen bei sich selbst zu suchen, um es schließlich als Teil von sich selbst anzunehmen. Dieser Weg ist sehr weit, und man muß ihm so lange folgen, bis Mikrokosmos und Makrokosmos ein und dasselbe geworden sind, der Unterschied zwischen draußen und drinnen aufgehört hat und alle Trennung sich in der Einheit auflöst.

Andererseits führt hier aber auch eine Straße weiter, breit und bequem und viel begangen. Auf ihr geht das wachsende Heer der New-Age-Fans weiter. Sie haben die besten Absichten und wollen die Welt heilen und erlösen, allerdings fangen sie gleich bei der Welt an und lassen sich selbst dabei weitgehend aus dem Spiel. Ihr Kennzeichen ist, daß sie jede Menge echte Feinde haben, die es gilt, dort draußen zu bekämpfen, dort nämlich, wo sie sich aus Uneinsichtigkeit und Böswilligkeit den heilenden Ideen des New Age und damit dem Wohl der Erde entgegenstellen. Ohne es zu wollen, ja, ohne es zu ahnen, arbeiten sie damit Hand in Hand mit ihren Gegnern, glauben sie doch an dieselbe Illusion: die Welt dort draußen, getrennt von sich selbst, wieder in Ordnung bringen zu können.

In die entgegengesetzte Richtung zweigt eine fast noch breitere Straße ab, die Autobahn des Positiven Denkens. Während der New-Age-Trip sich meist bald selbst korrigiert, wenn nämlich die Euphorie mit der harten politischen Wirklichkeit zusammentrifft, führt das Positive Denken in eine viel lästigere Sackgasse, zumindest aber auf einen weiten Umweg, macht es doch gerade nicht Schatten bewußt, sondern produziert im Gegenteil neuen. Dabei fangen seine Anhänger allerdings bei sich selbst an, und leichte Anfangserfolge bestärken sie. Was uns nicht zu wundern braucht, denn Schattenverdrängung funktioniert kurzfristig gesehen natürlich gut, sonst wäre ja nicht die ganze bürgerliche Gesellschaft auf diesen Weg geraten. Was geschieht also? Nehmen wir an, jemand leidet unter körperlichem Schwächegefühl. Nun raten ihm Positiv-Denker, sich möglichst häufig selbst zu suggerieren: »Ich bin körperlich sehr stark.« Tatsächlich hat unser Schwächling schon bald Erfolg. Er fühlt sich um so schneller stark, je schneller es ihm gelingt, über seine Schwäche eine Maske der Stärke aus Gedankenenergie zu bauen. Wo aber ist nun seine Schwäche? Im Schatten natürlich, wo sie aber vorerst nicht stört, denn dort ist sie ja nicht bewußt. Der gute »Erfolg« wird den Schüler schnell zu neuen Projekten bzw. Programmen treiben, vielleicht wird er sich nun, wo der Körper sich stark fühlt, seiner seelischen Schwäche bewußt, ist er doch in der typischen Situation vieler Bodybuilder, wo sich häufig eine furchtsame Seele hinter einem aufgeblasenen Muskelpanzer verbirgt. Also wird ein

Seelenprogramm entworfen, etwa nach dem Motto: »Meine innere Kraft und Liebe wächst von Tag zu Tag immer mehr.« Auch hier mag sich Erfolg einstellen, nur sollten wir uns an das Beispiel der Elementarteilchen-Zwillinge erinnern. Die beiden Pole bleiben immer untrennbar verbunden, und so wird bei unserem Positiv-Denker *natürlich* auch der Haß genau entsprechend mitwachsen – allerdings wieder im Schatten. Solche Schattenbildungen bleiben auf die Dauer aber nicht folgenlos, sondern machen sich irgendwann um so überraschender und heftiger bemerkbar. Die Tendenz der Positiv-Denker geht dann meist dahin, jeden von neuem aufbrechenden Schattenbereich sogleich mit einem weiteren Suggestions- oder Affirmationsprogramm zuzukleistern. Bestenfalls und mit viel Mühe gelingt es ihnen, den Schatten ganz aus ihrem Einflußbereich hinauszutreiben. Nach dem Polaritätsgesetz aber wird er ihnen nun draußen auf Schritt und Tritt folgen, als Schatten eben. Das ist dann die peinliche Situation, wo man selbst so lieb, nett und gut ist und draußen herum alles böse, schlecht und gemein. Diese Lage führt dann, wie wir es der ganzen Bewegung jederzeit ansehen können, zu noch peinlicheren Schuldprojektionen und einer sehr weit gehenden Blindheit, was die eigene Beziehung zu all dem Bösen da draußen angeht. Das aber ist genau der zur Esoterik entgegengesetzte Weg, denn er führt eben nicht zum Licht, sondern immer tiefer in den Schatten. Wir bekommen den Gegenpol (den Teufel der Polarität) nicht aus der Welt, und wenn wir ihn noch so sehr bekämpfen! Im Gegenteil, unser Beispiel zeigt uns, wie wir ihn auf diese Art geradezu füttern.*

Auf dem esoterischen Weg nimmt der Schatten dadurch ab, daß wir ihn hereinlassen und bewußt machen. Seine Repräsentanten (wie etwa Haß) verschwinden dadurch nicht, aber sie geben ihre Schattenexistenz auf, werden vertraut und weniger drohend.

Ja, der Schatten (und damit auch alle körperlichen Symptome, die ja Schatten repräsentieren) wird auf diesem Weg geradezu unser Freund und Verbündeter. Es geht eben nicht darum, die äußere Welt durch Kampf vollkommen zu machen, sondern sich selbst zur Vollkommenheit zu entwickeln. Kampf führt immer zu neuer Schattenbildung, ob wir mit chemischen Medikamenten gegen Bakterien im Körper oder mit positiven Suggestionen gegen ungeliebte seelische Eigenschaften zu Felde ziehen. Nicht die »Feinde« (innen und außen) sind das Problem, sondern unsere

---

* Vergleiche hierzu die Erzählung »Satan« in »Abgründe des Herzens« von Kahlit Gibran, Walter Verlag.

Haltung ihnen gegenüber. Sie zu hassen und zu bekämpfen führt immer tiefer in die Verzweiflung der Polarität, die Spaltung in Licht und Schatten. Die Feinde zu lieben und anzunehmen führt zur Vereinigung der Gegensätze und damit zur Vollkommenheit.

Denken wir noch einmal an Indras Netz und die alte und neue Erkenntnis, daß wir ein Teil dieses Netzes sind und mit allem in dieser Welt verbunden, so mag uns ein Aspekt der Erleuchtung klarer werden. Wir erkennen in diesem Zustand uns als das ganze Netz, die ganze Welt, und so werden wir ganz natürlich Mitgefühl mit jeder Kreatur haben, wie die Buddhisten sagen, und unseren Nächsten lieben wie uns selbst und auch unsere Feinde, wie Christus uns nahelegte. Denn sie und wir sind eins. Auch das Land und der König sind dann eins, wie Parzival am Ende seiner Gralsreise entdeckt. Mikro- und Makrokosmos fallen in eins zusammen, denn unsere Mitte und die der Welt sind in Wirklichkeit eins, so wie die Gegenpole in Wirklichkeit immer eins sind.

Aus dieser Sicht wird die Bodhisattva-Idee des tibetischen Buddhismus sehr einleuchtend. Sie bewegt den Verwirklichten, so lange im Makrokosmos zu bleiben, bis dieser ganz erlöst ist, bis nicht nur der eigene, individuelle Schatten, sondern auch der des Makrokosmos durchlichtet ist – nach dem Analogiegesetz wäre das die einzig vollkommene Erleuchtung.

17. Die Verdauung von Mensch und Erde

Die Präriehunde müssen sterben, weil sie Gras fressen. Tausend Präriehunde fressen im Jahr so viel Gras wie eine Kuh. Wenn also der Farmer eine so große Anzahl von ihnen tötet, kann er sich eine Kuh mehr halten und ein bißchen mehr verdienen.

Für den Weißen ist jeder Grashalm und jede Wasserquelle mit einem Preisschild versehen. Damit fängt es an. Und sieh nur, wie es weitergeht! Luchs und Kojote, die sich bisher von Präriehunden ernährten, müssen jetzt ein Lamm, das sich verlaufen hat oder ein krankes Kälbchen schlagen. Der Farmer ruft daher einen Mann von der Schädlingsbekämpfung und gibt ihm den Auftrag, dieses Tier zu töten.

So wird die Prärie ein totes Land, in dem es kein Leben mehr gibt – keine Präriehunde, keine Dachse, keine Füchse, keine Kojoten. Auch die großen Raubvögel ernährten sich von Präriehunden; heute kannst du kaum noch einen Adler sehen. Der weißköpfige Seeadler ist das Wappentier der Vereinigten Staaten. Sein Bild schmückt Euer Geld, aber Eure Geldgier rottet ihn aus. Wenn ein Volk beginnt, seine eigenen Symbole zu vernichten, dann ist es schlecht um dieses Volk bestellt.

LAME DEER (Medizinmann der Hopi)

Riecht nicht der Weiße Mann nach Tod? Er hat Gräber um Gräber mit unseren Knochen gefüllt... Stinken nicht sein Atem und sein Zahnfleisch? Die Zähne fallen ihm aus dem Mund, und er setzt falsche dafür ein. Aber er schämt sich nicht.

HÄUPTLING CHARLOT

Die menschliche Verdauung beginnt beim Zu- und Abbeißen mittels *Schneide*zähne, führt über das Zermahlen mit den Mahlzähnen zur Einspeichelung, und dann verläßt der Speisebrei, nachdem die grobmechanischen Vorarbeiten getan sind, den Mund durch den Schluckakt in Richtung Magen. Von diesem urweiblichen Höhlenorgan wird er zuerst einmal aufgenommen, gespeichert und durch langsame, rhythmische Bewegungen mit Magensäure (♂) versetzt und dabei sozusagen desinfiziert. Die Säure führt im Verein mit Verdauungssäften (das »Wasser« ist uns ja schon zu Beginn des Eßvorganges im Mund und Darm zusammengelaufen) zur aggressiven Aufspaltung weiterer Nahrungsbestandteile, was sich ab dem Zwölffingerdarm durch den Zufluß von Verdauungssäften aus Bauchspeicheldrüse und Leber noch verstärkt. Im Dünndarmbereich wird die Nahrung, nachdem sie biochemisch bis auf Molekülgröße aufgespalten wurde, in Form der einzelnen Moleküle durch die Darmwand ins Blut des Pfortaderkreislaufs geschleust, von wo aus sie in die Leber, das große Labor des Körpers, gelangt. Nur unverwertbare Nahrungsreste bleiben im Darm, ihnen wird im Dickdarm das Wasser entzogen, so daß wirklich nur noch unbrauchbarer Abfall übrigbleibt. Dieser wird in einer Dickdarmausbuchtung gespeichert, bis genug angesammelt ist und sich eine Stuhlentleerung lohnt.

Ähnlich wie bei der Atmung geht es bei der Verdauung um Einverleibung von Fremdem, seine Aufschließung und Angleichung an unsere Bedürfnisse und die Wiederabgabe des Unbrauchbaren. Allerdings ist dieser Vorgang bei der Verdauung ein viel gröberer, der weit in die Stofflichkeit des Erdelements reicht. Durch die Trägheit des Erdelementes geht einerseits die leichte Durchschaubarkeit und die klare Rhythmik des Prozesses verloren, andererseits führt uns seine Grobheit die dabei notwendige Aggression vor Augen. Wir müssen schon die Zähne zeigen, um zu verdauen.

Wie wir Menschen ist die Erde ein Allesfresser, wobei sie, uns auch hier ähnlich, letztlich doch nicht alles verdauen kann. Auf jeden Fall ist sie auf vegetarische und tierische Nahrung bestens eingestellt.

Unserem ersten Verdauungsschritt, dem aggressiven Zupacken und Zubeißen entspricht im Makrokosmos das nicht minder aggressive Zupacken der Natur, wenn wir an die Gesetze des Dschungels denken. Bei unseren Ausführungen zur Evolution haben wir schon dargestellt, daß in der Natur nicht nur die Aggression regiert, aber sie tut es auch. Im Fressen und Gefressenwerden zeigt sich ein aus unserer menschlich wertenden Sicht grausamer Aspekt der Natur. Gegen die Reißzähne ihrer Kreaturen sind unsere kleinen Eckzähne harmlose Souvenirs längst vergangener Zeiten. Aber ehrlich betrachtet, ob der Tiger direkt mit seinen Zähnen tötet, um zu fressen, oder wir von Spezialisten töten lassen, um erst danach zu essen, ist kein wesentlicher Unterschied oder höchstens der, daß der Tiger frischere Nahrung bekommt.

Auch das Fressen und Verdauen von Pflanzen geht nicht ohne Aggression, weder im Mikro- noch im Makrokosmos. Ob wir die Pflanzen nun direkt abbeißen, wie die Tiere, oder sie mit unseren technisch verlängerten Zähnen wie Sensen oder Mähdreschern abschneiden, ändert wiederum nichts an der Tatsache, daß wir töten um zu essen. Die Erde hat lediglich vielfältigere Möglichkeiten der Nahrungsaufnahme als wir. Sie kann die Pflanzen mit ihren Winden knicken und sich dann viel Zeit für ihre Verdauung nehmen oder einfach abwarten, bis Pflanzen, Tiere und Menschen von sich aus sterben, um ihre Körper dann in aller Ruhe zu verdauen. In seltenen Fällen greift sie auch zu äußerst aggressiven Mitteln, wenn sie sich mit Erdrutschen und Lawinen holt oder mit Lava zudeckt, was sie friedlich nicht so schnell bekommen hätte.

Ähnlich wie wir im individuellen Bereich die Aggression möglichst weit von uns wegschieben und uns bemühen, brave Bürger zu sein, geschieht es auf gesellschaftlicher Ebene. Um ein anständiger Bürger zu sein, bedarf es in erheblichem Maße der Verdrängung von Aggressionen, was sich in diesem Bereich in den weit verbreiteten Zahn- und Zahnfleischerkrankungen spiegelt. Die Erde nehmen wir in ähnliche Zucht. Die wilden Tiere mit ihren gefährlichen Gebissen werden ausgerottet, und auch sonst schauen wir der Natur genau auf die Finger. Wilde Flüsse werden einbetoniert oder gestaut, aggressive Meere eingedeicht, Lawinen und Erdrutsche durch strategische Bepflanzung oder technische Befestigung der gefährlichen Abhänge ent-schärft. Vulkanausbrüche und Erbeben können wir noch nicht beherrschen, aber wenn wir es könnten, täten wir es sofort. Auch die Natur hat sich anständig zu benehmen!

Bei allem Verhindern der »bösen Aggression« übersehen wir, daß wir sie damit natürlich nicht loswerden, sondern in den Schatten drängen. Was durch gesellschaftlichen Anpassungszwang an Aggressionsäußerungen beim einzelnen unterbleibt, sucht sich dann eben ein Ventil bei kurzfristigen Umpolungen der Werte, wie etwa in der Nazizeit, als Juden plötzlich nicht mehr zu den Menschen zählten, in Vietnam, wo Vietkong Freiwild wurden, oder heute Afghanistan, wo die Sowjetunion versucht, ein Land von seinem Volk zu »befreien«. Stehen keine kollektiven Aggressionsventile zur Verfügung wie in »Friedenszeiten«, muß sich die unterdrückte Aggression in Krankheitssymptomen Luft verschaffen.* Auf der Ebene der Medizin wird dann all das, was vorher so verpönt war, mit wissenschaftlicher Begeisterung ausgelebt. Was außer einem Schlachthaus wäre aggressiver als ein moderner Operationssaal! Daß wir alle krank sind und die allermeisten auch schon operiert wurden, Zahnprobleme heute überhaupt zum Alltäglichen gehören, nimmt uns die Verantwortung für die Situation nicht ab, sondern zeigt im Gegenteil, daß Aggression in unserer Gesellschaft zu einem kollektiven Schatten geworden ist. Was aber für den Mikrokosmos galt, gilt im selben Maße für den Makrokosmos. Seit wir der Natur ihre Zähne gezogen und ihre Krallen beschnitten haben, ist die Welt nicht friedlicher geworden. Wir leben jetzt die Aggressionen nur auf unbewußte und undurchschaubare Art und Weise.

Die Aggressionen, die wir ungezügelt an Mutter Erde auslassen, nehmen wir kaum noch als solche wahr. Wir schlagen ihr die Zähne unserer Bagger ins Fleisch, machen Versuche in ihrem Bauch mit Atombomben, amputieren ihr die Lunge Stück für Stück, verstopfen ihre Nieren, benutzen sie als Müll- und Jauchegrube usw. Das alles könnte man auch als *bestialische* Folter bezeichnen. Wir haben die Aggression aber so säuberlich in den Schatten gedrängt, daß wir sie in all dem gar nicht erkennen.

Die Kette unserer unbemerkten Aggressionen ist heute beinahe endlos und bezieht sich beileibe nicht nur auf Mutter Erde selbst. Unsere Art der Verdauung auf der makrokosmischen Ebene ist auch kein bißchen weniger aggressiv, denken wir nur an Müllverbrennungsanlagen, Schlachthöfe oder Kläranlagen. Unser Müll wird zerstampft, zerrissen, verbrannt, verschrottet, und auf möglichst kleinem Raum in Einzelpakete zusammenge-

* Hier liegt die Erklärung für die auf den ersten Blick erstaunliche Gesundheit der Frontsoldaten gegenüber denen der Etappe. Auch die generell gute Gesundheit der Bevölkerung während Kriegszeiten gehört hierher.

preßt. Hinzu kommt noch, daß wir einen guten Teil unseres Abfalls im Gegensatz zu Mutter Erde in sinnloser Weise selbst herstellen, wenn wir an all die Verpackungen denken und all die Dinge, die wir aus reiner Bequemlichkeit wegwerfen, obwohl wir sie ebensogut weiter benützen könnten.

Alles, was wir den anderen Geschöpfen der Natur, wie den Pflanzen und vor allem den Tieren, im Rahmen unseres Fortschritts antun, muß hier erwähnt werden, von der indirekten Folter bei der Nutztierhaltung in Fleisch- und Eierfabriken, bis zu jener direkten Folter in Tierversuchen zur höheren Ehre der Wissenschaft. Allerdings werden auch Millionen weiterer Opferschlachtungen die Ehre dieser Wissenschaft kaum wiederherstellen können.

Innerhalb unserer eigenen Art leben wir den Schatten in den Kriegen aus, die ständig igendwo toben. Auch wenn wir nicht selbst daran teilnehmen, gehören wir doch zu jenen Wirtschaftssystemen, die daran verdienen. Verantwortung verschwindet im erwachsenen Alter ja nicht mehr dadurch, daß wir den Kopf in den Sand stecken und so tun, als wüßten wir nicht, woher die Waffen kommen, die im Hinterhof der Welt knallen, oder als wüßten wir nicht, woher unsere Frühstückseier stammen. All diese Aggression ist da und offen-sichtlich. Wir brauchen nur die Augen aufzumachen und aufzuwachen.

Es geht nicht darum, Aggressionen nun zu verteufeln, sondern darum, sie anzuschauen, zu erkennen und wieder zu uns zurückzuholen. Die aggressive Welt ist unser Spiegel. Wir sind es selbst, die sich in ihr spiegeln; das müssen wir zuerst einmal begreifen. Danach ist immer noch Zeit, zu tun und zu ändern und am geschicktesten nicht am Spiegelbild, sondern an dem, was sich da spiegelt. Wer schon einmal versucht hat, einen Mitesser auf der blanken Spiegelfläche auszudrücken, hat einen ungefähren Eindruck von der Arbeit unserer Politiker. Auch all die – mit noch so edlen Absichten angetretenen – Weltverbesserer ziehen mit den Politikern am selben Strang, bzw. bearbeiten denselben Spiegel und wundern sich, daß der Mitesser nicht endlich verschwindet.

Der Verdauungsprozeß ist nicht nur zu Beginn aggressiv auf seiner ersten Station im Mund, sondern bleibt es auch danach. Wenn wir einen *Bissen schlucken, verschlingen* wir ihn damit, nur um ihn anschließend der nicht nur *beißenden,* sondern auch *ätzenden* und *zersetzenden Säure* des Magens auszuliefern. Diese extrem starke Säure hat einen natürlichen und not-wendigen Anteil an der Verdauung, wie auch Aggression einen natürlichen und lebens-notwendigen Anteil an unserem Dasein hat. Probleme mit der Magensäure treten solange nicht auf, wie wir nur Verdaubares schlucken. Fangen wir aber an, Unverdauliches wie Wut und Ärger zu schlucken, kann der Magen auch nur mit Säureproduktion reagieren. Diese Säure findet nun aber nichts Materielles vor, was sie zersetzen könnte, und so sucht sie sich eine Reihe unerfreulicher Auswege. Zum Beispiel stößt sie uns auf, und so spüren wir im Sodbrennen wenigstens, wie sauer wir in Wirklichkeit sind. Das ist zwar unangenehm, aber noch harmlos gegen die nächste Stufe. Reagieren wir nämlich lange nicht auf unser saures Aufstoßen, sucht sich die Säure einen anderen Weg, um unsere Aufmerksamkeit zu erregen. Mangels anderen Fleisches fängt sie an, die eigene Magenwand zu verdauen – ein Magengeschwür* reift heran.

Die parallele Situation im Makrokosmos liegt auf der Hand. Auch die Erde schluckt viel und verdaut es bereitwillig, solange es verdaulich ist. Nun bekommt sie aber, wie schon mehrfach erwähnt, mit dem Müll unserer einseitigen Industriegesellschaften auch eine zunehmend einseitige Kost, die sehr viel gänzlich Unverdauliches enthält. So wird dann auch der Magen der Erde, das Erdreich ihrer obersten Schicht, in einem Maße sauer, daß es weder der Verdauung, noch dem Wiederaufbau neuer Substanz förderlich ist. Eine gewisse Säureentstehung ist durchaus nichts Unnatürliches, wenn sehr viel organische Materie in kurzer Zeit verdaut werden muß. Der saure Boden der Moore zeigt das. Er enthüllt aber auch, daß die natürliche, bei der Verdauung anfallende Säure nicht annähernd so lebensfeindlich ist, wie die der Erde von uns zugeführte. Im Gegenteil dient der Torf der Moore sogar als Dünger; basischer Boden wird durch die männliche Zutat (den sauren Torf) befruchtet. Was wir dagegen der Erde an künstlich produzierter Säure zumuten, geht weit über eine Befruchtung hinaus und rechtfertigt schon eher den Begriff »Verätzung«.

Der Magen der Erde ist also (neben all den Tiermägen) vor allem ihre Oberfläche, und ihr erster aggressiver Verdauungsschritt besteht darin, die Nahrung (Pflanzen, Tiere usw.) mit sich in möglichst nahen Kontakt zu bringen. Die Pflanzen müssen dazu umgeworfen, die Tiere (nieder)-*gerissen* werden, die Menschen *fallen*. Die Erdverdauung dauert wesentlich länger als unsere, wie das weibliche Prinzip sich überhaupt in allem viel Zeit läßt.

* Die allermeisten »Magengeschwüre« (Ulcera) sind durch die Säure in den Magen gefressene Löcher und nicht etwa blumenkohlartige geschwürige Wucherungen, wie sie viele Krebsarten bilden.

Dieses »*Zeit-lassen*« könnten wir geradezu dem männlichen »*Weitermachen*« gegenüberstellen. Mutter Erde hat Zeit und überläßt ihre Nahrung erst einmal sich selbst, bevor sie sich irgendwann durch darüber gewehten Sand, darüber gefallene neue Nahrung oder durch Zerfall endgültig ans Einverleiben macht. Solange die Nahrung auf ihrer Oberfläche liegt, sind es vor allem die verschiedensten Lebewesen, die für sie die Verdauungsarbeit übernehmen, und wie im Mikrokosmos kommt es sehr darauf an, ob es sich um tierische oder pflanzliche Nahrung handelt. Frische Tierkörper werden vor allem von anderen fleischfressenden Raubtieren gefressen und erst wieder über deren Kot der Erde in aufgeschlossener Form zurückgegeben. Aber auch altes Aas wird noch von Schakalen, Kojoten und Geiern gefressen. Entkommt ein Kadaver diesen Verdauungstruppen der Erde, wird er von kleineren Tieren, wie Fliegen, Maden, Würmern und aeroben (Sauerstoff verbrauchenden) Bakterien zerlegt und verdaut, bis er schließlich, von einigen Knochen- und Fellresten abgesehen, für unsere Augen verschwunden ist. Die kleinen Portionen gelangen dann direkt oder über den Umweg des Tierkotes ins Erdreich und werden dort von den anaeroben Bakterien (die ohne Sauerstoff auskommen) des Erdreiches, seinen Würmern und Maden abgebaut. Die Erde lebt mit diesen Bakterien und Kleinlebewesen in einer ähnlichen Symbiose wie wir mit den Bakterien (unserer Darmflora).

Der Verdauungssaft der Erde ist das Wasser, das über die Niederschläge immer wieder alles durchtränkt und den Verdauungsprozeß fördert. Besonders deutlich wird uns seine Funktion, wenn wir an die Verdauung der pflanzlichen Nahrung, die Kompostbildung in der Erde, denken. Feuchtigkeit ist wichtig für die Verkompostierung, erst mit ihrer Hilfe können Fäulnis und Gärung in Gang kommen und die notwendige feuchte Wärme entstehen lassen. Auch an diesem Prozeß sind vor allem Bakterien aber auch verschiedene Kleinlebewesen wie Regenwürmer und Schnecken beteiligt. Den Bakterienkulturen der Erde entsprechen hier wiederum die Bakterien unseres Darms, die ja auch zuweilen Fäulnis und Gärung in Gang setzen, wie wir am entsprechenden Gasabgang riechen können. Und auch in unserem Darm entsteht Wärme.

Besuchten wir unsere innere Verdauungslandschaft auf einer Reise durch den Körper, würde uns einiges an die gewohnten Landschaften draußen erinnern. Es gibt da Täler und Schluchten, eine Oberfläche, die von zottigen Gewächsen dicht überwuchert ist, überall dazwischen die unheimlichen Heere der Bakterien.

Millionenfach sind sie zur Arbeit angetreten und produzieren eigenartig stinkende Gaswolken. In regelmäßigen Abständen laufen gigantische Erdbebenwellen über die Landschaft und schieben Massen von klebrigem Brei über die ganze Landschaft. In den Tiefen und Ritzen der Zottengewächse sitzen seltsame lebendige Fabriken, die die Einzelstücke des flüssigen Breies noch weiter zerteilen, und dann gibt es auch Schleusen, wo diese Einzelstücke unter erheblichem Energieaufwand geschluckt werden. Jedenfalls sind sie plötzlich wie vom Darmboden verschwunden.

Während die Zerlegung in unserem Darm bis zur Molekülgröße erfolgt, geht die Erde oft noch einen Schritt weiter. Wir nehmen die relativ großen Moleküle der Zucker, Aminosäuren und Fette auf, aus denen wir lebenswichtige Strukturen aufbauen oder die wir zu Energie verbrennen können. Die Erde läßt ihre Verdauung noch weitergehen, bis zu kleinsten Molekülen oder gar Atomen, aus denen sie mit Hilfe der Pflanzen wieder organische Strukturen aufbauen kann.

Für diese Prozesse aber läßt die Natur sich Zeit – so viel Zeit, wie wir Menschen ihr heute nicht mehr geben wollen. Wo sich unsere Vorfahren – etwa mit der Dreifelderwirtschaft – noch ihren langsamen Rhythmen anpaßten, helfen wir Modernen nach, drängeln und zwingen Mutter Natur, uns schneller mehr zu geben als ihr entspricht. Mit Kunstdüngern, Treib-Häusern und künstlicher Bewässerung pressen wir ihr neue Früchte ab, bevor sie noch das Alte ganz verarbeitet und sich regeneriert hat. Über dieses Verhalten sagte der Indianerhäuptling Sitting Bull, nachdem er es einige Zeit beobachtet hatte: »Sie zwingen unsere Mutter, zur Unzeit zu gebären. Und wenn sie keine Frucht mehr trägt, geben sie ihr Medizin, damit sie aufs Neue gebären soll. Was sie tun, ist nicht heilig.« Mit dieser Analyse kam uns Sitting Bull über 120 Jahre zuvor, und wir sind nun langsam reif für seine Weisheit.

Wann immer wir versucht haben, schlauer als der Schöpfer zu sein, bzw. seine Schöpfung aus ihrem natürlichen Rhythmus heraus auf Trab zu bringen, mußten wir dafür bezahlen; schon einmal durch den Verlust unseres eigenen Rhythmus, aber auch durch den Verlust des Einklangs mit Mutter Erde. Konkret können wir an jedem der natürlichen Kreise, die wir beeinflußt haben, ablesen, daß sich aus dem kurzfristig gewonnenen Vorteil mindestens ein langfristiger Nachteil ergab. Jedes Handeln hat seinen Preis, und das Gesetz der Polarität sorgt dafür, daß der Preis genau dem gewonnenen Vorteil entspricht. Wir können es noch lange versuchen, dieses Gesetz werden wir mit allen Tricks dieser Welt nicht außer Kraft setzen, denn es ist *das* Gesetz dieser Welt.

Als z.B. die Ägypter den Nil bei Assuan stauten, haten sie die zu gewinnende Elektrizität und zusätzliches Kulturland im Auge. Auf der anderen Seite blieben nun nicht nur die jährlichen Überschwemmungen aus, sondern mit ihnen auch der fruchtbare Schlamm, so daß die Bauern auf teuren Kunstdünger umstellen mußten, der typischerweise von der neu entstandenen Industrie um Assuan produziert wird. Darüber hinaus fehlte der Schlamm auch im Nildelta, wo die Mittelmeerströmung begann, die Küste abzutragen. Außerdem versalzten nun die Schwemmlandböden des Deltas, was wiederum viel von dem am Staudamm verdienten Geld verschlang. Wegen der geringen Wassermenge unterhalb des Dammes verschmutzte der Nil so stark, daß die Sardinenfischerei im Deltagebiet innerhalb von vier Jahren von 18 000 t auf 400 t sank und bald ganz einging. Der größte Nachteil aber für die Ägypter lag im rasanten Anstieg der Bilharziose, einer lebensgefährlichen Krankheit, die durch Blasenwürmer »verursacht« wird. Die Würmer vermehren sich in bestimmten Süßwasserschnecken, die früher durch die regelmäßigen Hochwasser in ihrer großen Masse fortgeschwemmt wurden. Sogar das Klima änderte sich durch den Damm, denn in dem entstandenen riesigen Stausee verdunsten und versickern ungeheure Wassermengen, durch deren Ausbleiben sich wiederum der Salzgehalt des ganzen östlichen Mittelmeeres erhöht.

So sind aus den Vorteilen ebenso viele Nachteile erwachsen. Und hier sehen wir auch, wie lange die Natur braucht, um unsere Fehler wieder auszugleichen. Der Nilschlamm war zwar ausreichend, die Felder zu düngen, bis er aber den Stausee zugeschüttet hat, muß noch viel Wasser den Nil hinunterfließen.

Als die Menschen anfingen, Guano, den wertvollsten Dünger, den wir kennen, unter Ausschaltung der Guanovögel direkt aus den Fischen des Meeres herzustellen, hatten sie nur die Zeitersparnis im Auge.

Was sie aber einhandelten, war eine tiefgreifende Störung des ökologischen Gleichgewichts. Nicht nur den Guanovögeln, auch anderen, die von den Fischen lebten, wurde die Existenzgrundlage entzogen. Und es dauerte nicht lange, dann waren auch die Fische annähernd verbraucht. Nun gab es weder den künstlichen noch den natürlichen Guanodünger. Die schwimmenden Düngefabriken konnten verschrottet und die gestörte Tierwelt beklagt werden.

Als letztes und drastischtes Beispiel soll uns das Dynamitfischen dienen. Um schnell möglichst viele Fische zu fangen läßt *man* Sprengstoff im Wasser detonieren, wodurch den Fischen im weiten Umkreis die Schwimmblasen zerreißen und sie verendend an die Oberfläche treiben. Das trifft aber alle Fische, auch die ganz winzigen und die ganz jungen, und so gibt es natürlich bald überhaupt keine Fische mehr. Noch heute kann man an den Küsten Griechenlands die Detonationen hören. Bombenkrieg (♂) im Meer (♀)! nach der männlichen Devise: »Nach uns die Sintflut!«

Damit aber sind wir noch gar nicht beim Hauptverdauungsproblem unserer Erde. Das liegt vielmehr in jenen Stoffen, die wir heute produzieren können und es deshalb auch tun, die aber von ihr nicht verdaut bzw. abgebaut werden können. Solange wir uns nur mit Metallen abgaben, haben wir sie zwar zeitlich, aber nicht prinzipiell überfordert, denn durch den Rost nagt der Zahn der Zeit erfolgreich an diesem Abfall. Heute aber haben wir mit all dem Plastik, das wir aus Erdöl, dem flüssigen Kohlenstoffreservoir der Erde, herstellen, chemische Verbindungen geschaffen, die sich dem natürlichen Kohlenstoffkreislauf nachhaltig entziehen. Plastik ist absolut unverdaulich für Mutter Erde und muß im Stoffwechsel des Kohlenstoffs links liegengelassen werden. An der großen Metamorphose, die das Alte, Tote in neues Leben wandelt, hat es nicht teil, belastet statt dessen als unverdaulicher Brocken die Erde, liegt ihr so schwer im Bauch wie uns die Schwermetalle im Gewebe. Wieder einmal verschieben wir unsere eigentliche Aufgabe auf die materielle Ebene: Anstatt unser Bewußtsein zur zeitlosen Ewigkeit der Erleuchtung zu entwickeln, produzieren wir unvergänglichen Müll für die Ewigkeit.

Dabei sind die unverdaulichen neuen Kohlenstoffverbindungen noch immer nicht das größte Problem. Viel gefährlicher sind vorerst das Blei und die Schwermetalle, die aus Auto- und Industrieabgasen auf die Erde und uns selbst niederregnen. Wir unterstreichen unsere Sonderstellung in der Schöpfung in der letzten Zeit vor allem durch die Produktion einer nicht endenden Flut von Sondermüll. Diesen besonders giftigen und unverdaulichen Müll versuchen wir, in sogenannten Sondermülldeponien vom Leben der Erde fernzuhalten. Wie lange das gelingt, ist eine Zeitfrage und nur im Rahmen des »Nach-uns-die-Sintflut-Programmes« zu verstehen. Die Verantwortung unserer Politiker reicht heute zeitlich etwa so weit, wie ein Giftfaß zum Durchrosten braucht. Von einem Kabarettisten, angesichts der letzten

Atomkatastrophe, prägnant ausgedrückt: »Ihre Dummheit hat eine Halbwertzeit von 30 Millionen Jahren.« Bei all dem dürfen wir nicht vergessen, daß wir unserer Politiker würdig sind. Wir haben sie gewählt, und sie entsprechen uns. Wie oben – so unten.

Tatsächlich leben wir heute auf Kredit, machen Anleihen bei der Zukunft, die kein verantwortungsvoller Bankier akzeptieren würde. Mit dem radioaktiven Müll belasten wir nicht nur das Erbgut unserer menschlichen Nachkommen, sondern überhaupt alles organische Leben dieses Planeten auf Jahrtausende. Den radioaktiven Müll kann die Natur *natür*lich nicht schneller abbauen. Er baut sich selbst durch seinen Zerfall ab, aber in einem so langsamen Rhythmus, daß es naheliegt, hier die Rache der Natur für all die Hetze zu sehen, die wir ihr dort angedeihen lassen, wo es in unserer Macht steht. Wir pressen ihr Früchte zur Unzeit ab durch Kunstdünger und in *Treib*häusern. Wir begradigen ihre Flüsse oder leiten sie um und durchbohren ihre Berge; aber der Zerfallsgeschwindigkeit der radioaktiven Stoffe stehen wir machtlos gegenüber. Denjenigen, die mit analogem Denken vertraut sind, wird auffallen, daß sich hinter dieser Rache der Natur wiederum das Urprinzip des Pluto verbirgt (Plutonium!), das auch bei Krebs und AIDS mit im Spiel ist.

Im Mikrokosmos Mensch finden wir ein analoges Verdauungsproblem: Ständig versuchen wir, noch immer mehr Zeit einzusparen und haben groteskerweise doch immer weniger davon. Unser Leben ist in höchstem Maß durchrationalisiert, und das macht weder vor dem Essen noch vor dem Verdauen Halt. Meist schlingen wir unsere Nahrung zur Unzeit hinunter, zu schnell, abgelenkt durch Gespräche, nebenbei und unbewußt. Soweit wir in einen Stundenplan gepreßt sind, folgen wir nicht unserem Hungergefühl, sondern diesem Plan. Wir essen auch nicht nach unserem Bedürfnis, sondern dem Speiseplan der Kantine entsprechend. Unser modernes Leben ist ähnlich begradigt, wie das der modernen Welt. Es fließt in engen, vorgezeichneten Kanälen wie das der modernen Flüsse. Schlimmer noch als ums Essen aber steht es um die Verdauung. »Nach dem Essen sollst du ruhn oder tausend Schritte tun«, ist lange her. Wir modernen Menschen ignorieren die eigene Verdauung, genau wie die der Erde, so lange, bis es schmerzhafte Probleme gibt. Solche Probleme sind heute angesichts der Verdauungslage unserer Welt verständlicherweise zum Allgemeingut geworden. Die Frage lautet schon: »Was machen Sie gegen Ihre Verdauungsbeschwerden?« Die wichtigere, aber meist ungestellte Frage wäre: »Was sagen Ihnen Ihre Verdauungsbeschwerden?«

Einige allgemeine Antworten könnten lauten: »Meine innere Natur will nicht so wie ich will«; »Meine Verdauung hält mein Tempo nicht mit«; »Ich kann meine Lebenssituation nicht mehr verdauen, nur immer schlucken, mir kommt bald alles wieder hoch!« Gut Ding will eben Weile haben.

Betrachten wir die Dinge, die wir so schlucken, müssen wir feststellen, daß es uns ähnlich schlecht ergeht wie Mutter Erde. Wenn wir dem neuesten Modetrend gehorchen und uns in sogenannten »Fast-food-Restaurants« abspeisen lassen, demonstriert dies unsere Verfassung: Dem normierten Leben entspricht normiertes minderwertiges Essen in Minimalzeit. Das Wort »Restaurant« paßt hier schon nicht mehr, denn es kommt ja vom lateinischen restaurare. An solchen Plätzen aber kann man seinen Körper nicht restaurieren, denn dazu bräuchte er Zeit und Ruhe und Lebens-mittel, die ihrem Namen gerecht werden. Oft allerdings sitzt das Lebensfeindliche getarnt und unsichtbar in der Tiefe, wie in Form der Antibiotika (Anti bios = gegen das Leben gerichtet) im Fleisch. Die Schlachttiere bekommen Hormone, damit sie schneller wachsen und Tranquilizer, damit sie die Aufregung des Transports zum Schlachthof überleben. Da sie aber trotz allem fühlen, daß es um ihren Kopf geht, gehört auch das Streßhormon Adrenalin zu ihrer letzten Botschaft an uns Esser. Vegetarier sind allerdings kaum besser dran, denn dem von ihnen bevorzugten Vollkorn gehen gerade all die giftigen Schwermetallionen direkt unter die Haut und kommen so auf ihren Tisch. Der Fisch ist voll Quecksilber und dazu noch »strahlend«, ebenso die Pilze, es sei denn, sie stammen aus einem Zuchtkeller, wo sie vom Kunstdünger so schön rund und prall geworden sind. Bei all dem geht es uns immer noch besser als Mutter Erde, denn sie muß alles aufnehmen, wir haben immer noch die Wahl. Diese Aufzählung mag deutlich gemacht haben, daß unsere Verdauungsbeschwerden ein kollektives Problem darstellen und durchaus zu Recht bestehen.

Das häufigste Verdauungsproblem unserer Zeit ist die Verstopfung, das Festhalten der überlebten und damit sinnentleerten Nahrungsrückstände. Psychologisch spiegelt sich hier das Problem vom Nehmen und Geben. Der Verstopfte nimmt zwar ständig Neues herein, ist aber nicht bereit, das Alte, Verbrauchte herzugeben. Er hält krampf-haft an der ab-fälligen Materie fest. Hierin ähnelt er dem Asthmatiker, auch wenn bei der Verstopfung die Betonung eindeutig auf dem Festhalten des materiellen Reichtums liegt. Tatsächlich gibt es seit altersher eine Gleichsetzung von Kot und Gold bzw. Geld. Da scheißt der Goldesel in dem bekannten Märchen goldene Taler, ist also ein *Geldscheißer*; Tiefenpsychologen kennen aus ihrer Arbeit die Entsprechung von Kot und Reichtum. So spiegelt die Verstopfung auf der seelischen Ebene Geiz, ein Festklammern und Zurückhalten materieller Dinge. Ein Zurückhalten aber auch der dunklen, unbewußten Seeleninhalte des Schattenreiches, denn dem Dick- und Enddarm entspricht im Makrokosmos die Unterwelt, das Totenreich, ähnlich wie wir dem mit der Analyse, dem Zerlegen und der Assimilation beschäftigten Dünndarm das bewußte, analytische Tagesbewußtsein der oberen Welt zuordnen würden. So wie alles, was unser Bewußtsein nicht verarbeiten kann oder will, im Unbewußten, dem Schattenreich, landet, geschieht es auch im Darm. Was immer der Dünndarm nicht zerlegen und assimilieren kann, landet im Dickdarm, der körperlichen Unterwelt.

Die Analogie zwischen dem Kot in den Tiefen des Dickdarms und Gold und Reichtum läßt sich problemlos auf den Makrokosmos übertragen. Auch die Erde hütet ihre Schätze, das metallische Gold, aber auch ihr flüssiges schwarzes Gold, das begehrte Erdöl, in den Tiefen ihrer Unterwelt. Auch die schwarze Kohle liegt in den tiefen Höhlen ihres Leibes und ist zusammen mit all dem anderen Reichtum Produkt der langsam mahlenden Mühlen der Erdverdauung. Kohle ist wie das Erdöl und -gas über Jahrmillionen aus dem organischen Mater-ial versunkener Urwälder entstanden; am längsten aber braucht der aus dem Kohlenstoff erwachsene Diamant.

Hier unten regiert nach der griechischen Mythologie Pluto (»Pluton« heißt der Reiche) als Herr der Unterwelt. Sein Ziel ist die Metamorphose, und so dürfte er als Vertreter von Mutter Natur wenig dagegen haben, wenn wir seine Totenschätze wiederum in Leben verwandeln, wenn wir sie zur Gewinnung von Energie verbrennen oder weiterverarbeiten. Allein, wenn wir daraus Produkte herstellen, die wir dem Kreislauf des Lebens (in diesem Fall des Kohlenstoffs) nicht zurückgeben (wie Plastik), dürfte Pluto sich betrogen fühlen. Solches Verhalten führt natürlich auch zu einem Stau des Kreislaufs und damit langfristig zu Verstopfungen im Makrokosmos. Vor allem, wenn wir bedenken, in welch kurzer Zeit wir die Schätze der Unterwelt plündern, müßte uns klar werden, daß dem Stau auf der einen bald ein Mangel auf der anderen Seite gegenüberstehen wird.

Im Vergleich zu den Schätzen der Unterwelt der Erde interessieren uns die unserer eigenen nur wenig, wären sie doch vor allem auf seelischer Ebene zu *schätzen*. Der menschlichen Verstopfung entspricht ein Stau in der unbewußten Nachtseite des

Körpers. Aus Geiz halten wir die überlebte Materie zurück und werden dadurch immer vollgestopfter. Damit aber hindern wir diese tote Materie, an der großen Metamorphose der Natur teilzunehmen und im übertragenen Sinne zu unserer eigenen seelischen Umwandlung beizutragen. Aus dem Kot kann kein neues Leben werden, wenn wir ihn nicht hinter uns lassen, ebenso wie aus den unbewußten Inhalten keine neuen Impulse wachsen können, wenn wir sie nicht loslassen. Die Götter dieser Unterwelt sind überfordert, zwar haben sie genug Material, aber das will sich nicht weiterentwickeln, will nicht teilnehmen am Wandlungsprozeß, und so staut sich alles.

Hier haben wir im Makrokosmos die bedrückende Parallele der Seelenverstopfung unserer Welt. Aus esoterischer Sicht können wir die zunehmende Überbevölkerung der Welt sehr wohl mit diesem Stau in der Unterwelt vergleichen. Es ist wie in einer Schule, in der die Ältesten ständig die Reifeprüfung verweigern und nicht abgehen, wobei gleichzeitig ständig neue, junge Schüler nachdrängen. Tatsächlich trifft die Überbevölkerung auch gerade die Hinterhöfe der Welt, die noch am ehesten der Unterwelt entsprechen und heute schon vielfach Höllencharakter angenommen haben. Allerdings sind es auch gerade diese Orte und Teile der Welt, die noch am ehesten die Chance der Umwandlung und Umkehr bieten. Die Metamorphose findet eben im Dunkeln statt. Das ist beim Samenkorn nicht anders als beim Menschen. Bezeichnenderweise zieht es auch immer mehr junge Leute, die die Not-wendigkeit solch einer Metamorphose spüren, aus unserer sauberen, reichen »Oberwelt« in jene schmutzige arme »Unterwelt«. Auch der Lotus wächst aus dem Kot, und wie viele Erleuchtete kommen aus dem indischen »Sumpf«? Einem *natürlichen* Gesetz zufolge ist vor dem Aufstieg der Abstieg notwendig. So heißt es im Glaubensbekenntnis über Jesus: »...hinabgestiegen in das Reich der Hölle; am dritten Tage wieder auferstanden...« Wie Christus ist uns hier auch das Samenkorn Vorbild. Es muß zuerst hinab in die Dunkelheit des Erdreichs, bevor das neue Leben keimen kann. Wenn wir nicht ins Schattenreich hinabsteigen, bleibt auch uns der Aufstieg verwehrt. Wenn wir den Kot nicht loslassen, kann der Lotus nicht blühen. Die Welt verlangt nach einem Abführmittel, genau wie Millionen ihrer menschlichen Bewohner. Ein neuerlicher großer Krieg wäre etwa solch ein Abführmittel. Zwar würde er, wie alle äußerlichen Interventionen, zuerst einmal nur auf der äußeren Ebene wieder Fluß ins System bringen. Langfristig aber würde er, wie jedes Abführmittel, doch ein wenig helfen, da er vielen

Menschen die Gelegenheit böte, zu wachsen, ja über sich hinauszuwachsen, zu erkennen, daß das Leben mehr ist als Produzieren und das Produzierte zu verbrauchen. Nach dem letzten Krieg waren viele physische und seelische Krankheitssymptome verschwunden, wie Rheuma und Verstopfung, Diabetes, Hochdruck und Übergewicht. Konkurrenzkampf war für kurze Zeit durch Nachbarschaftshilfe ersetzt usw. Vielleicht müssen wir uns ab und zu die Hölle bescheren, um zu erkennen, daß wir auch Himmlisches in uns haben. Vielleicht sind wir aber auch in der Lage, aus der Vergangenheit zu lernen und uns freiwillig dem Dunkel zu stellen. Sein schlechter Ruf läßt sich esoterisch ohnehin nicht begründen, ist doch gerade die Unterwelt, die wir als schmutzig hinstellen, ständig mit Reinigungs- und Regenerationsprozessen beschäftigt. Sie macht nicht nur aus schwarzem Dreck Diamanten, aus faulem Abfall duftende Blumen, aus ihr kommen auch unsere neugeborenen Kinder. Den Dreck aber, den die Unterwelt reinigt und verarbeitet, produzieren wir, die Oberwelt. Wenn wir die Unterwelt (oder die sogenannte »Dritte Welt«) verachten, sind wir genau auf der Stufe der Kolonisten, die fremde Völker unter-warfen und versklavten, sie dazu zwangen, ihre eigenen Dreckarbeiten zu verrichten und die Sklaven dann dafür auch noch verachteten. Nachdem wir trotz der langsam mahlenden Mühlen der Geschichte diese historische Stufe überwunden haben, ist es vielleicht auch an der Zeit, den entsprechenden seelischen Schritt nachzuvollziehen.

Die Bedingungen, auf denen unsere mikrokosmische Verstopfung entsteht, haben wir mit all den Einsparmaßnahmen schon gestreift. Vor allem die hochraffinierte und konzentrierte Nahrung nimmt der Verdauung die Arbeit ab, und so steuern wir hier in eine ähnliche Richtung wie mit unserer Körperbehaarung. Vielleicht leben wir in Zukunft alle von vorverdauter Astronautennahrung aus der Tube und können auf den ohnehin nur ständig verstopften Darm verzichten. Bisher scheint die Entwicklung in diese Richtung zu zielen, und unserer Lebenseinstellung würde sie auch entsprechen. Essen ist ja Symbol des Lebens, die Inder sprechen von »Welt essen« und meinen damit, das Leben anzunehmen und sich seinen Aufgaben zu stellen. Ein Essen und Leben, das keinerlei Härte enthält, keinen einzigen harten Brokken, der schwer zu schlucken ist, keinerlei Kerne und Probleme damit und nicht einmal zufällig ein Haar in der Suppe oder gar eine aggressive Gräte im Brei entspräche daher so recht der allgemeinen Lebenseinstellung. Die Astronauten verraten mit ihrer Kost, daß sie all das Natürlich-Menschliche gern auf der

Erde zurücklassen würden. Viel unangenehmer noch als das Essen sind ja dessen Endprodukte, Stuhl und Urin im Raum. Wir verraten mit dieser Tendenz unsere Lust, als von aller Verantwortung für unsere Entwicklung befreite Babys, in den Mutterleib zurückzukehren. Bisher gelingt das nur auf der Intensivstation, wo wir direkt ins Blut ernährt werden wie einst im Mutterbauch. Der biblische Auftrag, wieder »zu werden wie die Kinder«, ist aber wohl etwas anders gemeint. Aber wie üblich, verwechseln wir die Ebenen und ziehen die körperliche der seelischen vor, weswegen wir in der Weltenschule auch die Reifeprüfung nicht bestehen und zur allgemeinen Verstopfung werden.

So wie wir immer mehr Konsumgüter produzieren, die uns nicht weiterbringen, produziert die Erde immer mehr Menschen, die nicht weiterkommen. Weder verkraften wir den ganzen Konsum, noch die Erde die vielen Menschen. Das moderne Wort »Recycling« könnte uns den Ausweg weisen, besagt es doch »wieder in den Kreislauf bringen« und beschreibt damit ein uraltes Prinzip. Je besser es uns gelingt, wieder in den natürlichen Kreislauf des Lebens einzutreten, unseren eigenen Rhythmus zu finden, desto näher kommen wir der Arbeitsweise unserer Mutter Erde. Im Rhythmus lebend, werden wir uns auch dem großen Rhythmus von Geburt, Tod, Geburt... wieder öffnen können. Das Öffnen für den Eigenrhythmus wird die mikrokosmische Verstopfung, das Öffnen für den großen Rhythmus die makrokosmische Verstopfung er-lösen.

18. Die Leber in Mikrokosmos und Makrokosmos

> Vieles ist töricht an eurer sogenannten Zivilisation. Wie Verrückte lauft ihr weißen Menschen dem Geld nach, bis ihr so viel habt, daß ihr gar nicht lang genug leben könnt, um es auszugeben. Ihr plündert die Wälder, den Boden, ihr verschwendet die natürlichen Brennstoffe, als käme nach euch keine Generation mehr, die all dies ebenfalls braucht. Die ganze Zeit redet ihr von einer besseren Welt, während ihr immer größere Bomben baut, um jene Welt, die ihr jetzt habt, zu zerstören.
>
> TATANGA MANI

> Die Weißen haben niemals Achtung vor dem Land gehabt, und das Schicksal von Hirsch oder Bär ist ihnen gleichgültig. Wenn wir Indianer ein Tier töten, essen wir alles auf. Wenn wir Wurzeln ausgraben, machen wir kleine Löcher. Wenn wir Häuser bauen, graben wir kleine Löcher... Wir schütteln die Eicheln und Nüsse von den Bäumen. Wir schneiden die Bäume nicht um. Wir verwenden nur totes, dürres Holz. Aber die weißen Menschen pflügen die Erde auf, fällen die Bäume, vernichten alles... Der Geist des Landes haßt sie. Sie sprengen Bäume mitsamt ihren Wurzeln und verwunden die Erde. Sie sägen die Bäume in Stücke. Sie tun ihnen Leid an... Sie sprengen die Felsen und verstreuen sie weit über die Erde... Wie kann der Geist der Erde die Weißen lieben? Überall, wo der weiße Mann die Erde berührt hat, ist sie krank.
>
> Eine alte Wintu-Indianerin

Unsere Leber ist das Labor unseres Körpers. In der Medizinersprache wird sie als Zentrum des »intermediären Stoffwechsels« bezeichnet. Sie ist es, die uns die Stoffwechselleistungen der uns umgebenden pflanzlichen und tierischen Natur zugänglich macht und so unseren eigenen Stoffwechsel mit dem der Natur verbindet. Damit wird sie zu unserer Rückverbindung (religio) zu den niederen, *natür*lichen Reichen, dem der Tiere und Pflanzen. Als unser Labor hat sie vielfältige Aufgaben, und wir wollen hier nur die zentralen herausgreifen.

Alles Blut aus dem Pfortaderkreislauf strömt in sie und bringt ihr so die »Ernte« aus dem gesamten Verdauungsprozeß des Darms vorbei. Im Darm wird das tierische und pflanzliche Eiweiß bis zu den einzelnen Aminosäuren zerlegt, und diese können nun in der Leber bis zu noch kleineren Grundbausteinen abgebaut und neue daraus hergestellt werden. Diese neu synthetisierten Aminosäuren und die schon fertig aus dem Verdauungsprozeß angelieferten, werden in der Leber zu menschlichem Eiweiß zusammengebaut. Wie jede Art von Lebewesen haben auch wir ein absolut individuelles und unverwechselbares Eiweiß. Die Aminosäuren aber, aus dem es in der Leber aufgebaut wird, sind universell und für das gesamte organische Leben gleich; auch der Geheimcode, nach dem die artspezifischen Eiweiße aufgebaut werden, ist für alle Lebewesen der gleiche (die Basenfolge in den DNS-Molekülen des Zellkerns). Bildlich ausgedrückt sind die Aminosäuren die 26 Buchstaben unseres Alphabetes. In Form ganzer Sätze nehmen wir sie in den Mund auf, wo sie in einzelne Worte zerbissen werden. Im Darm werden dann diese Worte in ihre einzelnen Buchstaben gespalten und als solche aufgenommen und via Pfortader in die Leber verschifft. Die Leber kann nun die Einzelbuchstaben noch weiter zerlegen, in Balken und Halbkreise etwa, und andere daraus bauen. Das ist sehr sinnvoll, denn nehmen wir an, sie wird mit E's und F's geradezu überfüttert, bekommt aber nicht genug H's, dann macht sie sich einfach welche. Allerdings kann sie nicht alle selbst synthetisieren, einige komplizierte, beispielsweise D, G, O und Q müssen von außen zugeführt werden, was zeigt, daß wir auch auf dieser biologischen Ebene nicht ganz unabhängig sind. Aus all den Einzelbuchstaben des Alphabetes kann die Leber nun unsere eigenen individuellen Worte und Sätze aufbauen. So verbindet sie uns über das gemeinsame Alphabet mit allen anderen Lebewesen, die mit uns leben und selbst mit denen, die zu irgendeiner Zeit vor uns gelebt haben. Wir alle haben verschiedene Sprachen, aber diese haben eine gemeinsame Basis, das Alphabet der Aminosäuren.

Auch aus diesen Aminosäuren, vor allem aber den Fettmolekülen, kann die Leber durch Verbrennung Energie gewinnen und Glukose, eine Lieblingsnahrung unserer Zellen und die einzige, die unser Gehirn überhaupt akzeptiert. Aus dem angelieferten Fett und den Kohlenhydraten legt die Leber darüber hinaus einen Glykogen-(Stärke) Vorrat von etwa 500 kcal an. Wird noch mehr Energienahrung aus dem Darm geliefert, wird sie in den einschlägigen Fettdepots des Körpers und den lebereigenen eingelagert.

Als Labor fällt der Leber auch eine entscheidende Rolle bei der Entgiftung eigener Stoffwechselabfälle und fremder Gifte zu. So synthetisiert sie den später über die Nieren auszuscheidenden Harnstoff und baut den roten Blutfarbstoff (Hämoglobin) so um, daß er über die Gallenflüssigkeit gefahrlos in den Darm abgelassen werden kann (dort färbt er unseren Stuhl dunkelbraun). Ähnlich entschärft werden hier noch viele andere Stoffe, so daß sie über einen der beiden Hauptwege (Niere oder Darm via Galle) ausgeschieden werden können.

Das Labor der Erde, ihre Leber, ist im Vergleich zu unserer sehr dezentralisiert; sie findet sich in den vielfältigen pflanzlichen Organismen. Aber auch Atmosphäre und Erdboden übernehmen Laborarbeiten, wie die der Entgiftung. Während die Verdauung im Mikrokosmos bis auf die Ebene einzelner Moleküle führt, geht die makrokosmische Verdauung noch einen Schritt weiter bis auf die Ebene der Atome und Elemente. In unserem Buchstabenbeispiel hieße das, im Erdboden liegen die Bausteine des Lebens nach abgeschlossener Verdauung als Halbkreise und kurze und lange Striche vor. In dieser Form werden sie vor allem von den Wurzeln der Pflanzen aufgenommen und in ihren Zellen wieder zu vollständigen Buchstaben zusammengefügt und schließlich zu Worten und ganzen Sätzen geformt. In jeder noch so kleinen Pflanze findet sich ein kleines Labor, das ihr Eiweiß aufbauen kann; eigentlich sind es sogar viele Labors, denn die Pflanzen sind noch nicht so spezialisiert und zentralisiert aufgebaut wie unser Körper. Bei ihnen müssen die Einzelzellen noch viele Aufgaben selbst übernehmen, die bei den Tieren an Spezialzellen in Spezialorganen delegiert sind.

Funktional entsprechen die Labors der Erde unseren eigenen sehr wohl. Wie unsere Leber aus den einzelnen Aminosäuren unser eigenes spezifisches Eiweiß aufbaut, gehen sie sogar noch einen Schritt weiter und synthetisieren aus einzelnen Atomen und kleinsten Molekülen ihr eigenes Eiweiß, aber auch alle anderen Stoffe. Während unsere Leber den Qualitätssprung vom Tier- und Pflanzenreich zum Menschenreich schafft und über die Identität der Aminosäurenbausteine dabei doch zugleich die Rückverbindung zu diesen Reichen aufrechterhält, gelingt dem Labor der Erde ein entsprechender, sogar noch größerer Schritt: nämlich der Sprung vom anorganischen Reich (gemeinhin als »tot« bezeichnet) zum Organischen, der Sprung von der reinen Materie zum Leben also. Der große Traum der Alchemisten, Gott ähnlich, Leben zu erschaffen, wird in jeder kleinen Pflanze *natür*lich bewältigt. Über die Identität der atomaren bzw. niedermolekularen anorganischen Bausteine wird hier die Verbindung zwischen den Reichen des Lebendigen und des Anorganischen geschaffen und aufrechterhalten und letztlich sogar eine zeitliche Rückverbindung über eine fast unendliche Reihe von Strukturen, lebendigen und anorganischen, bis zum Beginn der Schöpfung, hergestellt. Denn seit damals sind kaum neue Atome entstanden; die winzigen Mengen durch radioaktiven Zerfall und Beschuß in den Teilchenbeschleunigern der Atomphysiker fallen hier nicht ins Gewicht. Seit der Schöpfung oder dem Urknall ist alles ein Spiel mit denselben Bausteinen. All die Atome, aus denen unser jetziger Körper aufgebaut ist, waren von Anbeginn an auf der Erde und sind inzwischen Teil unzähliger Formen und Strukturen gewesen. Das Leberlabor der Natur aber ist es, das diese Verbindung garantiert durch seine Brücke vom anorganischen Mineralreich herüber zum Bios. Die Schöpfung erscheint damit wie ein riesiger Baukasten, und Evolution ist das Spiel, das die Einzelbausteine in immer komplizierteren neuen Mustern arrangiert. Die Steine bleiben immer dieselben, und so haben wir einen neuen Beleg für das Pars-pro-toto-Gesetz: Alles ist in allem und mit allem verbunden, und das war immer so, von allem Anfang an.

In »Krankheit als Weg« haben wir die menschliche Leber über die Eiweißsynthese symbolisch mit der religio, der Rückverbindung zum Urgrund, in Zusammenhang gebracht. Nun sehen wir, daß das für die funktionale Leber der Welt auf einer noch fundamentaleren Ebene gilt.

Ebenso wie unser menschliches, sind die unzähligen pflanzlichen Labors in der Lage, aus den Verdauungsendprodukten der Erde Energie zu gewinnen und diese auch zu speichern. Solche Stärkespeicher finden wir bei vielen Pflanzen in Form von Wurzeln und Knollen, z. B. in den Kartoffeln und Rüben. Wir essen sie mit Vorliebe, um daraus Verbrennungswärme und Speicherenergie zu ziehen.

Die Labors der Pflanzen produzieren ihre Stoffe aus dem CO_2 der Luft (dem Endprodukt der tierischen Atmung), den Mineralien des Erdreichs und den Photonen der Sonne. Wenn wir uns dieses Geschehen als Gleichung betrachten, wird deutlich, daß wir ein Teil des natürlichen Kreislaufs sind und sehr wesentlich von Lichtenergie leben.

$$\underbrace{CO_2 + H_2O + \text{Mineralien} + \text{Lichtenergie(Photonen)}}_{\text{in der Pflanze}} \rightarrow \text{Stärke (d. Pflanze)}$$

$$\rightarrow \underbrace{CO_2 + H_2O + \text{Mineralien} + \text{Energie}}_{\text{im Menschen}}$$

Die von uns gegessene Pflanze zerlegen wir wieder in die Bestandteile CO_2, das wir über die Lunge aus-atmen, H_2O, das wir über die Niere ausscheiden, Mineralien, die wir je nach Bedarf behalten und Energie, die uns wärmt und bewegt und ganz eindeutig von der Sonne stammt.

Im Gegensatz zu den Pflanzen, die in Kohlenhydrat- und Fettform speichern können, ist der Mensch auf die Fetteinlagerung allein angewiesen. Für Kohlenhydrate haben wir nur eine kleine Kapazität (Glykogen) in Leber und Muskeln. Unsere Leber baut die aufgenommene pflanzliche Stärke sehr leicht in Fett um, wohingegen ihr der direkte Einbau von Fett selbst nicht gelingt. Das ist auch der Grund, weshalb man die uns auch in dieser Hinsicht so verwandten Schweine gut mit Kartoffeln, nicht aber mit Fett mästet.

Die Erde verfügt neben der direkten Einlagerung von Energiereserven in den Pflanzen selbst über die Möglichkeit, Energievorräte aus diesem Stoffwechselkreislauf herauszuziehen und in Form der anorganischen Kohlenstoffverbindungen Kohle und Erdöl in ihren Tiefen zu lagern. Hierbei handelt es sich offenbar um einen Stoffwechselrhythmus, dessen Phasen so lange dauern, daß wir heute noch kaum in der Lage sind, ihn zu überblicken. Möglicherweise besteht hier eine Analogie zu dem Kohlenstoffgerüst, das wir in unseren Knochen ebenfalls über längere Zeiträume aufbauen.

Die andere wichtige Funktion unserer Leber, die Entgiftung, findet im Makrokosmos in noch ausgedehnteren natürlichen Labors statt. Die Fähigkeit der Entgiftung beruht auf der Unterscheidungsmöglichkeit zwischen »giftig« und »verträglich«. Die Leber muß also unterscheiden und werten können. Genauso wichtig aber ist das Finden des rechten Maßes, denn, ob etwas giftig ist, ist nicht nur eine qualitative, sondern vor allem auch quantitative Frage. Das griechische »pharmacon« heißt »Gift« *und* »Medizin«, und es kann wirklich, abhängig von der Dosierung, beides sein. So gibt es heute kaum ein chemisches Medikament, das nicht durch Überdosierung zum Gift würde (oft reicht auch schon die angegebene Dosierung). Man kann sich aber auch mit zuviel Salz oder Karotten umbringen.*

Wir scheinen heute das rechte Maß verloren zu haben, und die Leber macht es uns deutlich und erkrankt an unserer *Maßlosigkeit*: zu viel Alkohol, zu viel Drogen, zu viel Gift, zu viel Nahrung. So signalisieren uns Leberprobleme Wertungsschwierigkeiten und Maßlosigkeit. Daß angesichts dieser Symbolik die Lage unserer Lebern erschreckend ist, braucht uns nicht zu wundern. Man findet heute kaum noch einen Menschen mit normalen Leberwerten, wenn man die sensiblen Methoden der Außenseitermedizin (etwa bioelektronische Funktionsdiagnostik, Elektro-Akupunktur usw.) anwendet.**

Im Makrokosmos entspricht dem eine Natur, deren Entgiftungsmechanismen ebenfalls dabei sind, am Zuviel zu scheitern, eine Natur, die Wertungsprobleme bekommt und auch schon Fehler macht. Denken wir etwa an den Einbau von radioaktivem Cäsium und Strontium in die Knochensubstanz infolge einer

---

* Beides ist auch schon geschehen. Ein Mann, der sich nur von Karotten ernährte, starb an Vitamin-A-Vergiftung; eine Zeitung berichtete, er sei nicht »verblichen«, sondern »vergilbt«. Vergiftung durch Salz widerfährt gar nicht so selten Anhängern einer falsch verstandenen Makrobiotik.

** Die Schulmedizin schützen vor solchen Erkenntnissen ihre relativ groben Diagnostik-Methoden, die, wie etwa die Laborwerte, erst deut-liche Aussagen machen, wenn schon ein gut Teil des Lebergewebes zerstört ist.

Verwechslung mit Kalzium oder an die gezielte Aufnahme von giftigen Schwermetallen durch Pilze, die diese mit wichtigen Spurenelementen verwechseln. Daß die Natur nicht unfehlbar in ihren Unterscheidungsmöglichkeiten ist, wissen wir, seit wir die Bakterien mit Penicillin überlisten können. Die Bakterien verwechseln das Penicillin-Molekül mit einem für sie wichtigen Aufbaustoff, bauen es in ihre Wand ein und gehen daran zugrunde. Was beim Penicillin noch wie ein glänzender Husarenstreich wirkt, erweist sich heute in großem Maßstab als Schildbürgerstreich. Ohne es zu wollen, überlisten wir überall die Entgiftungsorgane der Natur und drohen, an selbstproduziertem Gift einzugehen – ein unbeabsichtigter Suizid sozusagen. Dieses Phänomen des Selbstmords, das früher, außer in Extremsituationen bei Skorpionen, in der Natur gänzlich unbekannt war, begegnet uns nun auch bei den Walen, den nach uns intelligentesten Säugetieren. Ob deren Orientierungssinn durch Gifte geschädigt, sie nur zu Tode erschöpft sind oder ihr inneres Wertgefühl zusammengebrochen ist und sie wirklich absichtlich den Tod suchen, bleibt dabei für unser Thema gleich-gültig. Maß und Ziel sind verloren, im Kleinen wie im Großen.

Die Hauptprobleme im Makrokosmos ergeben sich aber nicht aus den Bewertungsfehlern der Natur, sondern aus der Maßlosigkeit der an sie gestellten Forderungen. Geringe Mengen von Gift konnte sie immer ausreichend entgiften, das Problem ist ein Kind unseres Jahrhunderts. Sowohl die Meere als auch das Erdreich haben eine große Kapazität aufzunehmen und zu neutralisieren, umzuwandeln und zu entschärfen, aber auch eine große Kapazität ist irgendwann einmal erschöpft. Und »Erschöpfung« ist wohl das treffende Wort, um unsere heutige Erde und uns, ihre heutigen Bewohner, zu charakterisieren.

Während nämlich unsere Zivilisation viele Aufgaben der Leber der Erde übernommen hat, von der Energiegewinnung über ihre Speicherung, bis zur industriellen Produktion aller möglichen Güter, hat sie sich kaum darum gekümmert, die entsprechenden Entgiftungsmöglichkeiten zu schaffen. All die Funktionen der Leber, mit denen Geld zu verdienen ist, kopieren wir bereitwillig. In riesigen Weizensteppen produzieren wir Kohlenhydrate und lagern sie in den Kornkammern der Welt. Auch Energie machen wir im großen Maß verfügbar, von Wasser- bis zu Atomkraft. Wir produzieren jeden Stoff, der Gewinn verspricht, ohne Rücksicht auf seine Auswirkung auf die Welt. Die Entgiftungsfunktion der Leber dagegen kopieren wir kaum, denn das liegt nicht im egoistischen Einzelinteresse der Industrie, und es würde Geld kosten, anstatt welches zu bringen. Daß es im Interesse von uns allen und der Welt läge, scheint dagegen unwichtig.

Nicht nur in Mutter Natur finden wir die Symptome der Lebererkrankungen, in Mikro- und Makrokosmos wimmelt es nur so davon. Wir wollen das allgemeine Drama exemplarisch an der menschlichen Leber in Form einer typischen modernen Leber-Leidensgeschichte miterleben: Der Besitzer unserer Beispiel-Leber hatte zu viele Probleme. In einer Zeit, als besonders viele harte Brocken auf ihn zukamen, von denen ihm einige dann auch wie Wackersteine im Bauch lagen, hat er sich geweigert, sie weiter zu schlucken und statt dessen zur Flasche gegriffen. Seitdem schluckte er auf dieser Ebene, und, statt ihm schwer im Magen zu liegen, läßt ihn jetzt jeder weitere Schluck Alkohol weicher und runder werden. Die Leber hat nun gut zu tun und schwillt dabei ein wenig an, expandiert sozusagen bei der guten Auftragslage. Als mit der Zeit der *Alkoholanfall* aber keinerlei Unterbrechungen erfährt, die Leber sich nicht mehr regenerieren kann und dann der Alkoholstrom im Gegenteil noch zunimmt, wird die Lage ernst. Die Leber versucht, weiter zu expandieren und sich der Hochkonjunktur anzupassen, aber bald ist ihre *natür*liche Grenze erreicht. Zwar wächst sie weiter, da der Alkoholstrom ja nicht nachläßt, aber nun auf eine ungesunde Art. Ihr spezifisches Gewebe, das die Laborarbeiten ausführt, kann nicht mehr expandieren, und so dehnt sie sich über Fettgewebe aus. Davon hat sie genug, denn der Alkohol muß sowieso verarbeitet werden und läßt sich leicht in Fett umbauen. Diese ungesunde Expansion bringt aber mit der Zeit ihrerseits Probleme, denn durch die weiter bestehende Schwellung und die Größenzunahme wird die Blutversorgung erschwert. Aus der Mitte jedes kleinen Laborbezirks führt nämlich ein Blutgefäß zur Entsorgung des Labors in noch größere Sammelgefäße. Durch den zunehmenden Expansionsdruck der Leber nach außen, wächst aber auch der Druck nach innen und besonders auf die zentralen Blutgefäße. Die Leber stranguliert sich sozusagen selbst. Durch schlechte Entsorgung und Minderversorgung entsteht wohl eine Panik in den Laborbezirken, und ein wilder Umbau setzt ein. Die zu geringe Blutversorgung soll dadurch besser genutzt werden, in Wirklichkeit geschieht aber das Gegenteil. Das wegen des stetigen Alkoholzuflusses voll weiter arbeitende Labor wird durch die nun stattfindende Umorganisation bis hin zum totalen Umbau der Auftragsflut immer weniger gerecht. Der Umbau kommt zu keinem Ende mehr. Er setzt sich stetig fort, die Lage wird immer verzweifelter, und schließlich kommt es zur sogenannten »fettigen Degeneration«. Das spezifische Leber- bzw. Laborgewebe wird erst durch Fett und später durch Bindegewebe ersetzt, und nun ist es eine Zeitfrage, bis das ganze Labor Leber zusammenbricht, woran dann auch der Mensch sterben wird.

Bevor es aber so weit ist, wird er in der Schlußphase seiner Erkrankung, wenn seine »alkoholische Fettleber« in das Stadium der Degeneration, in die »Zirrhose« übergeht, die vielfältigen Leistungen der Leber an ihrem Ausfall zu spüren bekommen. Die Lebensenergie wird ihm verlorengehen und seine physische Kraft, vor allem aber sein seelischer Antrieb; seine Potenz läßt ebenso nach wie der Appetit auf Essen und Trinken. Die Lust am Leben schwindet auf allen Ebenen. Da auch die für die Blutgerinnung wichtigen Eiweißstoffe im Leberlabor produziert werden, kann es sogar sein, daß ihm nun durch Blutungen auch der Lebenssaft im wahrsten Sinne des Wortes davonfließt. In all diesen Symptomen können wir einen letzten verzweifelten Versuch des Mikrokosmos Körper sehen, sich gegen »das Zuviel« zur Wehr zu setzen. Nun hört auch der wüsteste Alkoholiker auf zu trinken. Er hat einfach keine Lust mehr. Die jetzt folgende Krankheitsphase setzt all dem »Zuviel« nun ein »Nichts« bzw. ein »Sehr wenig« entgegen. Die Maßlosigkeit hat ihre eigene Grenze gefunden und schlägt not-gedrungen in Bescheidenheit um. Oft ist es in diesem Stadium der Krankheit schon zu spät zur Umkehr, der Prozeß der Leberdegeneration ist meist nicht mehr zu stoppen und führt über weiteres, immer sinnloseres Wuchern zum lustlosen Ende. Die Leberzirrhose ist eine Karikatur des anfänglichen Expandierens und Wachsens. Sie ist der Preis für Wachstum um jeden Preis!

Schon bei der Beschreibung dieses medizinischen Vorgangs im Mikrokosmos dürfte deut-lich geworden sein, wie symbolisch das Drama der Maßlosigkeit für unsere Zeit und den Makrokosmos ist. Typisch daran ist obendrein, daß dieser Prozeß jahrelang praktisch unbemerkt, d.h. ohne Schmerzen abläuft, da es im Innern der Leber keinerlei Schmerzrezeptoren gibt. Wenn wir die Leber erst spüren, ist es meist schon zu spät.

Bereits aus den Worten unserer Beschreibung klang die Entsprechung zu wirtschaftlichen Vorgängen und unserer Wachstumsideologie durch. Wenn wir bedenken, daß die beschriebene Lebertragödie ebenso wie durch Alkohol auch durch zu viel Drogen, zu viel Gifte und zu viel Essen ablaufen kann, ist es nicht verwunderlich, daß sie eine Analogie zu weiten Bereichen des Makrokosmos darstellt. In irgendeiner Form ist fast jeder Mensch von einem Zuviel betroffen, denn auch zu viel Konsum, zu viel Besitz, zu viel Geld gehen in dieselbe Richtung, wenn sie sich auch auf anderen Schauplätzen auswirken.

Unsere Wirtschaftsform* mag exemplarisch als zentrales makrokosmisches Geschehen herhalten, da sie uns praktisch alle betrifft. Hier geht es ständig um Wachstum, Zuwachsraten, Expansion, Eroberung neuer Märkte, Ausdehnung in andere Länder, steigende Auftragslage, Hochkonjunktur. Jede auf die Hochkonjunktur folgende Rezession, jedes Abflauen des Konjunkturanstieges scheint unsere Wirtschaftsführer und Politiker persönlich zu beleidigen. Es soll immer und ohne Unterbrechung bergauf gehen, immer mehr in immer kürzerer Zeit produziert werden. Dafür wird rationalisiert, geforscht, verbessert und *gemacht*. Wenn dann die produzierten Sachen gar nicht gebraucht werden, müssen auch noch die Bedürfnisse geweckt oder gar Kriege angezettelt werden, damit mehr verbraucht wird und danach wieder »Bedarf *herrscht*«. Denken wir nur an die Waffenhändler, die im Auftrag unserer Industrie um den Globus reisen? Bestenfalls führt die Überproduktion (»Hypertrophie«) dazu, daß wir uns um den armen Süden der Welt kümmern und dort das Bedürfnis nach unserem Konsum und Lebensstandard wecken. Ständig müssen neue Expansionsmöglichkeiten aufgetan werden, und sei es, daß die Wirtschaft eben auch die Bedürfnisse noch selbst produzieren muß. Geht das Wachstum nicht weiter, kommt es zum Stau, zur Verstopfung, und die wirtschaftliche Rezession führt zur seelischen Depression ganzer Völker. Wenn wir ein bißchen verständiger wären, würden wir jeden Abstieg genauso annehmen wie jeden Aufstieg, gemäß der 10. Tarot-Karte, dem Schicksalsrad. Alle Entwicklung geht nun einmal in Rhythmen und damit Wellenform vor sich.

Was wäre denn, wenn es unseren Führern wirklich gelänge, das unbegrenzte Wachstum, den ewigen Fortschritt zu organisieren? Eine unausdenkbare Katastrophe, ein großer Wendepunkt (griech. he katastrophe = der Wendepunkt) wäre die Folge, und danach ginge es *natürlich* wieder bergab. Der Fortschritt an sich hat kein Ziel, er will ewig fortschreiten. Auch das Wachstum hat bei uns kein Ziel, kein Ende und keine Grenze. Zielloses und grenzenloses Wachstum aber ist Krebs (oder Zirrhose), wobei es dann doch ein Ende findet, nämlich im Tod des befallenen

* Mit leichten Abwandlungen gilt das Gesagte auch für die Wirtschaftsform des Kommunismus, wie er im Ostblock praktiziert wird, funktioniert dieses Modell doch letztlich nach sehr ähnlichen Regeln.

Organismus. Das momentan herrschende Bewußtsein, das sich am nachdrücklichsten in der Wirtschaftsform des Kapitalismus auslebt, führt, in dieser Form beibehalten, nicht nur zu Krebs – es ist Krebs.

Daß auch dieser Krebs des Makrokosmos ein wenn auch spätes Ende finden wird, dürfte aus der mikrokosmischen Analogie klarwerden. Allerdings ist hier der Wellenrhythmus wieder so groß, daß wir es uns einige Zeit leisten können, die Parallele zu übersehen.

Ob wir den Endpunkt als Krebs oder Zirrhose beschreiben, ist nur ein gradueller Unterschied. Es spricht im Augenblick einiges für die zirrhotische Entwicklung, wenn wir unseren Planeten betrachten. Wir finden auf ihm schon verschiedene Hinweise für das verrückte Expansionsstadium, das Wachstum um jeden Preis verlangt. Wir brauchen nur an die Giftkatastrophe im indischen Bopal mit ihren Tausenden von Toten oder an das Reaktorunglück von Tschernobyl oder die Kette von wenig harmlosen Giftkatastrophen am Rhein zu denken. Menschenleben werden bereits in großer Zahl dem bedingungslosen Wachstum zum Opfer gebracht. Aber auch andere Analogien zur ver-rückten Umbauphase der zugrundegehenden Leber tun sich auf. Während in den weiblichen Teilen der Welt extremster Mangel herrscht, ersticken ihre männlichen Be-reiche im Überfluß. Millionen Tonnen von Nahrungsmitteln werden allein in der EG jährlich vernichtet, riesige Milch-, Fleisch-, Butter- und sogar Schnapsberge türmen sich hier – und dort herrscht die bitterste Armut! Wenn man die Verantwortlichen (eigentlich sind wir das alle!) befragt, scheitert alles – wie in der degenerierenden Leber – an Transportkapazitäten und Koordination. In den Augen der Verhungernden, die aus den dunklen Hinterhöfen der Welt zu uns schauen, muß die EG eine Gemeinschaft von herz- und verantwortungslosen Verrückten sein.

Aber wie die degenerierende Leber »bekommen auch wir unser Fett weg«. Während drüben die Menschenzahl unerbittlich wächst, wachsen bei uns die Industrielandschaften, fressen sich die Städte wie Krebsgeschwüre ins Land*, das dieser Zersiedlung hilflos ausgeliefert ist. Die Versuche, mit Baubeschränkungen dem entgegenzuwirken, erinnern an den im großen und ganzen vergeblichen Einsatz von Zytostatika bei Krebs.* Die Müllhalden

* Legt man die Luftaufnahme einer modernen, expandierenden Industriestadt neben das Schnittbild durch ein Krebsgeschwür, ist die Ähnlichkeit in der Tat verblüffend.

wachsen unaufhörlich mit unserer Konsumwut, und parallel dazu schrumpft unsere Zufriedenheit, unser inneres Wachstum, unser Bewußtsein. Das, worauf es wirklich ankommt, nimmt trotz all des Aufwandes ab. Wieder ist die Parallele zur degenerierenden Leber unübersehbar: Ihr spezifisches, als Körperlabor arbeitendes Gewebe, nimmt laufend ab, während sich sinnlose Fettmassen überall türmen.

Statt Bewußtseinserweiterung und seelischem Wachstum finden wir körperliches, das sich in immer neuen Fettpolstern auslebt. Auch das Bankkonto wächst und die Zahl der Autos und die der Partner, denn immer neue Eroberungen gehören zum Abwechslungsprogramm des Intellekts. Glück und Zufriedenheit aber bleiben auf der Strecke. Expansion und Wachstum richten sich auch im Makrokosmos in jeder Hinsicht nach draußen. So werden die Urlaubsreisen immer zahlreicher und führen immer weiter weg. Pilgerreisen oder »innere Reisen« kommen dagegen zu kurz.

Wir reisen schon in den Weltraum, aber ins eigene Herz führt kein Weg mehr! So ist auch Religion überall dort, wo das männliche Prinzip die Macht ausübt, im Niedergang begriffen. Dabei wäre religio gerade jenes, symbolisch so eng mit der Leber (die ja unsere physische Rückverbindung zum Tier-, Pflanzen- und Mineralreich sichert) verknüpfte Thema, das uns heute am meisten fehlt. Die Sinnhaftigkeit ist aus unserem Leben und aus unserer Welt verschwunden, die kränkelnde Leber erinnert uns daran.

Was wir kurzfristig als Unglück betrachten, die Nebeneffekte der Wachstumsideologie, sind so gesehen vielleicht unsere letzte Chance, erinnern sie uns doch an die Grenzen des Wachstums. So wie die mit dem Wachstum steigende Inflation uns den ganzen sauer erworbenen Reichtum wieder aufzufressen droht, nimmt uns die ständig zunehmende Unzufriedenheit den ganzen Spaß an der persönlichen Machtentfaltung. Was nützen uns die weitesten Reisen, wenn wir keinen Spaß an ihnen haben, was nützen die schönsten Partner, wenn uns die Liebe zu ihnen fehlt, was bringt all der Konsum, wo die Lust auf ihn fehlt? Schwindende Lust und Liebe, zwischen den Fingern zerrinnender Spaß – alles Symptome der erkrankten Leber!

---

* Zytostatika sind zellwachstumshemmende Mittel, die zwar besonders die Krebszellen schädigen, aber auch alle gesunden Zellen. Das führt dann zu Symptomen wie Darmblutungen, Haarausfall usw.

Ein Beispiel für Leberprobleme im globalen Maßstab können uns die USA liefern, jenes Land der Superlative, in dem alles größer, weiter, höher, bunter, reicher, schöner ist – das Land der unbegrenzten Möglichkeiten. Die Amerikaner, die der uneingeschränkten Wachstumsideologie wohl am naivsten aufgesessen sind, haben auch die schmerzhaftesten Erfahrungen damit gemacht. Gerade als ihre Wirtschaft tatsächlich auf einem grenzenlosen Höhenflug war, mußten sie aus heiterem Himmel mit dem Börsenkrach des Schwarzen Freitag den schwersten bekannten Wirtschaftszusammenbruch in Friedenszeiten hinnehmen.

Als sie sich nach zwei gewonnenen großen und vielen kleinen Kriegen für praktisch unbesiegbar hielten und als stärkste Nation des Planeten auch gleich anfingen, andere ihre Macht spüren zu lassen und sich als Weltpolizist aufzuspielen, war es schließlich das kleine Vietnam, das ihnen ein Bein stellte.

Das zweite Beispiel scheint viel weniger ernst, ist aber sogar noch typischer. Es betont nicht so sehr den not-wendigen Abstieg als Folge eines überbordenden Aufstiegs als den Teufelskreis, in dem wir uns jetzt befinden.

Es ist die Geschichte der Gänseleberpastete. Eine dicke Bäuerin hatte eine junge Gans auf dem Schoß und vor sich eine große Schüssel mit Gänsefutter. Sie fütterte die Gans, und diese fing auch ganz willig und mit offensichtlichem Appetit an zu schlukken. Als sie aber nach einiger Zeit genug hatte, hörte die Bäuerin nicht auf, sie zu füttern. Zuerst mit sanftem, dann aber immer stärkerem *Nach-druck* stopfte sie die Gans weiter voll. Diese konnte in der mißlichen Situation – alle Gegenwehr war an der überlegenen Kraft der Bäuerin gescheitert – nichts tun als schlukken, und da ihr der Schnabel mit Gewalt offengehalten wurde, schluckte sie pausenlos. Womit ihr der Schnabel gestopft wurde, hätte ihr schon geschmeckt, aber eben in Maßen. Mit der Zeit – sie wurde von nun an täglich gestopft – verlor sie aber alles Gefühl für Appetit, und auch das Schlucken über die Sättigungsgrenze hinaus wurde allmählich weniger schlimm. Bald wurde ihr gar nicht mehr übel – erbrechen hatte sowieso keinen Sinn, denn die Bäuerin hatte alles gleich wieder mit der neuen Nahrung hinuntergestopft. Als auch das Würgen aufhörte, gewöhnte sich die Gans an die Überfütterung. Sie wurde nun schnell dick und fett, bewegte sich kaum noch und ließ sich willenlos zum Stopfen abholen. Ihr verging zwar die Lebenslust, aber um so williger ließ sie die Behandlung über sich ergehen. Schließlich, noch einige Zeit bevor sie an ihrer Fettleber zugrunde gegangen wäre, wurde sie geschlachtet und der Schatz, ihre Fettleber, von der Bäuerin geborgen. Nur wenige Tage später verspeiste Herr X mit einigen Geschäftsfreunden in einem französischen Feinschmeckerrestaurant eben diese Leber in Form einer Gänseleberpastete. Diese Delikatesse liebte er und ließ sie sich etwas kosten. Nicht diese Gänseleber, aber die 2784. war es schließlich, die auch ihn das Leben kostete. Herr X war an Leberzirrhose gestorben, nachdem er lange vorher schon alle Freude am Leben und seinen Geschäften verloren hatte und eigentlich nur noch wegen seiner Fettleber auf Kur war.

Das Problem, auf das uns die Leber, die eigene und die der Erde aufmerksam machen kann, ist, daß wir zu viel körperliche Nahrung aufnehmen und zu wenig seelische und spirituelle, uns überhaupt zu viel um äußere Dinge kümmern und zu wenig um innere. Dabei liegt nicht etwa die Schuld am Prinzip des Wachstums; es geht gar nicht um Schuld, und schon gar nicht um das Verteilen von Schuld, sondern darum anzuschauen und anzunehmen. Wachstum an sich ist das *Natürlichste* von der Welt und lebensnotwendig. An der Natur können wir aber auch seine *natürlichen* Grenzen sehen. In den ersten beiden Lebensjahrzehnten geht es um körperliches Wachstum. Wenn das beendet ist, kommt die Zeit des inneren Wachstums. Ebenso hat das wirtschaftliche Wachstum unbestritten seine Zeit und seine natürliche Grenze. Wenn wir darüber hinaus auf Wachstum setzen, nähern wir uns der Geschichte von der Gänseleberpastete.

Das rechte Maß zur rechten Zeit zu finden, ist eine alte Kunst, die eine Renaissance verdient hätte. Die Lösung, die uns die Leber selbst nahebringt, läge in der Religion. Weniger in den heutigen Staatsreligionen als in der wirklichen »religio«, der Rückverbindung zum Sinn alles menschlichen Seins, zur Einheit. Wenn Religion sich der Wachstumsideologie anpaßt und auf Zuwachsraten über Mission oder Kirchensteuer schielt, wird sie meist schnell durch die Wirtschaftsideologie ersetzt, wobei dann Wachstum zur eigentlichen Gottheit wird. Jedenfalls kann sie dann den Hunger der Menschen nach seelischer Nahrung nicht mehr stillen, hat sie doch selbst äußeren Reichtum über innere Mysterien gestellt und findet ihre Erfüllung im Außen, im Füllen ihrer Kollektenbeutel und Schatzkammern. In den Menschen aber bleibt gähnende Leere, die nach Er-füllung schreit. In Ermangelung seelischer Nahrung wird sich dieser Hunger nach dem Sinn des Lebens mit äußerlichen Dingen wie Wohlstandsgütern zu befriedigen suchen und davon nie satt werden. Im ungestillten

Hunger aber liegt die Basis für den Wunsch nach grenzenlosem Wachstum und damit nach Krebs, der diesen Irrweg dann auch beendet.

Die Er-lösung liegt in der religio, die jeder in sich selbst finden kann und irgendwann auch muß. Sie beginnt und endet im eigenen Herzen – »von hier nach hier«, wie die Inder sagen. Damit sind wir wieder in der Mitte gelandet, wo alles beginnt, sofern es überhaupt beginnt.

19. Das Herz von Mensch und Welt

Die alten Dakota waren weise. Sie wußten, daß das Herz eines Menschen, der sich der Natur entfremdet, hart wird; sie wußten, daß mangelnde Ehrfurcht vor allem Lebendigen und allem, was da wächst, bald auch die Ehrfurcht vor dem Menschen absterben läßt. Deshalb war der Einfluß der Natur, die den jungen Menschen feinfühlig machte, ein so wichtiger Bestandteil ihrer Erziehung.

Standing Bear

In allem was ein Indianer tut, findet ihr die Form des Kreises wieder, denn die Kraft der Welt wirkt immer in Kreisen, und alles strebt danach, rund zu sein. Einst, als wir ein starkes und glückliches Volk waren, kam unsere Kraft aus dem heiligen Ring unseres Volkes, und solange dieser Ring nicht zerbrochen war, ging es den Menschen gut. Der blühende Baum war der lebendige Mittelpunkt des Ringes, und der Kreis der vier Himmelsrichtungen nährte ihn. Der Osten gab Frieden und Licht, der Süden gab Wärme, der Westen gab Regen, und der Norden mit seinen eisigen Stürmen verlieh Kraft und Ausdauer.

Alles, was die Kraft der Welt bewirkt, vollzieht sich in einem Kreis. Der Himmel ist rund, und ich habe gehört, daß die Erde rund wie ein Ball ist, so wie alle Sterne auch. Der Wind in seiner größten Stärke bildet Wirbel. Vögel bauen ihre Nester rund, denn sie haben die gleiche Religion wie wir. Die Sonne steigt empor und neigt sich in einem Kreis. Das gleiche tut der Mond, und beide sind rund.

Auch die Jahreszeiten in ihrem Wechsel bilden einen großen Kreis und kehren immer wieder. Das Leben des Menschen beschreibt einen Kreis von Kindheit zu Kindheit, und so ist es mit allem, was eine Kraft bewegt. Unsere Tipis waren rund wie Vogelnester und immer im Kreis aufgestellt, dem Ring unseres Volkes – ein Nest aus vielen Nestern, in dem wir nach dem Willen des Großen Geistes unsere Kinder hegten und großzogen.

Hehaka Sapa (Black Elk)

Unser Herz ist unser Mittelpunkt, sowohl im physischen, wie auch im energetischen Sinne. Das physische Herz liegt in der Mitte der Brust, ein wenig nach links zur weiblichen Körperhälfte hin verschoben. Diese geringe Abweichung von der Mitte zur Gefühlsseite hin paßt gut zu allem bisher Gefundenen. Auch das Säure-Basengleichgewicht fanden wir ja ein wenig zum basisch-weiblichen Pol hin verlagert, und generell hatten wir festgestellt, daß der Körper, überwiegend aus den Elementen Wasser und Erde aufgebaut, weitgehend weiblich ist. Anahata, das Herzchakra und der energetische Mittelpunkt unseres Körpers liegt dagegen genau in der Mitte der Brust, etwa unter dem kleinen Knöchelchen, das die Spitze des Brustbeines bildet. Die Esoterik spricht hier vom »wahren« Herzen.

Das Herz ist der Ort, wo wir hinweisen, wenn wir auf uns selbst deuten und »Ich« sagen. Es ist das Zentrum unserer Emotionen, jener inneren Regungen, die aus uns heraus wollen (lat. emovere bedeutet »aus sich heraus bewegen«). An dieser Richtung, von der Mitte nach außen hinausstrahlend, können wir die Zuordnung des Herzens zum männlichen Prinzip nachvollziehen, entspricht ihr doch auch der Fluß der physischen Energie (des Blutes) hinaus in den Körper. So ist das Herz die innere Sonne des Menschen und als Symbol des Mittelpunktes männlich. Auf der übertragenen Ebene steht es für die Einheit. Und wie alles schließlich zur Einheit zurückkehrt, fließt das Blut immer wieder zum Herzen zurück; auch die Emotionen kommen zurück. Wir spüren es, wenn wir unser Herz jemandem öffnen.

Hier in unserer Mitte liegen unsere Bestimmung und unsere Aufgabe nahe beieinander. Aus der Einheit kommend, symbolisiert durch die *eine* große Herzkammer, die im Einklang mit der (mütterlichen) Welt ist, müssen wir mit der Geburt diese Einheit verlassen. Unsere Herzeinheit spaltet sich gleich nach der Geburt durch den reflektorischen Schluß der Herzscheidewand, ausgelöst vom ersten Atemzug, der ersten Erfahrung der Polarität. Ab diesem Moment der Ver-zwei-flung müssen wir nun auch mit zwei Kreisläufen in einer zweipoligen Welt leben. Unser Herzschlag, ein Zwei-Klang, gibt den Rhythmus dazu. Wo vorher der eine große Kreislauf in uns war, in enger Anlehnung an den der Mutter, müssen wir nun, auf uns gestellt, allein leben und haben dazu einen inneren kleineren (Lungenkreislauf) und einen größeren äußeren Kreislauf nötig.

Von nun ab muß das Kind in zwei Welten leben, wobei die Erinnerung an die Einheit mit der Zeit immer mehr verblaßt, wenn auch die Möglichkeit zur Heimkehr zeitlebens offen bleibt.

vor der Geburt

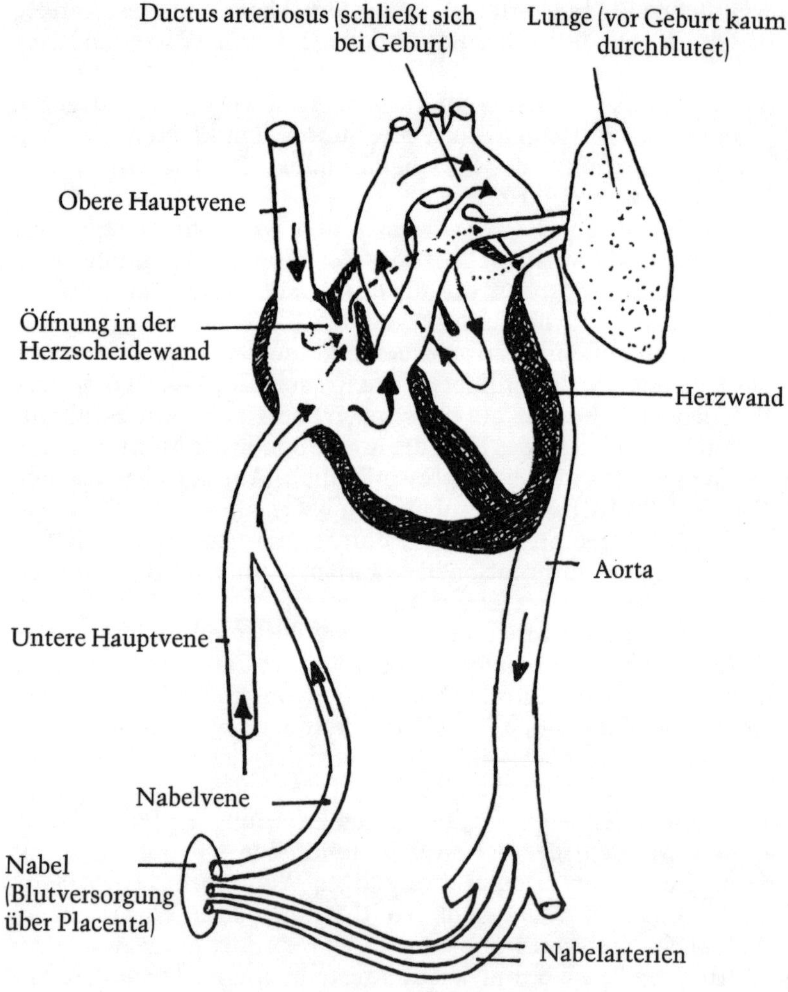

nach der Geburt

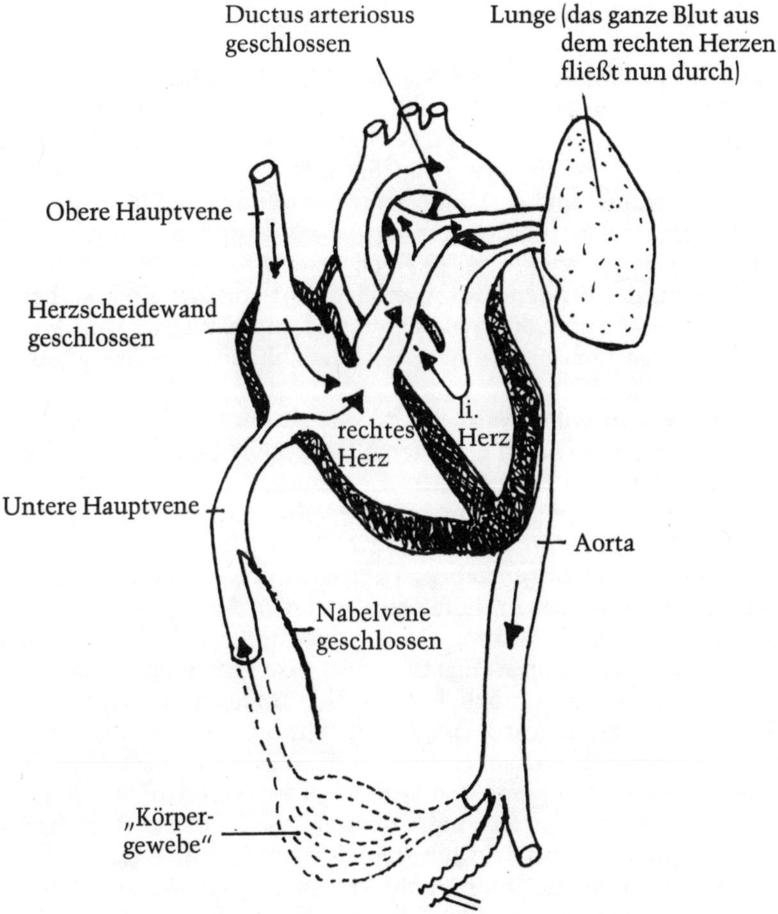

Während das physische Herz mit seiner Gespaltenheit und seinen vier Räumen (zwei Vorhöfen und zwei Kammern) nun ein Symbol der Polarität ist, enthält die Signatur des Herzsymbols mehr. Aus der *einen* Spitze wachsen die beiden runden Kammern und zeichnen unseren Weg aus der Einheit in die Zweiheit vor. Und auch das Ziel oder der Rückweg liegen im Symbol: Aus der Zweiheit der Kammern wächst wiederum die Einheit der Spitze.

Das physische Herz ist ein starker Muskel, von dessen Kraft die Energieversorgung aller Gewebe abhängt. Als Motor des Körpers steht es auch in physischer Hinsicht im Mittelpunkt des Energiegeschehens. Es ist ein durch und durch aktives Organ mit starker Außenwirkung, und so können wir es zweifelsfrei dem männlichen Prinzip zuordnen. Allerdings ist auch im Herz wie überall der Gegenpol eingeschlossen: Den beiden muskulösen Hauptkammern, die für den Blutausstoß verantwortlich sind, stehen die beiden kleinen, dünnwandigen und anpassungsfähigen Vorhöfe zur passiven Blutaufnahme als weibliches Pendant gegenüber.

Auf die kraftvolle Systole, die Kontraktion des Herzmuskels, folgt die passive Diastole, seine vollkommene Erschlaffung. Der muskelbepackten männlichen Faustform, die das Herz nach außen zeigt, entsprechen innen seine aufnahmebereiten Höhlen.

Das Herz bestimmt als unsere Mitte auch unseren inneren Rhythmus, d. h. unser Leben. Hier wird die Abhängigkeit von Rhythmus und Leben einerseits und der Mitte andererseits besonders deutlich. Während es durchaus möglich ist, Symptome von anderen Organen wenigstens zeitweise zu übergehen, ist das beim Herzen fast unmöglich. Sein Rhythmus ist unüberhörbar, besonders wenn er gestört ist. Er entsteht im sogenannten Sinusknoten, einem elektrischen Impulsgeber, geht von dort über ein Reizleitungssystem auf die Vorhöfe über, von wo er auf die Kammern überspringen muß. Die meisten Rhythmusstörungen entstehen hier, wenn nämlich dieser Sprung der Erregung von den Vorhöfen auf die Kammern nicht klappt. Obwohl der Rhythmus ganz eindeutig von der inneren Mitte ausgeht, wird er doch auch von der Peripherie beeinflußt. Heftige Bewegung der Skelettmuskeln können ihn genauso erhöhen wie heftiges Atmen, er ist abhängig von biochemischen Signalen aus den Körperlabors wie auch von nervalen Impulsen des Gehirns. Das belegt noch einmal, daß alles mit allem zusammenhängt, das Leben ein einziges vieldimensionales Netz ist und in der Mitte alles zusammenkommt.

Am Blut, jenem »besonderen Saft«, den das Herz durch die Adern treibt, können wir den Satz, daß das Ganze mehr als die Summe seiner Teile ist, nachvollziehen. Wenn wir seine Bestandteile, vom Wasser, den Blutkörperchen über die Antikörper bis zu den geringsten Spurenelementen aufzählen, haben wir jenen Teil, der das Blut zu unserem Lebenssaft macht, noch nicht dabei. »Prana« nennen die Inder die Lebenskraft, die mehr mit dem Muster des Ganzen zu tun hat, als mit noch einem weiteren, bisher nicht isolierten materiellen Bestandteil des Blutes.

Das Blut wird durch den Blutdruck, den das Herz in der Systole aufbaut, in die Arterien gepreßt und bis an seinen Bestimmungsort in die Gewebe der Körperperipherie gedrückt. Während der Kontraktionsphase der Systole erreicht das Blut in der Herzschlagader normalerweise einen Druck von 120 mmHg (den sogenannten oberen Wert). Während der Erschlaffung des Herzmuskels fällt der Druck in der Herzschlagader, die jetzt durch Ventilklappen vom Herzen getrennt ist, nicht auf Null, wie zu erwarten, sondern nur auf 80 mmHg (dem sogenannten unteren Blutdruckwert) ab. Diese Aufrechterhaltung des Druckes, auch in der Herzerschlaffungsphase, verdanken wir der Elastizität der Arterien (ihrer sogenannten Windkesselfunktion). Läßt diese Elastizität nach, verliert der Blutdruck sein harmonisch wellenförmiges Schwanken um die Mitte und steigt an. Auf dem Weg in die peripheren Gewebe, wo das Blut seine Energie und Nährstoffe abgibt und mit den Stoffwechselschlacken beladen wird, sinkt der Druck allmählich. Nach dem aktiven Hochdruckteil des Arteriensystems (♂) tritt das Blut über die feinen Haargefäße in den passiven Niederdruckteil des *Venen*systems (♀) ein. Von hier ab herrscht nun auf dem ganzen Rückweg sehr niedriger Druck. Das Blut wird in den venösen Einbahnstraßen (Ventile verhindern den Rückfluß) mehr passiv zum Herzen zurückgeschoben, wobei die Bewegungen der Skelettmuskeln unterstützend wirken. An der Eintrittsstelle ins Herz, an den Vorhöfen, ist der Druck fast Null.

Wie wir den Herzrhythmus als Symbol unseres inneren Rhythmus genommen haben, ist der Blutdruck Symbol unseres Lebensflusses. In »Krankheit als Weg« beschrieben wir bereits, wie sich dieser Fluß als Aus*druck* unserer Dynamik zwischen den Fließeigenschaften des Blutes und den grenzsetzenden Wänden des Gefäßsystems entwickelt. Wie das Blut mit unserem eigenen Wesen korrespondiert, entsprechen die Gefäßwände unseren Grenzen und Widerständen. An den Grenzen entfalten wir unser Wachstum, die Widerstände werden uns zu Prüfsteinen.

Das Herz der Erde befindet sich entsprechend in ihrer Mitte. Dort stoßen wir auf den heißen Kern, über den wir leider nur wenig wissen. Aus seiner Lage allerdings als Mittelpunkt der Erdkugel, aus seiner großen Dichte und dem ungeheuren Energiereservoir, das in seiner enormen Hitze liegt, ergeben sich jedoch gewisse erste Analogien. Bedenken wir, daß die Schwerkraft eines Körpers von seiner Masse abhängt und in seinem Schwerpunkt ansetzt, so können wir sagen, daß die Schwerkraft unsere Erde gerade in ihrem heißen, uns so unbekannten Mittelpunkt erfaßt. Die Bahn der Erde um die Sonne aber hängt von ihrer und der Schwerkraft der Sonne ab, ebenso wie die Bahn des Mondes von seiner und der Schwerkraft der Erde abhängt. Von der Bahn der Erde um die Sonne aber hängt wiederum die Rhythmik des Lebens auf der Erde ab. Ihr Drehimpuls bestimmt unseren Tag- und Nachtrhythmus. Würde sie sich etwas schneller drehen, wären unsere Tage und Nächte kürzer. Ihre Lage auf der Bahn (ihr Achsenstand zur Sonne) bestimmt unseren Jahresrhythmus und ihre Geschwindigkeit auf dem Weg um die Sonne die Dauer der Jahreszeiten. Auch die viel größeren Rhythmen, wie die wechselnden Zeitalter (wir sind nach 2000 Jahren Fische-Zeitalter nun am Übergang zum Wassermann-Zeitalter) hängen letztlich mit der Himmelsbahn von Sonne und Erde zusammen und damit auch mit ihrem Schwer- und Mitte-lpunkt. Wie im Mikrokosmos steht also auch im Makrokosmos der Rhythmus aufs engste im Zusammenhang mit dem Zentrum.

Wie im Körper bemerken wir dieses Zentrum auch auf der Erde, vor allem dann, wenn es Probleme gibt. Entlädt sich etwa ein Überdruck im Erdinnern in einem Vulkanausbruch und fließt ihr heißer Lebenssaft als Lava heraus, geraten wir vor dieser Urkraft des Erdinnern in Panik; vor allem wohl deshalb, weil wir uns in solchen Momenten unserer eigenen Ohnmacht und Abhängigkeit so bewußt werden. Dem mag die Panik entsprechen, die Menschen bei einem Herzinfarkt ergreift, wenn schlimmstenfalls ihre Herzwand unter dem Überdruck bricht. Alle (Lebens-) Äußerungen der Mitte versetzen uns in größten Schrecken, ob das nun Bewegungen aus der Erdmitte sind wie Erdbeben oder eigenes Herzstolpern oder -rasen. Möglicherweise erschrecken wir so, weil uns unsere Abhängigkeit von diesem mächtigen inneren Rhythmus schlag-artig bewußt und die Illusion unserer Unsterblichkeitsträume offenbar wird. *Natürlich* wird unser Herz nicht ewig schlagen, genauso wie der heiße Kern unserer Erde nicht ewig heiß bleibt und unsere Sonne nicht ewig strahlen kann. All unser Trachten (bzw. das unseres Egos) zielt aber auf Dauer und

Eigen-mächtigkeit. Was uns dagegen unsere Sterblichkeit und Abhängigkeit von einer anderen als der eigenen Macht ins Bewußtsein ruft, ist gefährlich für die selbstherrlichen Illusionen des Egos. Daß unsere und die Mitte der Erde uns hin und wieder aufrütteln, ist nicht so verwunderlich, denn in ihr läge ja gerade Erlösung und die Erfüllung unserer Träume, wie wir aus den Berichten vieler Mystiker wissen. In der eigenen Mitte die Sonne zu erblicken, ist nach Meister Eckehart das Höchste, was einem Menschen widerfahren kann. Dann ist er inmitten der Ewigkeit außerhalb von Raum und Zeit und frei von allem Müssen und Sollen und Wollen. Er erlebt die absolute Ruhe des Seins, die alles enthält, was je war und je sein wird, ja, er *ist* diese Ruhe, ist die Mitte der Welt, und die Welt ist in ihm. Vielleicht ist es auch der Schreck vor diesem gewaltigen Geheimnis und der ungeheuren Energie, die hier ruht, der uns durchzuckt, wenn sich unsere physische Mitte ins Bewußtsein drängt. Wir hatten an anderer Stelle festgestellt, daß sich Symptome immer dann melden, wie Alarmanlagen, wenn sie unsere Aufmerksamkeit auf den betreffenden Ort lenken wollen. Folglich wollen auch die Symptome aus der Mitte unsere Aufmerksamkeit auf sich lenken und unser eigentliches Ziel, eben die eigene Mitte, in Erinnerung zurückrufen. Die Tragik unseres Egos ist, daß es nur verschwinden müßte, und schon wären all seine Wünsche und Träume erfüllt. »Du mußt sterben, um ewig zu leben«, ist die für das Ego so erschreckende Botschaft aus der Mitte.

Es gibt noch einige Analogien zwischen der Erdmitte und unserer eigenen. Wie sich in unserem Herzen unser Menschsein verdichtet und unsere Energie im Herz-Chakra Anahata ihre Mitte und ihr Maximum findet, wird auch die Materie zur Erdmitte hin immer dichter, um schließlich im Kern ihre höchste Dichte zu erreichen. Verschiedenen indirekten Messungen können wir entnehmen, daß der innerste Kern neben der höchsten Dichte auch die höchste Temperatur aufweist, nämlich 6000° C. Er ist damit das brennende Herz der Erde. Wahrscheinlich besteht der Kern zum größten Teil aus Eisen und wird zum Randbereich hin flüssig. Im Mikrokosmos finden wir im Mittelpunkt jedes einzelnen Hämoglobin-(Blutfarbstoff)moleküls ein Eisenatom. Dieses einzelne Atom ist für die Funktion des Blutfarbstoffes, die Sauerstoffaufnahme, von zentraler Wichtigkeit.

Auch ein Pendant zu den elektrischen Phänomenen unseres Herzens finden wir im Erdmittelpunkt. »Selbstinduzierte, sich selbst erhaltende elektrische Ströme im Kern unseres schnell rotierenden Planeten sind wahrscheinlich durch einen Dynamo-

Effekt für das Magnetfeld der Erde verantwortlich«, lesen wir bei Briggs und Taylor.* Ähnlich wie der Rhythmus des Menschen, kommt auch das polare Feld der Erde aus der Mitte.

Zweimal schon erwähnten wir in unseren Mitte-Analogien die Sonne, und tatsächlich gehört sie hierher, ist sie doch die Mitte jenes größeren Makrokosmos, in dem auch unsere Erde nur einen kleinen Teil darstellt. Die Sonne fungiert offensichtlich als energiespendendes Herz dieses Makrokosmos und damit in verschiedener Hinsicht auch als das unserer Erde. So wie jedes Energiepaket, das irgendeine Zelle in unserem Körper erreicht, letztlich aus dem Blutstrom des Herzens kommt, stammt jedes bißchen Energie, das unsere Erde erreicht, aus dem Photonenstrom der Sonne. Die Erde und alles auf ihr lebt vom Licht der Sonne. Bei der Wärme, die uns von ihr erreicht, ist der Zusammenhang noch offensichtlich, aber auch bei den anderen Energieformen wird er schnell erkennbar. Was immer wir an Nahrung zu uns nehmen, ist auf der Photosynthese der Pflanzen aufgebaut, die ihre Energie aus dem Sonnenlicht ziehen. Entweder essen wir direkt pflanzliche Produkte oder, wenn wir Tierisches essen, ist das doch wieder aus pflanzlicher Nahrung entstanden. Raubtiere, und in diesem Fall gehören wir eindeutig dazu, fressen fast ausschließlich Vegetarier; bei den äußerst seltenen Ausnahmen hat die Kette lediglich ein Glied mehr. Auch alle anderen Formen von gespeicherter Energie kommen von der Sonne. Von Kohle, Erdöl und Gas ist bekannt, daß sie aus organischem, also pflanzlichem Material stammen, das vor Urzeiten von Mutter Erde verschluckt und in ihren Tiefen verdaut wurde. Lediglich mit der Energie aus den Atomkernen, die wir neuerdings knacken, kommen wir in einen Energiebereich, der nicht sicher von der Sonne stammt, aber auf alle Fälle aus dem Urknall der Weltenschöpfung und damit aus dem Herzen unseres Universums.

Während unser Herz seine Energie durch seine rhythmischen Bewegungen mechanisch produziert auf der Basis der biochemischen Vorgänge in seinen Muskelzellen, entsteht die Sonnenenergie aus Bewegungen im atomaren Bereich, den Kernverschmelzungen in ihrem Innern. Ähnlich wie bei der Leber geht der mikrokosmische Bereich auch im Herzen nur bis auf die molekulare Ebene zurück, während der makrokosmische auch hier wieder bis in atomare, im Fall der Sonne sogar bis auf subatomare Ebenen reicht. Je näher wir der Mitte kommen, desto

* Geoffrey Briggs und Frederic Taylor: »Cambridge Fotoatlas der Planeten – das neue Bild des Sonnensystems« Stuttgart 1985.

größer wird die vorgefundene Energie. In der Sonne haben wir das strahlende Beispiel vor uns.

Dem vom Herzen in alle Richtungen strömenden Blut entspricht im Makrokosmos das in alle Richtungen ausströmende Licht der Sonne. Lebenssaft und Lebenslicht enthalten alles Notwendige für die (Um-)Welt. Und auch bei der Lebensenergie der Sonne können wir gleichermaßen feststellen, daß das Ganze mehr ist, als die Summe seiner Teile. Denn selbst bei dem intensiven Interesse, das die Physik dem Licht bisher entgegengebracht hat, sind zwar einige wunder-volle Geheimnisse *ans Licht* gekommen, die Lebenskraft aber hat sich bisher noch nicht gezeigt. Vielleicht verbirgt sie sich in einem Dritten, die paradoxen Pole Vereinigenden, in jener Kraft etwa, die die Physiker schon so lange suchen. Denn wenn es stimmt, daß Licht sowohl Welle, als auch Teilchen ist, muß auch das Gegenteil richtig sein: Licht ist weder Teilchen noch Welle. Es ist also wahrscheinlich, daß Licht etwas ganz anderes ist – etwas, das aus einer anderen Wirklichkeit zu uns herüber scheint.

Zu unserem menschlichen Kreislauf finden sich im Makrokosmos verschiedene Analogien. Wenn wir auf der bisherigen Ebene bleiben, wo unserem Blut das Sonnenlicht entspricht, käme unserem Kreislauf am ehesten der Sonnenwind gleich, jene Strömung, die die Sonnenenergie zu uns und in den übrigen Weltraum trägt. Die Wissenschaft kann heute beweisen, daß uns die Photonen in einer wahrhaft kosmischen Spiralbewegung von der Sonne her erreichen und während ihrer Reise in dieser sogenannten Archimedesspirale ständig untereinander verbunden sind. So ist die Erde durch diese energetische Nabelschnur immer in Verbindung mit der Sonne.

Kehren wir zurück auf die Erde, stoßen wir zuerst auf den Wind und die verschiedenen Luftströmungen, die den von den Pflanzen produzierten Sauerstoff über die ganze Atmosphäre verteilen. Tatsächlich gibt es ein ziemlich geordnetes, makrokosmisches Luftströmungssystem, das auch eine eigene feste Rhythmik hat, denken wir nur an die in großen Zeiträumen drehenden Passatwinde, die über lange Zeiten die Segelschiffahrt bestimmten.

Von der Signatur her einleuchtender ist die Analogie zum Kreislauf des Wassers. Ohne Zweifel hat das Wasser für die Erde eine lebensspendende Funktion. Bei ihm geht die Analogie zum menschlichen Kreislauf aber noch viel weiter. In der frühen Phase, in der das Wasser unter Druck aus der Erde kommt, entspricht es dem Blut, wenn es gerade das Herz verläßt. Wir können sogar noch einen Schritt weitergehen und das reine, sauerstoffhaltige, lebendige Quellwasser dem Blut des linken Herzens analog setzen, das, gerade aus der Lunge kommend, das Herz, ebenfalls rein und sauerstoffgeladen, verläßt. Dem Regenwasser, das mit den Abfallstoffen der Atmosphäre beladen ist, entspräche das Blut der rechten Kammer, das, aus der Körperperipherie kommend, ebenfalls schlackenbeladen (CO_2) ist und dann zur Regeneration in die Lunge gepreßt wird. Analog dem arteriellen Blut steht das noch frische Quellwasser meist unter hohem Druck und sucht sich rasch seinen Weg in die flacheren Teile des Landes, wobei es ständig von seiner Lebenskraft an das bewässerte Land abgibt und dafür Abfall aufnimmt, auch hierin dem Blut ähnlich. In den Niederungen wird sein Fluß dann immer gewundener und träger; es dient den Pflanzen als Lebensgrundlage und nimmt andererseits immer mehr, heute vor allem menschlichen Abfall, auf. Fließt es durch dicht besiedelte Gebiete, kann es durchaus sein, daß es nun seiner wertvollen Stoffe gänzlich entledigt ist und dafür völlig mit Stoffwechselschlacken der modernen Industriewelt beladen. Damit entspricht es weitgehend dem venösen Blut. Die großen Seen und Binnenmeere und schließlich die Ozeane können wir mit der ebenfalls drucklosen Hälfte des Kreislaufs, dem Venensystem, vergleichen. Auch in den Ozeanen gibt es ja langsame Strömungen und eigene Wasserstraßen, wenn wir etwa an den warmen Golf- oder den kalten Benguela- und Labradorstrom denken. Auch gehorcht das Wasser der Weltmeere mehr der fernen weiblichen Kraft des Mondes, der es im großen Rhythmus der Gezeiten bewegt, als etwa dem direkten Druck des Gefälles und der Landschaftsformationen wie das Wasser der Flüsse. Letzterem entspricht der Druck des Herzens und der Arterien auf das Blut. Wie das *Venen*blut, das langsam und gemächlich zum Herzen zurücktreibt, erleidet das Wasser der großen Seen und Meere sein weiteres Schicksal eher still und gemächlich. Es verdunstet und regeneriert sich dadurch, da ja aller stoffliche Ballast, auch das Salz*, auf der Erde bzw. im Meer zurückbleibt. Oder es versickert und wird dabei durch den Filter der Erdschichten gesäubert und revitalisiert. Worauf der Kreislauf von neuem beginnen kann.

Nun wollen wir die Kreislaufsituation von Mensch und Erde miteinander vergleichen.

Der Blutdruck entspricht unserer Dynamik, der Blutfluß unserem Lebensfluß, die Gefäße mit ihren Wänden unseren Grenzen

---

* Aus diesem Grund ist es z. B. möglich, über Verdunstung Meerwasser zu entsalzen.

und Widerständen. Wir können feststellen, daß wir durch das Begradigen der Flüsse im Zuge unserer Rationalisierungsmaßnahmen ihre Flußgeschwindigkeit und damit ihren Druck erhöht haben. Dafür haben wir sie andererseits vielfach gestaut, manchmal auch umgeleitet, wie in Wien, wo die Donau mitten in der Stadt störte. Durch die Erhöhung der Fließgeschwindigkeit aber wird das durchflossene Land weniger bewässert und der Grundwasserspiegel gesenkt. An die Stelle des *freien Flusses* haben wir die Kanalisation gesetzt. Nehmen wir noch das in die Flüsse eingeleitete Abwasser, das die Qualität des Lebensflusses von Mutter Erde so verschlechtert, daß die Fische langsam sterben, ergibt sich ein trauriges und dem Mikrokosmos analoges Bild.

Auch unser Blut ist mit diversen Schadstoffen hoch belastet. Schon mit der Muttermilch nehmen selbst die Eskimobabys in Grönland eine so hohe Dosis des Pflanzenschutzmittels DDT auf, daß *man* zeitweilig künstliche Industriemilch ärztlicher- und industriellerseits für gesünder erklärte. Auch der durchschnittliche Blutdruck ist kollektiv immens gestiegen, und zwar in einem solchen Umfang, daß die Medizin einfach die »Normalwerte« erhöhte. Sie stellte damit offiziell und ausdrücklich fest, daß in unserer Kultur die Normalsituation eine krankhafte ist. »100 + Lebensalter« heißt die neue, beruhigende Zauberformel, nach der ein Sechzigjähriger einen Blutdruck von 160/80 haben darf. Bei weniger »zivilisierten« Völkern wie den Indianern bleibt der Blutdruck zeitlebens 120/80. Dafür wissen sie aber auch gar nicht, was ein Herzinfarkt oder ein Schlaganfall ist. Bei uns ist eben einkalkuliert, daß der Druck im Laufe des Lebens kontinuierlich ansteigt. Das können wir nicht nur am Blutgefäßsystem ablesen, sondern in fast allen Lebensbereichen. Und er nimmt nicht nur stetig zu, er setzt auch immer früher ein. Leistungsdruck ist heute schon Thema in der Volksschule. In dem Gymnasium, wo ich noch ein relativ friedliches Abitur machen durfte, haben einige Jahre später zwei Schüler der Abiturklasse einen Herzinfarkt erlitten.

Die Analogien zu den gestauten Flüssen sind überdeutlich, auch wir leiden an Gefäßstaus. Die einbetonierten Flüsse entsprechen unseren arteriosklerotischen Gefäßen – hier Beton, da Kalk, und die zunehmende Minderbewässerung durch den erhöhten Druck ist ein genaues Abbild der Minderdurchblutung unseres Gewebes. Wenn sich diese Mangeldurchblutung auf den Herzmuskel selbst bezieht, sprechen wir von »Angina pectoris« (Herz*enge*), und von Herzinfarkt, wenn sie gebietsweise ganz aussetzt. Claudicatio intermittens heißt die Mangeldurchblutung der Beinmuskulatur, und ganz global und profan redet der Volksmund von »Verkalkung«. Ein Glück, daß wir gelernt haben, Kanäle und Kanalisationen zu bauen; medizinisch heißt so etwas »Bypass«* und umgeht lebensgefährliche Verkalkungsherde etwa in den Herzkranzgefäßen.

An der Lebensweise, die wir den Flüssen aufgezwungen haben, können wir sehr gut sehen, was dabei unserem eigenen Lebensfluß geschehen ist. Ein natürlicher Fluß bewegt sich im flachen Land in zahlreichen Windungen dahin, ähnlich wie eine Schlange. Er mäandert, und sein Wasser bildet dabei obendrein Wirbel, d.h. es bewegt sich in Spiralform.

Wir können hier die Tendenz des Lebens, sich in Kreisen zu bewegen, deutlich erkennen. Jede Flußwindung ist wie ein Versuch, einen Kreis zu bilden, wieder an den Ausgangspunkt zurückzukehren und damit Abbild der Welle. Die Wirbel der Wasserbewegung sind bei genauerer Betrachtung unendliche Spiralen und damit Bilder jenes Ursymbols, das wir auch in dem spiraligen Sog erleben, der uns bei der Empfängnis in dieses Leben zieht und beim Tod aus ihm erlöst. Auch die Herzmuskelfasern bilden spiralige Muster beim Aufbau der Herzwand. Wenn wir aus dem rhythmischen Flußlauf eine schnurgerade Betonschlucht machen, vergewaltigen wir mehr als nur den Fluß, wir tun im wahrsten Sinne des Wortes dem Leben Gewalt an. Während wir früher unsere Autostraßen ebenfalls in Kurven um die natürlichen Hindernisse herumführten und Berge in *Serpentinen* (lat. serpens = Schlange) und damit schlangenhaft überwanden, gehen wir heute immer mehr dazu über, den direkten Weg zu erzwingen. Kerzengerade Straßen überziehen das Land, durchbohren Berge, zerschneiden Täler und passen die Landschaft ihrem Verlauf an.

Auch unser Denken ist synchron dazu linear geworden. Wir bewegen uns immer mehr aus dem Kreis heraus in die gerade Linie des unendlichen Fortschritts. Da wir gar nicht an Rückkehr denken, laden wir auch achtlos links und rechts vom Weg unseren Unrat ab. Wir kommen nicht zurück, und nach uns die Sintflut! Die Indianer dagegen bewegen sich in Kreisen durch die Natur, kehren auch gedanklich immer wieder zurück an ihren Ausgangspunkt und übernehmen so, ganz natürlich, Verantwortung für die Erde und schonen sie.

---

* Das ist englisch und heißt so viel wie »Umgehung«; zur Not verwendet die Medizin auch andere Sprachen als Latein, wenn es nicht ausgerechnet das über-deut-liche Deutsch sein muß.

Bei diesem düsteren Bild fällt es nicht schwer, zu den anderen Analogien zu wechseln. Vom Kreislauf der Luftströmungen wissen wir, daß er heute neben dem Sauerstoff auch so Unangenehmes wie Schwefelwolken und radioaktive Isotope auf seinen himmlischen Schwingen transportiert und nach seinen Gesetzen gleichmäßig über die Welt verteilt. Ob der Lebensfluß der Sonnenenergie auf die Erde schon wesentlichen Schaden genommen hat, ist wiederum schwer zu entscheiden, sicher ist jedoch, daß wir uns durch die zunehmende Smogschicht über den industriellen Ballungsgebieten eine ungeschickte Art von atmosphärischen Sonnenschirmen geschaffen haben, die uns vor der lebenswichtigen Energie »schützen«. Nachdem die Medizin die Rachitis-Prophylaxe jetzt chemisch besorgt und gleich noch mit ein bißchen Fluor für die Zähne aufbessert, ist die Sonne an diesem Punkt ersetzt. Es bleibt aber zu befürchten, daß auch Großstadtkinder die Sonne noch aus anderen Gründen brauchen, vielleicht sogar erwachsene Großstadtmenschen. Der Tatsache, daß wir in Ballungsräumen die äußere Sonne immer weniger zu sehen und zu spüren bekommen, dürfte die Erfahrung entsprechen, daß wir hier auch aufgrund von äußerem Leistungsdruck und Verlust des eigenen Lebensrhythmus die innere Stimme unseres Herzens immer weniger hören. Äußeres und inneres Licht verdunkeln sich entsprechend.

Einen gefährlichen Gegenpol zu den Sonnenschirmen über den Städten bildet das wachsende Loch in der Ozonschicht, einem Schirm ganz anderer Qualität, der die ganze Erde überspannt und lebenswichtig für uns ist, weil er uns vor den unverträglichen Anteilen der Sonnenstrahlen schützt.

Beim Schauplatzwechsel vom Kreislauf zum Herzen erwartet uns keine Verbesserung der Aussicht, wenn auch unser geringes Wissen über das Herz der Erde einen gnädigen Schleier über alles Folgende legen mag. Bedenken wir aber, daß die Herzkreislauferkrankungen eine einsame Spitzenstellung in den Todesursachenstatistiken »zivilisierter Länder« behaupten, ist die Richtung klar. Verständlicher als am Herzen selbst, wird uns das, wenn wir uns dem Rhythmus des Makrokosmos widmen. Am Rhythmus der Erde dürfte sich unter dem menschlichen Regiment nichts geändert haben, der Planet zieht nach wie vor seine Bahn nach seinem eigenen Gesetz. Daran aber, wie wir uns zu diesem Rhythmus stellen, können wir die eigene eingeschlagene Richtung ermessen. Das Ziel der Menschheit ist es nicht, sich der natürlichen Harmonie des Erdrhythmus anzupassen, sondern wir wollen auch hier um jeden Preis die eigene Vorstellung verwirklichen, unseren eigenen Willen durchsetzen. Und das gelingt uns auch, allerdings bezahlen wir den entsprechenden Preis. Mit Hochdruck und schmerzenden Herzen versuchen wir, der Welt unseren Rhythmus aufzuzwingen. Tatsächlich aber handelt es sich dabei gar nicht um einen Rhythmus, sondern entweder um den gleichförmigen Takt von Maschinen und Robotern, der im Mikrokosmos dem monotonen Takt der zunehmend benutzten Herzschrittmacher entspricht, oder aber es herrscht Chaos. Unordnung oder Chaos aber verhält sich zu Rhythmus, wie Lärm zu Musik. Immerhin ist Lärm aber noch Leben, was man vom Takt schon nicht mehr sagen kann. Aus ihm klingt uns der taktvolle Schlag von Chronos, des Sensenmannes Chronometer entgegen. Auch im täglichen Leben ist *Takt*gefühl ebenso angenehm wie unlebendig, führt er doch dazu, ehrlichen Ausdruck anstandshalber zu unterdrücken. Auch *Takt*ieren hat wenig mit Ehrlichkeit und Lebendigkeit zu tun.

Den *natürlichen* Rhythmus von Tag und Nacht haben wir durch das künstliche Licht schon lange unterlaufen und schon damit einen guten Teil unseres eigenen inneren Rhythmus eingebüßt. Z. B. gliedern sich die heute völlig unkoordiniert verlaufenden Menstruationszyklen der Frauen sogleich wieder dem Mondrhythmus an, sobald auf die Benutzung künstlichen Lichtes verzichtet wird. Möglicherweise stellten die Frauen in den Urzeiten des Matriarchats auch deshalb eine so überlegene Kraft dar, weil sie alle im selben Rhythmus lebten, dem des Mondes. Eine so große Zahl von Menschen in Einklang muß eine unvorstellbare Energie bedeuten, wenn wir nur an das Beispiel von der über die Brücke marschierenden Soldatenkolonne denken. Insofern war die Erfindung des künstlichen Lichts (sicherlich durch einen Mann) ein nicht nur genialer, sondern auch äußerst raffinierter Schachzug – einer der »leuchtendsten« Siege in der Geschichte. In diesem Zusammenhang ist interessant, daß ein Teil der heutigen Frauenbewegung wohl eher intuitiv als bewußt versucht, wieder in Einklang mit dem Mondrhythmus zu kommen.

Aber nicht nur künstliches Licht haben wir gegen die natürlichen Rhythmen eingesetzt, mit den Klimaanlagen schalten wir uns aus dem natürlichen Temperaturrhythmus von Tag und Nacht aus und auch aus dem der Jahreszeiten, mit Ventilatoren machen wir künstlichen Wind, mit Luftbefeuchtern künstlichen Niederschlag, mit Ionengeneratoren können wir mitten im Flachland Hochgebirgsklima vortäuschen, und wenn wir zur Unzeit skilaufen wollen, produzieren wir künstlichen Schnee. Mit einem Wort, wir machen uns unabhängig, nabeln uns ab von

Mutter Natur, wo immer es geht. Wir arbeiten in Schichten rund um die Uhr, folgen dem Takt der Maschinen, und nicht nur zeitlich. Wer acht Stunden neben ein und derselben Maschine steht, geht in Resonanz mit »seiner Maschine«, »seinem Computer« oder Roboter. Er ist dann nach acht Stunden selbst im Takt und kann daheim oft nicht mehr in den Rhythmus der Familie einsteigen. »Papa ist wie tot, wenn er heimkommt,« findet dann die kleine Tochter.

Zu diesem oft unangenehmen Phänomen der Resonanz mit Maschinen gibt es allerdings, wie bei allem, auch einen erfreulichen Gegenpol, der mit dem Grad der Bewußtheit zusammenhängt. Es ist nämlich möglich, bewußt in Resonanz mit einer Maschine zu gehen, und dann kann es statt Leiden Freude bringen. Als der Automobilweltmeister des Jahres 1986, Alain Prost, gefragt wurde, warum er mit einem Autotyp, der bei anderen Fahrern ständig ausfiel, so wenig Probleme habe, antwortete er: »Ich spreche das ganze Rennen über mit meinem Wagen.«

Auch der Jahreszeitenrhythmus verschwimmt für uns immer mehr. Je größer die Stadt, desto ähnlicher werden sich Sommer und Winter; dasselbe Klima in Büro, U-Bahn und Wohnung, dasselbe Essen auf dem Tisch, denn dank des gut funktionierenden Handelsnetzes gibt es alles zu jeder Zeit. Das Leben nimmt seinen Lauf entsprechend den Arbeitszeiten, und die mögen ein bißchen gleiten, aber acht Stunden bleiben es Sommer wie Winter. Von Winterschlaf, ein bißchen kürzer treten und Ausruhen in dieser Jahreszeit der Ruhe, ist keine Rede mehr. Mit Hilfe moderner Reiseorganisationen lassen sich auch leicht mitten im Winter 14 Tage Sonnenküste einschieben. So fällt dann der eigene Rhythmus der Abwechslung (der ver-rückten Reisen) einerseits und der Monotonie (der maschinellen Arbeitssituation) andererseits zum Opfer. Dieser Rhythmusverlust und die daraus folgende Hetze, erhöhen noch den Druck, der auf allen lastet. Selbst die Freizeit gerät schon in den Bann des Leistungsdruckes. All das aber trägt zum inneren Druck in den Gefäßen und im Herzen bei und bringt Verkrampfung und Schmerzen, macht uns Angst und damit eng.

Wie stark die natürlichen Rhythmen allem Geschaffenen eingeprägt sind, mögen die Gezeiten des Meeres verdeutlichen. Aber auch die feste Erde ist ihnen unterworfen und tatsächlich hebt und senkt sich die harte Erdoberfläche täglich im Mondrhythmus 23 cm. Folglich wird wohl auch der menschliche Körper, der ja zu 2/3 aus Wasser besteht und zu 1/3 aus fester Substanz, in Resonanz mit diesen kosmischen Kräften schwingen.

Wie tief der Jahreszeitenzyklus (griech. Kyklos = der Kreis) der Schöpfung eingeprägt ist, mag uns die Tatsache veranschaulichen, daß sogar die Sonne einen relativen Winterschlaf hält. Sie verlangsamt ab September ihre Bahngeschwindigkeit, um ab März wieder schneller zu werden.

Wir Modernen, die wir uns gegen all das empören und unserer Bestimmung folgend aus dem Kreis, dem natürlichen Zyklus, ausbrechen, müssen notgedrungen als verlorene Söhne viel Leid auf uns nehmen. Ein Blick auf die Indianer aber kann uns nicht nur zeigen, wie weit wir schon gegangen sind, er kann auch klarmachen, wie unausweichlich dieser Weg war. Die Indianer wollten sich niemals von ihrer Mutter Natur abnabeln, und nun müssen sie diese Trennung gewaltsam und ohnmächtig erleben. Uns aber können gerade sie anregen, allmählich über den ebenso not-wendigen Rückweg nachzudenken.

Dem gestörten täglichen und jährlichen Rhythmus entspricht auf der nächsten Zeitebene die Rhythmusstörung unseres Lebens. Die archaischen Kulturen sprechen vom Lebenskreis, und auch wir kennen das Wort »Lebenszyklus«. Neben dem Tages- und Monatszyklus haben wir den Jahres- und eben auch einen Lebenszyklus, und wie uns die indische Tradition lehrt, ist auch die Schöpfung solch ein Kreis, nämlich der von Brahmas Ein- und Ausatmen.

All diesen Kreisen liegt ein rhythmisches Kommen und Gehen, eine Ausdehnung und darauf folgende Zusammenziehung zugrunde, ob wir Brahmas Atemstrom betrachten, das Steigen und Fallen der Hormone während des weiblichen Monatszyklus oder die Ausdehnung und Kontraktion des Herzens.

Betrachten wir nun das menschliche Leben, so haben wir schon gehört, wie alles mit dem Schritt aus der Einheit in die Zweiheit der Polarität beginnt. Ab der Empfängnis nimmt die nach außen strebende Kraft, das sich Entfernen von der Einheit, ständig zu, über die Geburt, Pubertät, Adoleszenz, bis zur Lebensmitte. Diese markiert den Umkehrpunkt. Von nun ab sollten wir uns wieder nach innen wenden, zurück zur Einheit streben oder, wie Christus sagt, »wieder werden wie die Kinder«. Wird dieser Umkehrpunkt nicht erkannt oder nicht beachtet, kommt es zur Katastrophe (griech. = Umkehrpunkt). Die Popularität des Begriffes »midlife-crisis« zeigt uns schon, wie es um diesen Lebensrhythmus in unseren modernen Gesellschaften steht. Wir wollen ihn weder wahrhaben noch akzeptieren und bekommen so auch hier die Schattenseite zu spüren. Wie letztlich sinnlos unser Widerstand gegen den Rhythmus ist, zeigt uns der Tod, der uns schließlich alle zurück in die Einheit holt, ob wir uns nun freiwillig fügen oder kämpfend untergehen.

Intuitiv wissen wir sehr wohl, wie wichtig Rhythmus für unsere Gesundheit, unser Heil ist. Wenn Menschen total am Ende sind, ihren Eigenrhythmus vollständig verloren haben, wie etwa Drogensüchtige, hat es sich bestens bewährt, sie auf dem Land, auf Bauernhöfen, unterzubringen. Allein der Rhythmus der Arbeit dort im Einklang mit der Natur wirkt heilend. Die heutige Medizin weiß leider zu wenig über die heilende Kraft des Rhythmus. In diesem Punkt war ihr Rudolf Steiner, der Begründer der Anthroposophie, weit voraus. Ausgehend von der Erkenntnis, daß Rhythmus Leben ist, trug er den Rhythmusgedanken in seine Pädagogik und Landwirtschaftslehre, entwickelte die Heil-Eu*rythmie* und konservierte Medikamente allein durch Rhythmisierung.*

Es gibt noch viel mehr Hinweise, die die überragende Bedeutung der Rhythmen für Leben und Entwicklung nahelegen. Auffallend ist z. B., daß sich fast alle Hochkulturen in Gegenden mit deutlichen Jahresrhythmen entwickelt haben. In den heißen Gegenden in Äquatornähe ist der innere Rhythmus der Menschen zwar schneller, aber nicht so differenziert, weil der übergeordnete größere Jahreszeiten-Rhythmus praktisch entfällt. Dementsprechend wenig differenzierten die hier lebenden Menschen sich selbst und ihre Kultur. An ihnen wird noch deutlich, daß das äußere Feuer allein eher auslaugt, während das innere Feuer des Herzens aufbaut. Andere Beispiele für die Macht des Rhythmus finden wir, wenn wir die Kulturgeschichte der letzten 500 Jahre betrachten. Kraft hatten alle Kulturen vor allem in ihrer Jugend, wenn nämlich alle ihre Mitglieder »wie ein Mann« hinter ihrer zentralen Idee standen. In späteren Jahren verfallen mit dem schwindenden Einklang auch Macht und Einfluß. Die Jugend- und Blütezeit einer Kultur verhält sich zu ihrem Ende wie Laserlicht zu dem einer gewöhnlichen Glühbirne.

Über andere große rhythmische Erscheinungen im Makrokosmos wissen wir viel zu wenig. Möglicherweise entsprachen die großen Völkerwanderungen der Menschheit Rhythmusänderungen zwischen Sonne und Erde, so wie deren kleinere Rhythmen sich heute noch in den Völkerwanderungen der modernen Urlaubskolonnen spiegeln oder in den Wanderungen der Zugvö-

---

* Bis heute werden bei den anthroposophischen Heilmittelfirmen »Wala« und »Weleda« Medikamente auf diesem Wege haltbar gemacht, z. B. dadurch, daß man sie bestimmten Hell-Dunkel-Rhythmen aussetzt.

gel. Hinweise, daß sich etwa zyklische Veränderungen in der Sonnenaktivität (wie die Sonnenflecken) in entsprechenden Veränderungen auf der Erde spiegeln, gibt es bereits.

Aus der technischen Welt des Funkverkehrs wissen wir, daß heftige Sonnenfleckeneruptionen sogenannte magnetische Stürme in der Erdatmosphäre auslösen, die den Funkverkehr nachhaltig stören. Auch das Nordlicht ist das Ergebnis superschneller Protonen und Elektronen des Sonnenwindes. Zwischen den Jahresringen der Bäume und den Sonnenfleckenmaxima besteht ein nachweisbarer Zusammenhang. Besonders heftige Sonneneruptionen verlängern den Erdentag, was eine Erklärung für den in der Bibel erwähnten verlängerten Tag sein könnte.

Noch viel weiter gehen die Forschungsergebnisse des Japaners Tahata, der feststellt, der Mensch sei eine lebende Sonnenuhr. Tahata fand heraus, daß unsere Blutstruktur in ständiger und direkter Beziehung zur Sonnensituation steht.

Die Parallelität zwischen Mondrhythmus und Menschenrhythmus ist längst unbestritten. Besonders Psychiater haben hier einschlägige Berufserfahrungen, reagieren doch die sogenannten »Ver-rückten« (eng. *luna*tics) besonders heftig auf die *Launen* von Luna, der Mondgöttin. Auch Gynäkologen kennen natürlich die Synchronizität des zyklischen Geschehens bei Mond und Frau.

Wie weit unser eigener Rhythmusverlust schon fortgeschritten ist, können wir an den beginnenden Rhythmusveränderungen des Makrokosmos ablesen. Tatsächlich sind in der Wetterrhythmik schon erhebliche Ungleichgewichte spürbar. In vielen Teilen Asiens ist kein wirklicher Verlaß mehr auf die Regenzeiten und die ehemals festen Klimazonen. Auch bei uns stellen die Landwirte fest, daß der alte Bauernkalender immer mehr von seiner ursprünglichen Aussagekraft verliert.

Was *bedeutet* es für uns, daß Herz-Kreislauf-Erkrankungen an der Spitze der Todesursachen stehen? Wenn wir davon ausgehen, daß jedes Symptom seinem Träger eine Botschaft vermitteln will, müssen wir annehmen, daß auch der Tod eines Menschen seiner Umwelt, seinen Mitmenschen, die dieses Sterben miterleben, eine Botschaft übermitteln will und damit be-deut-sam wird. So wie das einzelne schmerzende Herz seinem Besitzer sagt: »Hör auf mich, dein Herz!« erinnern die vielen sterbenden Herzpatienten uns Überlebende daran, daß ein Herz auch brechen, daß es zerspringen kann – und nicht nur vor Freude, oder daß man ohne Rhythmus nicht überlebt. Die Botschaft ist deut-lich für alle:

Achtet auf Euer Herz, öffnet es, macht es weit, laßt herein, was herein mag, denn wenn Ihr Euch im Herzen verschließt, verschließt Ihr Euch vor dem Leben. Lebt den Bedürfnissen Eures Herzens, hört auf Euer Herz, verschenkt es, lebt aus vollem Herzen, in der Halbherzigkeit lauert der Tod, denn mit halbem Herzen kann man nicht leben, das geht nur von ganzem Herzen. Erlaubt Euch, weichherzig zu sein, denn verhärtete und versteinerte Herzen werden irgendwann brechen. Erlaubt Euren Herzen, zueinander zu finden, laßt sie aufgehen füreinander und auch für Mutter Erde, achtet auch auf ihr Herz, ihre Mitte, denn Eure Mitte und ihre Mitte ist eine.

Angesichts dieser »von Herzen« kommenden Anregungen erscheint unser jetziger Weg allmählich absurd. Anstatt unsere Herzen brennen zu lassen, unsere Erde heiß zu lieben, benutzen wir das Feuer, um die Erde brennen zu lassen und uns und unsere äußeren Werke zu beleuchten. Unsere größte Angst ist offenbar wirklich, daß die Lichter, die äußeren selbstverständlich, (wegen Strommangel) ausgehen könnten. Dabei wäre gerade das vielleicht die Chance, unser inneres Licht aufgehen zu lassen.

Vielleicht sind wir auch gar nicht reif für das Feuerelement, spielen noch damit herum, als wären wir gerade erst von Prometheus beschenkt worden. Er hat es von den Göttern gestohlen, uns aber ohne Gebrauchsanweisung übergeben. Vielleicht war der Zorn des allmächtigen Zeus deshalb so groß, weil er voraussah, daß wir nur viel Rauch machen würden, das innere Feuer aber vor lauter äußerem Rauch übersehen könnten.

Eigentlich haben wir uns nun lange genug am äußeren Feuer die Finger verbrannt, und es wäre Zeit, auf das innere Feuer Erleuchtung zu setzen.

Christus bezeichnet, als er sich von seinen Jüngern verabschiedet, Luzi-fer, den Licht-*träger*, als den Herrn dieser Welt, und er läßt keinen Zweifel daran, daß unser Ziel das Reich des Vaters und nicht von dieser Welt ist. Er sagt: »Das Himmelreich Gottes liegt in Euch.« Wie Prometheus zum Verräter an den Göttern wurde, sind wir als seine Nutznießer und Schüler zu Verrätern am Feuer geworden, zumindest an dessen einem Teil, dem inneren Licht. Nach einigen Jahrtausenden Luzifer-spielens sollten wir diesen inneren Aspekt des Lichts wieder in unsere Mitte rücken. Ansonsten könnte leicht eine andere Variante aus der griechischen Mythologie, jener archetypischen Urbilderwelt, zu neuem Leben erwachen: Als nämlich Helios, der Sonnengott, einmal den Bitten seines ehrgeizigen Sohnes Phaëton nachgab und ihm gestattete, den Sonnenwagen zu lenken, kam es sogleich zur

Katastrophe. Phaëton war nicht in der Lage, die starken Pferde vor dem Wagen in der richtigen Weise zu zügeln und kannte auch den *mittleren* Weg nicht richtig. So kam es, daß er den Sonnenwagen teils zu nahe an die Erde heran lenkte, wodurch alles auf ihr verbrannte, und ihn dann aber, als Reaktion, zu weit von ihr wegsteuerte, so daß die ganze Erde fror. Schließlich blieb Zeus nichts anderes übrig, als den Sohn des Lichtgottes mit einem seiner Blitze zu töten, um noch größeres Unheil zu verhindern.

Auch wir sind Kinder des Lichts und nicht wenig ehrgeizig, und auch wir wollen alles selbst können und machen. Leicht könnten wir mit den Atomspaltungen die Erde verbrennen, und als Reaktion darauf käme dann, wie uns die Wissenschaftler versichern, der atomare Winter. Durch zahlreiche Atomexplosionen würde sich ein über die Erde fegender Feuersturm entwickeln, der solche Mengen von Rauch mit sich bringen würde, daß das Sonnenlicht für lange Zeit nicht mehr hindurchdringen könnte. Zeus könnte sich in diesem Falle sogar seinen Blitz sparen, das würden wir mit dem Atomblitz auch noch selbst besorgen. Es spricht vieles dafür, daß die Kultur von Atlantis einen ähnlichen Weg gegangen ist, und vielleicht ist die Geschichte von Helios und Phaëton die mythische Kurzfassung dieses Geschehens. Das wäre auch eine mögliche Erklärung für die Eiszeiten, jene großen Rhythmenwechsel, die die Erde mit Sicherheit schon erlebt hat.

Betrachten wir unseren jetzigen Umgang mit dem Feuerelement, wird symbolisch manches klar. Daß wir mit unserer Energieversorgung von der Sonne unabhängig werden wollen, ist deut-lich, daß wir dabei auf Kern-spaltung setzen, ist noch deutlicher. Mit dem Weg der Spaltung und Zertrümmerung verstrikken wir uns immer tiefer in die Polarität (das »Teuflische«) und gehen in Opposition zum Weg der Sonne und des Lichts. Die Sonne arbeitet zwar auch mit Kernenergie, aber mit der aus der Kern*verschmelzung*, dem gegen-polaren Prinzip, das seine Kraft nicht aus der Spaltung, sondern der Ver*ein*igung zieht. Sowohl äußerlich technisch als auch innerlich seelisch, sind wir dafür noch nicht reif. Unsere Wissenschaftler scheitern bei den Versuchen in Richtung Kernfusion an den notwendigen immens hohen Temperaturen. Innerlich fehlt es bei uns wohl auch vor allem daran, daß unsere Herzen nicht heiß genug sind. Solange wir äußerlich und innerlich auf Spaltung setzen, werden wir unsere Energieprobleme wohl nie befriedigend lösen können. Wenn wir uns innerlich der Kernverschmelzung öffnen könnten, nämlich unsere Herzen verschmelzen ließen, wäre das entscheidende Energieproblem gelöst. Alles weitere ergäbe sich dann entsprechend, und bestimmt könnten wir synchron auch die technische Kernfusion schaffen.

Bisher ist die Situation aber eher so, daß wir wissenschaftlich und technisch unserer innerseelischen Entwicklung um Längen voraus sind. Wir haben viel mehr Wissen als Bewußtheit oder gar Weisheit. Aus dieser Kluft ergeben sich fast alle unsere Probleme; sie durch unsere innere Entwicklung zu schließen, wird unsere vornehmste Aufgabe werden. Nicht die Dinge, die wir können und machen, sind an sich schlecht, das Problem ist, daß wir unserem Können und Machen seelisch nicht gewachsen sind. Seit Jahrhunderten setzen wir nun ausschließlich auf äußere Entwicklung; es ist an der Zeit, uns auch wieder der inneren zu er-*innern.*

Tatsächlich liegt das Bild des Weges in jedem Menschen – wir brauchen nur nach innen zu blicken, um es zu entdecken. Der Weg in die Spaltung ist ein vorgezeichneter, wir mußten uns mit dem Teufel und seiner gespaltenen Welt einlassen und damit das Paradies der Einheit verlieren. Genauso not-wendig ist aber die Umkehr und damit die Abwendung von der inzwischen eroberten und gut beherrschten äußeren Welt. Die Einheit des Paradieses gilt es nun wieder zu entdecken – in unserer eigenen Mitte – in unseren Herzen. Seine Signatur zeigt uns diesen vorgegebenen Weg: Aus der Einheit der Spitze in die Zweiheit der beiden Herzbuckel und zurück in die Einheit – der Kreislauf der Sonne und des Menschen.

Über das Herz des Makrokosmos – ob Erdkern oder Sonne – wissen wir wenig. Über unser eigenes wahres Herz wissen wir auch kaum etwas, dafür aber um so mehr über das medizinische Organ Herz, die »Pumpe«, wie wir typischerweise auch sagen. Wäre das Herz wirklich nur eine Pumpe im technischen Sinne, sollte einiges anders verlaufen. Herzverpflanzungen müßten dann ähnlich gut ausgehen wie Nierentransplantationen; das geschieht aber bei weitem nicht, auch künstliche Herzen sollten nicht so völlig versagen.

Aus medizinischer Sicht verläuft heute eine häufige, ja typische »Herzkarriere« etwa folgendermaßen: Unter dem zunehmenden äußeren Druck steigt allmählich auch der innere (Blut-)Druck. Rhythmusverlust und Existenzangst tun ein übriges, und aus seelischem Druck und Angst wird physische Enge der Gefäße. Am Herzen nennen wir das dann Angina pectoris, die Herzenge. Nun genügen kleine Belastungen seelischer oder physischer Art, die mehr Energie am Herzen erfordern, um die Enge der Gefäße zum Engpaß werden zu lassen. Die entsprechenden Schmerzen werden oft beschrieben, als krampfe sich eine eiserne Faust ums Herz. Tatsächlich sind solche Herzen ja auch eher verschlossen und hart, als weich und offenherzig. Alles ist eng und verfestigt, weder kann Gefühl hinein noch welches hinaus. Irgendwann ist es dann soweit, und das Herz bricht. Im Infarkt geht das mangeldurchblutete Gewebe des Herzmuskels zugrunde, und schlimmstenfalls bricht tatsächlich die Herzwand an dieser nun schwächsten Stelle. Der damit einhergehende Schmerz ist der schlimmste, den ein Mensch erleben kann. Das also ist das Ende, dem eine Vielzahl von uns zusteuert – ein hartes Ende in Verschlossenheit und Enge, mit der großen schmerzhaften Katastrophe als Schlußpunkt. Solange wir uns mehrheitlich für diesen Weg entscheiden, wird es auch der Schlußpunkt unserer Erde sein.

Wie wenig wir auch vom Herzen unserer Erde wissen, das, was wir von unserem eigenen wissen, läßt für die Erde fürchten. Wie bei uns Menschen gäbe es auch für Mutter Erde verschiedene denkbare Ausgänge eines Herzinfarktes. Ein Teil der Herzwand könnte absterben und, dem hohen Innendruck nicht mehr gewachsen, nach außen explodieren. Beim Menschen ist solch ein Bruch der Herzwand tödlich, bei Mutter Erde könnte es zu einem gigantischen Vulkanausbruch führen. Oder ihr Herz könnte für einen Moment oder ganz stillstehen und damit ihr elektromagnetisches Feld zusammenbrechen lassen. Auch ein Stolpern im Rhythmus wäre denkbar und könnte uns einen Polsprung bescheren. Damit würde ein neues Kapitel in der Erdgeschichte aufgeschlagen, ganz ähnlich, wie mit einem Infarkt ein neues Kapitel in der Lebensgeschichte des betroffenen Menschen. Möglicherweise wäre es nicht einmal der erste für unseren Planeten. In der Bibel finden wir eine Situation beschrieben, wo die Sonne zwei Tage lang nicht mehr untergeht, und auch die Sintflut könnte die Beschreibung einer dergestalt ausgelösten globalen Katastrophe sein. Unsere Wissenschaft liefert uns verschiedene, bisher unerklärliche Hinweise in ähnliche Richtung. Da sind die Erdölfelder als Reste riesiger Wälder unter den Wüsten und Meeren, die Kalksteingebirge, die sich aus den Schalen winziger Meerestiere aufbauen, und die Eiszeiten. Bei einem Mammut, das im Eis eines sibirischen Gletschers erhalten blieb, fanden die Forscher unverdaute grüne Nahrungsreste im Magen. Es ist offenbar grasend vom Eis bzw. einem extremen Kältesturz überrascht worden!?

So groß aber die denkbaren Katastrophen der Erdmitte und unserer eigenen sein mögen, so enorm sind auch die Möglichkeiten, die hier liegen. Denn nur in unserer Mitte, unserem Herzen, existiert die einmalige Chance, all unsere Träume wahrzumachen. Hier ist der einzige Ort, wo Grenzenlosigkeit eine Chance hat, wo Unendlichkeit und Ewigkeit erlebt und gelebt werden können. Was immer wir für unsere Welt tun wollen, es beginnt damit, daß wir ihr unser Herz wieder öffnen.

Das aber bedeutet natürlich, sie so anzunehmen, wie sie jetzt ist, in ihrer momentanen, aus dem Gleichgewicht geratenen Form. Gerade unsere Entwicklung in das Extrem der Herzlosigkeit mag uns vorbereiten und reif machen, uns die tiefe Notwendigkeit erfahren lassen, heimzukehren in die Mitte unseres Herzens – in die Mitte unserer Welt. So wie der Herzinfarkt dem einzelnen Menschen oft zur Heimkehr auf einer anderen Ebene verhilft, mag die Herzkrankheit der Erde die Menschheit zur Rückkehr bewegen.

Entscheidend ist aber in beiden Fällen das Annehmen der Katastrophe, die Erkenntnis, daß sie zu Recht eintritt und uns zusteht. Vielleicht haben wir als Menschheit wirklich noch den großen Infarkt nötig, um den letzten Anstoß zur Neubesinnung zu erhalten. Bei Herzpatienten kann man sich oft des Eindrucks nicht erwehren, daß sie solch eine letzte Katastrophe einfach noch brauchen, um dann die Kraft zur Umkehr in der eigenen Tiefe zu finden. Wir müssen bewußt unsere extreme Einseitigkeit annehmen und durch sie hindurchgehen; hier liegt die Chance.

Die Indianer zeigen es uns. Ihre Beschwörungen einer früheren heilen Welt können uns Meilensteine sein, die uns zeigen, wie weit wir schon gegangen sind und wie weit wir noch gehen müssen, um den Kreis zu schließen und *unser* Heil zu finden. Selbstverständlich wird unser Ziel wenig mit der konkreten Indianerwelt zu tun haben, schließlich machen wir gerade Schritte, die sie nie bereit waren, zu tun. Wir haben uns abgetrennt von der Natur und müssen nun zurückfinden. Wohin könnten sie, die nie losgegangen sind, zurückfinden? Wir aber sollten unseren – sicherlich oftmals verzweifelten – Weg nicht verurteilen, gerade in ihm liegt die Hoffnung auf Heimkehr. Ihn anzunehmen ist die große Chance. Die Zitate der Indianer zeigen uns unsere Herkunft, und sie symbolisieren, wenn auch auf einer anderen Ebene, das Ziel. Dazwischen in den Kapiteln ist unser Weg beschrieben – verdammen wir ihn nicht, gehen wir ihn bewußt. So steinig und irrig er im Moment scheinen mag, er allein führt uns heim – in das Königreich Gottes, das in uns – in jedes Menschen Herz – liegt.

20. Abwehr – Allergie – Aids

Wir alle müssen lernen, uns als Teil dieser Erde zu sehen, nicht als einen Feind, der von außen kommt und ihr seinen Willen aufzuzwingen sucht. Wir, die wir das Geheimnis der Pfeife kennen, wissen auch, daß wir als lebendiger Teil dieser Erde ihr nicht Gewalt antun können, ohne uns selber zu verletzen.

Lame Deer (Medizinmann der Hopi)

Bevor unsere weißen Brüder kamen, um zivilisierte Menschen aus uns zu machen, hatten wir keine Gefängnisse. Aus diesem Grund hatten wir auch keine Verbrecher. Ohne ein Gefängnis kann es keine Verbrecher geben. Wir hatten weder Schlösser noch Schlüssel, und deshalb gab es bei uns keine Diebe. Wenn jemand so arm war, daß er kein Pferd besaß, kein Zelt oder keine Decke, so bekam er all dies geschenkt. Wir waren viel zu unzivilisiert, um großen Wert auf persönlichen Besitz zu legen. Wir strebten Besitz nur an, um ihn weitergeben zu können. Wir kannten kein Geld, und daher wurde der Wert eines Menschen nicht nach seinem Reichtum bemessen. Wir hatten keine schriftlich niedergelegten Gesetze, keine Rechtsanwälte und Politiker, daher konnten wir einander nicht betrügen. Es stand wirklich schlecht um uns, bevor die Weißen kamen, und ich kann es mir nicht erklären, wie wir ohne die grundlegenden Dinge auskommen konnten, die – wie man uns sagt – für eine zivilisierte Gesellschaft so notwendig sind.

Lame Deer

Das Abwehrsystem unseres Körpers gliedert sich in verschiedene Linien, vergleichbar dem Aufbau der militärischen Abwehr. Die Sinnesorgane gehören zur vordersten Front (vgl. Radar, Echolot) und sind unser Frühwarnsystem für grobe, mechanische Angriffe. Während die Augen und Ohren mehr in die Ferne gerichtet sind, bilden die feinen Körperhärchen einen körpernahen Abwehrschirm, reagieren sie doch empfindlich auf kleinste Berührungen. Allerdings haben sich die Feinde solchen Maßnahmen teilweise angepaßt, und so nützen etwa die Moskitos gerade diese Härchen, um unbemerkt zu landen. Darauf folgt der Säuremantel der Haut, der durch sein saures Milieu abschreckend auf Pilze und viele Bakterien wirkt. Im ständig abgesonderten Schweiß befinden sich die sogenannten Immunglobuline der Klasse A. Sie gehören zur unspezifischen Körperabwehr und sind Teil unseres zellulären Abwehrsystems (vgl. Grenzbefestigungen, Panzersperren, Minengürtel usw.) Die massierte Abwehr beginnt erst im Innern, was den Körper als einen primär defensiven Kämpfer ausweist. Das zelluläre Abwehrsystem, dem die unspezifische Abwehr zukommt (vgl. das reguläre Militär), ist das übergeordnete von zwei eng miteinander verwobenen Abfangnetzen. Zu ihm gehören etwa die großen (Makrophagen) und die kleinen (Granolozyten) Freßzellen, die Eindringlinge einfach im ganzen verschlucken. Überfordert die Größe oder Kraft der Angreifer sie, gehen sie zugrunde und sondern sterbend noch Stoffe ab, die ebenfalls abwehrsteigernd wirken. Die wichtigste Einheit aber unter den zellulären Truppen stellen die sogenannten T-Lymphozyten dar, die in der Thymusdrüse, der unter anderem die Aufgabe der Militärakademie zufällt, für Spezialaufgaben trainiert wurden. Sie haben gelernt, spezielle Abwehrstoffe abzusondern, wie das Interferon, einen sogenannten Virusblokkierstoff. Tritt eine Virusinfektion auf, wird im Körper Interferon gebildet, und schützt ihn dadurch vor jedem anderen Viruseinfall. So bewahrt uns die lästige Grippe während wir sie zum Teufel wünschen vielleicht vor einer viel schlimmeren Infektion. Die T-Lymphozyten bilden aber noch eine Reihe anderer Abwehrstoffe, darunter auch all die Immunglobuline des Blutes, und auch jene, die uns schon auf der äußeren Haut begegnet sind. Auch eine besonders hinterhältige Stoffgruppe, die Hydrolasen, haben ihren Ursprung in den T-Lymphozyten. Sie sind darauf spezialisiert, Wasser an empfindlichen Stellen gegnerischer Moleküle einzubauen und damit deren Stabilität zu untergraben. Das ebenfalls von T-Lymphozyten produzierte Lysozym ist dagegen ein Stoff, der die äußere Schutzschicht feindlicher Zellen auflösen kann.

Dem zellulären, unspezifischen Abwehrsystem, das wir dem regulären Militär analog setzen können, denn seine Hauptstreitmacht, die Immunglobuline und Freßzellen, nehmen wahllos jeden Eindringling als Gegner an, steht das humorale spezifische Abwehrsystem gegenüber. Seine B-Lymphozyten des Blutes und Knochenmarks haben die Fähigkeit, ganz spezifische Abwehrkörper, die Antikörper, zu bilden, die mit äußerst raffinierter Taktik gegen Eindringlinge vorgehen. Zuerst einmal unternehmen diese Lymphozyten scheinbar gar nichts, sondern lernen den Angreifer lediglich kennen. Nach ungefähr zweitägigem Studium seiner Eigenarten produzieren sie eine Art von unfehlbaren Selbstmordkommandos. Diese *Anti*körper heften sich an ganz spezifische Stellen des Angreifers, in die sie, wie der Schlüssel zum Schloß, passen. Diese heftige Umarmung macht den Angreifer nicht nur kampf- sondern auch bewegungsunfähig. In dieser Falle kann er nun warten, bis eine Freßzelle vorbeikommt und die ganze Todesgemeinschaft schluckt und verdaut. Den japanischen Kamikazefliegern vergleichbar, stürzen sich die Antikörper auf ihren jeweiligen Gegner und sorgen mit ihrem Tod für seinen, opfern sich sozusagen für ihr Reich, den Körper, auf. Mit diesem System haben wir also eher die 5. Kolonne der Körperverteidigung vor uns, die mit Infiltration der feindlichen Linien, verdeckten und im wahrsten Sinne des Wortes hinter-hältigen Methoden arbeitet.

Der Körper ist also wahrlich *gerüstet*. Wir können fast allen Worten und Formulierungen aus diesem Bereich ansehen, daß es sich hier um Krieg dreht. Es werden Schlachten geschlagen, die den makrokosmischen in vieler Hinsicht entsprechen. Diesen Krieg wollen wir auf drei Ebenen betrachten, denn *natürlich* gehört auch hier die psychische Ebene untrennbar zur körperlichen und damit auch zur makrokosmischen. Wir benutzen z. B. auch im körperlichen Bereich den Ausdruck »Abwehrmechanismen«. Bei diesem Thema können wir wieder besonders gut den psycho-somatischen Charakter der Sprache nachvollziehen. Wie eng die Bereiche zusammenhängen, sehen wir an einem Begriff wie »psychologischer Kriegführung«. Er kann sowohl einen Spezialaspekt des »normalen« Krieges bezeichnen, als auch für eine rein seelische Auseinandersetzung gelten.

Es erscheint sinnvoll, die bei all unseren Themen gegebene, hier aber besonders offensichtliche Abhängigkeit der drei analogen Ebenen etwas eingehender zu erläutern. Mit »Krankheit als Weg« haben wir ein ganzes Buch der Beziehung der beiden Ebenen Psyche und Körper gewidmet. Hier gehen wir nun noch einen Schritt weiter und stellen dem Mikrokosmos (Körper und Seele des Menschen) den Makrokosmos (die Welt) an die Seite. Im wesentlichen gelten für die Beziehung von Mikro- und Makrokosmos entsprechende Regeln wie für die zwischen Körper und Seele. Die drei Ebenen verhalten sich immer analog, aber sie müssen nicht immer gleich sichtbar betroffen sein, obwohl auch das möglich ist, wie wir schon vielfach sehen konnten. Es ist aber genauso möglich, daß sie sich vertreten, ja, als Ausweichebenen füreinander fungieren.

Kriege *entzünden* sich immer an einem Problem. Gelingt es nicht, diesen Konflikt durch geistige *Auseinandersetzung* zu lösen, kommt es eben zum Waffengang. Die Verweigerung der geistigen Konfliktlösung macht das Problem körperlich spürbar. Nun sieht man den ursprünglich geistigen Konflikt auf einem materiellen Schlachtfeld dargestellt. Analog gilt für den einzelnen Menschen, daß sich jede Entzündung ursprünglich an einem geistigen Problem entzündet. Erst die Weigerung, sich auf dieser anstrengenden Ebene dem Konflikt zu stellen, treibt ihn in den

Körper, wo er sich dann in der Entzündung abbildet. Dadurch, daß wir uns seelisch den *Zündstoff* nicht bewußt machen, wird die Körperebene zum Schauplatz. Versuchen wir nun auch im Körper, dem Konflikt den Boden zu entziehen, ihn zu unterdrücken, muß er ganz nach draußen.

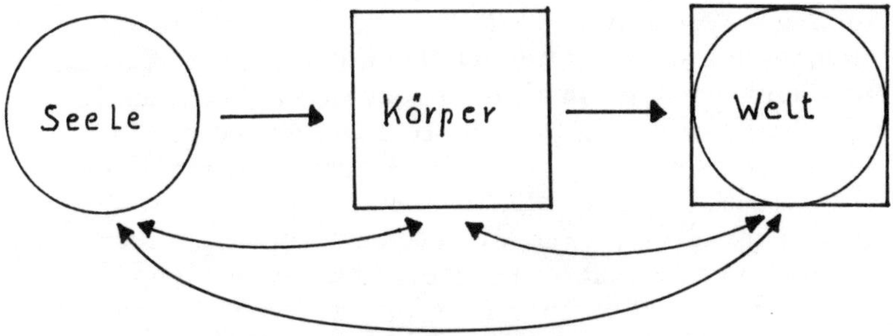

Gerade das können wir bei der allgemeinen Konfliktfeindlichkeit überall beobachten. Jeder einzelne scheut die Auseinandersetzung mit Konfliktstoff und setzt auf Verdrängen in den Körper. Dort begegnet eine bis an die Zähne bewaffnete Medizin dem zur Infektion gewordenen Problem und macht es wiederum nieder. Irgendwo muß der Konflikt aber zum Ausdruck kommen, und so finden wir ihn dann oft in der Welt – und sind fassungslos, weil jeder einzelne so friedlich erscheint und vorgibt, nur Frieden zu wollen. Gerade deshalb aber ist draußen überall Krieg.

Wenn wir nicht selbst betroffen sind, können wir das meist auch noch sehr klar erkennen. Wie oft fragt man sich dann, ob die kriegführenden Nationen nicht wirklich andere Probleme hätten, die vorrangiger wären, als dieser sinnlose Krieg. Natürlich haben sie die immer! Aber gerade weil sie sich ihnen nicht stellen wollen, führen sie einen äußeren Krieg. Ein besonders drastisches Beispiel war etwa der Falklandkrieg zwischen England und Argentinien um ein bißchen Felsen im eiskalten Meer. Auch der Golfkrieg zwischen Iran und Irak bietet sich hier an, ebenso wie der Chaco-Krieg zwischen Bolivien und Paraguay, um ein Stückchen wertloses Land. Wer den Blick an diesen fast operettenhaften, aber nichtsdestoweniger äußerst blutig durchgeführten Inszenierungen geschult hat, wird bei näherliegenden Kriegen, wie den beiden Weltkriegen, einen ähnlichen Hintergrund entdecken.

Wir kommen damit an einen ebenso schwierigen wie zentralen Punkt aller Deutung. Einerseits sind wir angetreten mit dem Konzept: Mikrokosmos entspricht Makrokosmos. Nun sagen wir, der Konflikt wird von der Psyche in den Körper und von da in die Welt geschoben, was wie ein Widerspruch zu unserem Grundkonzept anmuten mag. Deshalb ist es wichtig, zu erkennen, daß der Konflikt mit der Verdrängung nicht wirklich von einer Ebene (z. B. aus dem Mikrokosmos) verschwindet, sondern lediglich in den Schatten sinkt und dort weiterlebt, nun aber unbewußt. Auch im Körper hinterläßt die niedergeknüppelte Infektion durchaus ihre Spuren. Insofern ist der Konflikt tatsächlich immer auf allen Ebenen, wenn auch nicht auf jeder gleich sichtbar.

Ist der Konflikt z. B. auf der seelischen Ebene unerlöst, d. h. weder bewußt erkannt noch gelöst, landet er auch im Körper auf einer unerlösten Ebene, z. B. als Infektion. Diese wirkt sich nun auf die Umwelt aus, die etwa mit den medizinisch-militärischen Mitteln einer Anti-biotika-Kanonade tätig wird.* Somit ist der Konflikt auf allen Ebenen. Hat das medizinische Engagement auf *breiter Front* Erfolg, mag aus der Tabletten- und Spritzen-Attacke durchaus eine rein militärische Aktion werden, der dann, statt Millionen von Bakterien, Tausende von Menschen zum Opfer fallen.

Auch im umgekehrten, günstigeren Fall sind alle Ebenen parallel betroffen. Wird ein Konflikt nämlich bewußt erkannt, reagiert der Körper automatisch mit, er gerät etwa in Anspannung, das Gehirn wird stärker durchblutet usw. Draußen in der (Um-)Welt ist er ohnehin, bietet die Umwelt doch die Bühne, auf der das konfliktgeladene Schauspiel inszeniert ist. Wird das Problem nun im Bewußtsein erlöst, löst sich auch die Spannung im Körper und in der Umwelt.

Häufig kommt es auch vor, daß der Konflikt zwar in der Umwelt und auch im Bewußtsein erkannt wird, die Lösung aber nicht bei einem selbst gesucht, sondern nach draußen projiziert wird. »Die anderen sind schuld«, und der Kampf beginnt draußen. Aber auch jetzt ist er natürlich auf allen drei Ebenen vorhanden: Man kämpft im Bewußtsein mit Gedanken, im Körper steigt der Blutdruck, und draußen kämpfen die Anwälte oder die Krieger.

Dieser Ausflug macht auch klar, warum Lösungen immer alle drei Ebenen zugleich betreffen müssen und niemals auf einer einzelnen allein möglich sind.

Kommen wir zurück zum Krieg im Körper, denn nichts anderes stellt die Infektion dar, einen verstofflichten Konflikt, den wir

---

* Hier mag auffallen, daß Ärzte nicht umsonst Uniform tragen, mit Vorliebe militärische Ausdrücke verwenden und »Weiß« in vielen Kulturen die Farbe des Todes ist.

den Körper für uns austragen lassen, weil wir die seelische Auseinandersetzung gescheut haben.

Das erste Eindringen der Erreger in den Körper hängt weniger von der Angriffslust der Erreger (ihrer Virulenz), als von der Krankheitsbereitschaft des Körpers ab. Auch das bestätigt noch einmal unsere obige Deutung. Wenden wir es auf die makrokosmische Situation etwa der Weltpolitik an, so heißt es: Das Eindringen der Feinde hängt nicht so sehr von deren Angriffslust ab, als von der Bereitschaft, sie hereinzulassen. Das geht noch einen deutlichen Schritt über die bekannte Binsenweisheit hinaus: »Es gehören immer zwei zu einem Konflikt.« Haben wir nun also, anstatt uns selbst zu *erregen*, die *Erreger* hereingelassen, setzen sie sich fest. Die Truppen graben sich ein, und wo? An der schwächsten Stelle des Gegners und am liebsten gleich in dem Landesteil, um den es bei der Auseinandersetzung geht. Die betreffende Stelle im Körper heißt »locus minoris resistentiae«, was eben nichts anderes als »Ort des geringsten Widerstandes« bedeutet. Daß diese Wahl des Kriegsschauplatzes immer auf einen besonderen Ort im Körper fällt, der symbolisch eng mit dem Konfliktthema verbunden ist, wird in »Krankheit als Weg« ausführlich belegt. Nun mobilisiert die körpereigene Abwehr ihre Truppen. Es werden sofort die regulären Truppen der zellulären Abwehr an die Front geworfen: Die weißen Blutkörperchen (Granulozyten) versuchen, den Feind einzukesseln, den sogenannten »Granulozytenwall« zu bilden, und alle unspezifischen Abwehrkräfte bringen ihre Waffensysteme in Stellung. Die spezifische Abwehr arbeitet inzwischen verdeckt und vorerst unbemerkt im Hinterland an der Herstellung ihrer Spezialwaffen, die aber frühestens in ein bis zwei Tagen einsatzbereit sein werden. All die Stoffe, die sich mit dem Gewebswasser nun auf den Marsch zum Entzündungsherd machen, lassen diesen entsprechend anschwellen, die Spannung steigt mit Eintreffen der eigenen Truppen schmerzhaft an. Nun entzündet sich der Konflikt erst richtig, der ganze Bereich wird heiß, prall und angespannt. Hätten wir uns zur seelischen *Auseinandersetzung* entschlossen, ginge es uns nun auch nicht besser, der Konflikt würde dann all unsere Kräfte binden, uns um Ruhe und Schlaf bringen. Auf der Körperebene folgt nun der Gegenangriff der eigenen Kräfte. Die regulären Truppen der unspezifischen Abwehr sind schon an Ort und Stelle voll im Einsatz, und mit der Ankunft der Antikörper nähern wir uns der Entscheidung. Wenn auch ihr selbstmörderischer Einsatz noch keine Wende bringt, bleibt nur noch die Generalmobilmachung, das Fieber. Nun steht das ganze Volk geschlossen im Krieg, und im ganzen Körper steigt die Temperatur. Mit jedem Grad verdoppeln sich die Stoffwechsel- und damit Abwehranstrengungen des Körpers. In den allermeisten Fällen wird der Körper durch diese Anstrengung siegreich und gestärkt aus dem Krieg hervorgehen, es sei denn, eine höhere Gewalt fällt ihm mit fiebersenkenden Mitteln in den Rücken. Sie wären jetzt Sabotage an den eigenen Kräften. Kommen auch noch Antibiotika ins Spiel, wird der Krieg zwar fast immer gewonnen, aber es ist eben nicht mehr der eigene Sieg. Und wie die Erfahrung lehrt, ist es nicht immer leicht, sich wieder vom Einfluß der Verbündeten zu befreien. Ein solchermaßen geretteter Körper wird auf die Dauer abhängig von den Rettern. Die nicht trainierten eigenen Kräfte verfallen immer mehr. Die regulären Truppen der unspezifischen Abwehr werden auf diese Art demoralisiert, der Körper geschwächt. Wird der Konflikt mit chemischen Hilfstruppen noch früher unterbunden, kommt die spezifische Abwehr gar nicht erst zum Zuge. Es werden nun keine Antikörper gebildet, und dadurch entsteht auch keine Immunität gegen die Erreger. Im Normalfall würden die Antikörper ihren Gegner sehr lange, oft lebenslänglich, in Erinnerung behalten und wären dadurch bei einem neuerlichen Überfall sofort zur Stelle, wodurch jeder nochmalige Angriff desselben Feindes chancenlos wird.

Die Fieberphase hat ihre deutliche Entsprechung in jener seelischen Situation, wo wir der Entscheidung entgegenfiebern und fieberhaft an der Lösung arbeiten. Auf der Körperebene heißt das Ende der natürlichen Lösung »Lyse«, d. h., die eigenen Truppen haben den Gegner zurückgedrängt und viele Feindzellen aufgefressen. Der Müll der Schlacht löst und entleert sich in gelbem Eiter nach draußen. Der eigene Körper hat zwar auch Verluste erlitten, aber er kann seine Zellen ersetzen, und, was wichtiger ist, er hat, sofern keine chemische Einmischung von außen stattfand, seine allgemeinen Abwehrkräfte gestärkt und obendrein durch die spezifische Immunität meist für immer Ruhe vor diesem Feind. Gewinnen die Angreifer, so endet der Krieg mit dem Tod des betreffenden Menschen. Gewinnt keine der beiden Seiten, sprechen wir von einer Chronifizierung. Beide Seiten verschanzen sich in ihre Stellungen, und das Land oder der Körper erleidet einen andauernden Aderlaß an Energie und Truppen. Dieser Stellungskrieg hat seine Entsprechung im psychologischen Dauerkonflikt; auch auf dieser Ebene bringt diese Lösung keinen Schritt weiter, sondern bindet Kräfte, die zur Entwicklung fehlen. Diese letzte Variante ist bei uns sehr populär. Da wir, konfliktfeindlich, offen explodierende Auseinandersetzungen scheuen, handeln wir uns vielfach chronische ein. Die großen Seuchen der Vergangenheit haben wir besiegt, auch die akuten Infektionen sind heute im Griff und kaum noch lebensbedrohend. Das ist zweifellos das Verdienst unserer entsprechend konfliktscheuen Medizin (die z.B. jedes Fieber gleich mit der chemischen Keule angeht). Nun ist aber unser Leben dadurch nicht konfliktfreier geworden, also auch nicht infektionsfreier. Wir haben lediglich akutes gegen chronisches Geschehen getauscht. Die Medizin hat weniger mit der »-itis« (z.B. Arthritis) und mehr mit der »-ose« (z.B. Arthrose) zu tun. Geschichte betrachtend, kann man feststellen: Statt der ganz großen Seuchen des Mittelalters haben wir in der Neuzeit die ganz großen Kriege. Statt der offenen Aggressionen des Mittelalters mit alltäglichem Mord und Totschlag haben wir heute die chronische Aggressivität der ganzen Gesellschaft.

Mit dem Kriegsbeispiel haben wir schon eine makrokosmische Ebene berührt. Auch die Erde hat natürlich ein entsprechendes Abwehrsystem. Allerdings läßt es sich leichter durch seinen stückweisen Ausfall als durch sein Funktionieren beschreiben, denn statt es zu erforschen, haben wir uns eher dadurch hervorgetan, es zu unterminieren.

Von der gestörten Ozonschicht, dem wohl äußersten Abwehrschirm der Erde, sprachen wir schon wiederholt. Über Bedrohungen der Erde von außen, abgesehen von den Strahlungen, wissen wir wenig. Materielle Objekte, wie Meteore, läßt sie meist schon an der Reibung in ihrer Atmosphäre verglühen. Hier leistet sie also heißen Widerstand. Durchbricht ein Meteor diesen Schutzwall und schlägt auf die Erdoberfläche auf, wird er meist in seinem eigenen Aufpralltrichter begraben, schnell abgekühlt und damit entschärft. Auch den tonnenweise herabregnenden kosmischen Staub nimmt die Erde einfach auf und integriert ihn. Solange sich Meteore größenmäßig beschränken, droht der Erde die größere Gefahr wohl von ihrer eigenen Oberfläche. Ähnlich wie auch uns Menschen die größere Gefahr von innen droht. Wahrscheinlich hat unser Abwehrsystem heutzutage viel mehr mit den in uns produzierten Feinden (Antigenen) zu tun, als mit äußeren Erregern. Die Wissenschaftler nehmen an, daß ständig Zellen im Körper entarten und so schnell von der Abwehr ausgeschaltet werden, daß wir es nicht bemerken. Krebs entsteht demnach dauernd, nur hat er gegen eine intakte Abwehr wenig Chancen.

Die inneren Abwehrsysteme der Erde sind vielfältig, und wir haben viele von ihnen schon gestreift, arbeiten sie doch mit der

Verdauung zusammen oder haben mit der Entgiftung zu tun. Eine dem menschlichen Körperinnern vergleichbare Situation finden wir in der unberührten Natur mit ihrem Artenreichtum und ihren eigenen Gesetzen. Das Gesetz des Stärkeren sorgt hier dafür, daß kranke und schwache »Zellen« gefressen werden. So sind die Raubtiere des Landes und die Raubfische der Meere die Makrophagen der makrokosmischen Natur. Die Aasfresser besorgen den Rest. Auf der nächsten Stufe sorgen all die Kleintiere für Ordnung, wenn wir nur an die Schalentiere des Meeres denken, die praktisch von Abfall leben. In den Heeren der Bakterien und Viren verfügt die Natur über noch subtilere Gesundheitspolizisten, die nur die Gesunden und Starken überleben lassen und die zu schwachen auch gleich beiseite schaffen und verdauen. Diese natürlichen Regelkreise stabilisieren sich selbst und halten sich gesund durch die eingeplante Härte der Auseinandersetzung, zu der noch der jahreszeitliche Rhythmus seinen Teil beiträgt. So verbirgt sich hinter der Darwin'schen Idee der Auslese der Stärksten ein wesentlicher Teil des natürlichen Abwehrsystems – auch wenn sie nur die eine Hälfte der Wirklichkeit beschreibt. Die andere Hälfte, die Zusammenarbeit und gegenseitige Hilfe in der Natur ist ebenfalls Teil ihres Abwehrsystems. Sehr anschaulich wird das, wenn Rinder von einem Raubtier angegriffen werden. Sie bilden dann einen Kreis um die Jungen und schützen sie und ihre eigenen Schwachstellen, indem sie sich Schulter an Schulter formieren und dem Angreifer ihre hörnerbewehrten Köpfe wie eine Phalanx aus Speeren entgegenstrecken.

Mit Eingriffen in diese Regelkreise hat der Mensch durch seine vermeintlichen Verbesserungen das natürliche Abwehrsystem vielerorts schwer gestört. Die eingetretenen Disharmonien versucht er dadurch auszugleichen, daß er sich selbst zum Teil des Abwehrsystems macht, etwa, wenn er als Jäger versucht, die Rolle der ausgerotteten Raubtiere zu übernehmen oder als Förster über das Gleichgewicht der noch verbliebenen Arten wacht.

Was Antibiotika im Mikrokosmos anrichten, haben Pestizide und Herbizide auch in der Natur geschafft. Kurzfristige Vorteile brachten eine langfristige Schwächung und Schädigung der Systeme. Die Namen der Stoffe verraten schon das Geheimnis ihrer Träger. Pesti-zide töten die Insektenpest, Herbi-zide sind der Tod der (Un-)Kräuter, und Anti-biotika richten sich gegen (anti) das Leben (bios). Den generellen Feldzug gegen alles Kleingetier in unserer Nähe nennt man bezeichnenderweise Entwesung. Nachdem das eigene Immunsystem und das der Erde so geschwächt wurden, die Konfliktbewältigung aber nicht auf die geistige Ebene zurückverlagert werden sollte, mußte ein neuer Rahmen für dieses so unangenehme Prinzip gefunden werden: Es wurde weltweit aufgerüstet. Die Notwendigkeit der Konfliktbearbeitung muß uns wohl unbewußt doch sehr präsent sein, denn in keiner Hinsicht stehen wir den Schwachen dieser Erde so hilfreich zur Seite wie bei deren Aufrüstung. So viel wir ihnen auch an Information, »Know how« und Grundlagentechnologie, vorenthalten, an Waffen lassen wir sie nie zu kurz kommen. Was uns nicht hindert, im nachhinein Krokodilstränen zu vergießen über den Unsinn, den sie damit machen. Auch im eigenen Haus rüsten wir kräftig und ständig auf, nichts ist zu gefährlich, nichts zu teuer. Dabei dient alles selbstverständlich nur der Verteidigung vor den bösen anderen. Die Namen sollen es ausdrücklich klarstellen: von der Reichs-wehr über die Wehr-macht zur Bundes-wehr. Keines dieser Heere hat sich ja wehren müssen, und doch waren sie zum Teil reichlich aktiv. Ein klassisches Beispiel für Projektion: Das Böse ist immer draußen!

Bei fast jedem neu auftauchenden Problem werden konsequente Rufe laut nach mehr Polizei. Eindeutige Erfahrungen, daß weniger Aufrüstung die Eskalation verhindert, was z.B. die schußwaffenlosen Bobbys in England seit langem beweisen, werden ignoriert. »Bei uns ist so etwas unmöglich«, sagen die Verantwortlichen zu Recht. »Ein Verbot der privaten Schußwaffen ist bei uns undenkbar«, sagen die amerikanischen Politiker, »ein richtiger Amerikaner muß das Recht haben, eine Waffe zu tragen«. Recht haben sie. Hier herrscht, jedenfalls in diesem Bereich, noch Ehrlichkeit. Die Aggression läßt sich nicht durch Verbote aus der Welt schaffen, auch zwischen den Ländern der Welt nicht. Die Politiker scheinen das zu ahnen, denn warum sonst sollten sie die Abrüstung mit immer neuen Kniffen verhindern. Würden wir uns gesetzlich von den Waffen befreien, ergäbe sich sicherlich bald ein neuer Gegner oder wir müßten ihn erfinden, noch weiter draußen vielleicht im Weltall, und dann kämen gleich unsere schon vorbereiteten Waffen für den »Krieg der Sterne« zum Einsatz. An diesem Konzept entlarvt sich auch der vielfach geäußerte Gedanke: Je weiter weg, desto ungefährlicher. Schon die Verschiebung des Konfliktes aus dem Bewußtsein in den Körper hat ihn ja nicht ungefährlicher gemacht, im Gegenteil. Nur von der eigenen Verantwortung hat er uns scheinbar entlastet, denn nun können wir mit medizinischer Hilfe so tun, als seien wir das unschuldige Opfer eines blinden Schicksals. Auch bei der nächsten Verschiebung aus dem Körper auf die

Familienebene oder dann in die Welt wird die Gefahr eher größer, die Verantwortung allerdings noch leichter wegschiebbar. »Was kann ich als ohnmächtiger kleiner Bürger denn für all den Wahnsinn?« Wer immer in irgendeiner Form aufrüstet, muß schlechte Absichten haben, denn nur die kann er ja auf den Gegner projizieren.

Ob wir Unschuldslämmer mit dem bösen Partner, den bösen Erregern, den bösen Verwandten, den bösen Kommunisten oder in Zukunft vielleicht mit den bösen Außerirdischen konfrontiert sind, es bleibt immer derselbe Mechanismus. Wir erschaffen uns unsere Welt und vergessen, daß wir es waren. Wir *machen* uns ein Bild von der Welt und vergessen, daß wir es ge*macht* haben. Die Mater-ie, also unser eigener Körper, wie auch die Welt, kann immer nur Projektionsfläche sein, nie Ausgangspunkt des Konfliktes, noch der Ort, ihn zu lösen. Sie hilft uns zwar, den Konflikt zu erkennen, lösen aber müssen wir ihn da, wo er entsteht, nämlich im Bewußtsein.

Nun ist es zum Glück gar nicht leicht, das Problem der Aggression ganz aus der eigenen Nähe zu verbannen, und so verdanken wir dem ungeheuren Erfindungsreichtum der Natur eine neue Art von Krankheit, die schnell um sich greift und in dieser Situation unübertroffen ehrlich macht: die Allergie. Allergien stehen am Übergang zu den »Autoaggressionssymptomen«, d.h. jenen Phänomenen, wo der Organismus eigenem Gewebe den Krieg erklärt. Bei den meisten Allergien stammen die Auslöser zwar noch von draußen, aber nicht sie sind die eigentliche Gefahr, sondern die übertriebene Reaktion des Körpers auf sie. Die seelisch nicht gelebte Aggressionsenergie bleibt innen und lebt sich hier aus, indem sie sich gegen den eigenen Organismus wendet. Harmlose Stoffe werden dabei zu Feinden erklärt, z.B. Blütenstaub beim Heuschnupfenallergiker oder Tierhaare beim allergischen Asthmatiker. Gegen diese physisch absolut ungefährlichen Stoffe (ihre Gefahr liegt auf der immateriellen, symbolischen Ebene), bildet der Organismus nun massenhaft Antikörper. Kommt ihm dann eine Katze oder ein wenig Blütenstaub auch nur in die Nähe, wird sogleich der Krieg erklärt und eine überzogene Abwehrschlacht bricht los. Diese Schlacht, bei der der Organismus wie bei einer ernstlichen Bedrohung reagiert, wird nun gefährlich. Alle Eingangspforten des Körpers werden wie bei einer bedrohten Festung geschlossen. Die Augen schwellen zu und lassen Tränen hinauslaufen; Nase, Hals und Bronchien schwellen ebenfalls zu, ja sogar die normale Haut schwillt unter

Umständen zu bedrohlich juckender Dicke an. Die mit dem harmlosen Eindringling befaßten Antikörper sind nun in ihrer Masse gar nicht mehr so harmlos und können zu unangenehmen Komplexen verbacken, die an empfindlichen Membranen des Organismus durchaus Schaden anrichten.

Bezeichnend für die Allergie ist, daß nicht die Erreger, die Angreifer, die wirkliche Gefahr sind, sondern die unangemessene Überreaktion des eigenen, waffenstarrenden Abwehrsystems. Es besteht eigentlich gar keine Gefahr für den Organismus. Trotzdem baut er eine an sich harmlose Situation so auf, daß er mit aller Macht zuschlagen kann, und so wird es zuguterletzt dann doch noch gefährlich – manchmal sogar lebensgefährlich. Wer wagt in dieser Zeit schon, die weltpolitische Lage so ehrlich darzustellen, wie es der Körper mit jeder Allergie tut?

Noch einen anderen Aspekt macht uns der Allergiker deutlich. Sein Abwehrsystem ist enorm hochgerüstet und entspricht damit seiner starken psychischen Abwehr und Aggressivität. Eigentlich sollte klar sein, daß, wer rüstet, auch aggressiv ist. Gemeinhin verdrehen wir diesen Zusammenhang aber dahingehend, daß wir rüsten, weil die anderen so aggressiv sind. Dabei zeigt uns der Allergiker, wie unwichtig bei diesem Spiel die anderen sind, praktisch jeder Stoff ist ihm als Gegner willkommen, er dehnt seine Abwchraggressionen auf immer mehr Stoffe aus, damit er immer mehr rüsten und kämpfen kann.

Schauen wir uns die verschiedenen Gegner an, so fällt eine Gemeinsamkeit auf. Aggression hat immer mit Angst zu tun, und so verraten die Aggressionsauslöser den Angstbereich des Allergikers: Da sind vor allem Tierhaare mit ihren Assoziationen an »animalisches« Fell, Schmusetiere und kuschelige Weichheit. Blütenpollen bringen als Samen der Pflanzen den sexuellen Bezug noch stärker ins Spiel und zeigen uns die bekämpften Schwerpunkte: Liebe, Sexualität und Trieb. Auch der häufig bekämpfte Schmutz (etwa Hausstaub) weist in diese Richtung. Der Allergiker mag mit all dem unteren, schmutzig Lebendigen nichts zu tun haben und bekämpft es nach Kräften.

Kehren wir noch einmal zur Erde zurück und versuchen, das Ganze, uns selbst eingeschlossen, aus ihrer Perspektive zu sehen. Dann stellen ihre größte Gefahr die Menschen dar, die zwar zu ihr gehören, die aber entartet sind und in typischer Krebsmanier über alle Stränge schlagen. Ihre Vermehrung ist schier unbegrenzt, sie machen sich überall breit, ihre Städte zerfressen geschwürig das Land, ihre Stoffwechselabfälle verstopfen und blockieren die

Gleichgewichtssysteme, ja, sie blockieren auch schon lebenswichtige Versorgungseinrichtungen wie die Sauerstoffproduktion der Erdlunge. Denken wir noch einmal an den Bakterienüberfall auf den Körper. Die Erde ist uns Menschen gegenüber in der gleichen Situation, die wir den Bakterien gegenüber einnahmen; woran wir schon sehen, wie relativ die Dinge sind und wie wenig verläßliche Maßstäbe es innerhalb der Polarität gibt. Vielleicht ist die schleichende radioaktive Verseuchung das Fieber, mit dem Mutter Erde ihren Überlebenskampf führt. Können gerade wir, als leidenschaftliche Bekämpfer von Bakterien und Viren, es ihr übelnehmen, wenn sie froh ist über jede Flugzeugladung von uns, die aus dem Verkehr gezogen wird, erleichtert über all die Kriege, mit denen wir unsere Zahl selbst in Grenzen halten, und wenn sie vielleicht sehnsüchtig einen größeren Sieg über ihre gefährlichsten Schädlinge erhofft und vielleicht schon vorbereitet?

Sinnvollerweise würde sie *natür*lich mit Vorliebe ihre gefährlichsten Feinde sterben sehen: die etwa, die besonders viel Unruhe in ihre Kreisläufe bringen, die Herz-Kreislauf-Kranken. Oder die auch, die besonders weit auf den Gegenpol zur Liebe geraten sind, wie die Krebskranken und die Allergiker. Die Allergiker stellen inzwischen schon eine viel größere Gruppe, als wir gemeinhin annehmen, gehören doch nicht nur die Heuschnupfenkranken und Asthmatiker hierher, sondern auch zunehmend Nieren-, Leber-, Bauchspeicheldrüsen-, Magen- und Darmkranke. Aber auch Gelenkentzündungen, Hirn- und Nervenentzündungen und Hauterkrankungen gehen auf das allergische Konto. Die Leukämien müßten wir in diesem Zusammenhang ebenfalls erwähnen, handelt es sich hier doch um krebsartige Entartungen des Abwehrsystems, wobei sich die weißen Blutkörperchen enorm vermehren, dabei aber ihre Funktion einbüßen. Ein Papiertigersyndrom sozusagen; enorm aufgerüstet, ist solch ein Körper dann doch völlig hilflos und kampfunfähig. Auch die Zunahme der reinen Autoaggressionskrankheiten, wo der Körper plötzlich beginnt, gegen eigenes gesundes Gewebe *zu Felde* zu ziehen und sich in seinem kriegerischen Bestreben von außen gänzlich unabhängig macht, könnte auf die wachsende Tendenz der Erde hinweisen, besonders Gefährliche unter den Menschenschädlingen bevorzugt loszuwerden.

Schließlich gehört auch die modernste unter den Erkrankungen, »der letzte Schrei« sozusagen, hierher: AIDS. Möglicherweise ist es wirklich der letzte Schrei der Erde, und die Wissenschaftler haben ihr nicht zufällig diesen Namen gegeben: A(quired) I(mmun) D(eficiency) S(yndrom), was in etwa die Abkürzung für A(ufgeschnapptes) I(mmun) D(efizit) S(yndrom) ist und zusammengelesen auch »Hilfe« bedeutet (engl. aid = Hilfe). AIDS wird von einem winzigen Virus (HIV) übertragen. Es hat sich über Drogen- und Homosexuellenkreise bei uns verbreitet. Ähnlich wie die schon erwähnte Leukämie führt AIDS, allerdings erst nach einer ungewöhnlich langen Inkubationszeit von bis zu zwölf Jahren, über ein Stadium erhöhten Abwehrkampfes zu einem völligen Zusammenbruch der Körperabwehr. AIDS hat eine mehr als symbolische Verwandtschaft zu Krebs, der sich im letzten Stadium auch oft zu ihm gesellt. Im Unterschied zu Krebs ist es aber weniger ein Privatproblem als ein kollektives, zeigt es uns über den Ansteckungsweg doch unser aller Abhängigkeit voneinander. Dieser Weg, der fast ausschließlich über Sexualität läuft, wenn wir einmal von der medizinischen Übertragungsmöglichkeit über das Blut von Spritzennadeln absehen, macht es darüber hinaus zu einer Geschlechtskrankheit und enthüllt sogleich das Thema, um das es hier geht: Geschlechtsverkehr als Ausdruck der Polarität. Wie bei der Allergie ist *natür*lich auch bei AIDS und den anderen Erkrankungen des Abwehrsystems der Kriegsaspekt zwar im Vordergrund, der unterdrückte Gegenpol, die Liebe, aber auch nicht weit.

Über das Vorgehen der AIDS-Viren im Körper wissen wir nur so viel, daß die Viren sich lange Zeit ganz still verhalten und über Jahre unauffällig bleiben können. In dieser Periode vermehren sie sich und können, von dem subjektiv gesunden Träger unbemerkt, auf andere Menschen übertragen werden. Beim Geschlechtsverkehr geschieht die Ansteckung besonders leicht, allerdings nicht zwingend. Es gibt einige Menschen, die regelmäßig mit AIDS-Patienten Geschlechtsverkehr hatten, ohne die Viren zu übernehmen. Noch leichter als über die Samenflüssigkeit des Mannes verläuft die Übertragung durch Blut, weshalb sich die Seuche zu Beginn hauptsächlich über Homosexuelle mit ihren eher blutigen Sexualpraktiken verbreitete. Sind die Erreger einmal im Blut, befallen sie die T-Lymphozyten, die wir schon als das Zentrum unserer gesamten Abwehr identifiziert hatten und legen sie, und damit die Abwehr, letztendlich lahm.

Vielleicht ist auch eine allergische Komponente mit im Spiel, denn in einigem ähnelt AIDS einer bis zur letzten Konsequenz getriebenen Allergie. Auch hier finden wir den deutlichen Bezug zur »Unterwelt«, geht es doch auch um die »schmutzigen« Bereiche von Sexualität und Triebhaftigkeit. Über unterweltliche Kanäle, wie Homosexuellenszene und Prostituionsmilieu, hat die Seuche Eingang in die schein-heil-(ig)e Bürgerwelt gefunden, so wie auch die Erreger den dunklen Weg über die unter der Gürtellinie liegenden Geschlechtsorgane wählen. Die ganze Seuche kommt wahrscheinlich auch von unterhalb der Gürtellinie der Welt, aus Zentral-Afrika, der Mitte des *schwarzen* Kontinents. Sie kam zuerst über die niedrigen Affen (Meer(♀)-katzen(♀)) zu uns Menschen. AIDS kommt so nicht nur aus dem »Dunklen«, es bleibt auch in uns noch lange Zeit im Dunkeln* und hält seine finsteren Absichten zurück, während es sich bereits hinterhältig verbreitet.

Wie seinerzeit die dunklen Dämonen und Ungeheuer, bedroht es uns heute unheimlich aus der Unterwelt über die *ungeheure* Kraft der Triebe, unseren mißbrauchten, dunklen, weiblichen Pol. Wir bekommen AIDS nicht in den Griff, werden über seine lange Inkubationszeit in ständiger Ungewißheit gehalten, mit einem Wort: Diese Erkrankung treibt den männlichen Pol in uns in Verzweiflung und erzwingt Achtung für den weiblichen. Während sie in ihrer Heimat Afrika Männer und Frauen gleichermaßen befällt, ist die Erkrankung bei uns lange Zeit ein Homosexuellenproblem gewesen. Das liegt funktional betrachtet daran, daß sie vor allem über aggressiven Sex, bei dem Blut fließt, übertragen wird. In Homosexuellenkreisen hat diese Form von Sexualität aber ihren stärksten Ausdruck gefunden. Analer Geschlechtsverkehr (die Darmschleimhaut ist viel leichter verletzbar) mit zwanzig und mehr Partnern in einer Nacht, ist hier nicht so selten, und so findet das Virus einen idealen Boden. Der tiefere Sinn für die »Bevorzugung« der Homosexuellen liegt wohl in deren besonders ausgeprägter Einseitigkeit. Nicht einmal beim Geschlechtsverkehr bringen sie die beiden Pole zusammen, sondern setzen sogar hier einseitig auf den männlichen. Grundsätzlich sind auch Heterosexuelle gefährdet. Aber bei ihnen ist die Einseitigkeit und die Degeneration der Liebe zur reinen Sexualität meist noch nicht so weit fortgeschritten und dadurch die Eskalation des Reizniveaus noch nicht so weit gediehen. Je mehr die Liebe nämlich in den Hintergrund tritt, desto schneller wird Sexualität langweilig, und immer neue Reize müssen gefunden werden, um noch etwas dabei zu spüren. Daß es bei zwanzig verschiedenen Geschlechtspartnern hintereinander nicht mehr um Zärtlichkeit und Liebe gehen kann, dürfte deutlich sein. So sehen wir hier schon die Tendenz, die sich in AIDS verbirgt: Es zwingt das männliche Prinzip in die Knie und versucht ihm mit Nachdruck Liebe beizubringen, allerdings nun auf der körperlichen und weniger geeigneten Ebene. So wie sich der Betroffene auf der Bewußtseinsebene verschließt und weder Liebe herein-, noch herausläßt, öffnet er sich auf der körperlichen Ebene wahllos allem. AIDS dehnt diese körperliche Schrankenlosigkeit nun auf alle *Erreger* aus. An dieser totalen Erregung aber stirbt der betroffene Organismus letztlich. Der Tod ist dann die Heilung, bringt er doch ein völliges Öffnen nun wieder auf der seelischen Ebene mit sich.

Sobald die Erreger im Blut oder die ersten Symptome entdeckt sind, zwingt AIDS zur Aufgabe all jener Gewohnheiten des unerlösten männlichen Poles, wie aggressiven Sex, blutige Härte und verletzende Rücksichtslosigkeit, die zur Ansteckung führen. Statt dessen kommen unerlöste weibliche Qualitäten, wie Ohnmacht, körperliche Schwäche, Ver*zwei*flung zum Tragen, und auf der sexuellen Ebene stellen die nun not-wendigen Kondome jene verlorengegangene Schranke im Körperlichen künstlich wieder her.

Jetzt kann Sanftheit, einfühlsame Zärtlichkeit und Rücksicht auf den Partner geübt werden. Unter diesem Aspekt ist es wenig verwunderlich, daß AIDS sich gerade Homosexuelle sucht, denn sie verweigern sich dem weiblichen Prinzip am deutlichsten. Auch zu dem anderen Ausbreitungsfeld, dem Prostitutionsmilieu, paßt AIDS, kommt doch auch hier die Liebe offensichtlich zu kurz. Selbst die Betroffenheit der an der Bluterkrankheit Leidenden wird so verständlich, handelt es sich bei ihnen doch um eine Gruppe, die schon mit der Lebensaufgabe geboren wird, sich von allem Aggressiven, Verletzenden fernzuhalten. Jede kleinste blutige Auseinandersetzung kann bei ihnen schon zum Abbruch der Inkarnation führen.

Alles in allem können wir sagen, AIDS ist genauso parteiisch wie wir, nur gerade anders herum, was es uns so verhaßt macht. Aus dem Unbewußten, Unheimlichen wirkend, konfrontiert es uns mit dem unsichtbaren, dunklen Pol in uns und der Welt, den wir eigentlich ganz abschaffen wollten, und so macht es auf eine Weise ehrlich, die uns bestürzt und vielleicht irgendwann auch das männliche Prinzip von seinem hohen Sockel stürzt. AIDS zeigt uns unser Hauptproblem: die Überbetonung des Äußerlichen, Materiellen und die Vernachlässigung des Inneren, des Bewußtseins, des Gefühls. Wir sagen »Liebe« und meinen Sexualität. Liebe würde sich um die Seele des anderen kümmern, Sexualität will nur seinen Körper besitzen. Beide gehören zusammen und sind wichtig. Die Gefahr liegt auch hier in der Einseitigkeit. Wird nur noch die Sexualität betont, sinkt Liebe in den Schatten und begegnet uns dann erst wieder in Krankheitssymptomen. Hier liegt auch die schon angedeutete innere Verwandtschaft von Krebs und AIDS. Beides sind Formen erkrankter Liebe und verwirklichen auf der stofflichen Ebene des Körpers, was im Bewußtsein verhindert wurde. Auch Krebs durchbricht alle Grenzen und Schranken, überwindet alle Hindernisse, dehnt sich auf alles aus, und auch er geht bis in den Tod für seine Grundsätze. AIDS öffnet alle Tore, läßt alles herein, verhindert allen Widerstand, ergibt sich völlig. Hier wird klar, warum die beiden auch in der Schlußphase der AIDS-Erkrankung so gut harmonieren. AIDS öffnet dem Krebs die Tore.

Beide lehren uns, was Vereinigung und Liebe sein könnte – aber sie tun es auf ihrer bevorzugten Ebene der Stofflichkeit, die auch wir um jeden Preis bevorzugen. Krebs und AIDS sind der hohe Preis dafür!

Hier schließt sich nun der Kreis zu unserem Ausgangspunkt, dem Abwehrsystem. »Abwehren« heißt ja nichts anderes als »nicht hereinlassen«, und so wird die Liebe zum Gegenpol der Abwehr. Auf unserem Ausflug durch Mikro- und Makrokosmos wurde klar, daß nicht das eine gut, das andere schlecht ist, sondern es sehr auf die Ebene ankommt und die rechte Ausgewogenheit. Die Ebenen können sich vertreten.

Am AIDS-Beispiel konnten wir im Extrem sehen, daß, wer seelisch immer weniger hereinläßt, physisch dafür immer mehr aufmachen muß.

So spiegeln die zunehmenden Allergien und die beängstigend ansteigenden AIDS-Fälle unsere gesellschaftliche Tendenz, unsere Mitmenschen immer mehr abzuwehren und immer weniger seelische Nähe zuzulassen. AIDS stellt insbesondere den Endzustand dieses Verhaltens dar: Nach einer Phase übersteigerter seelischer Abwehr folgt zwangsläufig der Gegenpol mit dem völligen Zusammenbruch der Abwehr und damit der völligen Öffnung. Was aber auf der seelischen Ebene die Erlösung sein könnte, ist auf der körperlichen AIDS. Die körperlich-sexuelle Schrankenlosigkeit wird durch AIDS auch zu einer immunologischen. Immunologische Schrankenlosigkeit ist aber in dieser polaren Welt nicht lebensfähig. Seelische Schrankenlosigkeit löst sich tendenziell ebenfalls aus der polaren Welt, allerdings kann der völlig geöffnete, erleuchtete Mensch in dieser Welt bleiben, auch wenn er nicht mehr von dieser Welt ist.

Auch der umgekehrte Fall, die Verschiebung der Abwehr von der körperlichen auf die seelische Ebene ist möglich. Im Dienste unserer Konfliktfeindlichkeit hat sich die Chirurgie im Kindesalter auf das Herausoperieren von Organen der Abwehr spezialisiert. Nichts kommt häufiger unter das Messer, als die lymphatischen Organe, Gaumen-, Rachenmandeln, Polypen* und Blinddärme. Nach der Operation gibt es zwei Möglichkeiten: Entweder das Kind wird danach noch kränker, weil es seine Konflikte weiter auf der Körperebene auslebt und nun auch noch in seiner Abwehr geschwächt ist, oder (zum Glück häufiger) es wird alles wieder besser, weil das Kind nun, des körperlichen Kriegsschauplatzes beraubt, seine Konflikte wieder ins Bewußtsein läßt. Tatsächlich hören wir auch oft, daß Kinder nach solchen Operationen rasante Entwicklungsschritte machen, *selbstbewußter* und offener werden.

In dem Dilemma zwischen Aggression und Abwehr auf der einen und Liebe auf der anderen Seite, ist das Finden der Mitte eine schwierige Angelegenheit, aber die wichtigste Aufgabe, die das Leben uns stellt.

Die sogenannten »esoterischen Patentrezepte«: »Nur noch Liebe und kein bißchen Aggression mehr!« führen in eine gefährliche Sackgasse, nämlich über das Verdrängen der Aggression zum Erlöschen der Liebe.

Betrachten wir die Entwicklung der beiden Pole im Menschen: In den ersten drei Monaten nach der Empfängnis gibt es überhaupt kein Abwehrsystem. Der werdende Mensch ist noch auf allen Ebenen mit der Einheit verbunden – alle Kriterien der Liebe sind erfüllt (völliges Im-Einklang-Sein mit der Mutter (Natur), völlige Offenheit) – nirgends ein Zeichen von Abwehr oder Aggression. Am Ende des dritten Schwangerschaftsmonats aber beginnt schon der Aufbau des zellulären, unspezifischen Abwehrsystems, also die Aufstellung der regulären Armee. Die Bereitstellung der Spezialtruppen setzt erst ein halbes Jahr nach der Geburt ein, wobei aber schon vorher einige Söldnertruppen von der Mutter ausgeliehen werden. Bis zum Ende der Pubertät ist die Abwehrkraft maximal, danach läßt mit der Rückbildung des Thymus die unspezifische Abwehr allmählich immer mehr nach, während die spezifische voll in Aktion bleibt. Von nun an häufen sich zwar immer mehr Antikörper im Blut, alles in allem aber wird die Abwehr wieder schwächer, bis sie im Tod ganz zusammenbricht. Es bleibt die Seele, und die bedarf offensichtlich keiner Abwehr mehr. Der Körper aber löst sich ohne Abwehr sofort auf, wie wir nach dem Tod beobachten können. Dieser

---

* Bei den Polypen (Lymphatischen Organen im Nasenraum) ist der Bezug zur Abwehr sogar bis in die Umgangssprache gedrungen, werden doch auch die Polizisten vielerorts als Polypen bezeichnet.

kurze Streifzug durch die Entwicklungsgeschichte zeigt uns die *natür*liche Gewichtung beider Pole.

Der Körper als Teil der Polarität braucht Abwehr, die unsterbliche Seele als Teil der Einheit nicht. Während des Lebens im Körper und damit in der Polarität herrscht aber nicht unsere unsterbliche Seele über den Körper, sondern das Ego, und das liebt Abwehr und Abgrenzung, denn nur dadurch lebt es. Ja, das Ego definiert sich geradezu durch die Grenzen, die es künstlich um sich herum aufbaut. Es unterscheidet zwischen Ich und Du, Mein und Dein und hat seine Freude daran. Es betet: »Mein Wille geschehe«, und wann immer etwas aus dem Meer des Außen unter seinen Einfluß gerät, ist es glücklich, und wir mit ihm, sind wir doch meist ganz mit unserem Ego identifiziert. Hier sehen wir auch, wie wichtig das Ego ist, denn nur mit seiner Hilfe ist es möglich, sich die Welt untertan zu machen und den Weg der Empörung zu gehen, also Parzivals Weg und den des verlorenen Sohnes. Richtig ist allerdings auch, daß wir das Ego am Endes des Weges aufgeben müssen, wie uns die östlichen Lehren ständig nahelegen, aber eben am Ende des Weges. Zuerst einmal müssen wir etwas haben, was sich aufzugeben lohnt. Würde das Ego seine Abwehr gegen das Außen aufgeben und alles hereinlassen, würde es sofort verschwinden, und wir wären erleuchtet. Das aber wäre der Tod des Egos, und es nimmt lieber den Tod des ganzen Organismus in Kauf, als allein zu sterben – hierin gleicht es der Krebszelle. Bevor es also seine eigene Abwehr aufgibt und in Liebe zu allem aufgeht, nimmt das Ego lieber die Reduzierung der körperlichen Abwehr in Kauf – allerdings auch nur ungern – und so wird hier die Medizin eingesetzt. Am liebsten hätte das Ego die Abwehrschwächung, die sich zwangsläufig aus der Überbetonung der seelischen Abwehr auf anderen Ebenen ergibt, ganz draußen, z. B. in den anderen. Aber da die auch alle ein Ego voller Angst haben, kommt das nicht in Frage, und die Abwehrschwächung wird der Gemeinschaft zugeschoben. Ganz offensichtlich ist eine Gemeinschaft, die nur aus egoistischen und auf das persönliche Wohlergehen versessenen Egos besteht, abwehrschwach. Aber auch das ist für das Ego noch unbefriedigend, und so soll die Schwäche noch weiter hinausgeschoben werden zu den anderen Gemeinschaften, am besten zu anderen Kontinenten. Man selber rüstet lieber auf. Das Problem ist nun, daß sich die anderen das nicht gefallen lassen und ihrerseits aufrüsten. An diesem Punkt stehen wir heute ungefähr. Die Schwäche haben wir den armen, weiblichen Teilen der Erde zugeschoben, aber die wollen sie nicht mehr für uns hüten. So scheint es, daß Mutter

Erde das schwächste Glied in dieser Hierarchie der Egos wird. Vieles spricht dafür, daß die Natur mit ihrer Abwehrkraft annähernd am Ende ist. In vielen Binnengewässern ist die natürliche Regenerationskraft bereits erloschen, die Gewässer sind »umgekippt« und jeder weiteren Verschmutzung völlig schutzlos preisgegeben. Auch die Abwehrkraft des Erdbodens scheint erschöpft zu sein, die männliche Säureflut hat das Gleichgewicht aus den Angeln gehoben, die resultierende Abwehrschwäche der Bäume steht uns deutlich vor Augen. Solange all das nur draußen in der Natur stattfindet, mag es uns noch kalt lassen, allerdings sind auch wir immer noch ein Stück Natur. Konsequenterweise steuert auch unsere Natur über eine Phase der Abwehrsteigerung, etwa in den zunehmenden Allergien und Autoaggressionskrankheiten, auf einen Zusammenbruch der Abwehr hin. In der Natur entspräche dem Stadium der übertriebenen Abwehr etwa die Phase, wo die Bäume sich in Verzweiflungstrieben ergehen, bevor sie schließlich zugrunde gehen. So werden uns Allergien und AIDS zu Meilensteinen auf dem Weg.

Bevor es sich selber gefährdet und die eigenen Grenzen öffnet, zieht es das Ego vor, andere noch weniger geeignete Grenzen zu öffnen. Der Körper braucht ja, wie wir gesehen haben, durchaus seine Abwehr, die Seele bräuchte sie letztlich nicht. Da sie aber bei uns Zivilisationsmenschen fast ausschließlich durch das Ego vertreten wird, das existentiell auf Abwehr und Abgrenzung angewiesen ist, wird unsere Lage so schwierig. Das Ego ist es, das, aus Angst vor der großen Befreiung (des Menschen aus seiner Gefangenschaft) uns selbst und unsere ganze Kultur so extrem konfliktfeindlich macht. Für den bewußt suchenden Menschen sind Konflikte willkommene Stufen auf dem Entwicklungsweg. In diesem Sinne ist auch Heraklits Satz zu verstehen: »Der Krieg ist der Vater aller Dinge.« Der Krieg, die Auseinandersetzung, liefert erst die Energie für den inneren Fortschritt. Wirklicher Frieden und wirkliche Harmonie sind der Ausgleich, die Mitte zwischen den Spannungspolen des Lebens. Harmonia ist das Kind des Kriegsgottes Mars und der Liebesgöttin Venus. Der Konflikt, die Spannung, ist das Salz in der Suppe des Lebens, ansonsten verkommt es zu jenem faden Gemisch aus gutem Willen und Scheinheiligkeit, das so viele Gruppen und Zirkel prägt.

Aggression ist sowohl in der Natur als auch im menschlichen Leben eine not-wendige Kraft. Ohne sie würde alles sofort zum Erliegen kommen: Lat. »aggredere« heißt »herangehen« – wir müssen ans Leben mit seinen Konflikten herangehen. Wie jedes Urprinzip hat auch Mars seinen Platz im Leben. Durch nichts bekommen wir ihn ganz weg, höchstens mit viel Aufwand in den Schatten, wo er am unberechenbarsten und gefährlichsten wird. Leben wir ihn an einem ihm entsprechenden Ort, ist er zufrieden und läßt seine Finger aus Bereichen, die ihn nichts angehen, in die er aber aus der Not seines Schattendaseins leicht drängt. Ein Bereich z. B., wo Mars hingehört, ist der Neuanfang. Wir brauchen uns nur an den ersten Teil dieses Buches zu erinnern, daß jeder Augenblick ein Neuanfang ist, schon ist Mars reichlich in unser Leben integriert. Seine Aggression kann uns dann die Kraft geben zu ständigem Neuanfang, den Mut auch, uns zu stellen und in den Spannungen des Lebens zu wachsen.

21. Regelung (Hormon- und Nervensystem) in Mikrokosmos und Makrokosmos

> Jeder Teil dieser Erde ist meinem Volk heilig. Jeder Hügel, jedes Tal, jede Lichtung und jeder Wald ist heilig im Gedächtnis und im Herzen meines Volkes. Selbst die stummen Steine am Strand bringen Erinnerungen und Ereignisse im Leben meines Volkes für mein Volk zum Klingen. Die Erde unter unseren Füßen antwortet liebevoller auf unseren Schritt als auf Euren. Sie besteht aus der Asche unserer Väter. Unsere nackten Füße spüren Verwandtschaft. Die Erde lebt und ist kostbar durch unsere Vorfahren.
>
> Häuptling Seattle

Unser Körper ist in vieler Hinsicht ein Wunder. Das Wundervollste an ihm ist vielleicht seine Fähigkeit, auch in extremen Situationen die Mitte zu bewahren. Ob die uns umgebende Luft 90° heiß (etwa in der Sauna) oder 30° kalt ist, unser Körper hält seine Kerntemperatur auf 37°. Im Falle der Saunahitze schwitzt er und kühlt sich mit Hilfe der Verdunstungskälte ab, im Falle der äußeren Kälte reduziert er die Oberflächendurchblutung und verschafft sich Bewegung und damit Wärme, und sei es nur durch Muskelzittern. Er hält das Säure-Basen-Gleichgewicht konstant über die Steuerungsmöglichkeiten in Niere und Lunge. Und auch der Salzhaushalt, der Blutzuckerspiegel und noch viele andere Gleichgewichte werden ständig und ohne daß wir uns dessen bewußt sind, aufrechterhalten. »Homöostase« nennen wir diese Konstanz des inneren Milieus gegenüber allen äußeren Widrigkeiten. Um diese Homöostase zu gewährleisten, müssen ständig bestimmte Körperleistungen angeregt und andere gebremst werden. Zu diesem Zweck verfügen wir über zwei eng zusammenarbeitende Steuerungssysteme: das Hormon- und das Nervensystem. Die Hormone arbeiten relativ langsam im Vergleich zu den Nerven, sind sie doch als flüssige Stoffe auf die Fließ- und Diffusionsgeschwindigkeiten der Körpersäfte, besonders des Blutes, angewiesen. Dafür gelangen sie über das Blut fast überall hin und haben so eine allgemeine Wirkung. Diese Wirkung ist in der Tat so wenig spezialisiert, daß etwa auch tierische Hormone bei uns wirken. Diesen langsamen und allgemeinen Teil, der über Flüssigkeiten wirkt, könnten wir als das weibliche Regelsystem des Körpers bezeichnen. Dementsprechend stellt das schnell und sehr gezielt arbeitende Nervensystem das männliche Pendant dar. Die nervöse Impulsleitung ist ein elektrisches Phänomen. Seine Geschwindigkeit beträgt bis zu 100 m/s, und der Impulsempfänger ist sehr klar definiert. Da jedoch an den Endorganen der Nerven, dort, wo sie also den Impulsempfänger erreichen oder wo zwei von ihnen verbunden sind, die Reizleitung ebenfalls über hormonähnliche Stoffe erfolgt, könnten wir die Nervenleitung als einen Spezialfall hormoneller Steuerung bezeichnen und hätten damit auch hier wieder ein gewisses Überwiegen des weiblichen Poles. Die Steuerung der Körperhomöostase ist überhaupt ein sehr gutes Beispiel für die enge Verflechtung und gegenseitige Abhängigkeit beider Pole. Denn jedes der beiden Systeme läßt sich noch einmal in ein weibliches und ein männliches Untersystem teilen. Bei den Hormonen stellen die antriebssteigernden (griech. hormon = in Bewegung setzen, antreiben) den männlichen Pol dar, die bremsenden den weiblichen. Das Nervensystem gliedert sich noch deut-licher in den, von unserem Willen abhängigen, zerebrospinalen Teil mit Gehirn und Rückenmark und das willensunabhängige autonome System. Ersteres entspricht dem männlichen Teil, untersteht ihm doch unsere Beziehung zur Außenwelt, alles Denken, Handeln und aktive Bewegungen der Muskeln. Das autonome Vegetativum ist ausschließlich für unsere Innenwelt zuständig und regelt die Tätigkeit der inneren Organe und Systeme. Im allgemeinen ist es unserem bewußten Zugriff entzogen, wenn wir einmal von Biofeedback und Yoga-Praktiken absehen. Die Untergliederung in Männlich und Weiblich läßt sich noch weiter fortsetzen, denn das Gehirn, das ja zum männlichen Teil des Nervensystems zählt, läßt sich wiederum in die linke männliche Hälfte (analytisches Denken) und in die rechte weibliche Hälfte (ganzheitliches Bilderdenken) unterteilen. Auch im autonomen Nervensystem ist eine entsprechende Unterteilung offensichtlich. Der sympathische Anteil entspricht dem männlichen Pol, ist er doch für die Anregung aller männlichen Funktionen zuständig, wie etwa Blutdruckanstieg und vermehrte Atmung bei Aktivitäten wie Kampfvorbereitung usw. Der weibliche, parasympathische Teil (auch Vagus genannt), fördert dagegen alle regenerierenden Funktionen, wie Verdauung, Energiespeicherung und Ruhe. Folglich haben wir nachts ein grundsätzliches Überwiegen des autonomen Nervensystems (♀) gegenüber dem zerebrospinalen (♂), das bis auf seinen weiblichen Anteil, die rechte Gehirnhälfte, die die Träume steuert, zur Ruhe kommt. Beim ohnehin schon weiblichen, autonomen Nervensystem überwiegt noch zusätzlich sein weiblicher Anteil, der Parasympathikus.

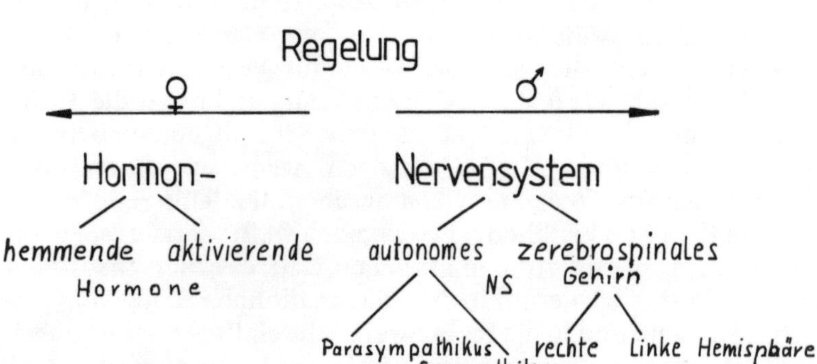

An wenigen Stellen im Körper wird der Grundsatz, daß alles in allem ist, so klar wie im Steuerungssystem der Homöostase. Die Wirklichkeit als Netz von ineinander verwobenen Abhängigkeiten, in dem jeder Teil seine wichtige Rolle spielt, liegt hier deutlich und weitgehend erforscht vor uns.

Diese Verwobenheit wird noch eindrucksvoller, wenn wir die automatischen Regelkreise eingehender betrachten. Denn jedes der einzelnen Gleichgewichte verfügt über sein eigenes Rückkoppelungssystem. Wenn beispielsweise die Temperatur auf 36,5° abgefallen ist, muß das etwa an die Muskeln und die Blutzuckerverbrennungseinrichtungen gemeldet werden, damit beide für Wärme sorgen. Ist es so wieder warm genug, wird das wieder zur Zentrale rückgemeldet, und die beiden Erwärmungsaktivitäten werden von dort aus gedrosselt. Solche Regelkreise, die mit Hilfe vieler Einzelkomponenten die jeweilige Mitte ansteuern, gibt es überall im Körper, und alle tragen zur Koordination des Ganzen bei.

Die Verwobenheit des ganzen Netzes über diese Selbstregulierungen, zu denen sowohl Hormon- als auch Nervensystem beitragen, erinnern an Indras Netz der Wirklichkeit. Die Hormone produzierenden sogenannten endokrinen Drüsen gehören zum Teil selbst zum Nervensystem, wie etwa der hintere Teil der Hirnanhangsdrüse (Hypophyse), die Zirbeldrüse und das Nebennierenmark. Andererseits sind die hormonalen Produkte der Nebennierenrinde zugleich Übermittlerstoffe an den Nervenendorganen. Die gegenseitige Abhängigkeit zeigt sich darüber hinaus in der reichlichen Versorgung aller endokrinen Drüsen mit vegetativen Nervenfasern.

Die Wirkung der Hormone im Körper war lange Zeit unbekannt, da sie auch noch in verschwindend geringer Konzentration außerordentlich wirksam sind. Auch das generelle Fehlen von Ausführungsgängen aller endokrinen Drüsen war der Medizin lange ein Rätsel. Und so blieben die Steuerungsmechanismen für Stoffwechsel, Wachstum, Fortpflanzung und seelisches Verhalten lange im Dunkeln. Es bedurfte erheblicher Anstrengungen, bis die winzig kleinen Informationsstoffe, die sich auf ihrer Reise im Blut an Eiweißmoleküle hängen, isoliert und in ihrer Bedeutung erkannt wurden.

Die wichtigsten hormonellen Regelwerke im Körper sind die Schilddrüse, die über die Sauerstoffaufnahme der Zellen den gesamten Stoffwechsel steuert, die Nebenschilddrüsen (Epithelkörperchen), denen die Knochenbildung untersteht; der innersekretorische Anteil der Bauchspeicheldrüse mit der Blutzuckerregelung über Insulin; die Nebennierenrinde mit verschiedenen Hormonen (Cortisonen), die ebenfalls auf den Blutzuckerspiegel wirken, aber auch auf den Mineralhaushalt, die männlichen sekundären Geschlechtsmerkmale beeinflussen und Entzündungen hemmen können; das Nebennierenmark, das die auch über das sympathische Nervensystem wirksamen »Nervenhormone« wie Adrenalin, produziert; die Geschlechtsdrüsen mit ihren entsprechenden Hormonen und noch einige andere wie der Mutterkuchen und die Thymusdrüse, deren (noch nicht entdeckte) Hormone die Geschlechtsentwicklung unterdrücken und die unspezifische immunologische Abwehr fördern. Hier haben wir ein weiteres Beispiel für die systemübergreifende Vernetzung der Regelkreise. Solange die körperlichen Zeichen auf Abwehrsteigerung stehen, wird parallel ein anderes System, die Geschlechtsorgane, unterdrückt. Mit nachlassender Abwehrförderung wird die Geschlechtsentwicklung bevorzugt, der ja auch die gegenteilige Aufgabe zufällt, nämlich das Hereinlassen des Anderen.

All diese Drüsen unterliegen noch einer übergeordneten Koordinationsstelle, nämlich der Hypophyse. Von ihr werden spezielle Botenstoffe, die sogenannten Releasingfaktoren, in Bewegung gesetzt, die die Einzeldrüsen steuern. So sind die einzelnen Rückkoppelungssysteme noch einmal mit der Hypophyse rückgekoppelt. Und diese ist wiederum rückgekoppelt mit dem Hypothalamus, einem Teil des Zwischenhirns. Alles ist mit allem verbunden und unterliegt einer strengen Hierarchie. Diese Hierarchie funktioniert allerdings nicht als autoritäre Einbahnstraße von oben nach unten, sondern ist über die verschiedenen Rückkoppelungskreise offen für Informationen aus der Körperbasis. Das ganze Geheimnis dieser wundervollen Gleichgewichtserhaltung ist noch nicht gelüftet, vieles deutet jedoch darauf hin, daß der Zirbeldrüse dabei eine wichtige Funktion zufällt, gilt sie doch in der Medizin als »biologische Uhr« des Menschen. Bisher weiß die Wissenschaft, daß sie ein »auf rhythmischen Lichtwechsel ansprechendes neurovegetatives Steuerorgan ist«, das, am Dach des Zwischenhirns gelegen, die meisten anderen Hormonwirkungen, wie die der Geschlechts- und Stoffwechselhormone, hemmt. Sie verfügt über einen sogenannten »zirkadianen« und einen größeren, von den Jahreszeiten abhängenden, Rhythmus. Ihre (bisher unentdeckten) Wirkstoffe stellt sie hauptsächlich nachts her, was sie dem weiblichen Prinzip nahebringt. Die Rolle dieser biologischen Uhr für unsere Gesundheit blieb der Medizin bis jetzt verborgen. Doch können wir hier, nachdem wir die fundamentale Bedeutung des Rhythmus für alles Lebendige schon mehrfach bestätigt fanden, wohl annehmen, daß der Zirbeldrüse in jenem Gleichgewichtssystem, das unser Leben ist, ein zentraler Platz zukommt. Vielleicht ist sie das »Herz« der psychosomatischen Steuerung; die Lage in der Gehirnmitte spräche dafür. Auch die Anschauung der Yogalehren, in denen die Zirbeldrüse als »Meisterdrüse« bezeichnet wird, weist in diese Richtung. Allerdings bezieht sich »Meister« hier nicht auf die übergeordnete Regulationssteuerung, sondern impliziert, daß die Aktivierung der Zirbeldrüse durch Yoga spirituelle Meisterschaft verleiht, die auch die Siddhis (Zauberkräfte) mit einschließt.

Die Hormone verbinden durch ihre Wirksamkeit in Kleinstmengen und ihre systematische Ausbreitung über das Blut praktisch alle Zellen miteinander. Das Geflecht der verschiedenen Nerven zeigt uns diesen *Zusammenhang* sogar über die Signatur. Besonders im Gehirn ist die annähernde Verschaltung aller Zellen mit allen zu einem neuen Ganzen eindrucksvoll. So sorgen Nerven und Hormone für Harmonie im Mikrokosmos.

Die Entsprechungen im Makrokosmos sind, was das Ergebnis anbelangt, ähnlich beeindruckend und wundervoll. Auch die Erde verfügt über unendlich viel Gleichgewichtssysteme, und diese zusammen stellen wiederum eine einzige große Homöostase dar. Die Erde selbst aber ist ihrerseits wieder Teil eines noch größeren Gleichgewichts, dem unseres Sonnensystems. So hat etwa der Mond den genau optimalen Abstand zur Erde. Stünde er uns nur ein wenig näher, würden ständig riesige Flutwellen die Erdoberfläche überschwemmen. Wäre er weiter entfernt, gingen die Erde und ihre Lebewesen ihrer inneren Rhythmik verlustig. Drehte sich die Erde langsamer, wären die Tage und Nächte länger, und wir wären gewaltigen Temperaturunterschieden ausgesetzt. Stünde ihre Achse weniger als die momentanen 23° geneigt, würden die Jahreszeiten verschwinden und riesige Dunstwolken an den Polen unvorstellbare Eiskontinente bilden. Wäre die Erdatmosphäre nur ein wenig dünner, würden in einem fort Millionen von Meteoren auf uns niederprasseln.

Damit nähern wir uns schon den wundervollen Gleichgewichten auf der Erde. Allein die Luftzusammensetzung verrät eine erstaunliche Genialität. Als die ersten Bakterien sich von allen überkommenen Gesetzen lossagten und mit der Produktion von Sauerstoff begannen, erschienen sie ihren Kollegen wohl als gefährliche Außenseiter, die sich einer bisher unbekannten Vergiftung der Umwelt schuldig machten. Doch sie produzierten, jede für sich, munter darauf los und völlig ins Blaue. Auch als der neue Trend zum Sauerstoff immer mehr um sich griff und sich schließlich sogar durchsetzte, gab es offenbar keine Absprache unter den Produzenten, wann es genug sei, und es gibt sie bis heute nicht. Trotzdem aber hat sich ein Gleichgewicht zwischen Sauerstoff und Stickstoff eingependelt, das die ideale Grundlage für Leben, wie wir es kennen, darstellt. Die Mitte dieser Homöostase (21% Sauerstoff), ist der ideale Wert: ein paar Prozente mehr und die Vegetation würde brennbar und ein Opfer des ersten Blitzes, ein paar Prozent weniger, und die größeren Tiere und die fliegenden Insekten bekämen nicht mehr genug Lebensenergie. Welche höhere Instanz genau diesen Wert bestimmte und ihn bis heute gegen erhebliche Widerstände, wie das Niederbrennen der Erdlunge, unverändert aufrechterhält, bleibt ein Rätsel und eigentlich das Wunder, dem wir u. a. unser Leben verdanken.

Wohl bedient sich die lenkende Instanz der Luftströmungen und der Austauschmöglichkeit über die Hochatmosphäre zur Erhaltung der Mitte. Überflüssigen Sauerstoff in den Weltraum abzugeben, ist eine denkbare Möglichkeit. Irgendwann allerdings werden wir den Punkt erreicht haben, wo sich das Problem umdreht, wo wir statt zuviel zu wenig Sauerstoff haben.

Ein anderes, nicht weniger eindrucksvolles Wunder ist die Ozonschicht. Sie filtert genau jenen Anteil aus dem Sonnenlicht, der die DNS allen organischen Lebens durch Mutationen bedroht, läßt aber den Teil des Spektrums, den wir lebens-notwendig brauchen, ungehindert hindurch.

Ein weiteres Weltwunder ist das relative Temperaturgleichgewicht der Erdoberfläche. Obwohl sich die Atmosphärenzusammensetzung im Laufe der Zeit verändert hat und die Sonneneinstrahlung zunahm, liegt die Temperatur im überwiegenden Teil der Erdoberfläche zwischen 10° und 40° und macht so das Leben möglich. Wie wenig selbstverständlich das ist, sehen wir an unserem Nachbarn, dem Mond, dessen Temperaturen zwischen +110° auf der Tag-(Licht)seite und −170° Celsius auf der Nacht-(Schatten)seite schwanken. Die Parallele zum Mikrokosmos bei der Aufrechterhaltung der Temperatur, auch gegen äußere Störfaktoren, ist unübersehbar. Dieses Gleichgewicht ist eines der wenigen, über dessen Regelmechanismen wir einigermaßen im Bilde sind, wenn wir an die Temperaturspeicher- und damit Ausgleichsfunktion der Gewässer denken, an die Isolierfunktion der Vegetation, besonders der Wälder und an den Temperaturausgleich durch das Wetter.

Rätselhafter ist dagegen wieder die Erhaltung des Gleichgewichts der Salzkonzentration in den Weltmeeren zwischen 3 und 4%. Fossilienfunde belegen, daß diese Konzentration wohl nie über 4% gestiegen ist und seit Jahrmillionen relativ konstant bleibt, trotz eines ständigen Zustroms von Mineralsalzen über das Wasser der Flüsse. Auch wenn es sich hier um Süßwasser handelt, werden doch ständig Salze in geringen Maßen mitgeschwemmt, die alle im Meer bleiben müssen, da das verdunstete Wasser rein und salzfrei ist. Ab 6% Salzgehalt würde bereits alles Leben im Wasser erlöschen. Das tote Meer ist ein eindrucksvoller Beleg dafür.

Ein uns wohl nicht so bewußtes, aber nicht weniger eindrucksvolles Beispiel ist der geringe Gehalt an Ammoniak in der Atmosphäre. Es ist gerade genug, um das Temperaturgleichgewicht zu ermöglichen und um die natürlichen in der Atmosphäre (z. B. durch Gewitter) entstehenden Schwefel- und Salpetersäuren zu neutralisieren. Auf diese Weise wird das Säure-Basen-Gleichgewicht der Erdoberfläche in einem für pflanzliche Vegetationen optimalen Bereich gehalten.

Ein besonders eindrucksvolles Beispiel für natürliche Gleichgewichte ist auch die Ausgewogenheit zwischen männlichen und weiblichen Nachkommen. Hier wird die der Natur eigene Intelligenz offensichtlich, denn wann immer in Kriegen überwiegend Männer getötet wurden, gleicht sich das Mißverhältnis auf völlig unerklärliche Weise wieder aus. Nach großen Kriegen kommen mehr Jungen zur Welt. Die Wissenschaft kann diese Tatsache zwar mit ihren Statistiken eindrucksvoll belegen, aber in keiner Weise erklären.

In allerjüngster Zeit droht auch diesem Gleichgewicht eine Gefahr. Den Japanern ist es gelungen, eine Samenschleuder zu entwickeln, die es ermöglicht, auf Wunsch weibliche Neugeborene zu er-zeugen. Die Tatsache, daß es bisher nicht möglich ist, den Gegenpol, Jungen, »auf Bestellung« zu zeugen, mag Mutter Erde und ihrem Gleichgewicht noch einen kleinen zeitlichen Aufschub gewähren. Irgendwann könnte auch diese Schranke fallen, und die Welt würde dann wohl auch auf dieser Ebene ehrlich werden: Eine Männerschwemme als Ausdruck des *herr*schenden Weltbildes wird dann den Gegenpol, die Frauen, zu seltenen Kostbarkeiten machen.

Alle Einzelgleichgewichte und ihr Zusammenwirken dem Zufall zuzuschreiben, ergibt keinen Sinn. Wer würde schon behaupten, es sei Zufall, daß wir immer gerade dann essen, wenn die Energiespeicher leer sind, daß wir dann zufällig zittern, wenn die Temperatur sinkt, daß unser Säure-Basenhaushalt zufällig im günstigsten Bereich bleibt, daß wir, mit einem Wort, unser

Überleben einer Kette sich jederzeit wiederholender glücklicher Zufälle verdanken. Die Wissenschaft könnte sicherlich mathematisch belegen, daß eine solch extreme Häufung von glücklichen Zufällen ungefähr einem täglichen Hauptgewinn im Lotto entspräche. Ein Biologe sagte einmal: »Die Wahrscheinlichkeit, daß sich das Leben per Zufall auf seine jetzige Stufe entwickelt hat, entspricht der, daß ein durch einen Autofriedhof tobender Orkan dabei einen Jumbo-Jet zusammenpfeift.«

Beim Körper fällt es uns leicht, hinter all dem ein System zu sehen, kennen wir doch die Vermittler des systematischen Gleichgewichts. Daß wir sie bei der Erde bisher noch übersehen haben, ändert zum Glück wenig an ihrem Leben im Gleichgewicht, genauso wenig wie die Unwissenheit der Medizin vor 200 Jahren an der Homöostase des Mikrokosmos »Mensch« etwas änderte.

Untersuchen wir die Kriterien, die Lebewesen auszeichnen, wie es der Amerikaner James G. Miller* getan hat, so finden wir, daß die Erde sie im wesentlichen erfüllt: Sie nimmt Materie und Energie von außen auf wie den kosmischen Staub, Meteore und das Sonnenlicht, sie verteilt diese über Wetterphänomene, wandelt sie auch zu höheren Organisationsformen um (Photosynthese, Aufbau der Pflanzen aus anorganischem Material), sie speichert Energie (Kohle, Erdöl), befördert Abfälle aus dem System (Gase über Atmosphäre), kennt Bewegung (Kontinentalverschiebung, Gezeiten), kennt Informationsübermittlung innerhalb des Systems (z. B. durch Tierwanderungen, Windbestäubung der Pflanzen), verfügt über ein Gedächtnis (in der Erbinformation der DNS, in Gesteins- und Wachstumsformationen der Bäume) und schließlich hat sie in Ozonschicht und Erdoberfläche auch Grenzen.

Lediglich zur Reproduktion gibt es bisher keine Hinweise, möglicherweise aber hat unsere Erde in ihrer frühen Geschichte auch schon einige Kometenkinder, etwa bei gewaltigen Vulkanausbrüchen, produziert und ins All gespuckt und erfüllt damit auch dieses Kriterium.

Ein noch entscheidenderes Kriterium für Leben ist das Phänomen der Selbstorganisation, das der Amerikaner Lovelock in seinem Buch »Unsere Erde wird überleben«** für unseren Planeten nachweist. Hinzuzufügen wäre noch, daß die Erde auch das

---

* James G. Miller: Living System New York 1978

** in: Jim E. Lovelock: Unsere Erde wird überleben, München 1984.

zentrale Kriterium des Lebens, nämlich Rhythmus, in überdeutlichem Maße zeigt.

Die Erde lebt genau wie wir leben, der Makrokosmos entspricht dem Mikrokosmos auch hier. Wer sie noch länger als toten Himmelskörper betrachten will, müßte dann konsequenterweise auch mit den Menschen entsprechend verfahren: der Mensch als brillante Maschine auf einem toten Planeten. Diese Version, die heute eigentlich nur noch von wissenschaftsfeindlichen Materialisten vertreten werden kann, löst allerdings keine Rätsel, sondern wirft nur viele Fragen auf. Nach dieser Theorie gäbe es keinen Unterschied zwischen einem lebendigen Menschen und seinem frischen Leichnam. Alle physikalischen und chemischen Gegebenheiten sind ja unverändert, *nur* der entscheidende Rhythmus des Lebens fehlt dem Leichnam; der ist aber eindeutig nichts Materielles.

Vieles weist darauf hin, daß es dringend not-wendig wäre, die Erde als lebenden Organismus anzuerkennen, der, weil er lebt, auch sterben kann.

Würden wir die Erde aus einiger Entfernung betrachten und uns gleichzeitig von unserem eingeschränkten Zeitbegriff lösen, wäre ihre Lebendigkeit offensichtlich. Schon eine geringe Beschleunigung des Zeitflusses ließe uns die hektische Bewegung der Wetterfronten erkennen, Stürme würden die Wolkenmuster durcheinanderwirbeln und das weiß-blaue Mandala laufend verändern, ohne je ein früheres Muster zu wiederholen. Beschleunigen wir den Zeitfluß weiter und folgen ihm rückwärts, sehen wir Wälder aus dem Boden schießen und wieder abbrennen, Schauer von Meteoren prasseln auf die Erdoberfläche nieder, auf der sich wie riesige Würmer die Gletscher bewegen. Gebirge falten sich auf und werden vom Zahn der Zeit wieder abgetragen. Kontinente brechen auseinander und treiben im Weltmeer dahin. Inseln tauchen auf und andere gehen unter, Berge werden geboren und andere vergehen.

Bei dem Versuch, die Steuerungsmöglichkeiten der Natur auszumachen, sind wir auf vage Vermutungen, Andeutungen und die Gewißheit angewiesen, daß sie da sein müssen, da die Erde lebt und wir ständig das Ergebnis der Aussteuerung vor Augen haben. Den Nerven des Mikrokosmos vergleichbare Leitungssysteme könnten wir in all den unter- und oberirdischen Wasseradern ausmachen, in den Meeresströmungen und den Gezeiten. Dem Hormonsystem entsprächen eher die Luftströmungen und Druck- und Temperaturunterschiede, die zu den Wetterbewegungen der Atmosphäre führen. Vielleicht gehören auch die Tiere zum Informationssystem der Erde, wenn wir an den Vogelflug, die Wanderungen der Rentiere denken oder an die Insekten, die mit dem Blütenstaub den Samen zwischen den Pflanzen transportieren, ähnlich wie der Wind. Auch der Mensch gehörte in seiner Frühzeit zu diesem Informationsaustauschsystem der Natur, so lange jedenfalls, wie er in inniger Verbundenheit mit ihr lebte.

Das weist auf eine interessante Spur, denn solange der Mensch in seinem magischen Weltbild lebte, dem die Einheit von Mikro- und Makrokosmos eine unbezweifelbare Selbstverständlichkeit war, hatte er in Form seiner Intuition wohl auch ein Organ, das allumfassende Netz der Natur zu spüren. Vielleicht konnten unsere Vorfahren die morphogenetischen Felder fühlen oder sogar sehen. Vieles spricht dafür, daß sie Muster erkannten und Bilder empfingen, die uns heute verborgen sind oder einfach nichts mehr sagen. Wahrscheinlich stehen wir heute vor den Mustern und Zeichen der Natur genauso hilflos wie vor den Botschaften unserer Träume. Und je wissenschaftlicher wir denken, desto weniger erinnern wir uns offenbar an Träume und desto weniger sind wir auch in der Lage, die Muster der Ganzheit zu erkennen.

Wir können quasi zurückschauen in die Vergangenheit, wenn wir die »unzivilisierten« Völker, die heute noch auf Steinzeitniveau leben, betrachten, oder wenn wir die Schamanen der Naturreligionen beobachten. Bei ihnen taucht allerdings schon die Frage auf: Schauen wir in die Vergangenheit oder etwa in die Zukunft? Diese Menschen leben im Einklang mit der Natur und spüren oft noch das Ganze auf einmal. Wenn sie einem von uns Zivilisierten etwas vermitteln wollen, hat man manchmal wirklich das Gefühl, ein Sehender versuche einem Blinden die Farben eines Bildes zu erklären. Was uns fehlt, ist die Intuition. Die Naturmenschen sehen überall die Botschaften der Natur: in den Farben des Sonnenauf- und Untergangs, den Wolkenformationen, dem Blitzeinschlag, dem Muster und der Gestalt des Nordlichtes und den ersten bunten Blättern des Herbstes. Das Wetter ist ihnen ein offenes Buch und auch die Naturveränderungen auf der Erde. Die Tiere und Pflanzen geben ihnen Botschaften und wohl auch umgekehrt. Die Tiere leben noch tiefer in diesem Ganzheitszusammenhang, so spüren sie Erdbeben um Stunden voraus. Warum und mit welchem Organ fragen wir heute. Die Naturmenschen nahmen einfach die Zeichen an, konnten sie vielleicht sogar selbst spüren. Auch hatten sie Visionen und konnten auf der Zeitachse nach vorn in die Zukunft reisen. Vielleicht sind ihre Rauchzeichen Nachkommen der Rauchzeichen, die sie von Mutter Erde bei deren (Vulkan-)Ausbrüchen bekommen? Entsprechen ihre getrommelten Botschaften dem Grollen der Erde in ihrem Bauch oder dem Donner? Konnten sie vielleicht Ultraschallwellen nutzen, ähnlich den Fledermäusen? Die Formation des Vogelfluges jedenfalls konnten sie deuten, und sie spürten die Ausstrahlung von Mutter Erde und damit deren besondere Plätze. Schamanen erkennen noch heute diese Orte der Kraft und auch jene, die schwächen; sie bauen ihr Lager nicht auf Wasseradern, jedenfalls nicht ohne Absicht. Sie teilen viel Wissen mit den Tieren und anderen Wesen der Natur, von dem wir heute nur träumen können. Vielleicht spüren sie selbst das Magnetfeld der Erde oder orientieren sich an Tieren, die dies sicher können. Ihr Orientierungssinn erinnert in seiner *traumhaften* Sicherheit in der Tat an die Bienen und die Zugvögel. Schon immer deuteten sie auch den Sternenhimmel und die Bahn der Planeten.

Auch Seeleute, die die Auseinandersetzung mit dem weiblichen Element Wasser zum Beruf gewählt haben, benutzen bis zum heutigen Tag den Sternenhimmel. Und haben es die Seeleute nicht auch immer gedeutet, wenn die Ratten vor der Abfahrt das Schiff verließen? – Aberglauben nennen wir das heute – *aber glauben* es doch und mit Recht. Auch schließen wir heute noch aus den Farben des Sonnenuntergangs auf das Wetter von morgen (Abendrot – Schönwetterbot). Und auch Träume ängstigen uns noch als Vorboten der Zukunft, denn auch wir haben noch Ahnungen. Der große Unterschied ist: Wir vertrauen unserer Intuition nicht mehr! Woher kämen all die Geschichten über Feen, Zwerge und Riesen, wenn es sie nicht gäbe? Verschwinden nicht Warzen immer noch am einfachsten durch Besprechung? Und lassen sich gute Brunnen etwa nicht mit der Rute finden? Können nicht Menschen, die sich nahestehen (miteinander schwingen), auf große Entfernung spüren, wenn der andere in Not ist? Und hat nicht jede Mutter für ihr Neugeborenes einen sechsten Sinn? »Koenästhetische Wahrnehmung« nennt die Wissenschaft dieses, inzwischen unbestreitbare Phänomen. Das Phänomen bleibt auch nach dieser Namenstaufe ein Wunder, das seiner Erklärung harrt. Es wäre an der Zeit, daß wir uns wieder öffnen, auch für die Dinge des Numinosen, die wir nicht beweisen, vielleicht aber bald wieder spüren können. Und es gibt viele Zeichen, die darauf hinweisen, daß die Zeitqualität reif ist für diese Öffnung: Auf der einen Seite sind da die tibetischen Lamas und indianischen Medizinmänner, die erstmals ihr Wissen auch mit uns Zivilisationskindern teilen wollen. Auf der anderen Seite steht die wachsende Zahl derjenigen, die auch bereit sind, zuzuhören, sei es, daß sie sich bewußt weiterentwickeln wollen oder auch einfach weil sie genug haben von dieser Zivilisation, die so viele krank und so wenige glücklich macht.

Das Zusammentreffen dieser Kulturen wird für keine der Beteiligten ein Weg zurück sein, sondern eine neue Möglichkeit schaffen, die Welt zu sehen. Vielleicht wachsen hier Menschen heran, die wieder – wie die Alten – in der Lage sind, ihren Teil zum Steuerungssystem der Erde beizutragen. Nicht, indem sie einfach die Seite wechseln, sondern indem sie das moderne Wissen mit dem der Alten zu einer Synthese verschmelzen, zu einem neuen Weltbild, das mehr ist, als die Summe seiner Teile.

Schauen wir uns nämlich unsere Zivilisation an, so hat sie den allmählichen Verlust der Allverbundenheit durch ihre neue Version von Allverbundenheit ersetzt. Statt intuitiv mit aller Natur im Einklang zu sein, sind wir heute technisch alle miteinander verbunden. Das Telefonnetz ist eine grandiose Imitation des Nervensystems! Jeder Fernsprechteilnehmer ist jederzeit mit allen anderen Fernsprechteilnehmern der Welt verbunden. Wie Information im Mikrokosmos von Zelle zu Zelle jagt, tut sie es auch im Makrokosmos. Die Telepathie wurde durch das Telefon gut ersetzt. Über Funk, Fernsehen, Telex sind wir mehrfach zusammengeschaltet, verdrahtet und verkabelt. Der bisher übliche langwierige Postweg mutet da schon überholt an. Auch alle anderen Wege, auf denen der Informationsträger Mensch um die Erde reist, gehören hierher und ähneln nicht nur in der Signatur dem mikrokosmischen Nervensystem.

Die Natur hat ihr Gedächtnis überall. Jeder Stein, der seit Jahrmillionen in einem Flußbett abgeschliffen wird, hat es gespeichert, wie auch die Gesteinsformationen der Erde mit ihren fossilen Einschlüssen und auch jede Kristallstruktur* berichtet vom langsamen Wachsen und Werden der Natur. Die Jahresringe der alten Bäume wirken dagegen schon fast wie das Kurzzeitgedächtnis der Erde, das gute und schlechte Jahre genau festgehalten hat. Denken wir noch einmal an das Laserbild, das Hologramm: Alles ist in allem gespeichert – genau wie in der Natur. Jeder Kieselstein könnte uns die Erdgeschichte erzählen, wir müßten ihn nur richtig zu fragen wissen! Auch das Hologramm müssen wir ja erst richtig beleuchten.

---

* All unsere modernen Uhren sind Quarz-Uhren, die das rhythmische Schwingen des Kristalls zur Messung kleinster Zeiträume verwenden.

Wesen werden könnten. Daß auch sie eine deut-liche Schattenmanifestation ist, sehen wir schon an den Worten. Die Eingeweihten der alten Zeit meinen mit »strahlenden Wesen« etwas anderes. Der Unterschied ist immer derselbe: Sie meinen die innere Ebene: von innen nach außen strahlen. Wir leben die äußere: von außen das Innere zerstrahlen. Daß diese beiden Aspekte der Drohung, »AIDS«* und Radioaktivität, über uns schweben, kann uns verdeutlichen, daß die Allverbundenheit mit der technischen Allverbundenheit der allgegenwärtigen Kommunikation noch nicht eingelöst ist. Das Numinose wartet noch auf seine Einbeziehung in den allgemeinen Verbund, sonst schickte es nicht seine beiden Todesengel als drohende Boten.

So wenig, wie sich Liebe durch Sex ersetzen läßt, können wir Allverbundenheit durch äußere Kommunikation ersetzen. Jedoch ist die sich anbahnende totale Kommunikation ein wichtiger Schritt. Wir Menschen müssen ja nun einmal zuerst nach außen, in die Irre gehen, um dort all das für die Heimkehr nach innen Notwendige zu lernen.

Die Hoffnung für die lebendige Erde ist die gleiche wie für lebendige Menschen: *recht-zeitig* auf-wachen und auf-*machen* für andere lebendige Wesen und damit sich *aufmachen* auf den Rückweg zur eigenen Mitte. Einiges spricht dafür, daß gerade jetzt die rechte Zeit ist... Wir haben das notwendige Verständnis der Zusammenhänge und die entsprechende Macht erworben. Vielleicht läßt sich noch alles *regeln!*

22. Evolution von Mikrokosmos und Makrokosmos

> Der Große Geist hat die Blumen, die Flüsse, die Föhren, die Zedern erschaffen, und er sorgt auch für sie. Der Lufthauch durchweht sie, daß sie atmen, auch Wasser gibt er ihnen, daß sie wachsen... Er sorgt sich auch um mich, gibt mir zu trinken und zu essen, läßt mich gemeinsam mit den Pflanzen und Tieren leben.
>
> LAME DEER (Medizinmann der Hopi)

* Wie schnell AIDS uns alle bedrohen kann, läßt sich an einer einfachen Frage nachvollziehen: Wenn Spritzennadeln die Viren übertragen, warum dann nicht auch die Stacheln von Insekten? Möglicherweise ist dazu bisher nur die Verbreitung der Seuche zu gering.

Im Anfang war das Schweigen.
Das Schweigen der Felsen,
des Himmels, der Gräser.
Das Schweigen der Nacht
und des Schöpfungsmorgens.

Lange bevor alles beim Namen genannt wurde,
bevor Berg zu Berg,
Stein zu Stein,
Erde zu Erde wurde,
war schöpferisches Schweigen.
Ewigkeit aller Ideen und Worte,
Respekt des Lebens vor dem Geheimnis.

Bevor ich,
bevor wir alle
beim Namen gerufen wurden,
war die Welt wortlos.

Indianische Weisheit

Zuletzt machte Manitu den Menschen. Obwohl er der letzte und von allen Wesen das hilfloseste war, empfing der Mensch die größte Gabe – die Fähigkeit zu träumen.

Johnston Manitu

Nachdem wir in den wichtigsten Organ- und Funktionsbereichen Übereinstimmungen zwischen Mikro- und Makrokosmos erlebt haben und in vielen dieser verschiedenen Einzelbereiche feststellen mußten, daß wir uns in gefährliche Grenzbereiche gelebt haben, taucht die Frage auf: Wohin gehen Mensch und Welt? Um dieser Frage fundierter in die Zukunft folgen zu können, lohnt es sich zuerst einmal, in die Vergangenheit zurückzublenden und uns anzuschauen, wo beide herkommen. Bevor wir uns auf den Weg zurück in der Zeit machen und den Bausteinen des Universums bei ihrer Geburt zuschauen, soll noch einmal klargestellt werden, daß das Ganze ein Spiel mit Illusionen ist. Wir beschreiben gleich die Entwicklung der Materie, obwohl wir deren Scheincharakter durchschaut haben: »Materie ist in Wirklichkeit eine Reihe von *unscharfen Mustern*. Die Suche nach dem allerletzten Material, aus dem das Universum besteht, endet mit der Entdeckung, daß es so etwas gar nicht gibt. Falls es irgendeinen allerletzten »Stoff« gibt, aus dem das Universum besteht, so ist es reine Energie, aber subatomare Teilchen bestehen nicht aus Energie, sie *sind* Energie«, sagt der Physiker Zukav. Damit ist letztlich alle Materie, der weibliche Grundstoff der Schöpfung, als Illusion, als Spiegel der männlichen Energie, durchschaut, so wie ja auch das Leuchten des Mondes (des weiblichen Ursymbols) nur Illusion und Spiegel des wirklichen Strahlens der Sonne (des männlichen Ursymbols) ist. Für uns ist das Leuchten des Mondes aber trotzdem »Wirklichkeit«, nicht die letzte, aber doch unsere. In diesem Sinne wollen wir die Entwicklung der Schöpfung im Großen und Kleinen betrachten.

Unser Universum besteht zu 99,9% aus den beiden einfachsten Atomarten Wasserstoff (1 Proton + 1 Elektron) und Helium (2 Protonen + 2 Neutronen + 2 Elektronen). Die Materie unserer Welt erscheint dagegen nur wie ein bißchen Staub, eine Verunreinigung der Wirklichkeit sozusagen. Die Astrophysik ist sich heute sicher, daß alle komplexeren 90 anderen Atomarten erst nach dem Urknall durch Kernfusionen im Innern unzähliger sonnenartiger Sterne entstanden. Die einfachen Wasserstoff- und Heliumkerne wurden sozusagen unter ungeheurem Energieaufwand und ebensolcher Energiefreisetzung zu größeren Atomgebilden wie Sauerstoff und Kohlenstoff zusammengeschmolzen. Bei den enormen Temperaturen entsteht ein Plasma, in dem Elektronen und Protonen frei beweglich sind und sich zu größeren Gebilden zusammenfinden können. Alle Atome, die unsere Erde vor Milliarden von Jahren bildeten, hatten zu diesem Zeitpunkt schon eine lange Reihe von »Leben« in anderen Sternen während der Jugendzeit unserer Galaxie hinter sich, in deren Verlauf sie ihre endgültige Komplexität entwickelten.

Bei der Geburt der Erde waren also alle ihre Bausteine fertig vorhanden; und wahrscheinlich auch die Bilder der kommenden Entwicklungsstufen, wenn wir das Konzept der morphogenetischen Felder auf die Evolution anwenden. Jedenfalls bildeten sich in der sogenannten Ursuppe aus den Atomen unter dem Einfluß von Energie Moleküle, wie die Wissenschaftler in vielen Experimenten belegen konnten.

Die Energie kommt in dieser Phase ausschließlich von außen, nämlich aus dem Sonnenlicht, das auf dieser Entwicklungsstufe ungefiltert auf die Ursuppe niederbrannte. Die gebildeten kleineren Moleküle konnten auch untereinander zusammenwachsen, sich wieder spalten und aufs neue formieren. Eine direkte Ordnung war nicht erkennbar, aber man kann auch nicht von völliger Unordnung sprechen, denn die Eigenart der Atome schränkt die Entstehungsmöglichkeiten neuer Moleküle ein. Der Kohlenstoff spielte nun eine zentrale Rolle, und er bildete mit Vorliebe bestimmte Muster, wie lange Ketten und regelmäßige Sechser-Ringe. Jede Vorstufe beeinflußt die Folgestufe. So »besteht das

Gewebe der Welt aus Zerfall und Notwendigkeit«, wie Goethe es formulierte.

Die Atome in den ersten Molekülen bildeten wie die sich teilenden ersten Zellen des Menschen ein Muster. Damit sind wir bei einem für alle weitere Entwicklung zentralen Begriff angelangt. Ein Muster läßt sich am besten aus seiner Entwicklung als eine Mischung aus Freiheit und Zwang verstehen. Nehmen wir ein leeres Zugabteil als Beispiel. Mit dem ersten Fahrgast ist nicht alles, aber vieles bestimmt. Wenn es ein unordentlich gekleideter, nach Schnaps riechender Raucher ist, wird sich der zweite Fahrgast, eine ältere, adlige Dame, schon mit ziemlicher Sicherheit in die entgegengesetzte Ecke setzen. Der dritte Fahrgast, ein Offizier der alten Garde, setzt sich nun dem ersten Gast gegenüber, um den Grobian in seine Schranken zu weisen. Der vierte Fahrgast, eine junge, allein reisende Frau, wird sich wohl am ehesten in die letzte freie Ecke, der Lady gegenüber, setzen, und so wird die Freiheit immer geringer, der Platz des sechsten und letzten Gastes ist schon fest bestimmt. Auf vergleichbare Art sind wohl die Molekülmuster in der Ursuppe herangereift. Über dieses Bild kommen sich sogar die Vorstellungen von Anhängern des Zufallsgedankens und der Vorherbestimmung recht nahe. Wir könnten nun sagen, die Evolution spielt sich von Muster zu Muster oder erfüllt ein morphogenetisches Feld nach dem anderen mit materiellem Inhalt. Die neuentstehenden Muster verfügen über immer höhere Komplexität und größere Fähigkeiten, die jedoch alle schon in den Ausgangsmaterialien begründet liegen. Offenbar benutzt die Natur für diesen Weg das Spiel der Selektion, sie leistet sich auf dieser Entwicklungsstufe eine sehr hohe Fehlerquote. Da aber alle Fehlentwicklungen der Selektion anheimfallen und nur die Zufallstreffer weiter verfolgt werden, hat der Zufall Methode und enthüllt eine Gesetzmäßigkeit, die zu einer höheren Ordnung führt. Gott scheint zwar wirklich zu würfeln*, da aber immer nur die Sechserwürfe zählen und alle anderen unter den Tisch der Selektion fallen, ist das Ergebnis doch recht klar. Die hohe Fehlerzahl kommt durch die vielen Mutationen zustande, die die energiereiche Sonneneinstrahlung auslöst. Die vielen Fehler mit den einzelnen »zufälligen« Treffern

---

* Die Vorstellung, daß Gott würfeln, d. h. sich des Zufallsprinzips bedienen könnte, ließ Einstein lange an der neuen Physik zweifeln. Letztlich stimmt es auch weder für die Evolution noch für die Physik, wie uns die allerneuesten Forschungen zeigen (Bells Theorem und die Theorie der Morphogenetischen Felder).

sind es also, die auf dieser Stufe die wesentlichen Fortschritte zuwege bringen.

Auf diese Weise entwickelten sich immer komplexere Moleküle, die sich auch zunehmend differenzierten. So taten sich etwa die informationsspeichernden Nucleinsäuren mit den eher zum Handeln aufgelegten Proteinen zusammen. Proteine hatten inzwischen eine führende Rolle erlangt, da die Kombination ihrer verschiedenen Aminosäuren ihre Zahl ins Unermeßliche gesteigert hatte und sie vor allem die verschiedensten Oberflächenstrukturen bilden können. So gelang schließlich auch jene zukunftsweisende Kombination der beiden Molekülgruppen, der es möglich war, sich selbst zu reproduzieren. Damit hatte die erste Struktur potentielle Unsterblichkeit entwickelt.

Mit dem Schritt zur identischen Reproduktion war die materielle Evolution zugunsten der biologischen beendet. Das wilde Kombinieren und Zerfallen von kleineren Molekülen unter dem Einfluß des hochenergetischen Sonnenlichts war vorbei, weil die neue, komplexere Kombination die kleinen Moleküle aus der Ursuppe für ihre fortlaufende Verdoppelung als Bausteine und Energielieferanten verbrauchte. Es gab nun Stoffwechsel, und bald wurden die kleineren Moleküle knapp, und ein scharfer Wettbewerb entstand, die erste Krise bahnte sich an. Zusätzlich war nun die bisher so entwicklungsfördernde hochenergetische Sonnenstrahlung zur Gefahr geworden, denn sie führte dauernd zu Mutationen und damit Fehlern in der ansonsten gut funktionierenden Reproduktion.

In dieser ersten ernsten Krise ereignete sich einer der für die Evolution typischen Entwicklungssprünge. Statt des totalen Zusammenbruchs ergab sich eine ganz neue, komplexere Ebene. Da ihnen die Molekülbausteine, die sie als Baumaterial, aber auch als Energielieferanten brauchten, ausgingen, verfielen einige dieser frühen Organismen auf einen Rückschritt, der sich nun aber für sie als Fortschritt erwies. Sie lernten wieder, die im Überfluß vorhandene Sonnenenergie, unter der sie wegen der von ihr ausgelösten Mutationen nur noch gelitten hatten, als Energiequelle zu nutzen. Der Feind Sonne wurde so zum Freund gewandelt, indem er hereingenommen und ins eigene Leben integriert wurde. Und das verschaffte diesen Vorfahren der ersten Pflanzen einen großen Selektionsvorteil gegenüber ihren konservativen Kollegen, die im Wettbewerb nun bald hoffnungslos zurückfielen. Als Nebenprodukt dieser Energiegewinnung durch Photosynthese entstand zunehmend Sauerstoff, ein bisher kaum in Reinform vorhandenes Giftgas. Es brachte den neuen Pflanzen aber einen weiteren großen Vorteil, denn es stieg in die Atmosphäre auf und bildete dort in der Auseinandersetzung mit der energiereichen Strahlung jene Ozonschicht, die von nun an das empfindlicher gewordene Leben der Ursuppe schützte. Erst viel viel später brachte der Sauerstoff den Pflanzen auch einen Nachteil, denn es bildete sich eine andere Art von Organismen, die sich darauf spezialisierten, dieses Gas zur Energiegewinnung mittels Atmung zu nutzen: die Tiere. Und einige dieser neuen Organismen scheuten sich nicht, gerade jene Pflanzen, denen sie den Sauerstoff und damit ihr Leben verdankten, aufzufressen, um noch mehr Energie und Bausteine zu ergattern.

Einen ganz entscheidenden Schritt, der erst die Voraussetzung für all das bildete, müssen wir noch nachvollziehen: die Entwicklung des genetischen Codes. Einiges spricht dafür, daß die ganze Entwicklung auf diesen Code zielte, der ausnahmslos bei allen Lebewesen identisch ist. Wer diese Vorstellung als zu deterministisch ablehnt, wie die allermeisten Wissenschaftler, ist dann gezwungen anzunehmen, daß ausnahmslos alles Leben auf diesem Planeten, von der Bakterie über die Schlüsselblume, bis zu Elefant und Mensch, von ein und derselben Urzelle abstammt. Auch das ist ein schöner Gedanke und eine Untermauerung der Theorie, daß alles mit allem verbunden ist. Diese Urzelle hat offenbar den Sprung zum genetischen Code der DNS aus Zufall oder Bestimmung geschafft und dann alles andere Leben durch diesen ungeheuren Selektionsvorteil überflügelt. Die Vorstellung, daß sich etwas so Komplexes wie dieser eine Code aus reinem Zufall und ohne Vorbild wie etwa einem Morphogenetischen Feld an allen verschiedenen Plätzen der Welt absolut identisch entwickelte, müßte eigentlich leicht als absurd zu durchschauen sein.

Für die Vorstellung, daß alles heutige Leben von einer einzigen Urzelle abstammt, spricht noch eine andere Eigentümlichkeit unserer Welt. Wie letztlich alles in der Polarität, haben auch die Aminosäuren, die Bausteine des Eiweißes, zwei Seiten bzw. zwei spiegelbildliche Erscheinungsformen. Aller Wahrscheinlichkeit nach, müßten beide Formen etwa gleich oft in unserem Eiweiß vorhanden sein. Das Gegenteil ist aber der Fall. Nur die sogenannten »linksdrehenden« werden vom Leben auf diesem Planeten verstoffwechselt. Wohl hat sich das Leben auf einer sehr frühen Stufe für die linksdrehenden Aminosäuren entschieden, vielleicht analog zu unserer linksdrehenden Welt. Und da alles weitere Leben offenbar auf dieser Frühstufe aufbaut, müßten wir angesichts der köstlichsten Lebensmittel, die aus rechtsdrehenden Aminosäuren bestehen, verhungern, weil wir sie nicht verstoffwechseln könnten.

Nachdem sich das Konzept, andere Molekülkomplexe für eigene Zwecke, wie Energie- und Materialgewinnung, zu schlukken, schon früh durchgesetzt hatte, entwickelte sich nun eine neue Variante davon, die »Gastarbeit«. Als sich die Nukleinsäure-Protein-Gemeinschaften nämlich mit Hilfe eines eigenen Zaunes von der Umwelt abgegrenzt hatten, kam es vor, daß größere Komplexe sich kleinere, die einige Spezialaufgaben besonders gut gelernt hatten, schnappten und in ihrem eigenen Territorium ansiedelten und für sich arbeiten ließen. Das war der Beginn der Spezialisierung, und es spricht einiges dafür, daß die Mitochondrien, die Kraftwerke unserer Zellen, die Nachkommen solcher frühen Gastarbeiter sind. Trotz solch raffinierten Vorgehens, war die nächste Krise vorprogrammiert. Diese ersten Zellen wuchsen und brauchten mehr Nahrung. Dort, wo sie waren, gab es die aber nicht unbegrenzt. Es war also wieder ein Evolutionssprung fällig: Einzelne Einzeller taten sich zusammen und bildeten die ersten beweglichen Vielzeller. Sicherlich war das einer der schwersten Schritte in der Evolution, denn alles, was bisher Vorteile gebracht hatte, schlug nun ins Gegenteil um. War es bisher sinnvoll, im heftigen Konkurrenzkampf den Nachbarn am besten aufzufressen, war nun plötzlich Kooperation gefragt. Einige schafften es trotz der Schwierigkeiten und wurden die erfolgreichen Vorfahren aller Vielzeller. Wie schwer dieser Schritt wohl war, sehen wir daran, daß ein großer Teil der Lebewesen ihn nicht mitvollzog und als Amöben und Bakterien lieber auf der Ebene des egoistischen Konkurrenzkampfmottos »Jeder für sich und gegen alle anderen« verharrte.

Es spricht nach unserem heutigen Wissensstand sehr vieles für eine generelle Entwicklung in Sprüngen. Hinweise für kontinuierliche Übergänge ergeben sich nirgends, denn sobald wir genau hinsehen, müssen wir feststellen, daß der Anschein trügt, wie im Film, wo uns der schnelle Wechsel stillstehender Bilder kontinuierliche Bewegung vorgaukelt. Auch bei der Evolution fehlen Hinweise für kontinuierliche Übergänge, während es jeweils viele fossile Funde gibt, die die Hauptströmungen belegen. In der Schöpfung gibt es offenbar generell keine halben Sachen, sondern immer nur ein Entweder-Oder. Die weichen Übergänge gaukeln uns lediglich unsere relativ groben Sinnesorgane vor. Auch die Farben des Regenbogen haben in Wirklichkeit keinen kontinuierlichen Verlauf, sondern sind ein eher treppenförmiges Spektrum. Von der Physik lernten wir, daß das Licht in kleinen

Paketen auftritt und keine stufenlosen Übergänge zuläßt, wie es der Dimmer unserer gemütlichen Wohnzimmerbeleuchtung vortäuscht.

Die Atomphysik liefert uns den Schlüssel, um alles Geschöpfte als diskontinuierlich zu erkennen, sowohl die Masse, als auch Ladung und Drehimpuls (Spin) liefern Belege dafür. Es gibt nur positive oder negative Ladung und die neutrale Mitte, aber keine stufenlosen Übergänge.

Der Sprung vom Einzeller zum Vielzeller und von der bedingungslosen Konkurrenz zur bedingten Kooperation war der Boden, auf dem die Spezialisierung in Organe und Gewebe entstehen konnte und bereitete schon den nächsten Schritt vor, die Entwicklung von Sexualität.* Die Mutationen der frühen materiellen Evolution waren nun, durch die gut funktionierende Ozonschicht, als Hauptmotor der Entwicklung ausgefallen. Die Verschmelzung ganzer Individuen wurde immer schwieriger, ihre vegetative (= identische) Vermehrung aber brachte keine Entwicklungsmöglichkeiten. Hier schaffte die Sexualität Abhilfe, ermöglichte sie doch nun fast beliebige Kombinationen der Information zweier Organismen über den Austausch einzelner Zellen. Allerdings forderte auch dieser Schritt viel vom einzelnen Organismus, denn nun mußte das Konkurrenzprinzip noch weiter eingeschränkt und einem fremden, eigenständigen Organismus erlaubt werden, ganz nahe zu kommen, sich mit einem selbst zu verbinden. Die altbewährten Aggressionsprogramme hatten plötzlich ihr Recht verloren und mußten gezügelt, ja in ihr Gegenteil verkehrt werden. Liebe wurde zu einem Selektionsvorteil. Wer viel liebte, hatte viele Nachkommen. Wer sich um diese Nachkommen auch noch kümmerte, konnte sich in der Evolution noch besser behaupten; und so lernten viele Organismen auch das. Einige allerdings, wie die meisten Pflanzen, die ja ortsgebunden waren und ihren möglichen Partnern nicht einfach nachlaufen konnten, vertrauten der neuen Errungenschaft nicht so ganz und behielten die alte, vegetative Vermehrungsmöglichkeit noch bei. So können sich die meisten Pflanzen bis heute auch über Ableger ungeschlechtlich fortpflanzen.

Die Sexualität beschleunigte die weitere Entwicklung enorm, und bald geschah die sprunghafte Evolution von Nervensystemen. Die Steuerung über chemische Stoffe war zu langsam und

* Es handelt sich hier um eine stark vereinfachte Darstellung, die notgedrungen Schritte hintereinander bringt, die eher parallel verliefen.

undifferenziert geworden, und so kam es zur Ausbildung von Instinkten und Verhaltensautomatismen, die nervös vermittelt waren. Allerdings wurde das bewährte System der Hormonsteuerung für einige Zwecke bewahrt und durch die neuen Nervensysteme eher ergänzt. Immer kompliziertere Verhaltensweisen konnten nun über Instinkte und Reflexe gespeichert werden, ohne daß sich die Organismen dieser Speicherung jedoch bewußt waren. Sie fingen nun auch an, durch Nachahmung zu lernen. Die Vorfahren unserer Affen scheinen hier besonders erfolgreich gewesen zu sein, sind ihre Ururenkel doch heute noch für ihr »Nachäffen« verschrien.

Der nächste Schritt, die Entwicklung des Gedächtnisses, war zwar die Grundlage des wirklichen Lernens und die Voraussetzung der wohl rasantesten Entwicklung der Evolution, er mußte aber auch teuer bezahlt werden, riß er die Geschöpfe doch abrupt aus ihrem paradiesischen Leben im Hier und Jetzt. Mit den Möglichkeiten stiegen auch die Probleme immens. Der Kopf mit dem Gehirn wurde immer wichtiger, und bald mußte er besser geschützt werden als der Bauch; man erhob sich, brachte damit den Kopf aus der Gefahrenzone, entblößte aber zugleich den empfindlichen und ungeschützten Bauch mit den Eingeweiden.

Es ist vor allem auch die Aufrichtung auf unsere Hinterbeine, die uns einzigartig in der Schöpfung macht. Unser Fußgewölbe teilen wir mit keiner Tierart auf Erden, während einige ein sehr ähnliches Gehirn haben. Der so gewonnene Überblick brachte aber auch Probleme, wie die erstmals aktuell werdende Aufrichtigkeit mit sich.

Von den Sinnesorganen wurden die Augen nun immer wichtiger, die Bedeutung der anderen Sinne nahm langsam ab. So beginnt mit der Aufrichtung auch jener Weg, der uns zu optischen Wesen macht, die die Welt zunehmend zu objektivieren suchen. Erst heute führt uns die Physik auf höherer Ebene an diesen Ausgangspunkt zurück, indem sie uns den Scheincharakter der optischen Welt enthüllt und nahelegt, uns für wirkliches Wissen wieder mehr auf innere Sinne zu verlegen, auf das, was wir banalisierend und pauschal unseren »sechsten Sinn« nennen.

Von nun an ging alles Schlag auf Schlag. Die Evolution beschleunigte enorm. Das neue Organ im Kopf erlaubte die Bildung von Begriffen, und als diese sich mit bestimmten Klangmustern koppelten, war auf höherer Ebene etwas ähnliches geschehen wie damals vor einigen Milliarden Jahren, als sich die Nukleinsäuren mit den Proteinen zusammengetan hatten. Die Sprache entstand und brachte viele Vorteile und harte Konsequenzen. Unter den Konsequenzen vor allem die, daß man sich mit den Geschöpfen aus der eigenen Nähe verständigen konnte, nicht aber mit denen von jenseits der Berge. Die sahen zwar immer noch genauso wie man selbst aus, gaben aber andere Laute von sich und wurden so zu Fremden. Über diese Entwicklung der Sprache und die damit verbundene Abgrenzung der eigenen Gruppe gegen Fremde geschah es wohl zum ersten Mal in der Geschichte des Planeten, daß eine Art begann, Artgenossen absichtlich zu töten. Gut töten zu können, war auf dem ganzen Weg der biologischen Evolution ein Selektionsvorteil gewesen, nun aber wurde es zum entscheidenden Punkt innerhalb der eigenen Art, nur die besten Töter hatten gute Überlebenschancen.

Mit der Sprache gab es nun ein universell ausbaubares Kommunikationssystem, das in der Vielfalt seiner Möglichkeiten in Worten und Sätzen dem der Aminosäuren und Proteine entsprach und auch eine ähnliche Entwicklung einleitete. Sprache und Gehirn förderten sich gegenseitig und beendeten die biologische durch den Übergang zur intellektuellen Evolution. Der Mensch nahm nun die Selektion selbst in die Hand und begann zu entscheiden, welche Arten ihm noch wichtig waren. Diese förderte er gezielt und züchtete besonders geeignet erscheinende Tiere und Pflanzen heraus, anderen bestimmte er den Untergang. Der bisherige Hauptgrundsatz der Evolution, die Anpassung des Innen an das Außen, wurde nun erstmals überflüssig. Statt Anpassung des Menschen an die Umwelt, ging er nun über zur Anpassung der Umwelt an seine menschlichen Bedürfnisse. Das wird demnächst über die Gen-Technologie so weit gehen, daß der Mensch neue Organismen im Labor konzipieren kann. Womit wir in der Gegenwart angekommen sind.

Die Parallelen zwischen der makrokosmischen und mikrokosmischen Evolution sind vielfältig. So wie die Atome, die unsere Erde bildeten, eine lange Reihe von Entwicklungsschritten in den verschiedensten Sonnenschmelzöfen hinter sich hatten, blicken auch die Atome, die unseren heutigen Körper formen, auf eine endlose Kette von »Inkarnationen« in anderen Körpern, Pflanzen, Mineralien usw. zurück. So wie der Plan der Erde schon gleichsam in ihren Atombausteinen steckte, die bei ihrer Schöpfung alle schon fertig vorlagen, steckt der Plan für den menschlichen Körper schon bei der Empfängnis vollständig im Erbgut der DNS, das auf eine lange Entwicklung während der Jugend der Menschheit zurückblickt, ähnlich wie die Atome auf die Jugend unserer Galaxie.

Wie im Makrokosmos der eigentliche Beginn der Evolution die Begegnung der Sonnenenergie (♂) mit der Mater-ie (♀), der Ursuppe ist, ist es im Mikrokosmos entsprechend das Zusammentreffen des männlichen Samens mit der weiblichen Eizelle im Eileiter. Auch hier steht beim Samen (♂) ganz der energetische und informative Charakter im Vordergrund, er besitzt ja kaum Materie, während beim Ei (♀), neben dem informativen, vor allem der materielle nährende Pol betont ist. Wie bei der ersten Stufe der makrokosmischen Evolution, der sogenannten »materiellen«, bleibt diese Situation auch in der menschlichen Entwicklung nun eine Zeitlang erhalten, wenn nämlich der Keim in der wärmenden Gebärmutter seine ersten Teilungsschritte macht, während derer er noch ausschließlich von der eigenen, mitgebrachten Materie zehrt und auf Energie von außen angewiesen ist. Ähnlich wie bei den ersten Schritten in der Ursuppe, ist auch bei dem sich nun bildenden Zellklumpen, der Morula, noch keine Ordnung sichtbar, aber auch der Anschein von Unordnung liegt fern, es entsteht ein Zellmuster.

Zum makrokosmischen Stadium der Höherentwicklung durch Fehler (die Mutationen) gibt es auch in vielen Abschnitten des menschlichen Wachsens Parallelen. In der Entwicklung des Kindes spielt das Lernen durch Versuch und Irrtum eine herausragende Rolle. Irren ist jetzt wirklich menschlich. Auch hier wird Selektion betrieben, denn das Kind läßt alle Fehler unter den Tisch fallen und akzeptiert nur den erfolgreichen Lernschritt, etwa beim Versuch zu stehen. Daß es vorher tausendmal wieder umgefallen ist, zählt nicht. Nur das erste erfolgreiche Stehen zählt. Ganz ähnlich geht es auch noch Erwachsenen. Denken wir etwa an Wissenschaftler, die den gleichen Versuch hundertmal wiederholen, bis er klappt. Dann veröffentlichen sie ihren Erfolg, und kein Mensch spricht mehr von den Mißerfolgen, die den Weg pflasterten.

Dem nächsten Schritt auf der makrokosmischen Ebene, der identischen Reproduktion der immer gleichen Muster, entsprechen die ersten Zellteilungen der Frucht, die äußerlich völlig identische Zellen hervorbringen. Im Makrokosmos erforderte die daraus entstehende Krise der Baustein- bzw. Nährstoffknappheit den ersten großen Entwicklungssprung. Die Konkurrenz um den Nachschub führte in die Krise, und aus ihr entstand die Möglichkeit, die zum Gegner gewordene Sonnenenergie zu integrieren, den Feind zum Freund zu machen und dadurch noch den Vorteil der schützenden Ozonschicht zu ziehen. Für die Entwicklung durch Krisen gibt es auch auf mikrokosmischer Ebene eine Unzahl von Beispielen. Jede überstandene Krise stärkt und kann neue Bereiche erschließen, wie wir etwa an den Kinderkrankheiten sehen können. Sie sind allesamt kleine Kriege im Körper, die das Kind der neuen Stufe entgegen*fiebern* lassen. Auch andere Krisen lassen den Menschen wachsen, denken wir an das Abgestillt werden, das Zahnen als Durchbruch der Aggression, die Pubertät usw. Später reift der erwachsene Mensch vor allem auch durch die Krise mit dem Partner. Sogar Kulturen wachsen durch Krisen, durch äußere Bedrohungen, sowohl natürlicher wie menschlicher Art.

Immer ist das Aufgeben des Alten schwer, vor allem, wenn das Neue noch nicht da ist. Die Krise liefert den not-wendigen Druck und schiebt Mensch und Welt auf die nächste Stufe. Das Prinzip, den Feind dabei hereinzulassen und ihn zum Freund zu wandeln, ist dabei sicher das weltweit erfolgreichste Konzept, weshalb es uns wohl auch von Christus nahegelegt wurde: »Ihr sollt Eure Feinde lieben«, meint ja genau das. Der Feind ist als Auslöser der Krise gerade der not-wendige Dünger des Wachstums. Jeder Fehler zeigt etwas Fehlendes; es zu integrieren, läßt uns weiter werden und wachsen. Das Kind hat zum Glück viele Feinde auf seinem Weg, der auch schon sehr bald Konkurrenz mit einschließt. Da sind andere Geschwister und der Vater, mit denen um die Liebe der Mutter gekämpft werden kann, oder auch der Beruf der Mutter kann den eigenen Interessen im Wege sein. Da stellen sich Kindergärtnerinnen und Lehrer mit eigenen Anschauungen in den Weg und schließlich Partner. Sie alle scheinen dem Glück, das hier bedeutet, sich nicht entwickeln zu müssen, im Weg zu stehen. Erst durch die Umwandlung der Feinde in Freunde kommt Entwicklung zustande, wird Neues integriert. Es ist der uralte Kampf der beharrenden weiblichen Kräfte, die das Alte, *Bewährte* bewahren wollen und der vorwärtsdrängenden männlichen Kraft, die das Alte zugunsten des Neuen zerstören will. Diese Fronten allerdings verschieben sich leicht, und ehe man sich versieht, landet *man* im Gegenteil. Ein besonders komisches Beispiel ist hier die Wissenschaft, die ursprünglich ausgezogen war, das Neue zu erforschen, es sich nun auf dem ehemals Neuen, inzwischen aber schon wieder Alten, so gemütlich gemacht hat, daß ihr das heute »Neue« äußerst verdächtig ist. So hatten es alle neuen Entdeckungen immer schwer, sich gegen das Beharrungsvermögen und den Widerstand der etablierten Wissenschaft durchzusetzen; hatten sie es dann aber geschafft, blockierten sie ihrerseits lange alles Neue.

In ähnlichen inneren Kämpfen entwickeln sich Mikro- und Makrokosmos auf immer komplexere Stufen. Die Konkurrenz verfehlt ihre Wirkung nicht und stärkt die kämpferischen, männlichen Kräfte des Kindes. Die wirklichen Fortschritte geschehen aber mehr durch die weibliche Fähigkeit des Sichöffnens und Hereinlassens des Neuen, Feindlichen durch die Liebe. Dieses Prinzip sehen wir in den Geschlechterrollen nach der Pubertät noch einmal wie unter dem Vergrößerungsglas. Das männliche Prinzip bedrängt das weibliche stürmisch und vehement mit ganz neuen Ideen. Das Weibliche sträubt sich zuerst, will den alten Zustand noch bewahren. Wenn es sich aber dann dem Neuen öffnet, ermöglicht es damit den Schritt auf die nächste komplexere Stufe, die zwar den alten Zustand unwiderruflich beendet, aber ungeahnte neue Möglichkeiten eröffnet.

Dieses Beispiel macht uns noch etwas Wichtiges sehr deutlich. Wann immer man einen Feind auf dem Weg nicht integriert, kann man die nächste Stufe nicht erreichen und bleibt hoffnungslos hängen. Wer die Pubertät nicht bewältigt, bleibt auf dieser Stufe stehen. Hier liegt die Erklärung für das Phänomen aller Psychotherapie: Viele Erwachsene leben mit Programmen und Konzepten aus der frühen Kindheit. Die daraus erwachsenden Probleme sind die mahnenden Zeigefinger des Schicksals, die auf unterlassene Entwicklungsschritte deuten. Das Schicksal als Motor unserer Evolution legt *natürlich* immer wieder den Finger in diese alten Wunden und schiebt in die nächste Krise und sei es nur die der Psychotherapie. Die nämlich bietet nichts anderes als die Möglichkeit, verweigerte Reifungskrisen im Bewußtsein nachzuholen und ist insofern eine Notmaßnahme, um die persönliche Evolution wieder in Gang zu bringen. Allerdings sollten wir hier nicht vergessen, daß das Schicksal nicht auf Psychotherapie angewiesen ist, da es unendlich viel Zeit hat und auch auf die nächste Pubertät in der nächsten Inkarnation warten kann.

Die mikrokosmische Entsprechung zur makrokosmischen Entwicklung allen Lebens aus einer Urzelle, die als erste den DNS-Code beherrschte, liegt auf der Hand. Auch der ganze Mensch entwickelt sich aus einer einzigen Urzelle, und auch sie beherrscht mit Sicherheit den genetischen Code und damit alle weitere Entwicklung. Diese eine Zelle verteidigt sich nach ihrer Entstehung aus Ei und Samenzelle gegen alle weiteren Verschmelzungsversuche anderer Samenfäden und setzt ganz entschieden auf ihre Autarkie und ihre Grenzen. Bei der menschlichen Entwicklung ist dieses Stadium recht kurz, wohingegen es im Makrokosmos lange dauerte. Mit der ersten Zellgrenze kam das Konkurrenzprinzip dort erst richtig in Gang. Seine Parallelen im Menschenreich sind unzählige und brauchen nicht besonders aufgezählt zu werden.

Es ist heute fast schwieriger, die Ausnahmen vom Konkurrenzprinzip zu finden. Die erste Ausnahme im makrokosmischen Bereich ist das Einfangen sogenannter »Gastarbeiter«, wie der Zellkraftwerke. Dieses Prinzip finden wir überall, von geschichtlichen Zeiten bis in die Gegenwart und nicht nur in der Industrie. Etwa auch, wenn ein sehr gescheites, aber körperlich schwaches Kind sich einen weniger gescheiten, aber starken Freund sucht und nun von ihm einen Teil, den es selbst nicht schafft, leben läßt. Partnerschaften sind ein dankbares Feld für Studien über Gastarbeit dieser Art. Anstatt selbst zu leben, läßt man sich in bestimmten Bereichen vertreten, wobei praktisch alle Funktionen von Gastarbeitern gelebt werden können, von der Zärtlichkeit bis zur Arbeit. Als modernste Variante dieses Prinzips kann die Benutzung von Robotern in der Industrie und maschinellen Gastarbeitern in der Medizin gelten, die ihre Besitzer wesentlich weniger psychische Energie kosten, vom Herzschrittmacher, der einem den Takt schlägt, bis zur künstlichen Niere als Partner, von der Brille bis zum künstlichen Gebiß. So weit haben wir uns also gar nicht von der Haltung der Antike entfernt. Damals nannte man die Gastarbeiter Sklaven und zwang sie, das zu machen und zu leben, was man selbst nicht wollte.

Was im Makrokosmos so harmlos mit einigen eingefangenen Zellen begann, krempelte als Spezialisierung die ganze Entwicklung um. Im Mikrokosmos beginnt diese Phase schon nach den ersten Zellteilungen, wenn sich zwei Pole in der sogenannten Blastula herausbilden, der Ernährungspol und der des eigentlichen Keimes.

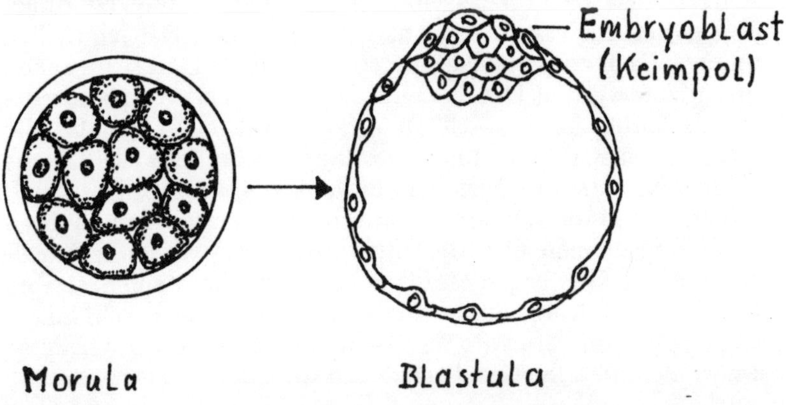

Die fortschreitende Spezialisierung erfaßt bald alle Zellen. Im Makrokosmos ist dazu noch der nächste Sprung vom Einzeller zum Vielzeller notwendig, der vor allem die Überwindung des blinden Konkurrenzkampfes zugunsten der Kooperation erfordert. Diesen erfolgreichen Evolutionsschritt erben wir sozusagen schon, die menschlichen Zellen kooperieren sehr bald miteinander. Wie heikel der Schritt allerdings war, sehen wir an den immer noch häufigen, ja sogar häufiger werdenden Rückfällen im Krebsgeschehen. Da vergißt eine einzelne Zelle alles, was sie über Jahrmillionen gelernt hat und fällt auf den sehr frühen Stand des Konkurrenzprinzips und der Eigenvermehrung um jeden Preis, zurück. Entsprechend gereizt, kann fast jede, auch noch so spezialisierte Zelle diese Regression durchmachen; die vielen Krebsarten spiegeln uns diese Situation. So zeigt uns der Krebs einen Rückfall auf eine frühere Ebene, die eigentlich längst überwunden sein sollte: den rücksichtslosen Egoismus. In der Signatur des Krebses selbst wird uns dabei noch das eigentliche Ziel der nächsten Stufe deut-lich gemacht. Es geht um Integration, Grenzüberschreitung, Sich-Weiten und Ausdehnen, allerdings nicht auf der körperlichen sondern auf der seelischen Ebene. So spiegelt Krebs dem einzelnen Individuum die nicht bewältigte Krise, den nicht gewagten Schritt zur seelischen Liebe, und der Gesellschaft, in der Krebs zur beherrschenden Erkrankung wird, ihr Scheitern an der Überwindung des egoistischen Konkurrenzprinzips zugunsten umfassender gesellschaftlicher Zusammenarbeit.

Anstatt ihren Platz zu suchen und sich dort einzufügen, streben auch viele Individuen (= Zellen) der menschlichen Gesellschaft in die Phase unbegrenzten Wachstums zurück, ohne deren natürliche Grenzen zu respektieren. Wachstum ist ja an sich nicht schlecht und sogar für das Kind von zentraler Wichtigkeit, findet aber in der Adoleszenz seine natürliche Grenze. Danach rücken inneres Wachstum und das Finden des eigenen Platzes im Leben in den Vordergrund. Das Erstaunliche an den modernen Industriegesellschaften ist nun, daß sie dieses natürliche Ideal, das alle archaischen Kulturen und heute noch große Teile des Ostens prägt, nicht auf sich beziehen. Bei uns stehen einzelne Gesellschaftszellen, die sich auf egoistische Art vermehren und ihren Einfluß ausdehnen, über alle Hindernisse hinweggehen und rücksichtlos ihre Ellenbogen benutzen, in hohen Ehren, sofern sie ihre krebsartige Haltung auf die wirtschaftliche Ebene beschränken. Gehen sie damit, etwa als Terroristen, auf die politische Ebene, so wehrt sich dieselbe Gesellschaft erbittert.

Die Krebszelle ist, wie der Industriemagnat, Einzelkämpfer. Sie verzichtet auf die Geborgenheit des Zellverbandes, hat keine Freunde und unterwirft die Umgebung rücksichtslos ihrem Programm. Die eigenen Interessen gehen ihr über alles, und sie geht ihren Weg allein. Dafür verzichtet sie auf die Resonanz (Liebe) zu anderen und das Wohl der Gemeinschaft. Trotz großer Anfangserfolge muß sie schließlich scheitern. Wie es um unsere Gesellschaft steht, sehen wir sehr klar an dem guten Ruf, den die entsprechenden menschlichen Zellen genießen, bevor sie endlich seelisch oder sogar wirtschaftlich scheitern. Dieses Prinzip prägt aber nicht nur die wenigen bekannten Gesellschaftsgrößen, sondern durchzieht unsere ganze Gemeinschaft, und fast ist es unserer »Zivilisation« schon gelungen, die ganze Welt auf diese Marschroute festzulegen. Im Körper wie im Makrokosmos ist der Punkt, wo Krebs beginnt, theoretisch gut zu bestimmen. Es ist jener Augenblick, wo sich die Richtung der Evolution zu höherer Komplexität und Ordnung ins Gegenteil verkehrt. Krebs liegt vor, wenn die nachwachsenden Zellen die Ordnung und Harmonie im Körper nicht, wie vorgesehen, erhöhen, sondern verringern. Gesellschaftlicher Krebs liegt folglich vor, wenn das Leben des einzelnen die Ordnung, Kooperation und Harmonie seines Umfeldes verringert, statt sie auf höhere Komplexitätsebenen zu bringen.

Die Analogie geht aber noch weiter. Mit Stahl, Strahl und Chemie versuchen wir, die entarteten Zellen, die sich zu einer gegen die Gemeinschaft gerichteten Terrorbande zusammengetan haben, zu zerstören. Dabei liegt unser ganzer Nachdruck auf der Zerstörung der Feinde, nicht etwa auf der Stärkung der noch gesunden Zellgemeinschaft; im Gegenteil, wir schädigen sie noch mit. Bei Operationen wird der ganze Organismus geschwächt und gesundes Gewebe in der Tumorumgebung mit herausgeschnitten.* Mit den Strahlen und vor allem den chemischen Zytostatika wird in hohem Maße die Abwehrkraft des ganzen Organismus geschwächt und viel Gesundes mit zerstört.** Gesellschaftlich verhalten wir uns völlig analog, wenn

---

* Möglicherweise leisten ja gerade die gesunden Zellen in der Tumornähe noch Widerstand und wehren sich, bilden sozusagen einen Abwehrwall gegen den Tumor. Werden sie mit herausgeschnitten, bricht dieser Wall zusammen. So wären viele sehr schnelle und drastische Todesfälle nach Operationen erklärlich.

** Eine Alternative bieten hier allerdings Außenseitermedizin und Naturheilkunde, deren erklärtes Ziel die Stärkung des noch gesunden Organismus ist.

wir einmal davon absehen, daß wir den »Krebs« auf der Wirtschaftsebene noch gar nicht als solchen erkannt haben. Die Terroristenbekämpfung aber ähnelt der Krebsbekämpfung bis aufs Haar. Auch hier kümmern wir uns wenig um die Entstehungsgeschichte des Terrorismus, sondern setzen sogleich auf Kampf. Lediglich Früherkennung ist auf beiden Ebenen populär, wobei sie schon eindeutig ins Vorfeld der Militäraktionen gehört. Bei der sogenannten »Krebsprophylaxe« der Schulmedizin handelt es sich ja wieder einmal nur um Wortakrobatik, dahinter steht nicht Vorbeugung, sondern ausnahmslos Früherkennung. Die Bekämpfung des Terrorismus setzt bei uns ausschließlich auf militärische Mittel, die allesamt die große Gemeinschaft eher schwächen, als sie stärken. Daß immer mehr Polizisten mit immer mehr Vollmachten und immer besseren Waffen keine Zeichen von Stärke sind, läßt sich eindrucksvoll im Tao Te King nachlesen:

> Je mehr Tabus und Verbote,
> Desto ärmer die Menschen.
> Je schärfer die Waffen,
> Desto mehr Chaos in der Nation.
> Je geschickter und schlauer die Menschen,
> Desto mehr Zierat und Luxus kommen auf.
> Je mehr Gesetze und Regeln,
> Desto mehr Banditen und Diebe.
>
> (Tao te King, Kap. 57)

Die wichtigste Folge der Zellspezialisierung ist die damit verbundene Not-wendigkeit, die eigene Omnipotenz aufzugeben. Eine einzelne Zelle darf nun nicht mehr alles machen, und bald kann sie es auch nicht mehr. Spezialisierung ist ja auch Absonderung von der alles verbindenden Einheit und damit Sünde (Sündigen kommt von Absondern und bedeutet auch, den Punkt [der Einheit] verfehlen). So beginnt die Erbsünde eigentlich schon in dieser frühen Entwicklungsphase, mit der Unter*scheidung* zwischen einzelnen Zellen.*

Die Omnipotenz der Zellen läßt mit der zunehmenden Spezialisierung immer mehr nach. In der Embryonalentwicklung haben anfangs die Zellen noch fast unbeschränkte Möglichkeiten, Stö-

* vgl. den Zusammenhang zur biblischen Schöpfungsgeschichte: Nachdem die ersten Menschen gesündigt hatten, sich also abgesondert hatten aus der Einheit, vertrieb Gott sie als Zeichen dafür aus dem Paradies, dem Symbol der Einheit. Und erst jetzt erkannten sie, daß sie nackt waren und ein Geschlecht hatten, denn jetzt erst konnten sie unter-*scheiden*.

rungen einzelner können von anderen ausgeglichen werden. Je später aber die Schädigung passiert, desto schlechter kann sie ausgeglichen werden, weil die Zellen mit der Spezialisierung in der Vielfalt ihrer Möglichkeiten eingeschränkter werden. Auch das Kleinkind ist noch regenerationsfähig im Vergleich zum Erwachsenen. Wunden heilen bei ihm oft noch ohne Narben, Schäden können sich noch »auswachsen«.

In der seelischen Entwicklung finden wir eine Parallele dazu, wenn das magische Omnipotenzdenken des Kindes (»Mein Papa kann alles und ich auch, wenn ich groß bin!) in Vernunftdenken übergeht. Später geben wir mit der Spezialisierung in unserer Ausbildung zugleich die breite Vielfalt anderer Möglichkeiten auf. Die Menschheitsentwicklung kennt den entsprechenden Übergang vom analogen Weltbild der Alten zum rationalen der Neuzeit. Auch dieser Schritt bringt eine drastische Absonderung von der Allverbundenheit und läßt den einzelnen Menschen allein auf sich gestützt zurück. Und hier erleben wir wieder, wie wichtig dieser schmerzliche Schritt andererseits für jede Entwicklung ist. Hätte Parzival ihn nicht gewagt, wäre er ein gut behütetes Kind geblieben – und hätte den Gral nie gefunden. Die Parallelen zur Anpassung der inneren Gegebenheiten an die äußere Welt, die das werdende Leben im makrokosmischen Bereich zwang, ein Abbild der entsprechenden Umgebung zu werden, finden wir auch im Mikrokosmos überall. Der Fötus paßt sich in allem seiner mütterlichen Umgebung an, bis hin zu Stimmungen, wie wir heute durch die Reinkarnationstherapie wissen. Auch das kleine Kind ist noch ganz auf Anpassung angewiesen, scheitern doch seine frühen Eigeninitiativen, die Welt nach seinem Geschmack auszurichten, meist schnell.

Die Stufen der entwicklungsgeschichtlichen Anpassung finden wir noch deutlich erkennbar in unserer Eigenentwicklung. Der frühe menschliche Embryo ist äußerlich praktisch nicht von dem eines Fisches, Vogels oder Säugetieres zu unterscheiden, was uns auch wieder die gemeinsame Urzelle in Erinnerung bringt.

Manche Stufen der makrokosmischen Entwicklung des Lebens finden wir auch noch unserem ausgewachsenen Körper eingeprägt. So haben wir das Bild des Baumes in unserem Bronchialbaum, aber auch im Blutgefäß- und Nervensystem, ja sogar in jeder einzelnen Nervenzelle. In unserer Entwicklung vollziehen wir noch einmal wichtige Stufen des makrokosmischen Entwicklungsablaufs nach. Alles beginnt auch hier im Wasser als Einzeller, entwickelt sich dann über einen undifferenzierten Zellklumpen zu den schon erwähnten embryonalen Lebensgrundformen.

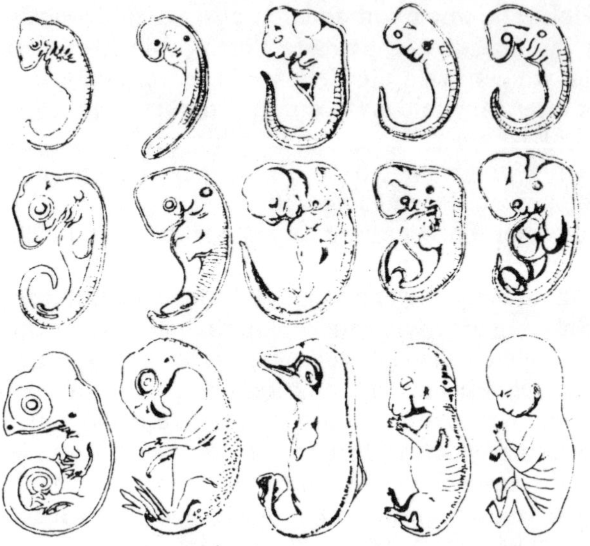

Der Mutterkuchen, der uns in dieser Zeit nährt, ist ein Abbild des Lebensbaumes. Später durchläuft das Baby noch einmal eine an die Reptilien erinnernde Phase, wenn es auf Bauch und Ellenbogen herumrutscht. Dann erobert es auf allen vieren krabbelnd die Säugetierphase, um schließlich den entscheidenden Schritt der Menschheit, die Aufrichtung auf zwei Beine, mit allen damit verbundenen Schwierigkeiten und Konsequenzen nachzuvollziehen.

Auch die Probleme beim Sprechenlernen dürften die der frühen Menschen im Zeitraffer wiedergeben. Wie die Sprache die Entfremdung unter die Menschen brachte, gibt sie nun auch dem Kind die Möglichkeit, der Welt sein »Nein« entgegenzustellen. Der frühe Mensch beginnt auf dieser Stufe, anderen Menschen das Leben zu nehmen, das Kind verweigert ihnen gegen Ende seines ersten Lebensjahres seine Offenheit, indem es »fremdelnd« andere zum ersten Mal als Fremde erkennt und entsprechend ablehnt. Mit seinem ersten »Nein« schränkt es dann ein Jahr später seine grundsätzliche Offenheit dem Leben gegenüber noch weiter ein.

Die entsprechende Funktion der Sprache wird auch im Erwachsenenleben deutlich, beginnt mit ihr doch alle Abstraktion und

* Nach Haeckel

Verallgemeinerung. Gab es vorher nur ganz spezielle und individuelle Bäume, jeder ein eigenes Wesen, werden jetzt auch anonyme Bäume möglich, der Wald sozusagen. Gleiches gilt auch für Menschen. Ohne Sprache und abstrakte Begriffe gibt es nur besondere, einzigartige Menschenwesen; durch Sprache entstehen »die Menschen«. Dieser Unterschied ist bei näherer Betrachtung gewaltig. Es ist einem Bomberpiloten zum Beispiel nach entsprechender Programmierung durchaus möglich, 100000 Menschen mit einem Knopfdruck umzubringen. Derselbe Pilot ist aber sicher nicht in der Lage, die unter den hunderttausend Menschen befindliche kleine Maria, ihren Bruder Franz und deren Omi mit einem Messer umzubringen, wenn er sie als Individuen erkennt.

Mit der Entwicklung des Nervensystems wurde das Leben reif für schnelle automatische Reaktionen, die in Reflexen und Instinkten fest programmiert waren, und auch diese Phase durchläuft der einzelne Mensch. Beim Neugeborenen wird das deutlich sichtbar an seinem von Anfang an bestehenden Saugreflex oder an den Spuren von Fluchtreflexen. Auch beim Erwachsenen finden wir noch Schutzreflexe wie den Lidschlußreflex. Die Phase des Lernens durch Nachahmung führt uns ebenfalls jedes Kind vor Augen, wenn es etwa genauso mit Messer und Gabel essen muß wie Mama und Papa und auch sonst deren Bewegungen und Verhalten imitiert.

Die anschließende Entwicklung des Gedächtnisses riß die Menschen aus ihrem paradiesischen Leben im »Hier und Jetzt«, und genauso ergeht es dem Kind. Mit Ausbildung seines Gedächtnisses vergeht die zeitlose Gegenwart des Spieles, und mit der Vergangenheit und Zukunft treten auch Verantwortung und Schuld ins Leben. Jetzt setzt Erziehung ein, während alle früheren Versuche in diese Richtung, mangels Bewußtseins, nur als Dressur zu bezeichnen sind. Jetzt ist der glücklichste, weil der Einheit mit ihrer Zeitlosigkeit noch so nahe, Teil der Kindheit vorüber, und eine Zwischenphase beginnt. Sie entspricht dem enormen Lernen auf der makrokosmischen Ebene nach der Entwicklung des Gedächtnisses; auf beiden Ebenen wird nun der Kopf und mit ihm der Verstand, immer wichtiger.

Wie in der makrokosmischen Evolution wechselt auch im Mikrokosmos der Schwerpunkt der Entwicklung auf verschiedene Zentren. Beim Baby liegt er noch eindeutig im Bauch, um über die Genitalien während der Pubertät, mit der Adoleszenz den Kopf zu erreichen; mit zunehmender Reife des betreffenden Menschen sollte er schließlich ins Herz und damit in die Mitte rücken. Auch in der Menschheitsentwicklung erkennen wir, wie die Schwerpunkte wechseln. In den sehr frühen Menschengemeinschaften ging es offensichtlich im wesentlichen um den Bauch. Diese Menschen kannten wie das Neugeborene vor allem ein Problem: wann kommt das nächste Essen. Nachdem diese Ebene gesichert war, gingen die frühen Kulturen wohl dazu über, ihren Reichtum in den Nachkommen zu sehen, Kinder und damit Sexualität wurden allmählich zu einer Statusfrage. In den modernen Kulturen rutschte der Schwerpunkt eindeutig in den Kopf, und als Ziel zeichnet sich nun die Entwicklung zur Mitte, zum Herzen ab.

An diesem Punkt kommen nun mikro- und makrokosmische Entwicklung zusammen. Die Menschen, die die Welt mit Hilfe ihres Kopfes selbst in die Hand genommen haben, sind wir. Auch was unsere eigene individuelle Entwicklung angeht, wollen wir nichts mehr dem »natürlichen Zufall« überlassen. Wir suchen uns selbst die Partner und den Beruf, und wenn wir keine Lust mehr haben, wechseln wir beide. Wir bestimmen, wann wir Kinder bekommen, und eine Schwangerschaft ist, selbst wenn sie eingetreten ist, heute noch nicht beschlossen. Unser Wille ist zum Maß aller Dinge geworden.

Wenn wir von diesem Punkt aus zurückblicken über die lange makrokosmische und die kurze mikrokosmische Evolution, liegt es bei den Analogien zwischen beiden nahe, daß sie auch einer analogen Steuerung unterliegen; auch wenn die Wissenschaft diese im makrokosmischen Bereich noch nicht entdeckt hat. Wie zu der einen befruchteten Eizelle des Anfangs schon das Bild des fertigen Menschen gehört, wird auch zu jenem Urknall vor vielen Milliarden von Jahren das Bild der fertigen Welt gehören.

Es lohnt sich, aus den Prinzipien, die die bisherige Evolution bestimmt haben, zu lernen, denn sie werden wohl auch noch weiterhin wirken. Außerdem lohnt es sich aus den Entwicklungsmöglichkeiten des Mikrokosmos, des einzelnen Menschen, auf die des Makrokosmos zu schließen.

Nehmen wir die beiden Extreme. Der Mensch kann sich in der Polarität so tief ver-wickeln, so sehr Partei für den einen der beiden Pole ergreifen, daß ihm irgendwann alles, besonders der andere Pol, über den Kopf wächst. In dieser Situation kann er sich das (physische) Leben nehmen und die Inkarnation an diesem Punkt abbrechen. Oder er kann die Polarität benutzen, ganz in beide Extreme hineingehen und sich so aus der Polarität heraus ent-wickeln. Dann macht er sich die Welt (und das ist ja die

Polarität) untertan, erhebt sich über die Pole und befreit sich damit.

Vor den entsprechenden Alternativen steht folglich auch die Welt, und da wir die Verantwortung für ihre weitere Entwicklung so weitgehend übernommen haben, stehen wir mit ihr gemeinsam an diesem Scheideweg. Der bisherige Versuch, den lauwarmen Mittelweg zu wählen, wird wohl mit der ersten Möglichkeit des Selbstmordes zusammenfallen.

Betrachten wir nun die Prinzipien der Evolution bis in die Gegenwart, um zu sehen, wohin wir steuern. Die anorganische Materie der Ursuppe enthielt schon die Möglichkeiten des organischen Lebens und das Leben enthielt bereits die Möglichkeit des Bewußtseins. Wir können daraus schließen, daß die Möglichkeit der nächsten Stufe immer schon in den Gegebenheiten der vorigen Stufe liegen muß. Folglich enthält unser Bewußtsein die Möglichkeiten für den nächsten Schritt von Mikro- und Makrokosmos.

Und welcher Bewußtseinssprung liegt näher, als der von unserem chaotischen Denken mit seiner Linkslastigkeit zu jenem harmonischen Zustand der Mitte zwischen den Polen, den man gemeinhin »Erleuchtung« nennt! Dazu allerdings ist die Einbeziehung des rechtsseitigen Gehirns, die Integration des weiblichen Poles des Lebens, unabdingbare Voraussetzung und der nächste fällige Schritt. In einem Bild könnten wir es als den Schritt vom ungeordneten Licht einer Glühbirne zu dem phasengleichen eines Lasers beschreiben. Alle Nervenzellen würden jetzt nicht nur arbeiten, sondern auch in Verbindung stehen. Während unser normales Bewußtsein ein Durcheinander von ununterbrochenen Gedankenimpulsen, Bildern und Wünschen aussendet, wäre das erleuchtete Bewußtsein im Ein-klang. Es würde sich immer gerade das wünschen, was dem Außen entspräche, und außen geschähe immer gerade das, was dem Innen entspräche, denn außen und innen wären auch im Bewußtsein eins.

Der Evolutionsgeschichte können wir ferner entnehmen, daß die nächst höhere Evolutionsstufe immer auch eine höhere Komplexität hatte. Das wird folglich auch für die kommende gelten. Schritte wie »Aussteigen«, aufs Land gehen, um selbst anzubauen, sind folglich nicht im Sinne der nächsten Stufe. Vielmehr erfordert der kommende Evolutionssprung gerade das Gegenteil, statt Absonderung Öffnung zu größerer Verbundenheit, nicht nur, aber auch auf der technischen Kommunikationsebene. So wie Erleuchtung auf der Bewußtseinsebene die Komplexität erhöht, indem Indras Netz der Verbindung aller Zellen mit allen anderen verwirklicht wird, ist solch ein Schritt auch auf der Ebene der Zellen der Welt not-wendig, und alles weist in diese Richtung: Die einzelnen Atome verbanden sich zu Molekülen, diese zu Zellen, die wiederum zu Organen und weiter zu Menschen; die Menschen zu Familien, die Dorfgemeinschaften und noch größere Einheiten, wie Länder, bildeten. Eine im Bewußtsein einige und verbundene Welt könnte damit das nächste Ziel der Evolution sein.

Noch nie wurden Entwicklungssprünge auf neue Stufen durch Festhalten an alten Strukturen möglich. Sie vollzogen sich immer gegen den Widerstand des Alten und führten zu radikal neuen Ansätzen. Das alte Wissen mußte aufgegeben werden, direkte Kehrtwendungen waren oft not-wendig. Auch das Baby, das neun Monate lang in einer Richtung mit der Mutter liegt, muß sich vor dem neuen Schritt, der Geburt, um-wenden und, Kopf voraus, den eigenen Weg gehen. Auch wenn wir das Wort »radikal« heute gar nicht lieben, wird uns doch nur eine radikale (d. h. »an die Wurzeln gehende«) Lösung bleiben.

Wir konnten miterleben, wie alles, auch der größte Fortschritt, irgendwann zum »alten Eisen« gehörte und aufgegeben werden mußte. Nach der Zeit im Mutterleib war es ein schwerer aber wesentlicher Schritt, sich von der sozusagen automatischen Versorgung durch die Plazenta loszureißen und nun selbst, und von außen, bei der Mutter zu trinken. Aber auch das fand sein Ende im Abstillen und mußte durch noch mehr Eigenverantwortung ersetzt werden. Das Größenwachstum des Kindes ist eine wichtige Stufe, und sie muß doch in der Adoleszenz ihr Ende finden. Der Gedanke, daß auch unser über Jahrhunderte so wichtiges Wirtschaftswachstum sein natürliches Ende finden könnte, ist von einem evolutionären Standpunkt also nicht so abwegig. Verhalten, das auf einer Entwicklungsstufe förderlich war, mag auf der nächsten Stufe ins Gegenteil umschlagen. Der Biologe Bresch wird diesbezüglich sehr konkret: »Die Gewaltanwendung der biologischen Phase und die technischen Möglichkeiten der intellektuellen Phase können höchstens in einer kurzen Übergangsperiode nebeneinander existieren.«

Die Evolution zeigt uns, wie jede große Entwicklungsstufe ihre Vorgängerin beendet: Die biologische Evolution beendete die materielle – und die intellektuelle beendete die biologische. Da

---

* Carsten Bresch: Zwischenstufe Leben, Fischer Tb 1979.

wir als Menschen die Verantwortung für die momentane Stufe völlig übernommen haben, fällt es auch in unsere Verantwortung, die Vorgängerin zu beenden. Es liegt an uns, das Töten von Artgenossen, das jeden evolutionären Sinn eingebüßt hat, einzustellen.

Die Lösung für dieses Problem finden wir wieder in einem Evolutionsprinzip, dem der Integration. Immer wurden gerade die Feinde der Evolution zu ihrem Dünger, wie wir es exemplarisch an der Sonnenenergie nachvollzogen haben. Hereinnehmen, Integrieren heißen die Zauberworte. Integration ist ein Zeichen von Lebendigkeit. Das Kind kann und muß noch viel in sein Leben integrieren, junge Kulturen und Nationen integrieren viele Einflüsse und Menschen und ziehen ihre Kraft daraus, denken wir an den »Schmelztiegel« USA. Junge Leute wandern in junge Nationen aus, weil die sie integrieren und sie selbst noch bereit sind, viel Neues zu integrieren. Je älter ein Mensch, ein Land, eine Kultur wird, desto abgeschlossener, abgesicherter wird alles. Die Grenzen werden geschlossen, und der Inhalt trocknet mangels frischer Energie aus.

Selbst weise Kulturen, wie die Tibets, geraten in diese Gefahr, wenn sie sich zu sehr verschließen und nichts mehr integrieren wollen; sie entziehen sich damit selbst den Lebensinhalt. Was sich nicht mehr entwickelt, geht unter. Dann wird alles Fremde nicht mehr als Anregung empfunden, sondern einfach, weil es neu ist, zum Feind erklärt. So können wir sagen, daß, wer sich nicht mehr entwickelt, viele Feinde entwickeln wird. Umgekehrt können wir an der Zahl der Feinde auch ablesen, wie entwicklungswillig und offen ein System ist.

Nun ist aber die Welt noch nicht so alt, die intellektuelle Evolutionsstufe sogar noch ziemlich jung. Unsere Welt hat also Chancen, solange sie sich weiter entwickelt. Im Kapitel über die Regelmechanismen sahen wir, daß sie ja auch bereits zur Integration neigt. Wir wachsen immer enger und näher zusammen durch all die technischen Kommunikationsmöglichkeiten. Folgt auf diese äußere, technische Integration eine innere, sind wir der nächsten Evolutionsstufe schon sehr nahe. Die ganze Entwicklung drängt in diese Richtung. Bresch schreibt gegen Ende seines Buches über die Evolution: »Die intellektuelle Phase erfordert ›den wahrhaft humanen‹ Menschen. Das bedeutet, der Mensch muß lernen, verantwortlich für alle Menschheit zu denken. Er muß zu dem werden, was er schon lange träumt, zu sein. Die Aufgabe ist riesenhaft – riesenhaft wie die Wirkung intellektueller Information. Der Mensch muß begreifen, daß er vor einer neuen Phase der Evolution steht. Die einzig vergleichbare Situation liegt Milliarden Jahre zurück.«

Tatsächlich entspricht der jetzt von uns als Zellen dieser Welt geforderte Schritt dem, den der Einzeller zum Vielzeller tun mußte und tat: Von der Konkurrenz zur Kooperation – vom Kampf zur Integration. Das ist eine große Forderung an die jetzt lebende Menschheit, aber es gibt Hoffnung. Schon einmal gelang ihr ein gewaltiger Umdenkschritt, als sie es unter schweren Geburtswehen und brennenden Scheiterhaufen schaffte, die Erde aus dem Mittelpunkt des Universums zu rücken. Dorthin, wo sie eben wirklich ist: Ein mittelgroßer unter anderen Planeten eines mittleren Sonnensystems einer mittleren Galaxie, die an einer offenbar wenig besonderen Stelle unter Milliarden anderen Galaxien in einem auseinanderstrebenden Universum ihren Platz hat.

Eine noch gewaltigere Revolution wäre jetzt fällig: das Ego aus dem Mittelpunkt der Welt zu rücken! Dabei könnten wir aus der ersten, der kopernikanischen Revolution, durchaus auch Beruhigendes entnehmen. Die Erde wurde ja damals nicht etwa abgeschafft, sondern nur bewußt an ihren Platz gerückt, an dem sie ohnehin schon immer war, von dem sie nur menschliche Anmaßung weggezerrt hatte. Nun stellte menschliche Intelligenz sie bewußt wieder an ihren angestammten Platz. Ein Kreis war vollendet und in *Wirklichkeit* nicht viel geschehen. Auch das Ego braucht nicht abgeschafft zu werden, es gehört lediglich zurück an den Platz, den es ohnehin schon immer einnimmt. Es ist ein Teil der Illusionswelt, und als solcher sollte es durchschaut werden.

Auch hierdurch würde nur ein schon immer bestehender Kreis geschlossen, bzw. unserem Bewußtsein erschlossen. Aus der Einheit kommend, hätten wir die Einheit wiederentdeckt. In Wirklichkeit haben wir sie nie verlassen, wie uns die östlichen Religionen ausdrücklich versichern. Auch Christus sagt uns, daß das Himmelreich Gottes in uns liegt und daß wir das in jedem Moment entdecken können. Lediglich das Ego hat uns durch seine Absonderungs- und Abgrenzungspolitik den Blick auf unser wirkliches Wesen, das Selbst, verstellt. So war der verlorene Sohn nie wirklich verloren, sondern immer mit dem Vater der Einheit verbunden. Sein Ego hatte ihm die Illusionen der Verlockung der Welt vorgespiegelt und auch die Verzweiflung danach.

Das Verdienst des »verlorenen Sohnes« ist es, diese Illusion durchschaut, sich aus den Verwicklungen des Egos entwickelt zu haben. So kann er die Einheit auf einer höheren Ebene wiedergewinnen.

Ausblick

Sie gebrauchen das Wissen nicht, das der Große Geist jedem von uns geschenkt hat, sie sind sich dessen nicht einmal mehr bewußt, und so stolpern sie blindlings auf der Straße dahin, die nach Nirgendwo führt – auf einer gut gepflasterten Autobahn, die sie selber ausbauen, schnurgerade und eben, damit sie um so schneller zu dem großen leeren Loch kommen, das sie am Ende erwartet, um sie zu verschlingen.

LAME DEER

Vieles ist verrückt in der Welt des Weißen Mannes. Wir glauben, daß die Weißen sich mehr Zeit nehmen sollten, um mit der Erde, den Wäldern und allem, was wächst, vertrauter zu werden, statt wie eine in Panik geratene Büffelherde herumzurasen. Wenn die weißen Menschen auch nur einige unserer Ratschläge befolgten, fänden sie eine Zufriedenheit, die sie jetzt nicht kennen und die sie auf ihrer verbissenen Jagd nach Geld und Vergnügen vergeblich suchen. Wir Indianer können die Menschen immer noch lehren, wie man in Einklang mit der Natur lebt.

TATANGA MANI

Als Teil von Indras Perlennetz bleibt uns die Aufgabe, die Rolle der einzelnen Perle möglichst bewußt zu spielen. Wir hängen alle in diesem Muster zusammen, und doch, da das ganze Muster Spiegel des einzelnen ist, beginnt alle Entwicklung beim einzelnen oder sie beginnt gar nicht.

Alles, auch das Unerfreuliche, was wir im Makrokosmos gefunden haben und zurück in den Mikrokosmos verfolgten, findet sich in jedem von uns, in mir und in Dir. In der einen oder anderen Abwandlung, mit persönlichen Einfärbungen und individuellen Betonungen, aber es muß da sein, und es ist da – in jeder einzelnen Perle des Netzes! Das Anschauen dieser Dinge, vor allem der unangenehmen, führt zu Ehrlichkeit, und die ist die Basis für alle Entwicklung.

Der größte Fehler, den wir nun machen können, ist, zu versuchen, andere Perlen zu polieren. Dieser Fehler kann historisch genannt werden, so lange und so konsequent wird er schon begangen. Hier findet sich der wesentliche Unterschied zwischen äußerer Reformbewegung und Esoterik. Es ist das auch der Punkt, an dem *alle* Revolutionen letztlich, gemessen an ihrem Anspruch, scheiterten und sich nicht selten sogar in ihr Gegenteil verkehrten. Was hatte die Französische Revolution für Ideale: Freiheit, Gleichheit, Brüderlichkeit! Und in wie kurzer Zeit schaffte sie alle Freiheit und alle Brüderlichkeit ab und erreichte die Gleichheit aller auch nur auf der Ebene der Angst. Sie fraß konsequenterweise ihre Kinder, bzw. deren eigener Schatten holte sie ein.

Noch krasser ist das Beispiel der russischen Oktober-Revolution mit ihren hohen Idealen von der Befreiung der Arbeiter und Bauern und einer direkten Räte-Demokratie. Die Arbeiter und Bauern warten noch 60 Jahre danach auf die Freiheit, die Demokratie kam nie zustande, und guter Rat war bald teuer. An die Stelle der Adligen setzten sich rote Zaren, und alle Ideale erstickten in Starrheit, Unfreiheit und Terror – hinter einem eisernen Vorhang, dem treffendsten Symbol der Entwicklungs- und Wachstumsfeindlichkeit.

An diesen Entwicklungen waren nie die Ideale schuld. Das Problem waren und sind die Menschen, die immer bei den anderen anfangen wollen, die Ideale durchzusetzen. Eine zeitlich noch nähere und harmlose Revolution, die der Studenten im Jahre 1968, zeigt uns das Problem noch deutlicher. Zuerst zielte alles auf die Weltrevolution unter dem Motto: Freiheit und Selbstbestimmung für Vietnam, und nieder mit den USA. Als sich die Welt und auch die eigene Bevölkerung nicht sonderlich dafür interessierten, schob man das auf deren Bewußtseinsmangel und versuchte sich an den Universitäten. Hier allerdings gab es Widerstand. Die Professoren waren zwar in der Minderzahl, hatten aber durchaus etwas durch die Selbstbestimmungsforderungen der Studenten zu verlieren. Sie wollten auch lieber selbst bestimmen. Da die Polizei ganz entschieden und einseitig zu ihnen hielt, war die Sache bald entschieden. Nun wollten die Studenten das »mangelnde Bewußtsein« entwickeln und fingen gleich bei den Arbeitern an. Die aber wollten ihr Bewußtsein nicht verändern lassen, was die Studenten zwar ärgerte, aber noch bequem der Indoktrination durch die Massenmedien der herrschenden Bürgerklasse in die Schuhe zu schieben war. Fortan stürzte man sich auf die Kinder, die ja noch nicht so indoktriniert waren und brachte die schweren Geschütze der Bewußtseinsveränderung in antiautoritären Kinderläden in Stellung. Das aber war ein Fehler, denn auf die plump predigende Bewußtseinsveränderung sprachen die Kinder gar nicht an; wenn sie aber ansprachen, veränderten sie auf ihre kindliche Art die Bewußtseinsveränderer selbst.

Meistens aber wurde es zu harter Arbeit, die die Revolutionäre selbst als ganze Menschen forderte. Tatsächlich schwante dann auch vielen »Einzelzellen« der Bewegung, daß man vielleicht wirklich bei sich selbst beginnen müßte. Und damit hat sich die Bewegung dann ganz schnell aufgelöst.*

Das ist auch kein Wunder, denn nichts ist mühsamer und schwerer, als bei sich selbst anzufangen. So wird dieser Schritt dann auch vermieden, wo immer es geht. Nun scheint es aber nicht mehr zu gehen, Mikrokosmos und Makrokosmos signalisieren es uns. Es bleibt keine Wahl mehr, als sich einzugestehen: Ich selbst bin es, um den es geht. Ich bin auf dem Weg, und ich kann es mir ruhig eingestehen. Ich bin derjenige, der Besitz erworben hat und vor allem Macht und der es genießt, mit dieser Macht zu *herr*schen. Und ich bin auch derjenige, der von der Macht be*herr*scht wird und ausgebeutet, meine Seele ist in der Situation der Mutter Erde. All das hat in seiner ganzen Gegensätzlichkeit Platz in mir. Ich bin sowohl der Zerstörer, der noch gar nicht sieht, wie er wütet, der noch verliebt ist in seine Macht; und ich bin der Weltverbesserer, der die Zerstörung durchschaut hat und sie beenden will – besonders bei den anderen. Und ich bin auch derjenige, der jetzt aufwachen kann, sich selbst erkennen kann in Mikro- und Makrokosmos, der einsieht, daß er diesen Körper und diese Welt verdient, derjenige auch, der erkennt, wie notwendig der bisherige Weg ist, der die Macht nun durchschaut und sie nicht ablehnt, sondern im Gegenteil annimmt als notwendige Stufe auf seinem Weg zur Bewußtheit. Nicht die Dinge, die wir heute tun, sind das Problem, sondern die Einseitigkeit, und vor allem die Unbewußtheit, mit der wir sie tun. Zwischen unserem technischen Können und unserer inneren Entwicklung klafft eine riesige Lücke. Diese Kluft klafft in jedem von uns. Sie zu schließen, ist unsere Aufgabe, und dabei läßt sich Eigenentwicklung nun nicht mehr vermeiden. Unsere intellektuellen Fähigkeiten, und ihr Kind, die Technik, erfordern ein entsprechendes Gegengewicht.

Konrad Lorenz traf ins Schwarze, als er sagte: »Das lang gesuchte Zwischenglied zwischen dem Tier und dem wahrhaft humanen Menschen sind wir.« Wir haben allerdings die Chance, vom Zwischenglied, dem »tierischen Menschen«, zum Ziel, dem wahrhaft »menschlichen Menschen« zu werden, aufzuwachen für unsere wirklichen Möglichkeiten – die Evolution meint ganz offenbar den erleuchteten Menschen.

---

* In dieser Gefahr sind auch viele der jetzt aufkommenden New-Age-Bewegungen, die häufig mit viel Schwung und Euphorie begonnen, sehr schnell im Sande verlaufen. Das Thema führt eben schnell in die eigene Mitte, und da wird es ehrlich und anstrengend.

Der Weg dorthin, der esoterische Weg, braucht Mut, allen Mut, und wenn wir den aufbringen, ist es immer noch mühsam genug. Andererseits haben wir nicht viel zu verlieren. Die einzige Sicherheit, die wir besitzen, ist die, daß wir sterben werden und nichts von all dem Materiellen, das uns jetzt so wichtig ist, mitnehmen zu können. Das einzige, was wir mitnehmen, ist das, was unsere Seele gelernt hat.

Wir riskieren auf dem Weg weniger, als wir gemeinhin befürchten, denn Fehler gehören dazu und bringen uns weiter, indem sie uns auf *Fehlendes* aufmerksam machen.

Es ist besser, Fehler zu begehen, als sich gar nicht auf den Weg zu machen. Geschichten und Gleichnisse aus den alten Traditionen belegen uns das, wie das schon viel zitierte Gleichnis vom »Verlorenen Sohn«: Der Vater (Gott) freut sich viel mehr über die Rückkehr des verlorenen Sohnes, der nach vielen Fehlern in der Welt der Polarität wieder heimfindet, als über seinen zu Hause (in der Einheit) gebliebenen anderen Sohn. Für den Heimkehrer gibt es ein großes Fest, er hatte sich, im Gegensatz zu seinem Bruder, gegen die Einheit aufgelehnt. Das war zwar eine Sünde (Absonderung) und ein Fehler, aber not-wendig. Mit seiner Rückkehr ist der verlorene Sohn wieder zum Kind (des Vaters, der Einheit) geworden, nachdem er in der Polarität erwachsen geworden und gescheitert war. Der Bruder war einfach Kind und in der Einheit geblieben, und das ist, an unserem biblischen Auftrag gemessen, weniger.

Auch in der heutigen Welt sehen wir dieses Gleichnis illustriert. Während der Osten sich immer nur um die ruhende Einheit, den Mittelpunkt des Mandalas »Welt« kümmerte, die bewegte Peripherie aber weitgehend ignorierte, hat sich der Westen in der Peripherie, in der polaren Welt verloren und eine lange Kette von Fehlern hinter sich gebracht. Er ist in des Wortes ursprünglichstem Sinn ins »Rotieren« geraten. Dadurch aber hat er Chancen zum Lernen bekommen und hat gelernt. Und wenn uns heute die Wissenschaft, die uns einst aus der Mitte stieß, dorthin zurückführt, ist mehr geschehen, als wenn wir gleich in der Mitte geblieben wären. Wieder drängt sich hier das Bild des Kindes im Mutterleib auf: Es muß hinaus, aber auch wieder zurückfinden zur Einheit.

Als Erwachsene brauchen wir nicht neidisch auf das Kind in der Einheit zu blicken, und doch könnten wir aus seiner Situation einiges über unser Ziel lernen. Genausowenig ist es angezeigt, neidisch auf den Osten zu blicken, doch kann uns der Osten vieles lehren. Das Kind und der Osten der Welt haben das, was wir gerade erleiden, noch vor sich, und sind uns doch auch schon weit voraus. Wir leben in einem Kreis.

Nicht Weltuntergangsstimmung und Pessimismus sollten so unseren Weg begleiten, sondern jene Ehrlichkeit, die im eigenen Herzen beginnt. Die größte Gefahr ist, gleich wieder etwas *machen* zu wollen. Es geht vorerst *nur* darum, die Wirklichkeit *anzuschauen* und *anzunehmen* und bei sich und in sich wiederzufinden. Der in diesem Buch gewählte Weg über den Intellekt ist für uns Menschen der intellektuellen Evolutionsstufe ein guter Einstieg, aber das Ziel bleibt das Herz. Es ist nicht leicht, sein Herz intellektuellen Einsichten zu öffnen, leichter öffnet es sich etwa der Intuition und Gefühlen. Für uns westliche Menschen ist es aber wichtig, zuerst überhaupt die intellektuelle Bereitschaft aufzubringen, uns auf Erfahrungen einzulassen. Nur wenn wir verstanden haben, daß unsere einzige Chance darin liegt, unsere Probleme anzunehmen, unsere Feinde wirklich lieben zu lernen, geben wir uns überhaupt die Möglichkeit, entsprechende Erfahrungen zu machen. Und diese erlebten Erfahrungen können wir uns dann zu Herzen nehmen.

Insofern steht uns der größte Schritt noch bevor. Dieses ganze Buch hat sich im Netz der Naturerscheinungen und der Sprache bewegt. Dieses Netz hält uns gewissermaßen gefangen in seinen Maschen aus Phänomenen und Worten. Es stellt die Ebene dar, die wir kennen und die uns behagt. Wir finden sie eben »phänomenal«* und scheuen »radikale«* Schritte zum Wesen der Dinge. Die Lösung aber liegt nicht an der Oberfläche, sondern in der Tiefe, sie liegt auch nicht im Sprechen, sondern im Schweigen, sie kann nicht beschrieben, sondern muß erfahren werden. Deshalb auch antworten Buddha und die meisten Zen-Meister auf Fragen nach dem letzten Sinn mit Un-sinn. Dadurch bringen sie den fehlenden Gegenpol ins Spiel und schaffen Einheit. Reine Verstandesmenschen haben an solchen Antworten wenig Spaß. Je näher wir aber der Mitte sind, desto tiefer werden solche unsinnig weisen Aussagen in uns fallen und um so umfassendere Freude werden sie auslösen.

---

* Das Wort »phänomenal« und seine positive Bewertung zeigt uns ehrlicherweise, wie sehr wir in Oberflächliches, eben Phänomene, verliebt sind. Dem entspricht die Abwertung von »radikal«, das von lat. radix = die Wurzel kommt und folglich mit tieferschürfenden Dingen zu tun hat.

Dschau-dschou fragte seinen Lehrer Nan-tjüan: »Was ist der wahre Weg?«
Nan-tjüan erwiderte: »Der alltägliche Weg ist der wahre Weg.«
Wiederum fragte Dschau-dschou: »Kann man den Weg erlernen?«
Nan-tjüan sagte: »Je mehr du lernst, desto weiter kommst du vom Weg ab.«
Darauf fragte Dschau-dschou: »Wenn man dem Weg nicht durch Lernen näherkommen kann, wie kann man ihn erkennen?«
Nan-tjüan sprach: »Der Weg ist kein sichtbares Ding, er ist auch kein unsichtbares Ding. Er ist nichts Erkennbares und auch nichts Unerkennbares. Suche ihn nicht, lerne ihn nicht, nenne ihn nicht! Sei weit und offen wie der Himmel, und du bist auf dem Weg.« *

* Zitiert nach »ZEN – Aussprüche und Verse der Zen-Meister«, Insel-Bücherei Nr. 798.

Anhang

Erst wenn der letzte Baum gerodet, der letzte Fluß vergiftet, der letzte Fisch gefangen ist, werdet Ihr feststellen, daß man Geld nicht essen kann.

Prophezeiung der Cree-Indianer

Wir Sioux denken oft und viel über alltägliche Dinge nach, für uns haben sie eine Seele. Die Welt um uns ist voller Symbole, die uns den Sinn des Lebens lehren. Ihr Weißen, so sagen wir, seid wohl auf einem Auge blind, weil Ihr so wenig seht. Wir sehen vieles, das Ihr schon lange nicht mehr bemerkt. Ihr könntet es auch sehen, wenn Ihr nur wolltet, aber Ihr habt keine Zeit mehr dafür – Ihr seid zu beschäftigt.

Lame Deer (Medizinmann der Hopi)

Wir Indianer leben in einer Welt von Symbolen und Bildern, in der das Geistige und das Alltägliche eins sind. Für Euch sind Symbole nichts als Worte, gesprochene oder in einem Buch aufgeschriebene Worte. Für uns sind sie Teil der Natur, Teil von uns selber – die Erde, die Sonne, der Wind und der Regen, Steine, Bäume, Tiere, sogar kleine Insekten, wie Ameisen und Grashüpfer. Wir versuchen, sie zu verstehen, nicht mit dem Kopf, sondern mit dem Herzen, und ein winziger Hinweis genügt uns, ihre Botschaft zu erfassen.

Lame Deer

Spiel mit Zuordnungen

Dieser erste Anhangteil bleibt noch auf der intellektuell deutenden Ebene und ist sozusagen als Brücke gedacht. Das Ziel der folgenden Kurzzuordnungen liegt darin, den Leser anzuregen, selbst weiterzudenken, gerade jene Verbindungen von Mikro- und Makrokosmos aufzuspüren, die das eigene Leben bestimmen. Alles läßt sich zuordnen. Was immer im Mikrokosmos auftaucht, wird draußen im Makrokosmos sein Gegenüber finden, was immer im Makrokosmos geschieht, spiegelt sich im Mikrokosmos. Aus dem Spiel mit beiden Ebenen kann Ehrlichkeit über die eigene Lage erwachsen. Darum soll es vor allem gehen, nicht um »objektiv richtige Zuordnungen«. Analogiedenken macht notwendigerweise Fehler. Letztlich hängt sowieso alles mit allem zusammen, und alles ist in allem enthalten: Das Netz des Indra! Solange wir aber noch nicht auf dieser Erkenntnisebene leben, ist Mut zu Fehlern notwendig, denn gerade auch aus ihnen wird schließlich das end-gültige eine Muster erwachsen.

Die Entsprechungen von Mikro- und Makrokosmos verhalten sich etwa wie ein Hologramm zur Wirklichkeit. Um ein genaues Entsprechungsbild zu bekommen, bedarf es im einen Fall des phasengleichen hochgeordneten Lichtes des Lasers, im anderen wohl einer erleuchteten, völlig koordinierten Gehirnfunktion. Vorerst liegt die Chance in der freien Assoziation der Bilder und Muster. Je freier der Geist fließen kann, desto stimmigere Analogien wird er finden.

Als Beispiel mag uns das Aussterben der Raubtiere im Makrokosmos dienen. Betroffen sind vor allem die großen Katzen, wie Tiger, Löwen, Leoparden, Jaguare, als Repräsentanten urweiblicher Wildheit und Gefährlichkeit. Folglich werden wir auch im Menschen eine Schwächung des Gefährlich-Weiblichen finden. Früher trugen die tapferen Krieger die Häute der von ihnen erlegten Katzen als Trophäen am Körper. Heute tragen meist mondäne Damen dieselben Häute als Trophäen ihrer erfolgreichen Männer. Selbst Trophäe, tragen sie seine Trophäen. In dieser ungefährlichen Form ist die gefährliche Katze zur »armen Haut« geworden und gern gesehen; ähnlich wie auch manche Frau, nachdem sie gezähmt (gekauft) ist, nachts noch ein bißchen Kätzchen spielen darf oder sogar soll.

Echte Wildheit und Freiheit wird wie die echten Raubtiere behandelt – ein Abglanz davon wird in Pelztierfarmen gehegt und gepflegt oder in Tierparks zur Besichtigung freigegeben. Die

Gräben und Gitter, die uns im Zoo von den wilden Tieren trennen, trennen uns auch vom wilden Leben. Die Beengung der eingesperrten Kreaturen aber zeigt uns, wie es mit der Freiheit in unseren Städten steht. Da der Raum so beschränkt ist, müssen die in der Natur vermischt lebenden Tiere zu ihrem eigenen Schutz streng getrennt voneinander gehalten werden. Auch wir Menschen lassen uns in der Beengung der Städte nur noch in *Apparte*ments halten. Auf so engem Raum wird Apartheit plötzlich zur einzigen Lebensform. Großfamilien und freilebende Rudel wilder Tiere haben in unserer modernen Welt keinen Platz mehr.

Was sich hier aus dem Phänomen der Dezimierung der Raubkatzen »zusammenspinnen« ließ, kann als Beispiel für eigene Zuordnungen dienen. Den Schritt zu sich selbst, dem eigentlichen Mikrokosmos, kann jeder einzelne für sich am besten finden. Bei unserem letzten Beispiel mag dabei ein Zoobesuch gute Dienste leisten.

In diesem Sinne wollen wir noch einige weitere Beispiele untersuchen. Betrachten wir unseren Körper im Ganzen, so fallen uns runde, weiche Formen auf, bei der Frau noch viel deutlicher als beim Mann. Diesem rundlichen Äußeren entspricht das Äußere der Erde: eine blaue *Kugel,* von weichen, weißen Wolkenschleiern überzogen. Hier sehen wir wieder, daß die Frau auch von der Signatur her der Erde besser entspricht. Erst wenn wir der jeweiligen Materie sehr nahetreten, finden wir auf beiden Ebenen auch männliche Formen, wie im Gewirr der Nervenzellen mit ihren spitzen Ausläufern und den kristallinen Strukturen der Mineralien. Betrachten wir den Menschen mit ausgestreckten Gliedern, so bildet er einen Fünfstern, das sogenannte Pentagramm, weshalb die 5 auch die Zahl des Menschen ist. Dem entspricht der Makrokosmos mit seinen fünf Erdteilen, wobei sich Europa in geschichtlicher Zeit als Kopf empfand, China nach eigener Einschätzung immer das »Reich der Mitte« war.

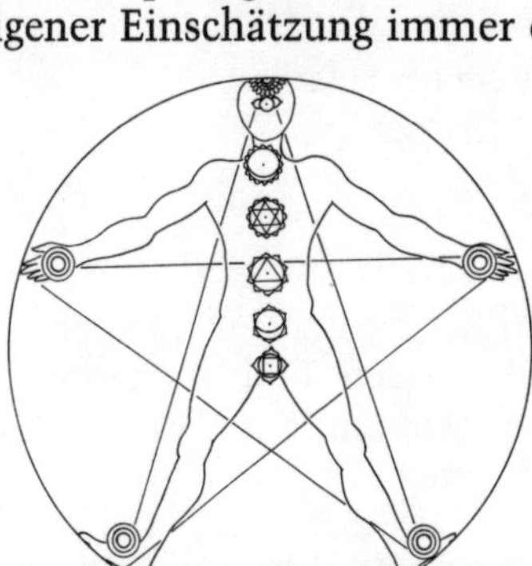

So wie wir die freiliegenden Kontinente Afrika, Amerika, Australien und die Antarktis den Armen und Beinen des Körpers zuordnen können, bietet es sich an, die engverbundenen Teile Asien und Europa zu Rumpf und Kopf in Beziehung zu setzen. Mit etwas Phantasie könnte man die USA als die Leber der Welt bezeichnen. Schließlich haben die Nordamerikaner die meisten Probleme mit dem Maßhalten, sind reich und üppig, die »Kornkammer der Welt«, und bezeichnen sich selbst gern als »Land der unbegrenzten Möglichkeiten«. Den beiden Nieren könnten wir die beiden Ozeane, Atlantik und Pazifik, zuordnen. Legen wir das Chakren-System zugrunde, wie es Zoltan Szabo* vorschlägt, so ergibt sich wiederum eine Symmetrie zwischen Mikro- und Makrokosmos.

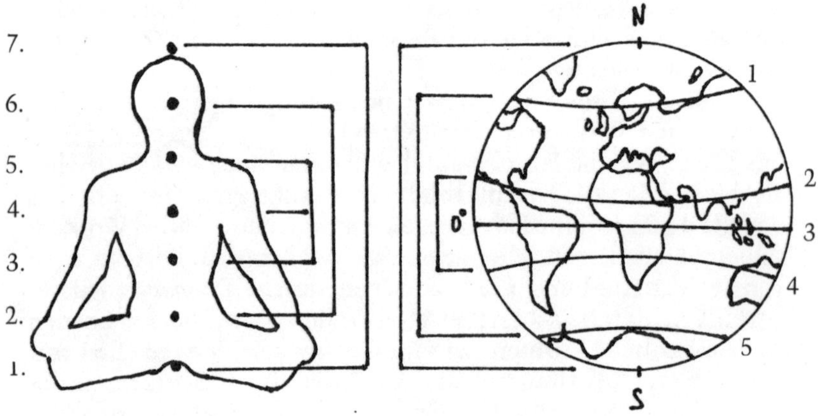

7. Scheitelchakra
6. Stirnchakra
5. Halschakra
4. Herzchakra
3. Nabelchakra
2. Geschlechtschakra
1. Basischakra

1. Nördlicher Polarkreis
2. Nördlicher Wendekreis
3. Äquator
4. Südlicher Wendekreis
5. Südlicher Polarkreis

Der Erforschung der Erde können wir die der Reflexzonen und Energiebahnen des Körpers analog setzen und auch die der inneren Anatomie. Die Atlanten der Anatomie und die der Erde füllten sich auch zeitlich ziemlich synchron.

* Zoltan Szabo: Astrologie der Wandlung, München 1985.

Den sensiblen erogenen Zonen des Körpers entsprechen die Energie- und Kraftplätze der Erde. Unseren Haaren vergleichbar sind ihre Wälder. So wie es von einigen wenigen Ausnahmen abgesehen (z.B. dem Amazonas-Dschungel) zur allmählichen Umwandlung der Urwälder in Wiesen und Felder kam, wandelte sich auch unser Pelz in einen, abgesehen vom Kopf- und Schambereich, spärlichen Flaumüberzug. Glatzen- und Wüstenbildung schreiten fort und auch die Zeichen des Alterns. Der faltigen, ausgelaugten und fleckigen Altershaut ihrer älteren Bewohner entsprechend, entwickelt die Erde zunehmend ausgelaugte und zerfressene Karst- und Industrielandschaften. Die Ausstrahlung eines alten Industriereviers, wie etwa des Ruhrgebiets, dessen Bodenschätze erschöpft oder von der Entwicklung überholt sind, entspricht der eines abgearbeiteten und verbrauchten Bergarbeiters. Den veralteten Technologien entspricht sein veraltetes Wissen.

Unser Körper altert aber nicht nur mit dem der Erde, er wird heute schon in seinen besten Jahren teilweise überflüssig gemacht. Immer konzentriertere und raffiniertere Nahrungsmittel machen den Darm träge und nehmen ihm seine Arbeit weg. Fortbewegungsmittel ersetzen unsere Beinmuskeln und Roboter unsere Hände und Arme. Elektronengehirne springen für unsere eigenen ein. Dementsprechend viele Menschen werden arbeitslos. In unserem eigenen Körper können wir erleben, wie sinnvoll das systematische Wegrationalisieren von Arbeit und Beschäftigung ist. Den Schäden der hochraffinierten Nahrungsmittel müssen wir mit ballaststoffreichen Diäten, dem Muskelschwund mit Sport, der Arbeitslosigkeit mit Beschäftigungsprogrammen begegnen. Wie wir mit dem zu erwartenden Gehirnschwund fertig werden, bleibt abzuwarten.

In Mikro- und Makrokosmos sparen wir durch Spezialisierung und Rationalisierung enorm viel Zeit, und doch haben wir immer weniger von ihr. Wenn wir bedenken, was heute eine durchschnittliche Hausfrau mit Unterstützung einer rührigen Industrie an Zeit spart, bleibt nur der Schluß, daß ihr früherer Arbeitstag mindestens fünfzig Stunden gehabt haben muß.

So wie den alten, erschöpften Menschen verbrauchte, ausgelaugte Landschaften entsprechen, stehen den Kindern die unentwickelten Länder gegenüber. Beide Extreme werden heute nicht geschätzt, wo die Gunst der Stunde dem leistungsfähigen Dynamiker mittleren Alters gehört. Alte Menschen werden beiseite geschoben, alte Industriereviere werden verlassen. Das Am-Leben-Erhalten beider mit Hilfe von Renten und Subventionen kostet nur Geld. Das verbindet sie mit den Kindern, doch haben die das Glück, noch Ertrag für die Zukunft zu versprechen. Da sie aber wenig zum Bruttosozialprodukt beitragen, wird auch ihr Beitrag zum Leben gering geschätzt. Ihre Schätze im Reich der Phantasien, Träume und kindlichen Magie bleiben unbeachtet. Lediglich für die Konsumindustrie sind sie von Interesse, und so tobt sich denn auch eine skrupellose Werbebranche unter ihnen aus. Hier wird die Beziehung der Kinder zu den Entwicklungsländern deutlich. Auch deren Schätze, was Philosophie, Religion und Kultur angeht, werden ignoriert zugunsten einer skrupellosen Ausbeutung ihres materiellen Reichtums, von der Arbeitskraft bis zu den Bodenschätzen.

Machen wir uns bewußt, daß die Kinder dem weiblichen Prinzip nahestehen wie auch alle archaischen Kulturen, so wird eine altbekannte Tendenz aufs neue sichtbar. Zur Unterdrückung des weiblichen Poles gehört die der kindlichen Phantasien und Träume, aber auch die unserer eigenen nächtlichen Träume mittels Schlafmitteln. Im Makrokosmos entspricht dem die Unterdrückung der archaischen Kulturen mit ihrer Magie und Symbolik.

Dem Egoismus im Mikrokosmos begegnen wir als Nationalismus im Makrokosmos. Die Partnerprobleme der einzelnen Menschen spiegeln die der Völker.

Der Spezialisierung der Menschen entspricht im Makrokosmos eine Verarmung in der Vielfalt der Arten. Nur noch, was nützlich ist und Profit bringt, darf überleben. Diese Uniformierung der einzelnen Menschen findet ihr Pendant in der Uniformierung der Welt. Die Konstrukteure in München ziehen die gleichen Hochhäuser hoch wie die in Tokio und New York. Die Großstädte der modernen Welt werden sich immer ähnlicher, wie auch ihre Fabriken und die Arbeiter darin. Das Verkehrschaos in diesen Städten ist überall auf der Welt ähnlich mit seinen »Rushhours« und *Stoßzeiten.* Die Menschen jagen und stoßen sich durch die viel zu engen Straßenschluchten, und entsprechend sieht es in ihren Herzkreislaufsystemen aus. Auch die Krankheiten der modernen Zeit normieren sich rund um den Globus.

Die Welt der Medizin ist natürlich ein dankbares Feld für Zuordnungen, denn wie mit unserem Körper, gehen wir analog mit der Erde um. Der Medizin für die einzelnen leidenden Patienten entsprechen im Makrokosmos Umweltschutzbemühungen und Entwicklungshilfe. Die Ähnlichkeiten sind offensichtlich. In beiden Fällen sprechen wir laufend von »ursächlichen Therapien«, machen aber nur Symptombehandlungen. Statt die körpereigene Intelligenz und Kraft zu stärken, betreiben wir in der Medizin eher Substitution (wie mit Hormonen und Enzymen). Statt die eigene Intelligenz, Kraft und Fähigkeit der Entwicklungsländer zu fördern, liefern wir lieber fertige Waren. Statt die Grundprobleme auf der entsprechenden (seelischen) Ebene anzugehen, unterstützen wir unseren Körper lieber mit Antibiotika gegen seine Feinde. Statt den Entwicklungsländern bei der Lösung ihrer Grundprobleme zu helfen, liefern wir ihnen lieber Waffen gegen ihre Feinde, d. h. meist andere Entwicklungsländer. Statt uns den archetypischen Grundprinzipien und ihren Forderungen an Körper und Seele bewußt zu stellen und uns ihnen *vorher zu beugen*, bevor sie ihre Opfer fordern, reparieren wir lieber hinterher die Schäden. Genauso setzen wir lieber auf demonstrative Hilfsprogramme für die »Dritte Welt«, wenn die Katastrophen schon eingetreten sind.

Anstatt ernst zu machen mit der »Hilfe zur Selbsthilfe« und den einzelnen Menschen in die Lage zu versetzen, seinen eigenen inneren Arzt zu finden und ohne äußere Ärzte, Psychotherapeuten usw. auszukommen, bringen wir ihn in immer stärkere Abhängigkeit von Spezialisten. Ähnlich führt auf der makrokosmischen Ebene unsere Form von Entwicklungshilfe zu immer größerer Abhängigkeit der betreffenden Länder. Ärzte und Entwicklungshelfer sollten sich, ihrer Bestimmung nach, tendenziell überflüssig machen. Statt dessen blähen sie hier wie dort ihre Wichtigkeit bis zu grotesken Formen auf.

Den hochtechnisierten, von teuersten Apparaten starrenden Großkliniken entsprechen die hochgerüsteten, von teuerster Technologie starrenden Militärapparate.

Der Verschiebung des Problems von Organ zu Organ entspricht die der Patienten von Spezialist zu Spezialist. Im Makrokosmos haben wir die entsprechende Verschiebung von Ort zu Ort. Wenn etwa der Schadstoffanfall so groß wird, daß uns Scham befällt, bauen wir hohe Schlote und verteilen den Dreck. Gefährlicher Sondermüll wird in Meeren versenkt oder sonstwie außer Landes geschafft, in arme Länder abgeschoben oder mittels Unfall »in Fluß« gebracht.

Den Nebenwirkungen unserer chemischen Medikamente entsprechen die unserer Industrie. Hier haben wir ein deprimierendes Beispiel dafür, wie alles, wenn auch unbewußt, zusammenhängt. Die chemische Industrie produziert chemische Medikamente. Bei dieser Produktion verschmutzt sie entweder kontinuierlich oder auch durch die unregelmäßigen Störfälle die Umwelt, wodurch Menschen erkranken. Andererseits aber stellt sie auch jene Medikamente her, die die Menschen kurzfristig von ihren Symptomen befreien und sie langfristig durch ihre Nebenwirkungen vergiften.

Die Menschen landen in beiden Fällen beim Arzt, der sie mit chemischen Medikamenten versorgt, im Regelfall mit schmerzlindernden oder beruhigenden Drogen. Ein Glückskreis für die Pharmaindustrie – ein Teufelskreis für die Menschen!

Unterdrückung ist die Schwerpunktmethode der Schulmedizin. Mit Schmerzmitteln, Cortison und Antibiotika werden die Schreie des Körpers niedergehalten; mit polizeilicher Staatsgewalt, Justiz und Bürokratie wird entsprechend das Volk im Zaum gehalten, soweit es sich nicht sowieso schon freiwillig etwa mit Psychopharmaka und anderen Dingen benebelt.

Vor größere Eingriffe setzt die Medizin die örtliche Betäubung oder gar die Vollnarkose. Sie will schließlich aggressiv werden, und niemand soll es spüren. Ganz ähnlich gehen die Politiker mit dem Volkskörper um.

Die schmerzhafte Wahrheit wird ihm durch Verklausulierung, Umschreibung, Halbwahrheiten, Viertelwahrheiten, Ignorierung oder gar Geheimhaltung, die der Vollnarkose gleichkäme, erspart. Bakterien, Viren und Wahrheiten werden so mit modernsten Mitteln unterdrückt.

Eine andere wichtige medizinische Methode ist die Substitution. Der Körper bekommt, was er selbst nicht mehr schafft, von außen. Im Makrokosmos wäre die Kunstdüngeranwendung eine typische Substitution. Auch die vielfältige Benutzung von Prothesen geht in diese Richtung. Was im Körper kaputt geht, wird ersetzt, von den Zähnen bis zu den Hüft- und Kniegelenken, von einzelnen Gefäßen bis zur Hornhaut der Augen, von der Niere bis zu Herz und Lunge. Die künstlichen Nieren finden ihr makrokosmisches Pendant schon seit langem in den Kläranlagen, mit denen wir der überlasteten Natur unter die Arme greifen. Der durch unsere eigenen Zähne symbolisierten natürlichen Aggression geht es (wie den Raubtieren als Ausdruck davon) auch im Makrokosmos schlecht: doch haben wir auch in diesem Bereich mit unserer künstlichen Aggression bereits reichlich für Ersatz gesorgt, sind wir doch *bis an die Zähne* bewaffnet. Die Funktion der Lungen läßt sich bisher nicht ersetzen, auch wenn Schadstofffilter in Autos und Industrie erste Schritte sind, der Schutzfunktion der Lungenflimmerhärchen nachzueifern.

Hier gibt es allerdings eine mächtige gegenläufige Bewegung. Um für die Suchtbedürfnisse des Mikrokosmos Mensch eine Tonne Tabak zu produzieren, muß im Makrokosmos 1 ha (10 000 m^2) Wald geschlagen werden*, der vor allem in Afrika nicht wieder aufgeforstet wird. Dem Wald aber entspricht die Lunge, und ihre unzähligen Flimmerhärchen gleichen ihm bis in die Signatur. Stimmigerweise bringen wir die Lunge mit dem Rauchen um und teeren sie zu, so wie wir langsam auch die Erde mit immer mehr Teer überziehen. Der individuelle Zigarettenrauch ist auch eine gute Parallele zur industriellen Luftverschmutzung. Beide entwickelten Ende letzten Jahrhunderts ihre Massenbasis. Vielleicht ist der Raucher die menschliche Anpassung an die Dampfmaschine. Beide stehen unter Hochdruck und können durch entsprechende Ventile ihren Dampf abblasen.

Versuche, das Herz zu ersetzen, verlaufen auf beiden Ebenen noch ähnlich kläglich. Kunstherzen haben bisher nur dem Ehrgeiz der Erfinder und Operateure gedient, Solarien und UV-Lichtanlagen in der Gärtnerei bleiben ein schwacher Trost für gequälte *Großstadt-Pflanzen.* Allerdings ist es mit den Herzschrittmachern im Mikrokosmos gelungen, den Eigenrhythmus durch einen Maschinentakt zu ersetzen. Dem entspricht im Makrokosmos der Takt der modernen Zeit, der viele natürliche Rhythmen schon übertönt. Wo die Anpassung an die künstlichen Rhythmen noch Schwierigkeiten macht, ist die Medizin wiederum hilfreich zur Stelle. Am Morgen gibt es Aufputschmittel, um nach viel zu kurzem Schlaf schnell auf Touren zu kommen; am Abend dann Schlafmittel, um den überdrehten und rotierenden Organismus wieder zu beruhigen. Zwischendurch sind Tranquilizer angezeigt, um ein wenig *abschalten* zu können. So schalten sich viele Menschen medizinisch an und ab, genau wie die großen Lebensrhythmen statt von Sonne und Mond von staatlicher Stelle bestimmt und geschaltet werden.**

Eine ausgesprochen makabre Analogie besteht zwischen der medizinischen Entwesung, dem Abtöten allen den Menschen befallenden Ungeziefers und der Neutronenbombe, die ja, ohne größeren materiellen Schaden anzurichten, alles Leben fein säuberlich vernichtet.

Erfreulicherweise gibt es mit der Reanimation, der Wiederbelebung klinisch Toter, auch einen medizinischen Bereich, der eine

---

* Zur Trocknung des Tabaks wird eine enorme Menge Brennholz in den Trockenhütten verbraucht.

** Die Einführung der Sommerzeit ist einerseits ein Versuch, uns dem natürlichen Rhythmus wieder etwas anzunähern, andererseits enthüllt sie aber auch, wie starr und unlebendig sich unser Zeitrhythmus zum *natür*-lichen verhält.

angenehmere Analogie nahelegt. So wie wir mittels Beatmung und Herzmassage manchmal in der Lage sind, Seelen zurückzuholen, gelingt es auch hin und wieder, schon umgekippte (im biologischen Sinne gestorbene) Flüsse und Seen wiederzubeleben. Medizinische Rehabilitations- und Kureinrichtungen finden ihre makrokosmische Entsprechung in Natur- und Tierschutz und den Oasen der Nationalparks.

Naturgemäß lassen sich auch alle Krankheitssymptome des Mikrokosmos irgendwo im Makrokosmos finden. Wenn bei Gastritis zu viel Säure die eigene Magenschleimhaut zerstört, liegt es nahe, an den übersäuerten Erdboden zu denken, der allmählich die Bäume umbringt.

Interessant mag es noch sein, Krankheitsentwicklungen zu betrachten, in denen sich die Qualität der Zeit besonders deutlich spiegelt.

Dem zunehmenden Übergewicht entspricht so die zunehmende materielle Expansion im Weltmaßstab. Wir sind auf der körperlichen Ebene übergewichtig und nehmen uns und die Materie zu wichtig. Wir haben unsere körperlichen Grenzen über das natürliche Maß hinaus ausgedehnt.

Die ansteigenden rheumatischen Erkrankungen zeigen unsere persönliche Unbeweglichkeit und im Makrokosmos die wachsende Unbeweglichkeit unserer Gesellschaften, die in rigiden Organisationsformen und Bürokratie zu erstarren drohen.

In diese Richtung geht auch die zunehmende Arteriosklerose. Wir verkalken auch schon auf gesellschaftlichem Niveau. Flexibilität und Spontaneität erstarren in Bestimmungen, Regeln, Zwängen und Gesetzen. Arterienverkalkung ist die Antwort des Körpers auf ständigen Überdruck, wohl seine einzige Chance, dem Hochdruck standzuhalten. Genauso sind rigide Bestimmungen und Gesetze die einzige Chance unserer modernen Gesellschaften, mit dem enormen Druck fertig zu werden. Jedes Gesetz zwingt den einzelnen in ein starres System. Die rote Verkehrsampel mag 90% der Zeit ihre Aufgabe sinnvoll erfüllen; aber auch in den restlichen 10% der Zeit, wenn sie uns nachts an leeren Kreuzungen bremst, fordert sie bei Strafe Achtung.

In den Verkehrsunfällen begegnen wir ebenfalls einem Symptom unserer Zeit. Sie fordern heute mehr Tote als Seuchen. Jeder Unfall wirft das einzelne Opfer aus der eingefahrenen Bahn. Die vielen Opfer zeigen uns an, daß wir als ganze Gesellschaft vom Schicksal aus den eingefahrenen Bahnen unserer Vorstellungen und Meinungen herausgeworfen werden sollen. Wieder haben wir die Wahl, es auf der Bewußtseinsebene zu erkennen oder aber es erst im stofflichen Bereich zu erleben. Besonders spielende Kinder fallen den Autos im wahrsten Sinne des Wortes zum Opfer, und das zeigt uns, wie kinderfeindlich unsere Städte sind. Kinder, die noch nicht so eingeengt von Regeln leben, ecken an und stoßen sich an Kotflügeln und Stoßstangen zu Tode. Moderne Großstadtkinder brauchten eigentlich selbst Stoßstangen und Hupen, Bremsen und ein besonders frühreifes Verkehrsregelgehirn. So, wie sie aber *natürlicherweise* sind, passen sie weder in die Zeit, noch in die Stadt.

Ein vordergründig wieder mehr medizinisches Problem stellt das wachsende Heer der Süchtigen dar, deren Suche bei Alkohol und Drogen steckengeblieben ist. Sie spiegeln eines der Grundprobleme unserer Welt, denn auf der Suche nach dem Sinn des Lebens ist auch die Menschheit an materiellen und damit tendenziell gefährlichen Küsten gestrandet. Heroin statt Heroismus! Das mit Abstand größte Drogenproblem stellen die gutbürgerlichen Alkoholiker dar, auch wenn diese selbst es lieber bei den moderneren Drogen wie Haschisch, LSD und Heroin sehen. Beide Richtungen laufen letztlich auf dasselbe hinaus. Dem Alkoholiker ist die reale männliche Wirklichkeit zu hart, und so flieht er in die weiche, bergende Rauschwelt. Die meist jugendlichen Drogensüchtigen entfliehen derselben Wirklichkeit in dieselbe weibliche Welt der Träume, Illusionen, Zeitreisen und künstlichen Euphorien. Die Schlagworte ihrer Gegenkultur weisen eindeutig vom Kopf weg ins Becken, »Sex and Drugs and Rock'n' Roll«, und so bleiben sie genauso im Materiellen stecken wie die Alkoholiker. Allerdings wächst aus der jugendlichen Subkultur auch eine Strömung in immaterielle, spirituelle Bereiche, und das gibt zu Hoffnungen Anlaß.

Der individuellen Reizüberflutung entspricht die der Welt: Mikro- und Makrokosmos sind bis an und über ihre Grenzen gereizt. Der durch die Überreizung entstandenen Innenweltverschmutzung entspricht die Umweltverschmutzung. Der Fragmentierung unserer Innenwelt entspricht die der Außenwelt durch Grenzen, Barrieren und Beschränkungen.

Ein gutes Beispiel für das Durcheinander in Mikro- und Makrokosmos ist das zunehmende Phänomen der Legasthenie. Völlig gesunde und meist sehr intelligente Kinder verwechseln die Buchstaben bzw. deren richtige Reihenfolge. Die Verwechslung von links und rechts, den beiden Seiten der Polarität, wirkt wie ein schlechter Scherz, ein Einbrechen des irrational Weiblichen in die männliche Ordnungswelt. Solange wir dem weiblichen Pol freiwillig keinen Raum einräumen, wird er sich eben seine eigene Bahn brechen und Räume wie die Subkultur, den »Underground« schaffen. Das Weibliche wird aber auch durch kleine Einbrüche in die Gegenwelt, wie bei der Legasthenie, auf sich aufmerksam machen. Unser Kampf gegen solche Phänomene auf der oberflächlichen Ebene ist der Kampf gegen den schwarzen Punkt im weißen Feld des Tai-Chi-Symbols:

Ein Phänomen, das unseren Zeitbezug beleuchtet, ist die zunehmende Akzeleration, die Beschleunigung der individuellen Entwicklung. Die Pubertät tritt heute immer früher ein, und wir entwickeln uns generell körperlich schneller und damit früher. So gewinnen wir einerseits Zeit, andererseits liegt der Verdacht nahe, daß die Qualität dabei leidet. In vielen Bereichen des Makrokosmos verzichten wir ebenfalls auf Qualität, zugunsten von Quantität. Massenproduktion ersetzt Handarbeit und macht die Tendenz deutlich.

Wie wir unsere körperlichen Entwicklungstendenzen im Verlauf der Zeit gedeutet haben, können wir auch die Geschichte der Krankheitssymptome betrachten: Die Schwerpunktverlagerung von den großen Infektionen zu den modernen Autoaggressionssymptomen haben wir schon beschrieben. Der Krieg richtet sich heute mehr nach innen und gegen einen selbst. In der Allergie bekämpfen wir uns selbst in unserem eigenen Körper. Die militärische Hochrüstung richtet sich auch vor allem gegen das eigene Volk, denn selbst wenn wir all unsere Atombomben beim Gegner abladen würden, stürben wir doch selbst an den Folgen nur wenig später. Solange es keinen Krieg gibt, schaden wir damit sogar ausschließlich uns selbst, indem wir einen Großteil unserer materiellen und geistigen Energie dafür verschwenden.

Die Lungentuberkulose, die als Erkrankung der Atmungsorgane vor allem ein Kommunikationsproblem symbolisiert, war das typische Symptom einer Zeit, die sich durch drastische Kommunikationsprobleme auszeichnete. Für uns heutige Menschen, die wir die Kommunikation enorm in den Vordergrund gestellt haben, ist Tbc kein nennenswertes Problem mehr. Dafür zeigen uns die zunehmende Zuckerkrankheit* und AIDS, wo unsere neuen Schwachstellen liegen. Die Zuckerkrankheit verdeutlicht, daß wir uns der Liebe (symbolisiert in den süßen Sachen, die der Diabetiker meiden muß) nur materiell gewidmet haben, und AIDS zeigt, daß Sex statt Liebe un-heile Folgen zeitigt. Andererseits haben wir die Hysterie, die noch in der ersten Hälfte unseres Jahrhunderts ein weit verbreitetes Symptom der kollektiven sexuellen Verklemmung war, mit der Befreiung der sexuellen Energien praktisch vollkommen überwunden.

Eine weniger gefährliche, aber nicht weniger deutliche Entwicklungstendenz ist die zur Fehlsichtigkeit. Die rasant zunehmende Kurzsichtigkeit in jungen Jahren zeigt uns mangelnden Überblick über das große Ganze; eine Situation, die sich drastisch im gesellschaftlichen Bereich spiegelt, wo Weitsicht viel zu kurz kommt. Bis zur nächsten Wahl reicht der Blick der uns vertretenden Politiker gerade und ist damit zu kurz für Probleme wie Umweltschutz und Friedenssicherung. Im höheren Alter kommt dann die Weitsichtigkeit hinzu. Nun verschwimmt der Blick für das Nächstliegende, die eigene Person; wäre es doch jetzt an der Zeit, sich der eigenen geistigen Entwicklung zu widmen, wie es östliche Lehren nahelegen. Während dem Kurzsichtigen der Blick für den großen Erdkreis verschwimmt und er nur noch den eigenen Nabel (scharf) sieht, *verliert* der Weitsichtige im Gegenteil sich selbst, den eigenen Lebenskreis, *aus dem Auge.* Der Körper macht uns auch hier, sowohl in bezug auf uns selbst als auch auf den Makrokosmos, ehrlich.

Betrachten wir im Vergleich die alte indische Gesellschaft, die noch deutlich den Entwicklungs*zyklus* des Menschen betont, so fehlen dort entsprechende Fehlsichtigkeiten. Nach ihrer alten Überlieferung gehören die ersten 21 Jahre dem Wachsen und Lernen, die nächsten 21 dem Gründen und Wachsen einer Fami-

---

* Die Deutung der Zuckerkrankheit als Liebesproblem findet sich in ausführlicher Form in »Krankheit als Weg«.

lie, weitere 21 dienen der Versorgung und Sicherung der Familie, um die letzten 21 für die eigene spirituelle Entwicklung freizuhaben. Übertragen wir diesen mikrokosmischen Rhythmus auf den der Welt, so müssen wir feststellen, daß wir wohl noch in der ersten Phase sind. Wir lernen und wachsen enorm. Es stellt sich die Frage, ob wir nicht schon über die Zeit hinauswachsen, was die Bevölkerungszahlen anbelangt, und ob wir nicht anfangen sollten, eine wirkliche Völkerfamilie zu bilden und deren Versorgung und Sicherung anzugehen. Die spirituelle Entwicklung zeichnet sich offenbar erst am Horizont der Zeit ab.

Eine entsprechend harmonische Entwicklung im Makrokosmos kann nur aus einer harmonischen Entwicklung im Mikrokosmos erwachsen. Und hier wäre die Harmonie der Gehirnhemisphären Voraussetzung, um unser Bewußtsein für das Erlebnis der Sphärenharmonie zu öffnen. Sind genug Menschen diesbezüglich in Einklang, wird Harmonie auf Erden *sein.*

Eine der sinnvollsten Anwendungen der hier durchgespielten analogen Denkweise ist sicherlich das Auffinden der eigenen Krankheitssymptome und ihrer Spiegelbilder in der Welt. Dann nämlich läßt sich das eigene Problem bewußt im Außen erkennen und, indem man sich ihm stellt, auch symbolisch bearbeiten. Synchron wird sich im Innern die Lösung anbahnen. Die Bearbeitung und Lösung im Innen wird sich wiederum im Außen spiegeln. Wie wir nun schon oft erlebt haben, existieren die verschiedenen Ebenen ja parallel und sind fest miteinander verbunden. Hier liegt das Geheimnis der Wirkung von Ritualen. Eine bewußte Handlung im Außen, wie etwa ein Ritus, wird auch das Innen be-ein-flussen, genau wie eine bewußte innere Haltung sich nach außen spiegelt. Insofern sind bewußte Nach-Innen-Wendung wie Meditation und bewußte äußere Arbeit, die das altägliche Leben zum Ritual macht, Schritte auf dasselbe Ziel zu. Innere und äußere Entwicklung gehen Hand in Hand. Wie innen – so außen, wie oben – so unten.

Der eigene Weg

> Die Weisheit (des Weißen Mannes) kommt aus seinem Kopf und aus seinen Gedanken. Solche Weisheit ist armselig und schwach. Ihr weißen Menschen kennt nur die Arbeit. Ich will nicht, daß meine jungen Männer euch gleich werden. Menschen, die immer nur arbeiten, haben keine Zeit zum Träumen, und nur wer Zeit zum Träumen hat, findet Weisheit.
>
> SMOHALLA

Mein Volk braucht nicht mehr Arbeiter, mein Volk braucht mehr Träumer.

Ein Algonqin-Häuptling

Ich mißtraue Visionen, die man auf leichte Art erlangt, durch bloßes Schlucken irgendeines Stoffs. Die wahre Schau, die große Ekstase, geschieht so nicht...

Ich möchte, daß meine Visionen aus meinen eigenen Säften, aus meinen eigenen Mühen hervorgehen, auf die harte, ursprüngliche Art.

Lame Deer (Medizinmann der Hopi)

Unter allen Stämmen unseres Volkes gibt es die Lehre, die besagt, daß man sich in die Einsamkeit begeben sollte, in die Wildnis der Berge, der Wüsten und der Meere, um dort die Anweisungen der Schöpfung entgegenzunehmen...

Wir alle kennen die Kraft des Gebetes, unsere Sinne vorzubereiten, und die Kraft des Fastens, des Schwitzens und anderer Reinigungsrituale, die unseren Geist und unsere Seele darauf vorbereiten, die Stimme des heiligen Geheimnisses zu hören.

Saupaquant (Akwesasne)

Die wichtigsten aller Geschöpfe sind die geflügelten, denn sie sind dem Himmel am nächsten und nicht an die Erde gebunden... Die Vögel verlassen die Erde mit ihren Flügeln, und auch wir Menschen können die Erde verlassen, aber nicht mit Flügeln, sondern mit dem Geist.

Black Elk

Nein, Geister zu sehen, das ist relativ einfach. Man muß bloß eine reine Seele haben.

Pedro de Haro, Huichol-Schamane

Im Kapitel über die Evolution haben wir nachvollzogen, wie sich über Mutationen, also nach dem Versuchs-Irrtums-Prinzip, immer komplexere Muster aufbauten. Auf der Stufe der materiellen Evolution kam dabei ungeheuer viel Ausschuß heraus, die meisten Mutationen stellten keinen Entwicklungsfortschritt dar und gingen wieder unter. Auf der nächsten Stufe, der biologischen Evolution, gab es schon weniger Fehlversuche, doch blieb die Entwicklung darauf angewiesen, mit viel Zeitaufwand die verschiedensten Entwicklungsvarianten durchzuprobieren. Auf der aktuellen Stufe der intellektuellen Evolution ist dieser Zeitaufwand nicht mehr notwendig. Wir können erstmals die vielfältigen Möglichkeiten in unserer Vorstellung durchspielen und so die evolutionären bewußt auswählen, ohne sie auf der materiellen Ebene verwirklichen zu müssen. Dieser Schritt war dringend notwendig, denn unsere heutigen Entwicklungsvarianten sind so gefährlich geworden, daß wir uns und unserer Erde reale Fehlversuche kaum noch zumuten können. Wir haben in Wissenschaft und Technik mit Hilfe unserer Elektronengehirne längst begonnen, die möglichen Varianten durchzuspielen. Es ist Zeit, dieses Prinzip auch auf die individuellen und gesellschaftlichen Probleme auszudehnen.

In unserer Vorstellungskraft liegen ideale Möglichkeiten dazu, die denen der besten Computer weit überlegen sind. Aus der östlichen Tradition wissen wir, daß es über das Bewußtsein einen Zugang zu aller Weisheit der Welt, zur Akasha-Chronik gibt. Dieser Weltchronik dürfte das kollektive Unbewußte entsprechen, zu dem C. G. Jung über psychotherapeutische Bewußtseinsprozesse Zugang fand. Der Physiker Gary Zukav* kommt am Ende seines Buches über die neue Physik zu dem Schluß, daß unser Wissen »tote Imagination« ist. Von hier ist es nur noch ein kleiner Schritt zu der Feststellung, daß *lebendige Imagination* zu lebendigem Wissen, zu Weisheit, führt.

Wir haben heute die große Chance, die Kraft der Imagination wiederzuentdecken und damit einen weiten Kreis zu schließen. Den Alten war die Welt der inneren Bilder immer vertraut. Diese Chance, wieder Zugang zur eigenen Bilderwelt und zum inneren Reichtum zu finden, zeigt auf ihrer Kehrseite die Gefahr unserer Zeit: den Eingang nach innen weiter zu verschütten und damit den weiblichen Pol der Wirklichkeit noch weiter in den Schatten zu treiben, von wo er uns zur wachsenden Bedrohung wird. Folgen wir auch in Zukunft ausschließlich dem männlichen Weg, wie er sich im Ideal der Naturwissenschaft ausdrückt, müssen wir weiter zerspalten und ur-teilen und sinken noch tiefer in die Ver*zwei*flung. Nehmen wir das weibliche Prinzip dazu, wie es sich in der Imagination, im Traum und der Meditation ausdrückt, haben wir eine gute Chance, die Teile wieder zum Ganzen zusammenzufügen – Bilder und Symbole werden uns dabei helfen. Im Wort »Symbol« finden wir das griechische »symballein«, was »zusammenwerfen« bedeutet. Die Einzelteile sind im Symbol wieder zusammengefügt zu dem einen Ganzen. »Diaballein« heißt dagegen »auseinanderwerfen«, und in diesem Sinne ist der Weg der Spaltung tatsächlich der diabolische Gegenpol zum Weg der Symbolik.

---

* Gary Zukav, Die tanzenden Wu Li Meister, Rowohlt-Verlag 1985.

Wann immer wir auf dem männlichen Pol tätig sind, müssen wir zergliedern und zerlegen; die Wissenschaft zerstört dabei die von ihr untersuchte Materie. Wann immer wir uns dagegen dem weiblichen Prinzip ergeben, verbinden wir die Teile zu Bildern, öffnen uns den Mustern der Ganzheit.

Diese Muster zu erleben, ist gar nicht so schwer, denn sie existieren längst und haben immer existiert – in uns und im Außen. Die moderne Physik und vor allem das Bell'sche Theorem beweisen hieb- und stichfest (also auch gegen den Angriff männlicher Gegenargumente gesichert), daß alles von Anfang an ein großes Muster ist. Der schwierigste Punkt, der uns nun bevorsteht, ist der erste Schritt aus der strikten Rationalität zu etwas so Subjektivem wie persönlicher Erfahrung. Es wird für viele ein Schritt in Neuland sein, der folglich Angst und Widerstand hervorrufen kann. Jedoch sind solche Widerstände als Fingerzeig zu deuten, daß man auf dem richtigen Weg ist. Sowohl Freude auf diesen Schritt in die praktische Erfahrung als auch Abwehr dagegen zeigen den eigenen Bezug zum Thema und seine Wichtigkeit. Bei Freude liegt der Schritt lediglich näher, man ist nahe daran, diese nächste Stufe zu integrieren und öffnet sich ihr bereitwillig. Abwehr und Angst zeigen dagegen, daß man noch eng, noch nicht aufgeschlossen genug ist. Das Thema aber wird mit absoluter Sicherheit auf einen zukommen. Die bekannten Gegenargumente und die noch bekannteren Verschiebungen der Verantwortung verdeutlichen letztlich nur die Angst, bei sich selbst zu beginnen. Wer auf den Staat hofft, setzt auf etwas Statisches, gegenüber einer Wirklichkeit, die in ständigem Fluß ist. Wenn etwas in Fluß kommt, dann nur von innen heraus, aus jeder einzelnen Zelle des Staates. Gesetze setzen lediglich etwas fest, sie können die Mitte des Menschen nicht berühren und ihm so nie gerecht werden. Selbst wenn morgen der Gesundheitsminister die männliche Apparate-Medizin per Gesetz durch eine, dem Gefühl verpflichtete, weibliche Medizin ersetzen würde, was könnte das schon bewirken? Eine weibliche Medizin erfordert Offenheit und ein-fühlendes Wesen beim Behandler. Wie sollte beides von außen durch Gesetzeskraft entstehen? Das wirklich Wirksame beginnt in der eigenen Mitte.

Während unserer Reise durch Mikro- und Makrokosmos wurden wir Zeuge, wie das Männliche das Weibliche *verfolgt*, letztlich um sich seiner Bestimmung gemäß mit dem Gegenpol zu vereinen. Allerdings zielt das Männliche bewußt fast ausschließlich auf den stofflichen Aspekt des Weiblichen, die Mater-ie und vernachlässigt den seelischen, vor dem es Angst hat. Aus dieser

Vernachlässigung der seelischen Aspekte des weiblichen Prinzips ergibt sich, daß diese unbewußt bleiben, in den Schatten sinken, und so vor allem auf ihrer unerlösten Ebene, etwa als Ver-zweiflung in Erscheinung treten.

Die Methoden, mit denen das männliche Prinzip das weibliche verfolgt, sind dem Ziel angemessen, sie zerspalten, zergliedern und ent-zwei-en (entsprechend der linken männlichen Gehirnhälfte, die ur-teilt und analysiert).

Das außer in seinem materiellen Aspekt unterdrückte Weibliche widmet sich umgekehrt dem Männlichen. Allerdings geht es dabei nicht so einseitig vor. Das Weibliche sucht und akzeptiert das Männliche auf vielen Ebenen: von seinen Ideen, Informationen und seiner Autorität bis zur Spiritualität, die letztlich auf die Einheit zielt. Die weibliche Vorgehensweise zielt dabei ebenso deutlich auf das Männliche, sie vereint und fügt zusammen (entsprechend der rechten weiblichen Gehirnhälfte, die ganzheitlich Bilder und Muster erkennt).

Dieser Polung entspricht auf der mikrokosmischen Ebene die Kreuzung der Nervenbahnen. Die linke, männliche Gehirnhälfte beherrscht aus der weiblichen, linken Körperhälfte heraus die rechte, männliche Körperhälfte. Die rechte, weibliche Gehirnhälfte regiert aus der männlichen, rechten Körperhälfte heraus die linke, weibliche Körperhälfte.

Dieses Ineinanderverwobensein beider Pole finden wir überall in der Schöpfung, sehr offen-sichtlich auch im Mikrokosmos. So haben die Männer Brustwarzen und die Frauen in der Klitoris einen Penisrest; wir finden männliche Hormone auch bei der Frau und weibliche beim Mann. Auf der seelischen Ebene haben wir in C. G. Jungs Vorstellungen von Anima und Animus die entsprechende Analogie. Der Geschlechtsverkehr zeigt uns die deutlichste Durchdringung von Männlichem und Weiblichem und macht zugleich die Not-wendigkeit dieser Verschmelzung klar. Das Tai Chi-Zeichen ist symbolischer Ausdruck dieser Situation:

So weit wäre also alles in Ordnung. Unser Leiden ergibt sich lediglich aus der unerlösten Ebene, auf der das männliche Prinzip arbeitet und aus unserer Einseitigkeit. Würde das Männliche dazu übergehen, das Weibliche auch als seelisches Prinzip anzuerkennen*, käme das Weibliche aus seinem Schattendasein, und wir könnten uns, parallel dazu, auf der körperlichen Ebene von der einseitigen Betonung der Materie lösen.

In diesem Fall wäre es in der stofflichen Welt vielleicht möglich, neben Fabriken auch wieder Kathedralen zu bauen. Wir könnten dann wohl auch männliche Tiere, wie Stiere, Hengste, Eber usw., die materiell weniger Gewinn einbringen, am Leben lassen. Vor allem aber könnten wir unser Leben für Emotionen und Gefühle öffnen.

Die Durchdringung von Männlichem und Weiblichem auf der geistigen Ebene wäre die Chymische Hochzeit, das Ziel der Esoterik. Diese Ebene ruht aber auf den beiden vorigen, der stofflichen und der seelischen, die so zur Basis der letzten Vereinigung werden.

Ähnlich harmonisierend wie die ausgewogene Wertschätzung von seelischer und materieller Ebene, würde sich die Aufhebung der Einseitigkeit auswirken. Würden wir, anstatt ausschließlich mit männlichen (rationalen) Mitteln das Weibliche (die Materie) anzustreben, uns parallel dazu auf weiblichen (z. B. gefühlvollen) Wegen dem Männlichen (der Spiritualität) öffnen, kämen wir der Mitte, dem Gleichgewicht, näher.

Eine in dieser Hinsicht ideale Möglichkeit bieten uns Imagination und Reisen in die innere Welt unserer Bilder und Phantasien. Imaginieren, Phantasieren und Träumen gehören zum weiblichen Weg und können uns in die männliche Welt des Geistes, der Spiritualität führen.

Dieser Schritt ist theoretisch leichter zu verstehen, als praktisch zu gehen. Haben wir doch von Kindheit an gelernt, daß Phantasie nicht zählt, Tagträume Zeitverschwendung sind und die Nacht mit ihren Träumen eine bedeutungslose Laune der Natur ist, die sich bedauerlicherweise nicht unbegrenzt reduzieren läßt. Schon in der Schule tönt es: »Träum nicht!« »Schlaf nicht!« »Spiel nicht!« Und so werden wir zu »vernünftigen« Erwachsenen, die nicht mehr träumen und nicht mehr spielen und manchmal auch nicht mehr schlafen können. All das gilt es nun wieder zu lernen.

So erschien es sinnvoll und fast zwingend, zu diesem Buch ein Erfahrungsprogramm zusammenzustellen, das das intellektuell

---

* vgl. in der Bibel: »Abraham *erkannte* seine Frau«.

Beschriebene über Techniken aus dem Bereich der Psychotherapie erfahrbar macht und damit die notwendige Ergänzung, den weiblichen Pol, ins Spiel bringt.

Der äußeren Welt, die wir nun ausführlich bereist haben, entspricht eine ebenso reiche und wiederum analoge Welt in unserm Innern. Nur von ihr können letztlich heilende Impulse auch für die äußere Welt kommen. In dieses innere Reich führen die Reisen des Kassettenprogramms und die vorgeschlagenen Übungen und Meditationen.

Die innere Welt ist sogar noch eindrucksvoller als die äußere, enthält sie doch unendlich viele parallele Spiegelebenen der einen Wirklichkeit, die über die modernen und zugleich uralten Techniken der Bilderreisen greifbar nahe rücken. Nach dem Ausflug zu den morphogenetischen Feldern verwundert es nicht mehr, als Basis von *allem* Bilder und Muster zu finden. Diese Bilder in unserem Herzen wieder zu beleben, war das eigentliche Anliegen dieses Buches. Wohl mag es dafür auf den ersten Blick sinnvoller erscheinen, all das Gesagte gleich in eine Bildergeschichte, ein Märchen, zu verpacken*. Aber wir lassen uns nun einmal leichter über den Verstand ansprechen. Ist der Verstand zu unserem Verbündeten geworden, wird das Herz den Phantasien und lebendigen Bildern aus unserer eigenen Mitte eher offenstehen. Es sollte nun leichter fallen, sich ein Herz zu fassen und den Schritt zur eigenen Erfahrung, in die eigene Mitte, zu wagen.

Zu diesem Schritt gibt es keine Alternative, entweder wir schließen uns selbst in die Entwicklung mit ein, oder es entwikkelt sich nichts. Eine deutliche Parallele zu dieser Situation finden wir im Makrokosmos. Wäre nicht jedes subatomare Teilchen mit sich selbst in ständiger Resonanz, die Welt des Atoms könnte nicht funktionieren, und Indras großes Netz der Welt wäre nicht. Wir spüren heute überall in der Welt die Tendenz, in Kommunikation zu gehen, Resonanz herzustellen: auf der Ebene der Länder und Erdteile, wie wir an der Fülle der internationalen Konferenzen und Kongresse sehen; auf der Ebene der zwischenmenschlichen Beziehungen, wo sich eine Fülle von Gruppen-, Familien- und Paartherapien entwickelt; und auch und vor allem auf der individuellen Ebene, wo immer mehr Menschen sich

---

* Mit dem Märchen-Roman »Habakuck und Hibbelig« habe ich so etwas versucht. Hier erlebt der mitreisende Leser das ganze Szenarium der inneren Zusammenhänge der verschiedenen, sich gegenseitig spiegelnden Welten »im Märchen von der Welt«.

Einzeltherapien unterziehen, um innerlich zu wachsen. Mit sich selbst in Kommunikation gehen, der eigenen inneren Stimme zu lauschen, um schließlich Resonanz, Frieden mit sich selbst zu finden, ist der alles entscheidende Schritt. Der eigene Platz im großen Muster der Wirklichkeit läßt sich nur finden, wenn wir zugleich zu uns selbst finden, denn Indras Perlennetz, das sind wir, jeder einzelne, und jeder einzelne ist zugleich ein unverzichtbarer und zentraler Teil von Indras Perlennetz der Wirklichkeit.

Die Basis unserer praktischen Erfahrungen in Mikrokosmos und Makrokosmos bilden 16 geführte Reisen in die innere (Bilder-) Welt auf Kassetten. Auf der Grundlage einer einführenden Entspannung bewegt sich der Meditierende dabei auf ein Entspannungsniveau, das Zugang zu den eigenen Bildern und Symbolen eröffnet. Sowohl die Art der Sprache als auch die begleitende Musik sind geeignet, die Zugänge zu den häufig verschütteten inneren Reichen wieder aufzuschließen. Ausgehend von verschiedenen Körperteilen, also etwa dem Herzen, kann man die Geheimnisse dieses Bereiches erleben und seine Verbindungen nach draußen in den Makrokosmos nachvollziehen. Die Theorie dieses Buches wird so in einem selbst lebendig. Wir erlauben damit dem im Kopf gespeicherten Wissen, in tiefere seelische Bereiche zu sinken. Das aber ist der Beginn des Weges, der Anfang zu einem neuen Bild der Welt – sowohl der eigenen inneren, als auch der äußeren.

Überblick über die 16 Reisen*

I

1. Mikrokosmos und Makrokosmos
   A Reise in die Welt
   B Reise in den Körper
2. Polarität und Kommunikation
   A Polarität-Symmetrie-Resonanz
   B Kommunikation und Regelung – Nerven- und Hormonsystem
3. Kontakt und Grenze
   A Energie- und Lebensfluß – Atem
   B Berührbarkeit und Ausdruck – Haut und Haare
4. Auseinandersetzung und Harmonie
   A Aggression und Abwehr – Immunsystem
   B Harmonie und Gleichgewicht – Niere

II

5. Rhythmus und Mitte
   A Reise durch die Mitte
   B Rhythmus und Lebenskraft – Herz-Kreislauf
6. Ursprung und Wandlung
   A Geben und Nehmen – Darm
   B Rückverbindung zum Urgrund – Leber
7. Das kosmische Spiel
   A Das Leben, ein Spiel – Evolution
   B Der Lebenskreis
8. Der große Traum
   A Selbst-Gespräche
   B Traum und Wirklichkeit

Darüber hinaus gibt es einige, nicht extra zu diesem Buch gehörende Meditationen und Übungen, die jedoch demselben Ziel dienen.

Den Bereich der 4 Elemente haben die Meditationskassetten »Luft-Wasser-Feuer-Erde«** und »Elemente-Wesen«** zum

* »Der Mensch und die Welt sind eins« – ein Kassetten-Meditationsprogramm, R. Dahlke, Edition Neptun, München 1987.

Thema; die Kassette »Atemmandala« vermittelt *einerseits* eine praktische Erfahrung mit dem Atem, *andererseits* ein Erlebnis mit dem eigenen Energiesystem, den Chakren.* Diesen letzten Bereich berühren auch die beiden Meditationen der Kassette »Schwingkreis-Klangkörper«.** Um das Geheimnis der Zeit dreht sich die Meditation »Durch die Schleier der Zeit«.** Sollten sich in einem der erlebten Körperbereiche Probleme zeigen, mögen die Rituale der Kassette »Heilung«** eine Hilfe im Umgang damit sein.

Natürlich ist es auch möglich, Bilderreisen in die äußere Welt zu unternehmen und dabei die Muster und Symbole offenen Auges zu schauen. Reisen in und um die Welt können zu einem tiefen inneren Erlebnis werden, wenn sie bewußt erlebt und in ihrer Bedeutung angenommen werden. In Pilgerreisen finden wir noch eine ähnliche Idee. Es hindert uns auch heute nichts, eine Urlaubsreise unter ein bestimmtes, uns wichtiges Thema zu stellen und sie damit zu einer bedeutenden Reise zu machen. Gute Möglichkeiten bieten etwa Reisen zu den Kraftplätzen in verschiedenen Ländern. Die Erfahrungen werden von Kultur zu Kultur unterschiedlich sein, auf alle Fälle werden sie aber einen ganz anderen und tieferen Bezug zu dem Land, seiner Kultur und seinen Menschen vermitteln. Mit der Zeit wird man das Verbindende der Kulturen spüren und so auch ein Gefühl für das weltumfassende Netz des alten Wissens bekommen. Eine Reise zu den Kraftplätzen unserer eigenen Kultur ist auch zugleich eine Reise zurück in der Zeit. Gehen wir sehr weit zurück, finden wir die Reste der megalithischen Kulturen überall: von den Steinkreisen Irlands, Englands, Frankreichs, ihren Dolmen und Menhiren, bis zu ganz ähnlichen Steinmonumenten in Österreich und Deutschland (z. B. die Externsteine im Teutoburger Wald). Die Kraftplätze dieser fast vergessenen Kulturen zu finden, ist nicht ganz leicht, aber mit jeder Meditation in einem Steinkreis kann das Gefühl für andere ähnliche Kraftplätze wachsen.

Leichter ist es natürlich, nicht ganz so weit zurückzugehen: Praktisch alle Kathedralen und Dome stehen an Kraft-Plätzen und spannen ein Netz über Frankreich, Italien, Nordspanien und Deutschland, dessen Knotenpunkte wesentlich tiefere Einblicke in das Wesen der Länder und in das eigene gewähren als etwa

---

* Siehe hierzu auch die Meditationskassette »Körper- und Chakrenmeditation«, Thorwald Dethlefsen, Hermetische Truhe, München.

** alle anderen Meditationskassetten: R. Dahlke, Edition Neptun, München.

Museen und sonstige Touristenplätze. Auch hindert uns nichts, den uralten Pilgerstraßen, wie der nach Santiago de Campostela (in Nordspanien), die viel älter ist als das ganze Christentum, wieder mit Bewußtsein zu folgen. In asiatischen Ländern wie Indien und Nepal ist es noch leichter, die besonderen Plätze zu finden, sind sie doch hier noch in Betrieb und mit Tempeln, Stupas und anderen Symbolen *ausgezeichnet.*

Besonders fruchtbar werden solche und eigentlich alle Reisen für den eigenen Weg, wenn man die dabei auftretenden Hindernisse und Probleme bewußt auf sich bezieht, sie als Herausforderungen zum Wachsen annimmt. Gerade was uns stört und im Wege steht, ist ja wichtig für die eigene Entwicklung. Jedes Problem kann uns etwas heiler machen, genau wie jedes Symptom uns zeigt, was uns fehlt. Jeder Feind symbolisiert uns einen in uns selbst in den Schatten gedrängten Aspekt, den es auf dem Weg zum Heil zu integrieren gilt.

In dieser Hinsicht ist natürlich unser ganzes Leben eine große Reise, und wir könnten es nutzen, bewußt zu wachsen. Eine symbolische Pilgerreise mag in ihrer zeitlichen Begrenztheit ein besonders geeigneter Einstieg in diese Sicht des Lebens als große Reise sein.

So betrachtet spiegeln uns auch all die Märchen und Mythologien der Völker Reisen, sind Abbilder der großen Lebensreise. Die Helden müssen durch eine Vielzahl von Hindernissen, wachsen an den Problemen und Aufgaben des Weges, und erst wenn sie im Dunkeln ihres Abstiegs, der zwingend zu jedem Weg gehört, gelernt haben, winkt ihnen am Ziel die große Freiheit, die Chymische Hochzeit, die Unsterblichkeit, die Erleuchtung. Die Worte, die das Ziel beschreiben, wechseln von Kultur zu Kultur und meinen doch immer das gleiche, die Einheit.

Eine weitere Möglichkeit, mit offenen Augen die äußere Welt zu bereisen, ohne dabei die innere aus den Augen zu verlieren, können entsprechende Filme sein. Jeder Film, der etwas in uns *auslöst,* kann solch eine Rolle spielen, löst er doch etwas aus, das in uns bis jetzt gefangen war. Der Film ist sozusagen das Lösegeld für das betreffende Thema. Ob uns dieses Thema gefällt oder abstößt, ist dabei gleich-gültig, solange es uns bewegt. Letztlich ist es ja immer die Beziehung zu uns selbst, die uns einen Film wichtig macht. Wenn wir uns diesem Gesetz bewußt unterstellen, können wir noch wesentlich mehr in uns aus-lösen.

In dieselbe Richtung unserer wenig beachteten anderen Seite zielen neben Bilderreisen auch Spiele. Auch sie sind geeignet, dem weiblichen Pol in uns Entfaltungsmöglichkeiten zu geben.

Bedenken wir unser von Christus gesetztes Ziel, wieder zu werden wie die Kinder, liegen die Spiele natürlich auf dem Weg. Viele unserer heutigen Spiele haben sich nicht zufällig aus rituellen Spielen esoterischer Traditionen entwickelt (etwa aus dem Tarot-Spiel). So sind Kinderspiele durchaus geeignet, uns die Augen zu öffnen für das große Spiel des Lebens, das die Inder »Lila«, das Kosmische Spiel, nennen. Dieses Spiel bewußt zu spielen, kann uns den Blick öffnen für die Wirklichkeit unseres Lebens. Gibt es überhaupt *Spiel-Räume* in diesem Leben oder ist alles von Stundenplänen und Terminkalendern festgelegt? Sind Unfälle und Katastrophen die einzige Möglichkeit des Schicksals, wieder Leben und Fluß in das Spiel zu bringen? In jedem Spiel sehen die Spielregeln solche Möglichkeiten vor; das ist im Kosmischen Spiel nicht anders.

All diese und die folgenden Meditationen werden insofern wichtig, als sie unsere andere Hälfte, den zu kurz gekommenen weiblichen Teil, beleben. In dieser Hinsicht kommt *natür*lich der Nacht eine besondere Rolle zu. Unsere Träume wieder wichtig zu nehmen, kann ein Schritt in diese Richtung sein, wobei der Schwerpunkt mehr auf dem Träumen liegen sollte, als auf dem Deuten. Eine gute Annäherung an das oft verschüttete Traumland bietet das Buch »Kreativ Träumen«* an. Der Beginn in diese Richtung liegt aber nicht im Wissen über die Nacht, sondern im Erleben derselben. Wir haben schon gehört: die weibliche Seite der Wirklichkeit braucht ihre Zeit. Folglich sollten wir uns Zeit nehmen für die Nacht und sie nicht dadurch unnötig einschränken, daß wir den Tag auf ihre Kosten ausdehnen. Auch sollten wir unserer lange vernachlässigten weiblichen Hälfte Zeit lassen, wieder Vertrauen zu fassen. Dann werden die Träume ganz von selbst wieder bewußt werden, die Meditationen tiefer führen, die inneren Bilder klarer und die innere Stimme deut-licher.

Eine geradezu geniale Methode, um unserer weiblichen Hälfte Zuwendung zu geben, bietet das Fasten. Es polt uns in vieler Hinsicht um. Statt materiell immer mehr hereinzuholen, führt es auf dieser stofflichen Ebene zum Loslassen (all der überflüssigen Schlacken und Pfunde). Auf der seelischen Ebene, wo wir ständig von innen nach außen leben, dreht es die Hauptrichtung ebenfalls um. Wir werden empfänglicher und lassen mehr zu uns herein. So kann man Fasten als weibliche Therapieform bezeichnen, die uns sensibler macht für unsere innere Welt, für die Bilder unserer

* Patricia Garfield, Kreativ Träumen, Ansata 1980

Seele und unsere innere Stimme. Außerdem bietet Fasten den besten praktischen Einstieg zu dem im Leberkapitel abgehandelten Thema über das rechte Maß und die Maßlosigkeit unserer Zeit.* Hierbei findet nicht nur der Körper, sondern auch die Seele relativ leicht zu ihrem eigenen Maß. Die Abwehr, die dieses Thema heute hervorruft, nachdem Fasten früher ein wichtiger Bestandteil aller großen Religionen war, zeigt schon, wie sehr es bei uns in den Schatten gerutscht ist und wie not-wendig es deshalb wäre. Außerdem ist Fasten mit das beste Exerzitium, um zu erleben, daß alles wirklich bei einem selbst beginnt.

Um dem zentralen Thema »Polarität« gerecht zu werden, eignet sich nichts besser als eine Partnerschaft. Zu zweit auf dem Weg zu sein, ist die sicherste Gewähr einer spürbaren Konfrontation mit dem Gegenpol. Bevor man sich der eigenen Partnerschaft und damit dem persönlichen Umgang mit der Polarität bewußt stellt, mag eine grundsätzliche Betrachtung des Themas hilfreich sein. Partnerschaft entwickelt sich in dem Spannungsfeld, das durch die beiden Sprichworte »Gleich und gleich gesellt sich gern« und »Gegensätze ziehen sich an« aufgespannt wird. Je mehr Gegensätze die Partnerschaft vereint, d. h. um so verschiedener die Partner sind, desto schwieriger wird ihre Beziehung sein, desto größer aber auch die Chancen, die in ihr liegen. Adolf Guggenbühl-Craig hat in seinem Buch »Die Ehe ist tot – lang lebe die Ehe«** die beiden Grundtendenzen aufgezeigt: Die Partnerschaft zum Wohl und die zum Heil. Auf dem Wege zum Heil wird man sich oft genug unwohl fühlen, denn dieser Weg führt durch den Schattenbereich und nutzt den Partner als Spiegel für den eigenen unbewußten Bereich. Die Partnerschaft zum Wohl wird sich dagegen relativ heil anfühlen, denn sie meidet tendenziell alle gefährlichen (Schatten-)Bereiche, dafür wird sie nicht zum Heil, zur Ganzwerdung, führen, denn dazu gehören nun einmal Licht und Schatten.

Noch ein anderes Thema kommt dem der Polarität in seiner Wichtigkeit nahe, das der Mitte. Die Mitte ist ja das *end-gültige* Ziel der Polarität, und sie ist immer schon da, ob wir sie nun bewußt wahrnehmen oder nicht. Wenn wir sie uns aber bewußt machen, werden wir uns in vieler Hinsicht auch im polaren Leben leichter zurechtfinden. Das Ziel aller esoterischen Wege

---

* siehe hierzu R. Dahlke »Bewußt Fasten – ein Wegweiser zu neuen Erfahrungen«, Urania 1980

** »Die Ehe ist tot – lang lebe die Ehe«, A. Guggenbühl-Craig, Schweizer Spiegel-Verlag, Rabenreihe 1985.

und auch der hier angegebenen Übungen und Medi-tationen ist die Mitte. So wie es letztlich nur ein Ziel gibt, gibt es auch nur eine Mitte. Wo wir sie zuerst finden, ist daher gleich-gültig. Symbole der Mitte sind die Mandalas, und ihre Verbreitung über die ganze Welt zeigt uns, wie zentral dieses Thema den Menschen aller Zeiten war und ist. Wir sind durch Sonne und Mond und unsere eigene Erde immer mit Mandalas verbunden, ja bestehen aus ihnen, denn ob wir in die riesigen Dimensionen des Weltalls oder die winzigen der Atome schauen, wir finden immer Mandalas. Die Beschäftigung mit ihnen kann unser Bewußtsein für die eigene Mitte öffnen und gilt vielen esoterischen Traditionen als wichtiger Schritt auf dem Weg. Anleitungen dazu, die Welt der Mandalas malend, spielend und meditierend zu erleben, finden Sie in dem Buch »Mandalas der Welt«.*

Eine ebenso praktische, ja sogar den ganzen Körper einbeziehende Übung der Mitte, ist das Tai Chi, die Kunst des chinesischen Schattenboxens. Die beste Einführung gibt hier der chinesische Meister Chungliang Al Huang** in seinem Buch »Lebensschwung durch Tai Chi«. Allerdings liegt nicht nur, aber auch hier die wahre Lösung nicht im *Verstehen,* sondern im *Durchstehen* und Annehmen der eigenen Form in der eigenen Praxis.

All diese vorgeschlagenen Schritte mögen klein anmuten angesichts der Länge des vor uns liegenden Weges. Aber es sind gerade die einfachen kleinen Schritte, aus denen sich der Weg zusammensetzt. Und es ist nur der einzelne Mensch, der diese Schritte gehen kann und auf den es folglich ankommt, so wie es auf jedes Teilchen im Zauberreich des Atoms ankommt und auf jede Perle im glitzernden Netz des Indra.

Bei der Beschreibung der Morphogenetischen Felder haben wir das Beispiel von den Affen gestreift, die erst einer, dann zwei, dann viele und ab einem bestimmten Punkt plötzlich alle auf einmal anfingen, ihre Kartoffeln zu waschen. Ab diesem entscheidenden Punkt – ihn können wir mit Fug und Recht den »springenden Punkt« nennen – haben aber nicht nur die Affen dieser Insel, sondern auch die ganz entfernter Inseln dieses Muster angenommen.

So wie aber die Affen in dem großen Muster *zusammenhängen,* hängt alles zusammen – und natürlich auch wir Menschen. Und

---

* »Mandalas der Welt«, R. Dahlke, Hugendubel 1985.

** »Lebensschwung durch Tai Chi« Chungliang Al Huang, Scherz Verlag, München 1984.

so kommt es auf jeden an – jeder von uns kann der entscheidende »Affe« sein, der den *springenden* Punkt erreicht und die Resonanz auf das *Große Ganze* überspringen läßt.

Und wenn es geschieht, dann bestimmt bei einem sehr kleinen, sehr einfachen Schritt.

> Du hast die Erde heilig gemacht
> wie auch meinen Körper,
> darum will ich in deinem Namen
> die Erde heilig halten,
> jeden Grashalm achten und
> die Blumen und Bäume ehren.
> Mit der Verehrung alles Lebendigen wächst
> meine Seele,
> und mein Leib wird stark im Rhythmus
> deiner Sonne und deines Mondes.
>
> Gebet eines Schamanen

Bücher zur Vertiefung einzelner Bereiche

1 »Schicksal als Chance«, Thorwald Dethlefsen, Bertelsmann 1979
Die beste und grundlegendste Einführung in die Esoterik, allgemeinverständlich und aufregend.

2 »Das senkrechte Weltbild«, Nicolaus Klein u. Rüdiger Dahlke, Hugendubel 1986
Eine Einführung in das Analogiedenken, das allen esoterischen Systemen zugrunde liegt.

3 »Krankheit als Weg – Deutung und Bedeutung der Krankheitsbilder«, Thorwald Dethlefsen u. Rüdiger Dahlke, Bertelsmann 1983
Ein Buch, das in vieler Hinsicht die Basis des vorliegenden ist. Die körperlichen Krankheitssymptome des Mikrokosmos Mensch werden hier auf die seelische Ebene gespiegelt und ihr Ausdruck gedeutet.

4 »Der Körper des Menschen«, Adolf Faller, Thieme Verlag 1984
Eine ausgezeichnete Einführung in Bau und Funktion des menschlichen Körpers.

5 »Medizinische Embryologie«, Jan Langmann, Thieme Verlag 1985
Das gängige Fachbuch für Medizinstudenten; für medizinische Laien sicher nur nach gründlichem Studium des »Faller« sinnvoll.

6 »Zwischenstufe Leben – Evolution ohne Ziel?«, Carsten Bresch, Fischer TB 1983
Eigentlich ein Fachbuch über Evolution, ist es aber doch wesentlich mehr als das makrokosmische Pendant zum Langmann, da es ausgesprochen allgemeinverständlich und engagiert geschrieben ist; die spannende Geschichte des Lebens.

7 »Die tanzenden Wu Li Meister«, Gary Zukav, Rowohlt 1985
Eine der besten, weil allgemeinverständlichsten und spannendsten Darstellungen der modernen Physik und ihrer Analogien zur Esoterik.

8 »Das Tao der Physik«, Fritjof Capra, Scherz 1976
Der erste und bekannteste Versuch, die moderne Physik mit der Esoterik in Analogie zu setzen.

9 »Die implizite Ordnung«, David Bohm, Trikont Verlag 1985
Von einem der führenden Köpfe der neuen Physik geschrieben, ist dieses Buch ein aufregendes Entwicklungsbild moderner Physik. Es befaßt sich im Gegensatz zu den beiden vorigen Büchern fast ausschließlich mit der »letzten Wirklichkeit«, der heutigen Front der Physik, und ist dementsprechend kompliziert.

10 »Die Evolution der Physik«, Albert Einstein, Leopold Infeld, Rowohlt 1956
Ein historisches Dokument über die physikalische Revolution.

11 »Das schöpferische Universum«, Rupert Sheldrake
Der kühne Versuch, der Biologie auf die Sprünge zu helfen und sie wieder auf eine Ebene mit der Physik zu bringen – die Entdeckung der Morphogenetischen Felder.

12 »Der Mensch im Kosmos«, Pierre Teilhard de Chardin, DTV 1981
Der inzwischen klassische Versuch der Synthese zwischen wissenschaftlicher Evolutionslehre und christlicher Theologie.

13 »Die erwachende Erde«, Peter Russell, Heyne 1984
Ein Buch, das voll im New-Age-Trend liegt, dabei viel und spannendes Material über die bewußt positiv dargestellte Zukunft unseres Planeten bringt.

14 »Unsere Erde wird überleben. GAIA – eine utopische Ökologie« Jim E. Lovelock, Heyne 1984
Dieses Buch belegt mit Hinweisen aus verschiedenen Wissenschaftsdisziplinen, daß unsere Erde ein lebender Organismus ist.

15 »Der Rhythmus des Kosmos«, George Leonard, Rowohlt 1986
Ein mitreißendes Buch über den Rhythmus allen Lebens und die Möglichkeiten einer sich auf ihn einschwingenden Menschheit.

16 »Der Zauber der Alltagswelt«, Jeremy W. Hayward, Knaur 1986
Ein tiefgehendes Buch über die Identität der Wirklichkeit von moderner Physik und der des Vajrajanabuddhismus

17 »Auf der Spur des wilden Pendels«, Itzhak Bentov, Rowohlt 1985
Das erfrischende Spiel eines Nichtwissenschaftlers mit den Ergebnissen moderner Wissenschaft.

18 »Die Zyklen des Himmels«, Guy Lyon Playfair und Scott Hill
Eine Fülle von Forschungsergebnissen aus den Randgebieten der Wissenschaft, die belegen, daß unser Universum zusammenhängt und lebt.

19 »Die Doppelhelix«, Watson und Crick, Rowohlt 1973
Der persönliche Bericht der beiden Nobelpreisträger über ihre Aufklärung der DNS-Struktur. Unwissenschaftlich, locker geschrieben, gibt dieses Buch eine Ahnung vom kreativen Hintergrund, auf dem wohl nicht die wissenschaftliche Arbeit, aber ihre genialen Entdeckungen wachsen.

Bücher zum praktischen Teil

20 »Die Ehe ist tot – lang lebe die Ehe«, Adolf Guggenbühl-Craig, Spiegel-Verlag 1985

21 »Kreativ träumen«, Patricia Garfield, Ansata-Verlag 1980

22 »Bewußt Fasten – ein Wegweiser zu neuen Erfahrungen«, R. Dahlke, Urania-Verlag München 1980

23 »Mandalas der Welt – ein Meditations- und Malbuch«, R. Dahlke, Hugendubel 1985

24 »Lebensschwung durch Tai Chi«, Chungliang Al Huang, O. W.-Barth-Verlag 1984

25 »Habakuck und Hibbelig – das Märchen von der Welt«, R. Dahlke, Schönbergers-Verlag München 1986

Bücher über die Kultur der Indianer

(aus denen viele der Zitate stammen)

26 Meine Worte sind wie Sterne – sie gehen nicht unter, Reden der Indianerhäuptlinge, Arrow Smith, William und Korth Michael, Dianus Trikont Verlag München 1984

27 Weißt du, daß die Bäume reden? – Weisheit der Indianer, Herder-Verlag, Wien 1983

28 Worte wie Spuren – Weisheit der Indianer, Herder-Verlag Freiburg 1985

29 In die Mitte der Welt führt deine Spur, Texte indianischer Weisheit, Poeplau Wolfgang, Christophorus-Verlag Freiburg 1984

30 Gesang des Regenbogens, Indianische Gebete, Kaiser Rudolf, F. Coppenrath-Verlag, Münster 1985